Le livre de l'année
2019

L'ÉQUIPE

SOMMAIRE

Kristina Mladenovic vient de battre Ashleigh Barty. L'équipe de France du capitaine Benneteau n'est plus très loin de la Fed Cup.

16 NOVEMBRE

FOOTBALL **LIGUE DES NATIONS.** À Rotterdam, l'équipe de France s'incline logiquement face aux Pays-Bas lors de la 5e journée de cette nouvelle compétition. Ce revers des Bleus emmenés par le milieu Ngolo Kanté (ici pris en étau entre Ryan Babel, à gauche, et Daley Blind) les empêchera d'accéder au Final Four.

25 NOVEMBRE

FORMULE 1 **CHAMPIONNAT DU MONDE.** À l'arrivée du Grand Prix d'Abu Dhabi, l'Espagnol Fernando Alonso (11e) a mis fin, à 37 ans, à sa carrière en F1. Au cours de celle-ci, débutée en 2001, il a pris 312 départs, a remporté trente-deux victoires et a été couronné champion du monde à deux reprises, en 2005 et en 2006.

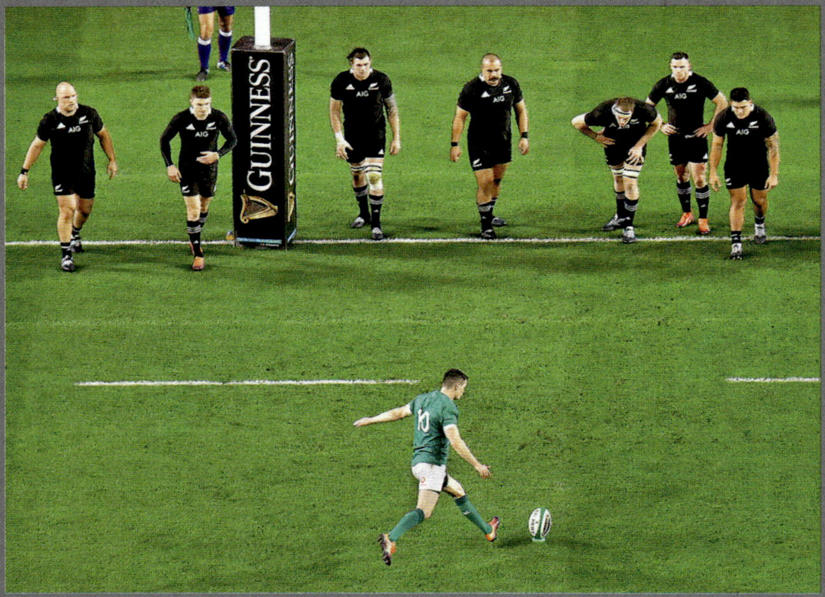

17 NOVEMBRE

RUGBY **TOURNÉE DE NOVEMBRE.** Alors que les Français s'imposent face à l'Argentine à Villeneuve d'Ascq (28-13), l'Irlande de Johnny Sexton (qui tire un but de pénalité) fait face à la Nouvelle-Zélande. Gigantesque exploit du Quinze du Trèfle : les All Blacks sont dépassés par la furia verte (16-9) et ne marquent même pas le moindre essai.

25 NOVEMBRE

TENNIS **COUPE DAVIS.** Yannick Noah salue le public la tête basse, aux côtés de Lucas Pouille, Jérémy Chardy et Pierre-Hugues Herbert (de gauche à droite). L'équipe de France vient de s'incliner à Lille face aux Croates (1-3) de Marin Cilic en finale de la Coupe Davis. Avant que l'épreuve change complètement de format, à partir de 2019.

18 NOVEMBRE

TENNIS **MASTERS.** L'Allemand Alexander Zverev, vingt et un ans, s'écroule de bonheur sur le court. Le protégé d'Ivan Lendl vient de battre, à la surprise générale, le Serbe Novak Djokovic (6-4, 6-3) en finale du Masters disputé à Londres, après avoir disposé de Roger Federer (7-5, 7-6) la veille. Deux stars épinglées en deux sets.

27 NOVEMBRE

FOOTBALL **LIGUE DES CHAMPIONS.** Le Lyonnais Memphis Depay se bat au plus près de l'Anglais John Stones. Face à Manchester City (2-2), Lyon a mené deux fois (et était alors qualifié) avant d'être rattrapé au score. Mais les Rhodaniens obtiendront leur ticket pour les hutièmes de finale deux semaines plus tard, à Donetsk (1-1).

18 NOVEMBRE

WRC RALLYE D'AUSTRALIE. Alors qu'il comptait encore vingt-trois points de retard sur le Belge Neuville à trois courses de la fin, le Français Sébastien Ogier (Ford, M-Sport) décroche, en Australie, lors du dernier rallye de la saison, son sixième titre de champion du monde consécutif. Il rejoindra Citroën en 2019.

2 DÉCEMBRE

BOXE CHAMPIONNAT DU MONDE WBC DES LOURDS. Le punch de Deontay Wilder (à droite) a envoyé deux fois au tapis le fantasque mais très résistant Tyson Fury (2,06 m). Mais l'Anglais s'est à chaque fois relevé. Résultat : si Wilder garde sa ceinture (40 victoires, zéro défaite), il concède son premier nul.

3 DÉCEMBRE

FOOTBALL BALLON D'OR FRANCE FOOTBALL. Le grand sourire de Norvégienne Ada Hegerberg, attaquante de l'OL et première lauréa du Ballon d'Or féminin. Chez les hommes, le Croate Luka Modric me fin à l'ère Messi-Ronaldo, tandis que Kylian Mbappé décroche le Trophée Kopa du meilleur joueur de moins de 21 ans.

9 ÉCEMBRE

FOOTBALL **COPA LIBERTADORES.** C'est à Madrid, après que des incidents à Buenos Aires ont poussé la CONMEBOL à délocaliser le match, que River Plate a remporté, face à Boca Juniors (en bleu), sa quatrième Copa Libertadores. Les deux équipes ont dû aller jusqu'en prolongation (3-1, 1-1 après le temps réglementaire, aller : 2-2).

21 DÉCEMBRE

SKICROSS **COUPE DU MONDE.** À Innichen – San Candido (Italie), Jonathan Midol (31 ans, casque noir) vient de doubler son frère Bastien (29 ans) lors du run final et va remporter la course. Mais en fin de saison, c'est bien le cadet des deux qui remportera le globe de skicross, une spécialité française et... familiale.

16 DÉCEMBRE

HANDBALL **CHAMPIONNAT D'EUROPE.** L'immense joie des Bleues, déjà championnes du monde en titre et maintenant championnes d'Europe. Elles ont confirmé leur domination sur la discipline en étouffant la Russie en finale (24-21). Une performance qui leur permet d'être automatiquement qualifiées pour les JO de Tokyo 2020.

DAKAR PÉROU | Lima - Lima | 10 étapes

Al-Attiyah décroche la dune

À Lima, la capitale péruvienne, le pilote qatarien a remporté son troisième Dakar et offert à Toyota son premier succès sur l'épreuve reine du rallye-raid.

L'ÉQUIPE DU 18 JANVIER 2019

PASCAL SIDOINE

Impérial. Insaisissable. Le Qatarien Nasser al-Attiyah a marqué de son empreinte ce Dakar couru exclusivement au Pérou. Quasiment en tête de bout en bout, sauf au soir de l'étape 2, où il occupait le deuxième rang derrière son coéquipier Giniel de Villiers, le pilote Toyota a fait preuve d'une régularité de métronome. Le prince du désert a donné une leçon de maîtrise et de stratégie de course au volant d'un pick-up Hilux éprouvé et performant, dessiné par les Sud-Africains de Gazoo Racing et préparé dans les ateliers de l'écurie belge Overdrive.

À quarante-neuf ans, cette figure du rallye-raid, sportif accompli, médaillé de bronze en... ball-trap aux JO de Londres 2012, a remporté à Lima son troisième Dakar en quinze participations, avec 46 minutes d'avance sur Nani Roma (Mini) et 1 h 54' sur Sébastien Loeb (Peugeot 3008 DKR, *voir ci-contre*). Après ses victoires en 2011 (avec Volkswagen et Timo Gottschalk comme copilote) et 2015 (avec Mini et déjà Mathieu Baumel), il a offert son premier succès à Toyota. Le constructeur japonais, malgré sa solide réputation dans le monde du tout-terrain, n'avait jamais décroché le Graal, ni en Afrique ni en Amérique du Sud. Al-Attiyah et son fidèle complice Mathieu Baumel (43 ans pile le jour de l'arrivée) ont mis trois saisons pour s'imposer sous ces couleurs. Après avoir abandonné en 2017 sur casse mécanique, ils avaient été les seuls, en 2018, à tenir tête à l'armada Peugeot (2e derrière Carlos Sainz).

> **"Il a fait preuve d'une belle intelligence de course"**
> STÉPHANE PETERHANSEL, SEPTUPLE VAINQUEUR EN CATÉGORIE AUTO

À l'arrivée au bivouac de Pisco, terme de la dixième et ultime étape de cette 41e édition, le tandem Al Attiyah-Baumel laissait exploser sa joie, debout sur le toit de sa voiture, bras levés au ciel, sous les applaudissements de tout le team Toyota. *« C'était vraiment un Dakar difficile, je suis très heureux de le gagner*, lançait Nasser al-Attiyah. *Toute l'équipe a réalisé un travail fantastique. Je suis fier de l'engagement de tous pour décrocher ce succès. J'avais un bon feeling. Tous les jours, il a fallu maintenir une bonne allure, faire attention à ne pas commettre d'erreur, ni moi ni Mathieu. Nous avions une stratégie et nous menons le Dakar depuis l'étape 3. »*

Pour Jean-Marc Fortin, patron d'Overdrive, c'est la récompense de la persévérance. *« On essayait depuis longtemps, le travail a fini par payer*, réagit l'ancien copilote belge. *C'est mérité et ce ne sont que des premières, pour l'équipe et pour Toyota. C'est aussi une victoire tactique. Au départ à Lima, on s'était assis deux heures pour discuter et établir une stratégie. Elle a fonctionné. C'était difficile : il fallait rouler à 80 % et ne pas faire de faute. Nasser a super bien maîtrisé. Et quand il est sous une bonne étoile, il est imbattable. »* Stéphane Peterhansel, contraint à l'abandon la veille, a également salué la performance du Qatarien. *« Nasser a beaucoup de talent et on savait qu'il serait rapide sur cette édition*, commentait « Monsieur Dakar », sept fois vainqueur en auto et six fois à moto. *Cette année, il a moins roulé à la limite que d'habitude. Il a quasiment effectué la course parfaite et a su se mettre en retrait pour ne pas commettre d'erreur. Ces dernières années, il n'avait pas été aidé par sa voiture, pas fiable à 100 %. Là, elle l'a été. C'est une belle récompense, largement méritée. Il a fait preuve d'une belle intelligence de course. Respect ! »*

« On était les plus rapides »

Sébastien Loeb, troisième sur une Peugeot privée, estime qu'il aurait pu faire mieux.

L'ÉQUIPE DU 18 JANVIER 2019
PASCAL SIDOINE

Une fois de plus, Sébastien Loeb et son copilote Daniel Elena, ont animé le Dakar et fait parler la pointe de vitesse sur les pistes, comme dans le sable et les dunes. Mais l'Alsacien s'est heurté à la complexité du rallye-raid et a rencontré des problèmes mécaniques très coûteux en temps dans la deuxième semaine de course. Deux ans après avoir terminé deuxième derrière Peterhansel, il est pourtant remonté sur le podium.

« Quel bilan tirez-vous de votre quatrième Dakar ?

On s'est bien amusés. On a pris du plaisir dans les spéciales, ça roulait fort, ça roulait vite. On était quasiment toujours les plus rapides. On a fait une bonne navigation, on a bien progressé. C'est le côté sympa. Ce qui est frustrant, en revanche, c'est que, sans nos problèmes, on aurait pu gagner. On était les plus rapides. C'est déjà bien de faire un podium avec une voiture privée face aux usines, mais on pouvait faire mieux.

Avez-vous des regrets ?

Il y a eu cette erreur du road-book (*), avec notre rythme, on pouvait la reprendre. Mais les problèmes électriques nous ont mis vraiment loin. Au total, ça représente trois heures de perdues. C'est énorme, d'autant que devant, Nasser *(al-Attiyah)* n'a pas eu de problème.

Ce Dakar au Pérou avec beaucoup de sable et de dunes n'était pas votre terrain de prédilection...

Globalement, ça s'est bien passé même si, par moments, on a eu des hésitations. On n'a pas eu de gros plantages. Dans les dunes, on roulait même plus vite que les autres, j'étais en confiance. Je ne peux pas exprimer toute ma vitesse comme en WRC, mais aujourd'hui j'aime bien, alors qu'avant j'avais des craintes. En performance pure, aucun souci. C'est tout ce qu'il y a autour qui nous a posé des problèmes.

Quelle a été la force de Nasser al-Attiyah selon vous ?

La régularité et la fiabilité. Il a fait une course sage, sans commettre d'erreur. Il a vraiment fait un super Dakar. Il est un peu moins rapide que nous, mais il est toujours à l'arrivée, il est hyper constant. »

(*) D'après lui, une erreur dans le road-book de la troisième étape lui a fait perdre environ une demi-heure.

classements auto

1. AL-ATTIYA-**BAUMEL** (QAT, Toyota Hilux), 34 h 38'14''
2. Roma-Haro Bravo (ESP, Mini X-Raid), à 46'42''
3. Loeb-Elena (MCO, Peugeot 2008 LKR), à 1 h 54'18''
4. Przygonski-Colsoul (POL-BEL, Mini X-Raid), à 2 h 28'31''
5. **Despres-Cottret** (Mini X-Raid), à 2 h 48'43''

...10. **Chabot-Pillot** (Toyota-Hilux), à 8 h 9'58''.

moto

1. PRICE (AUS, KTM), 33 h 57'16''
2. Walkner (AUT, KTM), à 9'13''
3. Sunderland (GBR, KTM), à 13'34''

...6. **De Soultrait** (Yamaha), à 54'.

2000

Il faut remonter à l'année 2000 pour trouver un vainqueur moto sur une autre marque que KTM.

Il s'agissait du Français Richard Sainct, qui l'avait emporté sur BMW. Déjà victorieux l'année précédente, il signait cette année-là, un doublé et remporta un troisième Dakar en 2003 sur une KTM.

moto

Le leader Price

En conquérant un deuxième Dakar au courage, l'Australien permet à la firme KTM de poursuivre son incroyable série d'invincibilité.

L'ÉQUIPE DU 18 JANVIER 2019
JÉRÔME BOURRET

Vieux motard que jamais. Toby Price a attendu l'avant-veille de l'arrivée pour prendre la tête du Dakar. Il a même patienté jusqu'à l'ultime chrono pour remporter enfin une étape et s'assurer ainsi d'un deuxième succès après celui de 2016. Avec les séquelles d'un scaphoïde fracturé quelques semaines avant le départ à l'entraînement, l'Australien n'avait pas d'autre stratégie à déployer que cette course d'attente et il a vu ses intrépides rivaux (Barreda, Brabec, Van Beveren) mettre la béquille les uns après les autres. Le dernier à craquer fut Pablo Quintanilla, le dernier jour. Parti à l'assaut de la minute qu'il comptait de retard sur Price, le pilote Husqvarna s'est fracturé la cheville dans une chute et termine quatrième. Derrière trois inusables KTM – le tenant du titre Walkner se classe deuxième, devant le vainqueur 2017 Sunderland – la marque autrichienne porte son nombre de victoires consécutives à dix-huit ! *« C'est fou ce Dakar*, déclarait le vainqueur. *Je suis totalement aux anges. Ça a été dix jours très longs. Je pensais que je risquais peut-être de faire seulement deux étapes et quitter le rallye, mais j'ai continué à y croire. J'ai l'impression qu'il y a cinq personnes qui roulent sur mon poignet en permanence, ce n'est vraiment pas confortable, mais au bout du compte quand il y a la victoire, la douleur disparaît. La joie est plus forte que la douleur. Je ne sais pas si je suis un guerrier, mais je n'abandonne jamais, c'est tout. J'aime être là, j'aime cette famille du Dakar, j'aime cette équipe KTM, c'est aussi pour tout cela que je m'accroche. »* Sixième, Xavier de Soultrait (Yamaha) est le seul Français dans le top 20.

Aux sources d'un fiasco

Longtemps invincible dans les matches couperets, l'équipe de France s'est totalement effondrée face aux Danois. Son deuxième échec de suite après la demi-finale de l'Euro 2018 contre l'Espagne.

L'ÉQUIPE DU 26 JANVIER 2019

YANN HILDWEIN
ET JÉRÔME LE FAUCONNIER

Pendant une décennie, le handball se jouait à sept et la France gagnait à la fin. Peu importaient le lieu et le contexte, les Bleus tenaient impitoyablement la corde lors des matches couperets. Du quart de finale des JO de Pékin en 2008 contre la Russie (27-24) à la finale du Mondial 2017 à Paris contre la Norvège (33-26), Karabatic et sa bande avaient remporté vingt-six matches à élimination directe sur vingt-huit. Un savoir-faire ahurissant qui s'est totalement délité depuis deux ans. Comme l'an passé en demi-finales de l'Euro croate contre l'Espagne (23-27), les Bleus se sont effondrés dès la sortie des phases de groupes.

Les experts sans successeurs

Didier Dinart, le sélectionneur, ne manque jamais de rappeler le vide laissé par les départs de Narcisse et Omeyer après le titre mondial de 2017. Depuis la fessée contre le Danemark, on comprend pourquoi. En Allemagne, les Bleus n'ont pas pu s'appuyer sur un joueur susceptible de les propulser en finale des JO par un but venu d'ailleurs au buzzer ou un gardien capable d'entrer dans le cerveau de ses adversaires. Auteur d'un début de Mondial très prometteur, Vincent Gérard aurait pu être celui-là mais, abandonné par sa défense, il est rentré dans le rang. Comme Dika Mem, hors sujet face aux Danois. Meilleur Français (37 buts), Kentin Mahé a fait le job contre l'Allemagne et le Danemark, mais c'est tout. Au final, seul Melvyn Richardson (22 buts sur 26) aura pesé individuellement à chaque rentrée. Un comble pour un gamin de vingt et un ans et douze sélections. Des quatre grognards témoins de toutes les campagnes tricolores depuis l'Euro 2006, seul Michael Guigou était titulaire face au Danemark. Pour diverses raisons, Nikola Karabatic, après trois mois d'absence, Cédric Sorhaindo et Luc Abalo n'ont pas autant pesé sur ce Mondial qu'ils l'escomptaient, malgré plus de 1 000 apparitions cumulées en bleu.

Défaite tactique

Face aux Danois, les Bleus ont été dominés dans tous les compartiments du jeu, incapables de trouver une solution pour freiner leur envol. *« On a testé tous les cas de figure, de la défense 1-5* (avec un joueur avancé), *de la 0-6* (avec six joueurs à plat), *on a fait tous les changements possibles. Parfois, cela ne marche pas, on n'arrive pas à faire déjouer l'adversaire »*, lâchait Dinart, fataliste. L'équipe de France manque sans doute de plans B, ce qui s'explique aussi par le fort renouvellement du groupe, tandis qu'elle dispose toujours de peu de temps pour travailler.

les dix derniers champions

2019	Danemark
2017	**France**
2015	**France**
2013	Espagne
2011	**France**
2009	**France**
2007	Allemagne
2005	Espagne
2003	Croatie
2001	**France**

Les adversaires décomplexés

Il y a quelques années, la bataille semblait souvent gagnée avant même le coup d'envoi tant leurs adversaires baissaient la tête devant leur supériorité. Depuis 2016, ce facteur psychologique s'est évanoui. Notamment chez les Danois, si souvent martyrisés, qui ont abandonné leur complexe d'infériorité en arrachant l'or olympique aux Bleus à Rio (28-26). De nouvelles générations émergent aussi ailleurs, qui n'ont pas un tel poids sur les épaules, comme la Norvège de Sander Sagosen. L'autre facteur est l'installation, en Championnat de France, de nombreux internationaux étrangers, qui s'acclimatent au jeu de l'Hexagone et démythifient les Bleus à force de les croiser au quotidien. Ils étaient nombreux, parmi les Espagnols millésime 2018, à évoluer ou avoir évolué en France. Et trois parmi ces Danois, Mikkel Hansen le premier.

Sous les yeux de Ludovic Fabregas, le Français Romain Lagarde s'élève, mais le Danois Henrik Mollgaard fait bonne garde.

Ogier de CENT froid

Le Français a offert à Citroën sa centième victoire lors du Monte-Carlo le plus serré de l'histoire. Avec 2''2 d'avance sur le Belge Neuville, il a remporté l'épreuve pour la sixième fois de suite, avec quatre voitures différentes.

L'ÉQUIPE DU 28 JANVIER 2019

JÉRÔME BOURRET

C'est seulement le tout premier rallye de la saison mais des cris de délivrance sortent soudain de gorges jusque-là nouées de stress. Des larmes coulent sur des joues rosies. Il est 13 h 15 et c'est le temps des embrassades victorieuses dans cette salle d'hôtel transformée en QG monégasque par « l'Armée Rouge » de Citroën. Trois heures que ces cartons de maillots commémoratifs (rouges, évidemment) de la centième victoire de Citroën étaient planqués sous une table. Et l'on avait fini par croire, vu la tournure de la course, que le compteur resterait bloqué à quatre-vingt-dix-neuf.

Retour au petit matin. La vingtaine de membres de Citroën Racing scrute la progression des voitures, dans les montagnes de la Vésubie. Le camp français est en alerte depuis que, la veille au soir, la pédale d'accélérateur de la C3 de Sébastien Ogier et Julien Ingrassia a fait des caprices entre Gap et Monaco, péripétie que l'on préfère éviter quand on ne dispose que d'une poignée de secondes (4''3) d'avance.

Faute d'assistance matinale, le problème n'est pas réglé lorsque la C3 se lance. *« Même quand Seb arrêtait d'accélérer, ça laissait parfois du gaz et ça l'obligeait à sauter sur les freins »*, décrira Julien Ingrassia après coup.

Dans ce contexte tendu, le plateau de pissaladière proposé au déjeuner reste quasi intact. L'avance d'Ogier est tombée à 3''2 après deux spéciales. Lorsque le duo s'élance dans la quatrième et dernière, à 13 h 06, l'écart a fondu aussi vite que la neige qui avait blanchi le col de Turini en milieu de semaine : Neuville est revenu à 0''4. On va vivre le Monte-Carlo le plus serré de l'histoire. L'affichage des temps intermédiaires sur les écrans rythme les émotions. Le premier est favorable à Ogier, puis la tendance s'inverse. Au troisième « split », la Citroën a repris la main sur la Hyundai mais le système de chronométrage déraille et ne livre plus les temps intermédiaires de Neuville jusqu'à l'arrivée.

Ogier devient le deuxième pilote de l'histoire, après le double champion du monde (1980 et 1982) Walter Röhrl, à remporter le Monte-Carlo sur quatre voitures différentes (Peugeot 207, Volkswagen Polo, Ford Fiesta et Citroën C3). Il égale le record de Loeb (sept victoires) ; six seulement en Championnat du monde, diront les grincheux. Ce serait oublier que sur ce tracé, le niveau des adversaires importe peu : le plus grand des rivaux est le parcours lui-même.

> **"On voulait tellement cette victoire qu'on était prêts à faire "caisse" (sortir de la route) pour la décrocher"**
>
> JULIEN INGRASSIA

Le téléphone de Pierre Budar, patron de la compétition chez Citroën, sonne déjà. C'est Linda Jackson, la directrice générale de la marque, qui félicite ses troupes. Il raccroche et fond en larmes. « *J'ai pris quelques années, aujourd'hui*, concède Julien Ingrassia, le copilote aixois, à son retour. *On ne se l'est pas dit avec Seb, mais c'était clair dans nos têtes : on voulait tellement cette victoire qu'on était prêts à faire ''caisse''* (sortir de la route) *pour la décrocher ! J'avais prévenu mon ingénieur : ''Allumez les cierges et préparez la remorque, on ne fera pas dans le détail.'' Seb n'a fait aucune erreur de pilotage. Sur un Monte-Carlo aussi compliqué que celui-là, c'est beau.* »

Ingrassia exagère. Son pilote a fauté ce dimanche. En calant le moteur de sa Citroën entre l'arrivée lancée et le point stop de la dernière spéciale, où son père François l'attendait, fou de joie. « *En le voyant courir vers nous, j'ai compris qu'on l'avait fait*, raconte Ingrassia. *Seb a eu besoin de quelques secondes pour réaliser. Il a penché la tête et se l'est prise entre les mains. Il y a eu pas mal d'émotions dans la voiture.* » À l'hôtel aussi. Les toutes premières pour les jeunes recrues de l'équipe. Les chevronnés, eux, ont déjà vécu de tels moments. Jean-Paul Chiaroni, aujourd'hui coordonnateur, était copilote du regretté Philippe Bugalski pour la toute première victoire de la marque en 1999, en Catalogne. « *Et je suis le seul de l'équipe à avoir vécu les cent sur le terrain* », précise-t-il, ému.

> **"On échange souvent avec Sébastien, je suis ses performances de près et suis vraiment fier de lui. Il a encore montré qu'il est le plus grand de tous. C'est fantastique de réussir à gagner le Monte-Carlo quelle que soit la voiture. Dans ce rallye, c'est vraiment le pilote qui fait la différence."**
>
> WALTER RÖHRL, CHAMPION DU MONDE 1980 ET 1982, VAINQUEUR LUI AUSSI DU MONTE-CARLO SUR QUATRE MARQUES DIFFÉRENTES

> **"C'est une émotion énorme. Cette victoire, on ne l'a pas volée. J'aime le « Monte », c'est ma course. L'écart avec Thierry (Neuville) a été très faible, jamais plus de seize secondes. On s'est battus à la seconde, presque au dixième. L'intensité ajoute toujours au plaisir de la victoire et je suis extrêmement heureux."**
>
> SÉBASTIEN OGIER

classement final

1. **Ogier-Ingrassia** (Citroën C3 WRC), 3 h 21'15''9 ;
2. Neuville-Gilsoul (BEL, Hyundai i20 WRC), à 2''2 ;
3. Tänak-Järveoja (EST, Toyota Yaris WRC), à 2'15''2 ;
4. **Loeb**-Elena (MCO, Hyundai i20 WRC), à 2'28''2…

Un sept d'or pour Djoko

Le Serbe s'est adjugé un septième Open d'Australie en balayant Rafael Nadal en à peine plus de deux heures. « Djokosmic » est de retour.

Djokovic	6	6	6
Nadal	3	2	3

L'ÉQUIPE DU 28 JANVIER 2019

DAVID LORIOT

On rêvait d'épique. On avait imaginé un dernier acte aux confins du sacré. À l'arrivée, ce fut un K.O. brutal. Un récital, une composition sublime jouée de la main d'un seul homme, héros d'une finale à sens unique : Novak Djokovic. En 2 h 04, le Serbe a broyé Rafael Nadal en trois petits sets et aisément, comme personne ne l'avait fait auparavant en finale d'un Grand Chelem, et comme personne, sûrement, n'avait osé le prédire. L'Espagnol était arrivé jusqu'ici, remodelé par deux jolies semaines, un jeu agressif et un service tout neuf. Le numéro 1 mondial, lui, avait attendu son moment, mais sa demi-finale face à Lucas Pouille (6-0, 6-2, 6-2) était déjà un prélude au très beau.

En finale, ce qu'a réalisé Djokovic face au numéro 2 mondial est tout à la fois grandiose et effrayant. Grandiose car lorsqu'un homme joue ainsi, on s'assoit, on regarde et on contemple. Pour remporter un septième titre australien et en être désormais, seul, le plus haut dignitaire (et porter à quinze son nombre de Grands Chelems), le Serbe avait un plan. « *D'entrée mettre la bonne intensité, être agressif, jouer sur ma ligne et lui faire sentir qu'il allait être sous pression* », raconta-t-il. Ce fut magnifiquement réalisé.

Djoko n'a pas décoché un seul coup anodin. Tout fut juste et pensé. Plus féroce, plus entreprenant que lors de ses matches précédents, il a littéralement gommé le temps de l'Espagnol. Constamment acculé, en difficulté sur son jeu défensif, Nadal a cédé d'entrée et n'a même pas existé sur le service de son adversaire, inscrivant... deux points sur vingt-huit lors des sept premières mises en jeu du numéro 1 mondial.

Alors oui, le match de Djokovic, trente et un ans, a aussi quelque chose d'effrayant. Le « Djoker » est à nouveau en paix et en phase avec lui-même et il y a longtemps qu'il n'avait pas paru aussi connecté et maître de son jeu. « *Il y a un an, je me faisais opérer et me retrouver ici, avec ce niveau, c'est incroyable*, expliqua-t-il. *Après l'opération, je ne jouais vraiment pas bien, je ne me sentais pas bien sur le court, j'étais dans le doute et en questionnement perpétuel. Mais j'ai toujours cru en moi.* »

> **"Marquer l'histoire est quelque chose de spécial"**
> NOVAK DJOKOVIC

Le retour dans son box, fin mars dernier, de son entraîneur et mentor, le Slovaque Marian Vajda, n'est évidemment pas étranger à cette renaissance. C'en est même, pour beaucoup, l'essence et le fondement.

En Australie, « Nole » a remporté un troisième Majeur d'affilée et il est revenu au temps de sa splendeur, où il en avait cumulé quatre en 2015-2016. Mais il a fait plus que ça. Ces deux derniers matches à Melbourne resteront dans les mémoires comme une forme d'absolu. La perfection comme une chose insupportable, insurmontable. Depuis son succès face à Nadal, en demi-finales à Wimbledon en 2018 (6-4, 3-6, 7-6, 3-6, 10-8), le Serbe semble avoir basculé dans un autre monde. De sa finale au Queen's en juin dernier (perdue face à Cilic, 5-7, 7-6, 6-3), jusqu'à son 73e titre, à Melbourne, Djoko a disputé huit finales sur ses dix derniers tournois, en remportant cinq.

À ce degré-là du remarquable, on ne lui promet pas encore l'excellence éternelle, mais l'avenir s'annonce radieux. Et Roger Federer, avec ses vingt Grands Chelems, n'apparaît plus très loin. « *Je suis conscient que marquer l'histoire du sport que j'adore par-dessus tout est quelque chose de spécial*, soufflait Djokovic, paupières mi-closes, imprégné. *Bien sûr, cela me motive. Je veux rester focalisé sur moi-même, continuer à progresser et maintenir ce bien-être général, mental, physique et émotionnel, qui peut me permettre d'avoir une chance de me rapprocher du record de Roger. Mais c'est encore loin...* » Pas tant que ça.

HOMMES

1/4 — 1/2 — 1/2 — 1/4

vainqueur
DJOKOVIC, 6-3, 6-2, 6-3

1/4 :
1 DJOKOVIC (SER, 1) – 8 NISHIKORI (JAP, 9) : DJOKOVIC, 6-1, 4-1, ab.
16 RAONIC (CAN, 17) – 28 **POUILLE** (30) : **POUILLE**, 7-6, 6-3, 6-7, 6-4
22 BAUTISTA AGUT (ESP, 23) – 14 TSITSIPAS (GRE, 15) : TSITSIPAS, 7-5, 4-6, 6-4, 7-6 (2)
Tiafoe (USA, 39) – 2 NADAL (ESP, 2) : NADAL, 6-3, 6-4, 6-2

1/2 :
DJOKOVIC, 6-0, 6-2, 6-2
NADAL, 6-2, 6-4, 6-0

En capitales, les têtes de série; en gras, les Français (nationalité et classement mondial entre parenthèses).

Osaka aux nerfs d'acier

Déjà vainqueur de l'US Open 2018, la Japonaise a remporté, face à Kvitova, son deuxième Majeur d'affilée et accède, à vingt et un ans, à la première place mondiale.

Osaka	7	5	6
Kvitova	6	7	4

L'ÉQUIPE DU 27 JANVIER 2019

SOPHIE DORGAN (avec J. RE.)

Elle a parfois semblé bouleversée, son cœur s'est emballé, mais Naomi Osaka a su garder la tête froide. Dans son monde, elle joue et gagne. Quand sa bulle s'est percée, lorsqu'elle a perdu le deuxième set après trois balles de matches envolées (à 7-6, 5-3), elle s'est transformée en papillon pris dans les lumières trop vives de la réalité et s'est vite recentrée sur le jeu.

Les larmes ont coulé sur son visage impassible, elle a crié sa frustration avant de s'éclipser au vestiaire pour une pause salvatrice. Cette jeune femme est un ovni. *« Numéro 1 mondiale, deux tournois du Grand Chelem d'affilée, le tout à vingt et un ans, c'est monumental*, estimait Marion Bartoli. *J'ai été impressionnée par sa force mentale. »*

Beaucoup, alors, auraient tremblé pour conclure. À 5-4 au troisième, elle a commencé par un ace, enchaîné par un coup droit gagnant et deux bonnes premières balles pour empocher le troisième titre de sa carrière, parmi lesquels figurent donc déjà deux Grands Chelems (après Indian Wells et l'US Open 2018). À Flushing Meadows, en finale, elle avait déjà montré des nerfs en acier trempé en résistant à la crise de nerfs de son idole, Serena Williams, et à l'hostilité du public. Ici, la Japonaise, 72e mondiale en janvier 2018, a récidivé. *« Tu vis tennis, tu manges tennis, il n'y avait rien d'autre*, se souvient Cyril Saulnier, qui l'a entraînée de fin 2014 à début 2016. *C'est un diamant brut qui a été poli. J'ai rarement vu quelqu'un frapper aussi fort. Quel revers ! Et surtout, elle frappe sans crainte, c'est sa principale caractéristique. Elle en gagnera d'autres, des Grands Chelems, c'est sûr. »*

> **“ C'est solide, solide, solide. Elle fait tout bien ”**
> MARY PIERCE

Elle allie tous les ingrédients de la championne : service régulier à plus de 180 km/h, coup droit et revers surpuissants, déplacements de plus en plus toniques, travail acharné et mental hors du commun. *« C'est solide, solide, solide. Elle fait tout bien : service, retour, elle cherche toujours à attaquer, se déplace bien*, résume Mary Pierce. *Avant chaque point, elle saute, serre le poing et se tape sur la cuisse gauche. »*

La nouvelle numéro 1 mondiale, insaisissable dans ses réactions, paraît sans limites. L'« Osakamania » qui sévit dans son pays ne la défrise pas. Elle reste lunaire. Un peu dans son monde de jeu vidéo et de room service, loin du brouhaha ambiant. Avant de recevoir son trophée, elle cherchait sa place et dira, plus tard, qu'elle était *« en état de choc »*.

La timide sourit peu et répond en ouvrant de grands yeux. Mais sa détermination est maximale. *« Les personnes disent souvent qu'elles veulent gagner, elle le veut vraiment. L'an dernier, elle n'a pris que deux semaines de repos »*, rappelle son coach Sascha Bajin. Hormis Serena Williams, le circuit féminin a souvent connu des comètes, il a trouvé son étoile. Pour longtemps.

FEMMES

1/4	1/2	vainqueur	1/2	1/4
16 S. WILLIAMS (USA, 16)	Ka. PLISKOVA, 6-4, 4-6, 7-5	OSAKA, 7-6 (2), 5-7, 6-4	KVITOVA, 6-1, 6-4	8 KVITOVA (RTC, 8)
7 Ka. PLISKOVA (RTC, 7)		OSAKA, 6-2, 4-6, 6-4 / KVITOVA, 7-6 (2), 6-0		15 BARTY (AUS, 15)
4 OSAKA (JAP, 4)	OSAKA, 6-4, 6-1		Collins, 2-6, 7-5, 6-1	Pavlyuchenkova (RUS, 42)
6 SVITOLINA (UKR, 6)				Collins (USA, 35)

En capitales, les têtes de série (nationalité et classement mondial entre parenthèses).

Un vrai Grand Chelem à deux

Nicolas Mahut et Pierre-Hugues Herbert sont devenus la huitième paire de l'histoire du double à avoir remporté les quatre titres du Grand Chelem.

Mahut-Herbert	6	7
Kontinen-Peers	4	6

L'ÉQUIPE DU 28 JANVIER 2019

SOPHIE DORGAN

En 2009, Nicolas Mahut avait déjà repéré le gamin un peu maigrichon qui venait de gagner le double juniors à Wimbledon. Dix ans plus tard, les deux compères ont marqué l'histoire de leur discipline en devenant, après leur victoire en deux sets sur la paire Kontinen (FIN) - Peers (AUS) (6-4, 7-6), la huitième paire à gagner les quatre titres du Grand Chelem. L'occasion d'un petit coup d'œil dans le rétro.

Lors de leur première rencontre sur le court, « P2H », associé à Nicolas Renavand, l'actuel coentraîneur de Mahut, avait battu son partenaire (associé à Sébastien Grosjean) à Orléans en 2010. Trois ans plus tard, ils jouaient ensemble à Mouilleron-le-Captif (Vendée) : défaite en deux sets contre Frank Dancevic et Vincent Millot… Mais leurs vrais débuts ensemble remontent à 2015. Et depuis, que de chemin parcouru par le tandem ! Treize tournois remportés en tout. Aujourd'hui, les deux hommes apparaissent même comme de vieux routiers, chacun complétant l'autre. « P2H » apporte le détachement, l'Angevin transmet sa rigueur.

Leurs succès préférés ? Mahut n'arrive pas vraiment à trancher entre Roland-Garros, chez lui (2018), et Wimbledon (2016), son *« rêve d'enfant »*, remportés bien après leur premier succès commun en Grand Chelem, à l'US Open 2015. Herbert tranche pour la Porte d'Auteuil, où il a pu *« partager ça avec tous les proches. Roland- Garros, c'est le tournoi qu'on voit à la télé quand on est gamin »*. En ligne de mire, maintenant que le Grand Chelem est réalisé ? Les JO de Tokyo en 2020.

Ils ont conquis tous les Grands Chelems

- **Sedgman-McGregor (AUS) ***
  Grand Chelem calendaire en 1951
- **Hoad-Rosewall (AUS) ***
  1953-1956
- **Emerson-Fraser (AUS) ***
  1959-1962
- **Newcombe-Roche (AUS) ***
  1965-1967
- **Eltingh-Haarhuis (HOL)**
  1994-1998
- **Woodbridge Woodforde (AUS)**
  1992-2000.
- **B.Bryan-M.Bryan (USA)**
  2003-2006 et 2007-2013
- **Mahut-Herbert**
  2015-2019

** Performances réalisées avant l'ère Open, qui démarre en 1968.*

Sur les traces du fils Noël

Vainqueur des slaloms de Wengen et Kitzbühel à vingt et un ans, le jeune Français Clément Noël, grande révélation de l'hiver, a forgé son talent au milieu des sapins vosgiens de la Capatte.

L'ÉQUIPE DU 17 FÉVRIER 2019

QUENTIN MOYNET

Les roues de la voiture de location, les pneus neige éreintés, s'enfoncent dans l'épais matelas blanc, verglacé, recouvrant les lacets du col d'Oderen. L'idée de faire demi-tour et de retrouver le bitume rassurant de la ville traverse l'esprit, mais une déneigeuse sortie de la brume offre un court sursis. La séance de patinage en altitude reprend quelques kilomètres plus loin, sur la route d'Alsace. Au milieu du silence, Thibaut Leduc débarque, au volant de son char tout-terrain. Après une leçon de conduite sur glace jusqu'à l'hôtel des Buttes, à Ventron, le patron des lieux interroge, amusé : *« Qui a dit qu'il ne neigeait pas dans les Vosges ? »*

Il y a deux ans, pourtant, le manque de neige l'avait contraint à n'ouvrir sa station de ski qu'après les fêtes de Noël. Les pistes, à l'altitude (1 150 m au sommet) et au dénivelé (230 mètres) limités, y sont parfois caillouteuses. D'ailleurs, en Savoie et dans les départements voisins, où l'alpin est roi, les Vosges furent longtemps méprisées. *« Vous êtes le tiers-monde du ski alpin »*, crachait-on parfois au visage de Leduc. *« Bon, il faut dire qu'il y a encore quelques années, on était vraiment des merdes, même au niveau régional*, en rigole aujourd'hui ce dernier. *Je crois que le dernier Vosgien à avoir gagné au niveau mondial, c'est ma tante, Thérèse Leduc, dans les années 1960. Enfin, ça, c'était jusqu'à "Clem". »*

« Clem », alias Clément Noël, le prodige du Ménil, vainqueur à vingt et un ans de deux épreuves de Coupe du monde de slalom consécutives en janvier, à Wengen et à Kitzbühel, en se payant notamment son idole, l'Autrichien Marcel Hirscher. À chacune des deux entrées de son village natal, un immense panneau et ces quelques mots entourant sa photo, prise lors du slalom des JO de Pyeongchang, dont il avait terminé à une quatrième place inattendue, à quatre centièmes du podium : *« Bravo à notre champion Clément Noël »*. Une dizaine de kilomètres plus au nord, toute la station de Ventron vibre quand il passe entre les piquets. Sa victoire à Wengen fut fêtée par une tournée générale au self du village. *« On a généralement des compétitions en même temps mais quand Clément passe, tout le monde a le nez sur son téléphone »*, raconte Catherine Biegalke, la présidente de l'US Ventron.

> **“Un gosse qui fonçait comme un malade ”**
> ROBERT GÉGOUT, ANCIEN PRÉSIDENT DE L'US VENTRON

« Ses grands-mères n'arrêtent pas de recevoir des coups de fil de félicitations, elles adorent ça », sourit Laurence Noël, la mère de Clément, qui le mit sur ses premiers skis à deux ans et demi. *« Il ne faisait déjà plus la sieste et moi, je ne travaillais pas, donc on y allait presque tous les après-midis »*, se souvient-elle. Très vite, le jeune garçon, qui prenait aussi des cours à l'école de ski, s'amusa plus sur les pistes enneigées que sur les terrains de foot, où son année passée dans le but lui donna des boutons. *« Ça le stressait*

Le visage radieux de Clément Noël, victorieux à Kitzbühel (ci-dessus) le 26 janvier. Dès le 13, il avait réalisé une deuxième place à Adelboden (ci-dessous), avant de s'imposer à Wengen une semaine plus tard (ci-dessous, à droite). Pour clore une saison de Coupe du monde de rêve, il s'est adjugé le slalom des finales, à Soldeu (Andorre), mi-mars.

trop : quand l'équipe perdait, il avait l'impression que c'était de sa faute », explique son père, Jean-Christophe, ingénieur dans le bâtiment.

Le môme à l'épaisse tignasse dépassant du casque avait beau tenir ses skis *« comme un Parisien, en vrac dans ses bras »*, selon Biegalke, ses prédispositions lui permirent d'intégrer le club local avec près d'un an d'avance. Robert Gégout, président de l'USV de 1992 à 2014, se souvient d'un gosse qui *« fonçait comme un malade »*. *« Très jeune déjà, il y avait un côté naturel, une vitesse de pieds incroyable, de la coordination,* énumère Laurent Auer, qui l'entraîna à douze et treize ans. *La force que Clément avait petit et qu'il a conservée, c'est sa capacité à se rattraper quand il était en retard. »*

Il la développa dans les sapins de la Capatte, la piste préférée des Véternats, celle qui n'est pas tracée. *« Au club, on a toujours voulu que les jeunes fassent ce qu'on appelait du ski libre. Du hors piste, quoi !* indique Gégout. *C'est comme ça qu'on apprend à skier, même si on en chie un peu. » « Dans la forêt, si tu fais une faute de carre, tu n'as pas cinquante mètres pour te rattraper,* acquiesce Leduc. *Dès qu'il y avait de la "puff"* (de la poudreuse), *Clément et sa bande étaient les premiers à faire les cons dans la forêt. Aujourd'hui encore, il pourrait vous faire un "backflip"* (salto arrière) *sans problème. »*

Noël bénéficia alors de la structuration du club de Ventron, lancée par Leduc et Gégout à travers une association de partenaires qui injectèrent de l'argent pour financer stages, matériel et entraîneurs présents à l'année. *« Il a eu la chance d'être dans un groupe de huit skieurs dont la moitié faisait partie du top 5 national à douze, treize ans,* indique Auer. *Il y avait une grosse émulation. »* Et une excellente ambiance, dont se souviennent encore certaines chambres d'hôtels lors de stages en Autriche, où les journées se concluaient généralement par des batailles de polochons. *« C'était un gamin discret, mais il a aussi fait des conneries,* se marre Leduc. *À dix-sept ans, il a failli se faire lourder du pôle France. Une nuit, avec Sam Alphand, ils avaient fait le mur pour aller voir des gonzesses. »*

L'adolescent avait aussi une tendance à la nonchalance, ce qui lui valut quelques recadrages en minimes. *« Mais en seconde année,* se rappelle son coach de l'époque, Christian Meyer, *il a vraiment pris conscience de ses possibilités. »* Et de son obligation de performance pour être repéré par un club des Alpes. *« Quand tu es un skieur vosgien, il faut partir à quinze ans, sinon c'est fini »*, indique Leduc.

Difficile, pourtant, de savoir, dans la maison familiale du Ménil, qu'un champion a grandi là. Dans le salon, une seule photo, celle de son sacre aux Championnat du monde juniors, en 2018. Consigne d'un fils pas du genre à étaler sa réussite. À côté de son lit, sur la table basse, une lettre attire le regard. Elle est signée de la main du maire de Ventron, Jean-Claude Dousteyssier. Tout est dit en une phrase : *« Bravo Clément et merci pour ce que tu apportes à Ventron, notamment les rêves dans lesquels tu nous entraînes. »*

5

Clément Noël est le cinquième slalomeur français à avoir réussi le doublé Wengen-Kitzbühel.
Il succède à Jean-Baptiste Grange (2008), Jean-Noël Auger (1972), Patrick Russel (1970) et Jean-Claude Killy (1967).

Pintu, héros

Alexis Pinturault est devenu champion du monde du combiné alpin. Son premier titre mondial, à vingt-sept ans, récompense autant sa polyvalence que sa ténacité.

L'ÉQUIPE DU 12 FÉVRIER 2019

MYRIAM ALIZON

Enfin, l'histoire est belle. Alexis Pinturault est devenu champion du monde, en combiné alpin. Un titre qui manquait à son palmarès garni de trois médailles olympiques (deux de bronze en géant, une d'argent en combiné) et de vingt-trois victoires en Coupe du monde. L'épreuve compte une descente et un slalom et récompense le plus agile dans les deux. Toujours favori, jamais médaillé mondial, le blond de Courchevel avait réussi, en 2018, à décrocher l'argent à Pyeongchang derrière Hirscher. L'Autrichien n'était pas là, le titre ne lui tendait pourtant pas les bras. Après la descente raccourcie et repoussée d'une heure, Pinturault n'avait pas impressionné, pointant à 1"52 de l'Italien Dominik Paris, déjà titré en super-G. *« J'étais un peu inquiet »*, confiait David Chastan. Le patron des Bleus avait déjà vu deux combinés lui passer sous le nez alors qu'il jouait placé. À Beaver Creek, en 2015, Pinturault avait fini cinquième dans des conditions compliquées, à Saint-Moritz, en 2017, il avait sombré entre les piquets (10e). Cette fois, il lui a fallu sortir une grande manche de slalom, qu'il oublie sa contusion osseuse au genou du matin, pour que le scénario ne se répète pas. La manche avait été tracée par son entraîneur Fabien Munier : *« Ceux qui pouvaient être médaillés, chez nous, partaient devant, donc l'objectif était de faire des figures avec des sorties décalées pour coincer les spécialistes de la vitesse. »*

Cette année, Pinturault a retrouvé son pied en slalom et l'a montré sur les quarante secondes de course. En bas avec 0"24 d'avance sur le Slovène Hadalin, il a ensuite croisé les moufles pendant un bout de temps. La neige est apparue, la piste s'est dégradée, Marco Schwarz, son principal rival, allumait du rouge. Comme prévu, malgré leur avance au départ, les gros ne l'ont pas délogé. En voyant Paris passer dans le rouge, Pinturault a levé les bâtons. Il tenait enfin son titre. *« Chapeau Pintu »*, lâchait l'Italien, écœuré par l'état de la piste. *« Il le mérite »*, soulignait Aerni.

> **"Si la discipline (le combiné) s'arrête, je ferai certainement moins de vitesse, sauf si je deviens gros et que je m'y mets"**

Le titre récompense la pugnacité du Français. Depuis toujours, il a misé sur une certaine polyvalence. Justement pour briller en combiné. *« Si la discipline s'arrête, je ferai certainement moins de vitesse, sauf si je deviens gros et que je m'y mets »*, rigole l'intéressé. Quand les skieurs s'ultraspécialisent, lui peut faire un top 10 en super-G et un podium en slalom le lendemain, comme à Kitzbühel. *« Il est tenace par rapport à ses objectifs*, juge Munier. *C'est un perfectionniste. Il analyse bien ce qu'il fait, est impliqué et appliqué. Il n'est pas dans la grande discussion. Il peut paraître froid ou distant mais il est vraiment dedans et concentré. »* Et, aujourd'hui, plus détaché du résultat. *« Il est bien plus ouvert, souriant*, relate Romane Pinturault, son épouse qui s'occupe aussi des relations presse. *Il a compris comment il fonctionnait, que le plaisir et l'envie passaient avant tout. »*

Les derniers Mondiaux restent son souvenir sportif le plus douloureux. Il l'avait dans un coin de la tête en arrivant. *« On apprend aussi par l'échec*, analyse Chastan. *Il gère mieux les événements, plus décontracté. Avant le slalom, je ne l'ai pas senti tendu, ça se voit sur ses skis. »*

Avec son or autour du cou, remis devant une poignée de spectateurs au centre du village d'Åre par Michel Vion, dernier Français vainqueur d'un combiné mondial en 1982, Pinturault a montré que la lumière ne lui faisait plus peur.

les podiums / géant

1. H. Kristoffersen (NOR), 2'20"24
2. M. Hirscher (AUT), à 0"20
3. **A. Pinturault**, à 0"42

combiné

1. **A. Pinturault**, 1'47"71
2. S. Hadalin (SLV), à 0"24
3. M. Schwarz (AUT), à 0"46

super-G

1. D. Paris (ITA), 1'24"20
2. **J. Clarey** et V. Kriechmayer (AUT), à 0"09

« Une belle bagarre »

Après son titre en combiné, Alexis Pinturault a glané une deuxième médaille : le bronze en géant. Il avait même remporté la première manche, avant de s'incliner face à Kristoffersen et Hirscher.

L'ÉQUIPE DU 16 FÉVRIER 2019

MYRIAM ALIZON

« Que représente pour vous cette deuxième médaille mondiale, en géant, après l'or en combiné ?

Ce n'est pas évident de gagner des médailles. Ce géant était une belle bagarre, dans des conditions exigeantes, la piste a beaucoup marqué les différences à cause de la météo. J'ai fait une petite faute en bas *(de la deuxième manche)*, j'ai perdu du temps, mais ça fait partie des risques.

Vous aviez gagné la première manche et finissez troisième. Est-ce quand même une satisfaction ?

Oui, une grande ! En géant, cela faisait longtemps que je n'étais plus capable de gagner une manche. Quand les conditions sont lisses, je peux être aussi bon que Marcel *(Hirscher)* et Henrik *(Kristoffersen)*. Quand le terrain marque plus, j'ai encore des choses à régler.

Sincèrement, c'est ce que vous vous dites en coupant la ligne ?

Quand on gagne la première manche, on espère allumer du vert, c'est clair ! Mais en géant l'an dernier, j'étais loin, même si j'arrache une médaille aux Jeux *(bronze)*.

Comment avez-vous géré l'entre-deux manches ?

Très bien, je pense. C'est stressant. Quand tu mènes en première, tu n'as pas le choix, tu dois être à la limite. C'était si serré *(Hirscher le talonnait à 0"10 et Kristoffersen à 0"18)* qu'il fallait attaquer et prendre des risques. On a tous skié le couteau entre les dents.

Vous êtes régulier au plus haut niveau.

Je me mets moins de pression. Avant, je voulais tellement bien faire que je ne faisais pas bien, je n'osais pas assez et ça me coûtait cher. Maintenant, ma motivation première est dem'amuser. Quitte à passer au travers, au moins j'essaie.

Avez-vous l'impression de marquer le sport français ?

Je ne sais pas... Je me poserai la question le jour où j'arrêterai. Je suis au départ pour être à la bagarre avec les meilleurs. Bien sûr, je vise les podiums et les victoires. Mais pas pour l'histoire. »

L'argent de Papy Clarey

La deuxième place de Johan Clarey en super-G récompense sa persévérance. À trente-huit ans, il est le plus âgé des médaillés mondiaux.

L'ÉQUIPE DU 7 FÉVRIER 2019

STÉPHANE KOHLER ET MYRIAM ALIZON

Porté en triomphe par son équipe, un bouquet de fleurs blanches à la main, Johan Clarey (38 ans) peine encore à réaliser. Le skieur de Tignes a attaqué l'Olympia comme il a plongé dans la saison, avec le cœur et les tripes. Parti en quatorzième position, il tenait tête aux meilleurs sur le haut de parcours. En avance au dernier intermédiaire, sa combinaison s'est ouverte côté gauche, laissant s'échapper sa protection. *« Ça m'a déstabilisé, du coup je suis à contre-temps sur la fin*, analyse-t-il. *Je pensais avoir bouffé la feuille sur ça, mais je finis deuxième en bas* (à 0''09 de Paris comme Kriechmayr) *et très heureux. »*

Dans l'aire d'arrivée, le doyen des Bleus regarde fébrilement le soleil éclairer la piste pour les gros dossards. Aucun n'en profitera. Théaux, parti vingtième, auteur d'un superbe run, finit cinquième à 0''37. *« J'avais vu que Yo* (Clarey) *était devant, je savais que ça allait tenir*, raconte ce dernier, sincèrement content pour son pote. *Les anciens, on a tous notre médaille, que ce soit Kaillou, Gauthier, moi* (*) ! *C'est un juste retour des choses, Yo n'a pas eu une carrière facile. »*

Clarey, arrivé sur le circuit en 2003, a toute une collection de pépins : une dizaine d'opérations des genoux dont trois ligaments croisés (deux à droite, un à gauche), une hernie discale, une épaule kaput. Sur le circuit, il compte dix-huit tops 5 (cinq podiums), le dernier obtenu en super-G à Kitzbühel le 27 janvier.

En 2011, alors qu'il était en tête de la descente de Val Gardena, la course a été annulée après vingt et un dossards. *« La persévérance est ma plus grande qualité*, reconnaît le Tignard. *Je me suis accroché, je ne suis pas le plus talentueux des skieurs, mais je peux gérer beaucoup de situations. »* Puis ajoute : *« Je ne suis plus le même depuis l'accident de David* (Poisson, décédé à l'entraînement au Canada le 13 novembre 2017), *plus le même au départ. Je relativise les choses, ça se ressent dans mon ski. J'ai du mal à trouver une autre explication que ça. Je me dis que ce n'est que du ski, amuse-toi et banzaï ! »* Cette disparition, avant le début de la saison, avait soudé le groupe vitesse. Elle ne faisait plus qu'une. *« Aujourd'hui, j'ai pensé à David, à sa famille, j'espère que ça leur met du baume au cœur*, témoigne Clarey. *David, je l'ai toujours un peu considéré comme mon frère. J'ai la sensation de ne pas skier tout seul, c'est mystique. »*

Au restaurant l'Ancolie, Jeannette Poisson, la mère de David, a interrompu son service : *« Le groupe a fait le chemin, ils se sentent un peu plus libérés que l'hiver dernier. L'an passé, ils voulaient tant réussir pour lui... David est avec eux. Tous ensemble on avance. »*

(*) David Poisson, médaillé de bronze en descente en 2013 ; Gauthier de Tessières, médaillé d'argent du super-G en 2013, Adrien Théaux, médaillé de bronze du super-G en 2015.

Les adieux à la reine Lindsey

Une médaille de bronze en descente a conclu les dix-huit années de carrière de l'Américaine Lindsey Vonn, icône du ski alpin.

L'ÉQUIPE DU 11 FÉVRIER 2019

MYRIAM ALIZON ET STÉPHANE KOHLER

Il faut avoir le cœur bien accroché ces jours-ci pour ne pas chavirer devant les adieux de légendes du ski. Après Svindal, médaillé d'argent pour sa dernière descente, le « conte de fées » de Lindsey Vonn s'est conclu sur du bronze. Ses derniers Mondiaux lui ont offert un condensé de sa carrière : du talent, des chutes et du show. *« Je donne tout, tout le temps, c'est pour ça que j'ai beaucoup gagné et que je me suis aussi beaucoup crashée*, a reconnu la skieuse arrivée sur le circuit en 2000. *Aujourd'hui, j'ai serré les dents une dernière fois. Je voulais plus que tout finir sur une bonne note. »*

Partie timidement sur un haut du tracé qui ne lui réussit pas, elle a retrouvé, à mi-parcours, le ski qui a fait d'elle la « reine de la vitesse ». Elle avait même le soleil dans la poche. En tête à l'arrivée, Vonn salua la foule clairsemée, mima une révérence. Viktoria Rebensburg se prosterna à ses pieds. Tout près, Ingemar Stenmark, l'homme qui détient le record de 86 victoires en Coupe du monde qu'elle a longtemps chassé, l'attendait avec un énorme bouquet de fleurs. *« Je l'ai supplié d'être là*, assura la skieuse. *C'est un homme de peu de mots, calme et gentil. C'est une légende. Il n'aime pas être sous le feu des projecteurs mais il mérite d'y être. C'est une fin de carrière parfaite. »*

La Slovène Ilka Stuhec et la Suissesse Corinne Suter lui sont passées devant. Qu'importe. Elle terminait son dernier spectacle par une partie d'air bowling sur le podium avec Stenmark en lanceur, des léchouilles à sa chienne Lucy, des rires mais aucune larme. Elle est arrivée en conférence de presse avec, à la main, ses onze médailles mondiales ou olympiques. *« Ça pèse une tonne »*, a-t-elle rigolé.

VONN, L'INNOVATRICE
« Un monstre incroyable »

Née dans le Minnesota et partie à douze ans avec sa famille dans le Colorado pour mettre toutes les chances de son côté, Lindsey Kildow, devenue Vonn par mariage, a révolutionné son sport au milieu des années 2000. En utilisant des méthodes d'entraînement et du matériel empruntés aux skieurs, elle a poussé le curseur du professionnalisme le plus haut possible. Longtemps dominatrice en vitesse, elle fait aussi partie du club restreint des skieuses ayant gagné aussi en géant, slalom et combiné. *« Grâce à son gabarit* (1,78 m ; 73 kg), *sa masse corporelle, mais aussi un superbe toucher de neige, elle a souvent fait la différence en vitesse*, rappelle Sébastien Amiez, vice-champion olympique de slalom en 2002. *Sans oublier un engagement extrême qu'on voit rarement sur le circuit féminin. »* Un engagement tel qu'il l'a poussée à demander à faire une incursion sur le circuit masculin, sans toutefois recevoir l'autorisation de la FIS.

« C'est dur de dire à quel point elle est fantastique, résume la Tchèque Ester Ledecka, championne olympique du super-G à Pyeongchang. *Peu de gens sont capables de durer aussi longtemps au plus haut niveau. C'est mon idole et celle de beaucoup de skieuses venues à la compétition à cause d'elle. »* Tessa Worley parle *« d'un monstre incroyable, aux records invraisemblables »* quand elle évoque Vonn. *« Sans Lindsey, le ski sera forcément très différent. »* L'Américaine a, en tout cas, prévu de s'éloigner un moment du circuit.

VONN, LA RÉSISTANTE
« Je ne suis plus réparable »

Vonn arrête sa carrière car son corps n'en peut plus, soumis à tant de chocs et de contraintes depuis une quinzaine d'années, conséquence de son engagement exceptionnel, parfois au-delà de la limite. *« Je ne suis plus réparable »*, disait-elle en début de semaine dernière, après un énième crash, cette fois en super-G, lui ayant valu un œil au beurre noir et une côte froissée. Broutille en comparaison de son impressionnante liste de blessures. Son genou droit est irrémédiablement endommagé, le gauche va être ré-opéré. Et ailleurs ? Fractures diverses aux bras et chevilles, commotions cérébrales, dos en compote, rien ne lui a été épargné. *« C'est*

une teigneuse, une athlète extraordinaire, rappelle Alberto Senigagliesi, patron de l'équipe de France femmes qui a travaillé avec elle par le passé. *Elle a connu tant de blessures, mais elle a toujours réussi à revenir.* » Pourtant, à Cortina d'Ampezzo, quelques semaines avant, Vonn a brutalement compris que la retraite était inéluctable. Après deux descentes décevantes vu ses standards (15e puis 9e), elle fut incapable de terminer le super-G. « *Je ne voulais pas arrêter. Mais mon corps m'empêche de faire ce que je veux, je ne suis plus capable de skier comme je l'entends* », avait-elle lâché au bord des larmes. La plus résiliente des skieuses ne battra donc jamais le record de Stenmark. « *Ça ne vaut pas la peine de mettre en péril mon intégrité physique*, rappelle Vonn. *Je veux être capable de skier un jour avec mes enfants.* »

82
Son nombre de victoires en Coupe du monde.
L'Américaine se place au deuxième rang, hommes et femmes confondus, à quatre unités du record du Suédois Ingemar Stenmark.

4
Son nombre de gros globes (2008, 2009, 2020, 2012) récompensant la meilleure skieuse au général de la Coupe du monde. Elle compte aussi seize globes de spécialité (8 en descente, 5 en super-G et 3 en combiné).

11
Son nombre de médailles en grands championnats. Trois aux JO (dont l'or en 2010 en descente) et huit aux Mondiaux.

VONN, LA STAR
« Allier people et compétition »

Lindsey Vonn a mis en lumière le circuit féminin comme aucune autre avant elle. « *Elle a réussi à allier le people à la compétition, on a un peu de mal à faire ça dans nos montagnes* », note la slalomeuse Anne-Sophie Barthet. En 2010, la couverture de *Sports Illustrated*, où Vonn apparaît en position de recherche de vitesse, sourire et cheveux lâchés, fait bondir des féministes. Vonn s'en moque. Elle s'amuse. Pour ESPN, elle se grime en Sharon Stone pour un remake de la célèbre scène de l'interrogatoire de Basic Instinct. En 2016, elle participe à une séance de bodypainting pour l'édition Spécial maillots de bain de *Sports Illustrated*. L'Américaine aime les paillettes, les soirées VIP, expose sa vie, ses chiens, ses doutes, ses peines sur les réseaux (1,7 million de followers sur Instagram), sans retenue. Dans le monde feutré du ski alpin, ça irrite. Elle se montre aussi avec les hommes de sa vie. Sa liaison avec Tiger Woods de 2013 à 2015 l'a fait passer dans une autre dimension. Vonn se sert aussi de son aura pour lancer une fondation qui, notamment, distribue des bourses scolaires à des jeunes filles : « *C'est de ça que je suis la plus fière. C'est ce qui m'est arrivé de mieux lors de mes blessures. Avoir un réel impact sur la vie des gens.* »

Et maintenant ? Elle envisage un avenir de businesswoman, a pris quelques cours à Harvard, se renseigne sur la production de films, clame son désir d'enfant. « *Je suis excitée d'entamer cette nouvelle période de ma vie*, a-t-elle lancé. *Et puis dans la vie normale, trente-quatre ans, c'est jeune ! On va arrêter de me répéter que je suis vieille.* »

Svindal : « Un long et beau voyage »

Pour la dernière course de sa carrière, le Norvégien de trente-six ans, deuxième de la descente, a vécu des adieux quasiment parfaits.

L'ÉQUIPE DU 10 FÉVRIER 2019
STÉPHANE KOHLER

La démarche plus cool que jamais malgré son genou droit qui grince, Aksel Lund Svindal, dauphin de son compatriote Kjetil Jansrud en descente, ne semblait nullement déçu de ne pas boucler son aventure de skieur de haut niveau par un nouveau titre de champion du monde. Un titre qu'il a raté de seulement deux centièmes de seconde. Détendu, apaisé, le Norvégien a évoqué sa dernière journée de skieur, avant d'être unanimement applaudi par les médias, conscient de voir partir un champion exceptionnel.

« Comment s'est passée cette journée d'adieux ?
C'était une course très serrée mais une superbe course. Je suis très heureux du résultat, j'ai vite senti que ce serait une journée magnifique pour l'équipe de Norvège. Avec Kjetil *(Jansrud)*, on a inversé les places sur le podium par rapport aux JO de 2018. C'est parfait. La foule nous a donné une énergie formidable, et c'est cela dont je voudrais d'abord me souvenir en repensant à cette course, plutôt que ma deuxième place tout près de Kjetil. Je dois avouer que j'étais assez nerveux car j'attendais cette dernière course depuis plusieurs semaines. Je ne voulais pas d'un report et attendre encore quelques jours.
Aviez-vous peur de passer à côté de cette descente ?
Je ne voulais pas me rater. D'habitude, je me dis toujours que ce n'est pas si grave, que j'aurai encore des opportunités plus tard. Là, ce n'était pas le cas et ça change beaucoup de choses. J'ai voulu donner tout ce que j'avais, de haut en bas.
Comment va votre genou droit, celui qui vous cause tant de soucis depuis deux ans ?
Il va plutôt bien, en fait ! Bon, pas si je devais refaire une compétition de haut niveau dans quelques jours. Mais pour le skieur du dimanche que je vais devenir maintenant, ce sera très bien, tout à fait suffisant.
Que retiendrez-vous de votre carrière ?
Ma première Coupe du monde remonte à 2001, ça fait beaucoup de souvenirs. C'était un long et beau voyage. Le ski est une communauté magnifique. Je m'en vais mais pourquoi avoir des regrets ? Je pense que c'est le bon choix. Quand je me réveillerai demain, je serai heureux. Toutes les choses ont une fin. »

13
Son nombre de médailles en grands championnats
4 aux JO (or en descente en 2018 et en super-G en 2010) et 9 aux Mondiaux (dont 5 titres : descente en 2007 et 2013 ; géant en 2007 ; combiné en 2009 et 2011).

2
Son nombre de gros globes (2007 et 2009), auxquels il faut ajouter 9 globes de spécialité (dont 5 en super-G).

Un géant s'arrête au sommet

Marcel Hirscher, octuple vainqueur de la Coupe du monde, a décidé de se retirer à trente ans après une saison où il a, une fois de plus, dévoré tout le monde.

L'ÉQUIPE DU 5 SEPTEMBRE 2019

STÉPHANE KOHLER

Cette fois, l'éternel coup de bluff n'en était pas un. À chaque intersaison depuis plusieurs années, Marcel Hirscher assurait qu'il n'était pas sûr de retrouver le circuit l'année suivante. Mais cette fois, après un huitième gros globe et une nouvelle médaille d'or mondiale arrachée en slalom (argent en géant), il a décidé de s'arrêter.

« Je fais court, j'arrête, a-t-il vite déclaré devant les caméras d'ORF2, souriant mais ému. *C'est toute une vie qui s'arrête. Ma décision remonte à deux semaines, deux semaines très agitées. Maintenant, ce sera plus facile pour moi. Physiquement, je ne suis plus prêt à payer le prix, et je suis heureux de pouvoir encore m'asseoir sur deux genoux valides. »*

Comme Vonn et Svindal, Hirscher a donc quitté le cirque blanc cette année. Las, usé, fatigué par les contraintes. *« J'ai remarqué que mes vacances d'été m'avaient semblé trop courtes. C'est comme une batterie de téléphone. Elle charge toujours, mais elle a besoin de plus de temps. »* Aux Mondiaux d'Åre (Suède), l'Autrichien avait dû lutter contre une mauvaise grippe pour arracher ce dernier or en slalom : *« C'est certainement le moment où j'ai réalisé que c'était le dernier coup de turbo. »*

> **“Il voit presque tout, il sent tout ”**
>
> PIRMIN ZURBRIGGEN, CHAMPION OLYMPIQUE DE DESCENTE EN 1988

Chaque hiver, le meilleur skieur de ces dix dernières années – et peut-être bien le plus grand de l'histoire – revenait, découpant les manches de son ski implacable et inouï de régularité pour reléguer la concurrence très loin derrière lui en slalom et en géant.

Le double champion olympique de Pyeongchang (combiné et géant en 2018) et quintuple champion du monde individuel (entre 2013 et 2019) quitte donc les pistes. Courtois quoique très rare en interview, l'Autrichien change rarement d'avis et, s'il vient d'annoncer sa retraite, c'est après une longue réflexion, à laquelle son père et coach Ferdinand a largement participé. À quoi bon continuer quand on a tout gagné depuis près de dix ans et relevé tous les défis physiques et techniques ? Son armoire à globes, petits et grands, déborde de partout, et il n'a plus rien à prouver. Pas de Cortina 2021 donc, pas de JO à Pékin en 2022 non plus, malgré ses nombreux et puissants sponsors qui auraient sans doute vu d'un bon œil qu'il continuât de faire briller leurs marques.

Sa saison 2018-2019

CM 2 médailles d'or *(slalom et super-G)*, 1 médaille de bronze *(géant)*

Coupe du monde 1 gros globe de cristal *(classement général)* 3 globes de spécialité *(slalom, géant, super-G)* 17 coupes du monde remportées *(8 slaloms, 4 géants, 3 super-G, 1 City Event, 1 slalom parallèle)*.

L'Autrichien laissera le souvenir d'un compétiteur acharné, s'appuyant sur une condition physique exceptionnelle, une coordination gestuelle affinée par la pratique de nombreux sports hors saison (motocross, kayak, slackline..) et une technique parfaite sur tous types de neige. Il a gagné les plus grandes classiques du circuit plusieurs fois en géant comme en slalom (Val-d'Isère, Kranjska Gora, Alta Badia, Adelboden, Kitzbühel, Schladming, Madonna di Campiglio), mais restera à tout jamais à distance respectable d'Ingemar Stenmark au nombre de victoires en Coupe du monde (67 contre 86). *« Il était exceptionnel sur tant de plans que tu ne savais plus comment le battre*, observe Luc

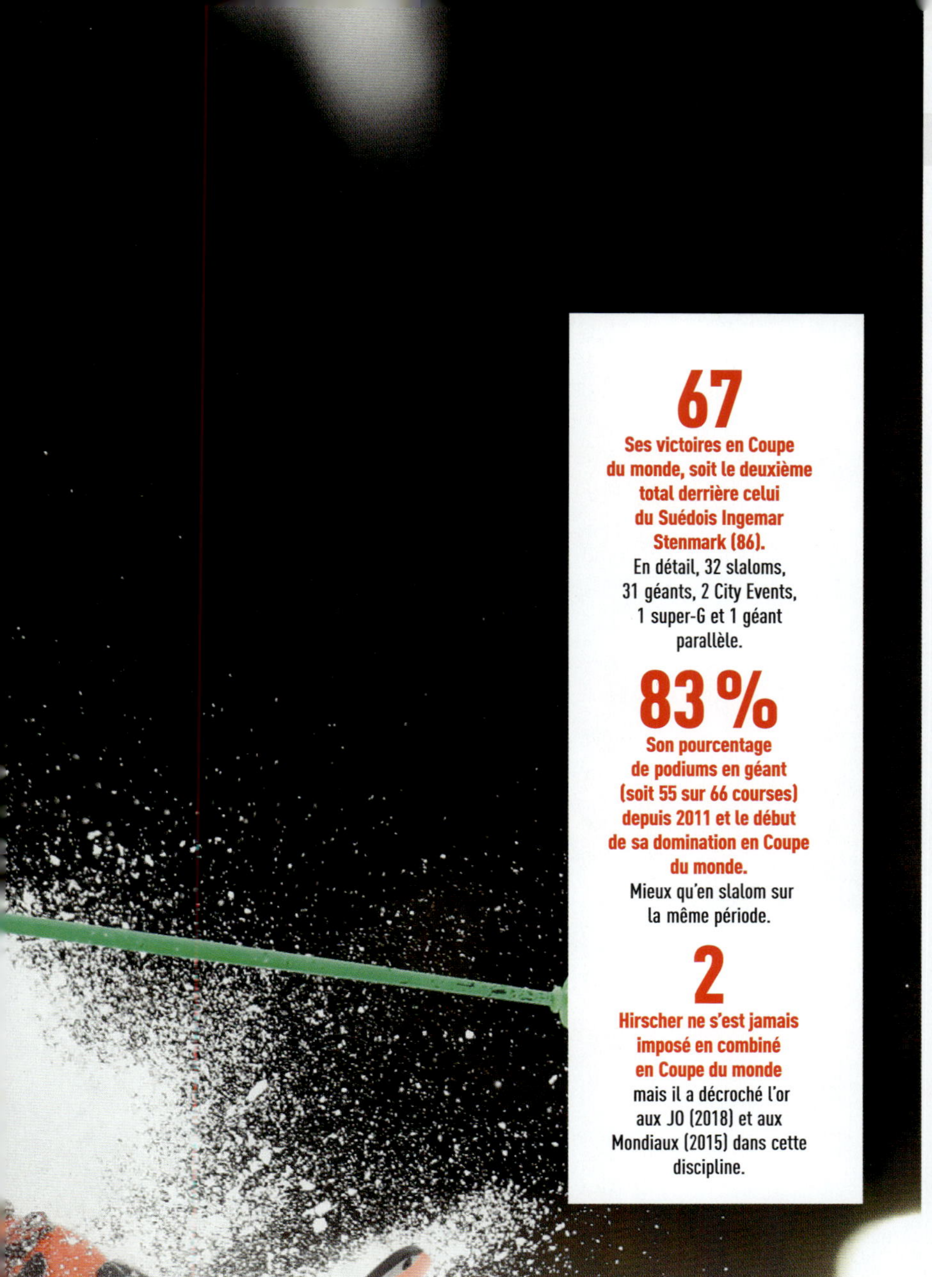

67
Ses victoires en Coupe du monde, soit le deuxième total derrière celui du Suédois Ingemar Stenmark (86).
En détail, 32 slaloms, 31 géants, 2 City Events, 1 super-G et 1 géant parallèle.

83 %
Son pourcentage de podiums en géant (soit 55 sur 66 courses) depuis 2011 et le début de sa domination en Coupe du monde.
Mieux qu'en slalom sur la même période.

2
Hirscher ne s'est jamais imposé en combiné en Coupe du monde
mais il a décroché l'or aux JO (2018) et aux Mondiaux (2015) dans cette discipline.

Alphand, consultant de France Télévisions sur les grands Championnats et vainqueur de la Coupe du monde en 1997. *Mais il a mis beaucoup d'énergie et de sacrifices dans ses saisons pour rester au top. »*

L'esprit aura finalement lâché avant le corps, jamais gravement blessé, avec tout juste une cheville gauche fracturée en août 2017. Mais reste une question : Hirscher est-il le plus grand de tous ? Il est toujours délicat de se prêter au jeu du banc d'essai entre skieurs d'époques différentes. *« Stenmark, Girardelli, Tomba, c'était à chaque fois un contexte particulier. On ne peut pas faire de comparaisons*, nous disait ainsi l'Autrichien en décembre. *Les statistiques, les records de tel ou tel, je ne les regarde pas. »*

Vrai : le matériel n'est plus le même, les progrès de la préparation physique ne cessent jamais, et les champions d'aujourd'hui disposent de structures d'entraînement et de déplacement bien plus confortables que leurs aînés. L'ex-champion suisse Pirmin Zurbriggen explique son admiration pour Hirscher. *« La perfection n'existe pas, tu fais toujours de petites erreurs, mais Marcel parvient à réagir, à jongler avec tout ça*, soulignait le champion olympique de descente 1988. *Il voit presque tout, il sent tout. »* Jusqu'au bout, l'Autrichien aura cependant refusé de relever le défi de la polyvalence totale. Son gabarit (1,73 m ; 75 kg) ne s'y prêtait certes pas. *« Je pense pourtant qu'il pourrait être bon en vitesse*, indiquait en 2018 le Norvégien Kjetil André Aamodt, quadruple champion olympique. *Il a gagné en super-G, il était à l'aise sur les descentes de combiné. Même près de la trentaine, il aurait pu s'y mettre. »*

On ne connaîtra donc jamais Hirscher le descendeur. Pas grave pour Alphand, qui tranche : c'est bien Marcel le plus grand de tous les temps. *« Rendez-vous compte, il a eu huit gros globes d'affilée. Dans le sport moderne, le niveau global est plus élevé que par le passé, c'est plus dur de durer au sommet qu'auparavant. »*

Hors des pistes, qui était Hirscher ? Tout en donnant du temps à ses sponsors, il a toujours mené une vie simple, centrée sur ses proches, surtout depuis la naissance de son premier enfant en octobre 2018. *« Mes priorités ont changé*, a-t-il souvent indiqué cet hiver. *Le ski n'est plus la chose la plus importante de ma vie. »* L'influence de sa mère Sylvia, une Néerlandaise monitrice de ski, aura été assez palpable. *« Ce n'est pas l'Autrichien typique des montagnes, un peu bourru. Il est ouvert, va vers les autres »*, glisse un coach français. Sur le circuit, il était en effet d'un abord assez facile, malgré l'abondance des sollicitations et un emploi du temps minuté. Ses rivaux l'appréciaient pour sa sportivité et préféraient échanger avec lui qu'avec le taciturne et éruptif Norvégien Henrik Kristoffersen, un de ses successeurs potentiels. *« Marcel est un gars cool, humble, porteur de belles valeurs »*, confirme Aamodt, fier comme tous les grands champions du cirque blanc d'avoir eu un tel héritier et ambassadeur durant près d'une décennie.

Shiffrin continue sa razzia

L'Américaine n'a pas laissé grand chose à ses adversaires tout au long de la saison. Même les spécialistes de la vitesse ont du souci à se faire.

L'ÉQUIPE DES 17 FÉVRIER ET 15 MARS 2019
STÉPHANE KOHLER

Loin d'être l'athlète la plus expressive du circuit quand elle franchit la ligne, Mikaela Shiffrin a pris le temps de montrer que son quatrième titre mondial d'affilée en slalom l'avait obligée à aller puiser loin dans ses réserves. Allongée à l'arrivée, comme pour récupérer son souffle, la prodige du Colorado (23 ans) a eu des frayeurs inhabituelles. Comme Marcel Hirscher au même moment, l'Américaine était fiévreuse. Ceci explique – en partie – sa première manche moyenne : elle ne signa que le troisième chrono, à 15 centièmes de la Suissesse Wendy Holdener. *« En fait, j'avais du mal à respirer, tant je toussais*, expliqua-t-elle ensuite. *J'ai une sorte de refroidissement, une gêne pour respirer. Je n'étais pas du tout nerveuse, je ne me sentais pas bien physiquement. Mais j'ai essayé de skier le plus vite possible, mis le maximum sur chaque virage, et à l'arrivée, j'étais essoufflée. »*

En deuxième manche, Shiffrin redevint Shiffrin. Plus tranchante, précise au piquet, fluide, elle mit une énorme pression sur Anna Swenn-Larsson (2e de la première manche) et Holdener. *« J'ai dû vraiment me battre. Je ne savais pas ce que je pouvais encore donner en deuxième manche, car ce que j'avais fait en première ne suffisait pas*, dit l'Américaine. *J'ai dû dépasser mes doutes. »*

Suffisant pour l'or. Après son premier titre en super-G, en début de quinzaine, puis sa médaille de bronze en géant, Shiffrin a bien sûr réussi ses Mondiaux – simple intermède au cours d'une saison de Coupe du monde où elle a déjà presque tout dévoré – mais sans être aussi dominatrice que certains l'attendaient.

Tout au bout de la saison, Mikaela Shiffrin peut être plus que fière de ce qu'elle a accompli en cinq mois. Elle a disputé cinq super-G cette saison. Bilan ? Quatre victoires (trois en Coupe du monde, une lors des Mondiaux, donc) et une quatrième place lors des finales, suffisante pour qu'elle empoche pour la première fois le globe de la spécialité, elle qui jusqu'ici était surtout impitoyable en technique (géant et slalom)

Schneider dépassée de trois longueurs

À vingt-quatre ans, l'Américaine ne cesse de repousser ses limites et oblige la concurrence à se contenter de rares miettes. Assurée bien avant la fin de saison d'un troisième gros globe de cristal d'affilée, elle a aussi celui de slalom et de géant en poche. En bonus et pour la gloire, elle a mis trois longueurs à l'ancien record de la Suissesse Vreni Schneider (14 victoires en 1988-1989) et totalisé dix-sept succès.

Elle a aussi franchi le cap des 2 000 points au classement général, ce que seuls Hermann Maier (2 000 en... 2000) et Tina Maze (2 414 en 2013) avaient réussi avant elle. Et dire que la prodige du Colorado n'avait jamais gagné en super-G avant cette saison ! Elle analyse tout cela avec un sourire communicatif. *« Tout cela est amazing (fou) ! Ma victoire en début de saison à Lake Louise a changé les choses et m'a ouvert des perspectives en super-G, alors que je ne pensais pas, pendant l'été, pouvoir rivaliser avec les spécialistes de la vitesse. »*

Shiffrin a maintenant devant elle un nouveau défi : remporter le globe de descente. Il lui faudra pour cela disputer plus de courses dans cette discipline, même si son calendrier est déjà démentiel. *« Si penser au globe de descente est désormais envisageable, je ne veux pas non plus perdre mon niveau en technique. La saison prochaine sera compliquée à organiser ! »*

le podium | slalom
1. M. Shiffrin (USA), 1'57"05
2. A. Swenn-Larsson (SUE), à 0"58
3. P. Vlhova (SLQ), à 1"03

24 JANVIER

PATINAGE ARTISTIQUE **CHAMPIONNATS D'EUROPE.** Morgan Ciprès et Vanessa James radieux après leur premier titre européen, à Minsk (Biélorussie). Aucun couple français n'avait été à pareille fête depuis Andrée et Pierre Brunet, sacrés en 1932. Il y a quatre-vingt-sept ans ! En 2018, ils avaient échoué à une frustrante quatrième place.

5 JANVIER *FOOTBALL* **COUPE DE FRANCE.** En trente-deuxièmes de finale, les joueurs de Viry-Châtillon (Régionale 1, l'équivalent de la 6ᵉ division) éliminent Angers (Ligue 1) dans leur stade Henri-Longuet (1-0). Un but de Mahamadou Sacko (51ᵉ) a suffi. Le lendemain, l'OM sera éliminé, lui, par les amateurs d'Andrézieux (Nationale 2).

19 JANVIER *FOOTBALL* **AMICAL.** La capitaine des Bleues Amandine Henry (n°6) fait face à l'Américaine Emily Fox. À moins de cinq mois de la Coupe du monde en France, l'équipe de France femmes s'impose nettement, au Havre, face aux États-Unis (3-1). Une victoire qui fait d'elle un peu plus qu'un outsider pour le grand rendez-vous de l'été…

20 JANVIER *BOXE* **CHAMPIONNAT DU MONDE WBC DES COQS.** En battant Rau'shee Warren aux points à Las Vegas, le Français Nordine Oubaali (à gauche), toujours invaincu, a conquis, à l'unanimité des juges, une ceinture mondiale attendue dans l'Hexagone depuis 2012. Il est le neuvième Français à remporter un titre mondial sur le sol américain.

9 JANVIER *FOOTBALL* **COUPE DE LA LIGUE.** Neymar, dépassé par les Guingampais Marcus Coco (au premier plan) et Ludovic Blas. Premier gros coup d'arrêt de la saison pour le PSG, éliminé en quarts de finale de la Coupe de la Ligue par les Bretons (1-2). Le club parisien restait sur quarante-quatre matches sans défaite en Coupes nationales.

29 JANVIER *VOILE* **GOLDEN GLOBE RACE.** Jean-Luc Van den Heede, 73 ans, remporte, aux Sables-d'Olonne, le « Tour du monde à l'ancienne » en 211 j., 23 h, 12' et 19''. Une course sans moyens de communication moderne, ni ordinateur, ni satellite. « VDH » avait déjà terminé deux fois sur le podium du Vendée Globe (1990 et 1993).

Laffont se console à l'or

Championne olympique à Pyeongchang et numéro un de sa discipline, la bosseuse s'est offert l'or mondial en parallèle. Un titre majeur qui atténue sa déception : elle n'avait obtenu que le bronze en single trois jours auparavant.

L'ÉQUIPE DU 11 FÉVRIER 2019
ROMAIN DONNEUX

Perrine Laffont avait été frustrée, déçue par des juges trop rétrogrades à son goût, qui l'avaient envoyée, trois jours avant, sur la troisième marche du podium lors de l'épreuve single, première épreuve de ces Mondiaux de ski de bosses à Deer Valley (États-Unis). Là même où un de ses aînés, Guilbaut Colas, avait remporté son premier titre de champion du monde (single), en 2011.

On l'a retrouvée consolée, après son sacre en bosses parallèles, son deuxième dans la discipline après 2017. « *Ç'a été difficile de me remobiliser*, explique-t-elle. *Quand je me suis réveillée, je n'avais pas envie de skier. Le single m'avait coupé l'envie. Mais on m'a convaincue d'y aller.* »

Exemptée de premier tour grâce à son statut de numéro un mondiale, la championne olympique 2018 s'offrait un premier run facile face à la Japonaise Sumiyoshi, avant de monter en puissance. « *À chaque tour*, expliqua-t-elle, *j'avais l'objectif de me donner à 100 % même si ma jauge de forme n'était pas au plus haut.* » Arrivée en demi-finale après avoir sorti l'Allemande Laura Grasemann, Laffont retrouvait Yulia Galysheva, la médaillée d'or du single : « *Mon ego est ressorti, je voulais absolument gagner.* » La Kazakhe écartée, « Pépette » devait alors se frotter à Jaelin Kauf, la skieuse la plus rapide du circuit et sa bête noire. « *Elle m'avait toujours battue. Je savais qu'elle serait devant en vitesse mais j'ai fait de meilleurs sauts.* »

le podium
Bosses en parallèle
1. **P. Laffont**
2. J. Kauf (USA)
3. T. Johnson (USA)

“Je ne me rends pas compte de mon palmarès ”

Victorieuse avec 84,74 points contre 82,59 à l'Américaine, Laffont pouvait enfin savourer. « *Il y a toujours un sentiment de frustration*, reconnaissait-elle, *car le single était le titre qui me manquait, mais c'est beau de continuer à gagner sur le parallèle.* » Surtout, depuis le début de la saison, elle n'aura jamais quitté le podium, quelle que soit l'épreuve, réalisant une année quasi-parfaite. De quoi compléter son armoire à trophées qui déborde déjà, à seulement vingt ans. « *Je ne me rends pas compte de mon palmarès*, dit-elle avec sa fraîcheur habituelle. *Je fais mon petit truc de mon côté. Je ne cherche pas à entrer dans l'histoire du sport français. J'essaie juste de m'amuser.* »

Et en attendant les prochains Mondiaux (en 2021 à Zhangjiakou, en Chine) – « *Je pense déjà au titre en single* » – Laffont poursuit sa moisson. Juste pour s'amuser.

“Neuf podiums en neuf épreuves, c'est grand ! L'an dernier, quand j'ai remporté mon premier gros globe, je n'avais pas autant dominé. Cette année, j'ai dominé du début à la fin, c'est particulier (...) La note un peu amère de la saison, c'est le bronze aux Mondiaux en individuel. Il y a eu des soucis de jugement dans cette épreuve. Dommage, car c'était un de mes gros objectifs de l'année. Mais j'ai quand même fait un bel hiver, et je n'ai que vingt ans, hein ! ”

PERRINE LAFFONT QUI, LE 2 MARS, A AJOUTÉ À SON TITRE MONDIAL DE SKI DE BOSSES, LE GLOBE DE CRISTAL DE LA SPÉCIALITÉ.

Big bol d'air pour Ledeux

Victorieuse du Big Air, la jeune Plagnarde (17 ans) reprend sa marche en avant et démontre avec force qu'elle a su digérer son échec olympique.

L'ÉQUIPE DU 4 FÉVRIER 2019

JEAN-DENIS COQUARD

En l'air, tout là-haut, Tess Ledeux, première championne du monde de l'histoire du Big Air à Canyons, aux États-Unis, a pris rendez-vous. Avec les Jeux Olympiques notamment, dont le Big Air – ce tremplin géant d'où on balance des sauts de « ouf » – intégrera le programme à skis en 2022 après avoir déjà laissé les snowboarders découvrir la fête olympique en 2018 à Pyeongchang. La Corée du sud, Ledeux en garde un souvenir douloureux Ultra favorite du slope, elle avait flanché dès les qualifications, le premier échec, à seize ans, de sa jeune carrière qui l'avait déjà vue remporter l'or aux Mondiaux 2017, en Sierra Nevada, mais en slopestyle.

Le revers olympique, lui, l'a laissée à plat, *« le moral à zéro »*, à l'attaque de la saison 2018-2019. *« Il a fallu faire le deuil des Jeux, et ça n'était pas facile*, reconnaissait-elle à l'automne. *J'ai connu une petite dépression. Je n'avais plus envie de skier. Je savais que je voulais continuer à faire du ski, mais j'ai un peu tout remis en question. J'étais jeune, j'avais beaucoup de pression sur les épaules. Tout le monde me répétait :* "On le sait, c'est toi qui vas avoir la médaille..." *J'ai essayé de me couper un peu du monde mais ça n'a pas suffi. Peut-être que c'est ce qu'il fallait pour rebondir, prendre conscience que ce n'est pas gagné, qu'il faut encore que je travaille dur. Tout est arrivé très vite et je me suis dit : peut-être que c'est gagné. Parce que je sortais d'une saison où tout s'était très bien passé. J'ai peut-être oublié ce qu'était la réalité, ça m'a remis les pieds sur terre. »*

Il a fallu retrouver l'envie. Elle revint lentement à la sortie de l'été. *« Quand je suis remontée sur les skis en juillet*, raconte-t-elle, *j'avais l'impression d'être nulle, de ne plus savoir skier, que tout le monde me regardait, me jugeait. J'avais perdu confiance en moi, j'en étais venue à me dire que ma place n'était pas du tout parmi les meilleures, à ne pas savoir du tout comment revenir au top alors que je n'avais pas perdu mon niveau. »*

Ledeux a commencé à travailler avec une préparatrice mentale. Avec son staff, elle a modifié sa préparation, notamment physique, pour mettre un peu plus d'éléments ludiques, *« ne pas avoir l'impression d'être à l'armée »*. Les résultats ont tardé aussi, médiocres en Coupe du monde (17e et 11e sur le slopestyle), frustrants aux X-Games (7e en slopestyle et 4e en Big Air). De quoi donner à la lycéenne licenciée à la Plagne la rage de remonter vite au sommet. Et d'y décrocher l'or.

le podium | big air
1. **T. Ledeux**, 184,75 pts
2. J. Krass (USA), 173,75 pts
3. I. Atkin (GBR), 168,75 pts

half-pipe

En avril, il a encore frôlé la catatrophe

À La Plagne (Savoie), le 30 avril, le freestyleur tentait de battre le record du monde du saut (10,80m, par l'Américain Simon Dumont en 2008) sur un quarter-pipe et, victime d'une énorme chute, dut être opéré en urgence du bassin alors que ses poumons, ses côtes et son pancréas étaient aussi touchés. Le 3 juillet, encore convalescent et interrogé par *L'Équipe*, il déclarait : *« Il aurait pu y avoir la mort ou des séquelles neurologiques importantes. J'aurais pu finir paralysé donc quand j'y pense, je me dis que je suis un nouvel homme. Je prends ça comme une seconde vie. »*

Rolland revient de loin

Le Français qui, l'été précédent, doutait encore de pouvoir skier est devenu vice-champion du monde de half-pipe.

L'ÉQUIPE DU 10 FÉVRIER 2019

ROMAIN DONNEUX

Blessé à de nombreuses reprises ces dernières années, Kevin Rolland (29 ans) a décroché l'argent aux Championnats du monde de halfpipe de Park City (États-Unis). Il y a un an, le Français terminait onzième des Jeux Olympiques de Pyeongchang (il avait gagné le bronze en 2014), le corps en miettes à cause de plusieurs « boîtes » subies lors de différentes sessions. Douze mois plus tard, le Plagnard ressentait encore des douleurs à l'épaule droite et à la nuque, mais cela ne l'empêchait plus de skier et surtout d'envoyer d'énormes sauts. Sur le pipe de Park City, Rolland a même bien cru qu'il allait empocher un nouveau titre mondial, dix ans après son premier sacre à Inawashiro au Japon, à l'époque où il était encore la jeune star montante du half-pipe mondial. Auteur d'un premier run très solide, il prenait les commandes de la compétition (93,80 pts), laissant tous ses adversaires échouer sur ses talons lors des deux autres runs. Tous, sauf l'Américain Aaron Blunck, champion du monde en titre qui, à vingt-deux ans, a enrichi son palmarès d'une nouvelle couronne (victoire avec 94,20 pts).

le podium
1. A. Blunck (USA), 94,20 pts
2. **K. Rolland**, 93,80 pts
3. N. Bowman (CAN), 91,60 pts

« Je pense avoir gagné l'argent mais pas perdu l'or, lâchait Rolland. *J'ai connu des scénarios bien plus difficiles* (il avait terminé 4e des derniers X-Games après une décision litigieuse). » Surtout, il a connu la douleur physique, et le simple fait de remonter sur le podium suffisait à son bonheur. *« L'été dernier, je me suis demandé comment j'allais faire pour continuer à skier. Je me suis beaucoup battu pour revenir au sommet. Le chemin était vraiment difficile mais maintenant j'y suis et je compte y rester. »*

La meilleure place pour Place

Encore skieur alpin en 2016, François Place est devenu champion du monde de skicross à Solitude (États-Unis), pour ses deuxièmes Mondiaux.

L'ÉQUIPE DU 3 FÉVRIER 2019

ROMAIN DONNEUX

« On aurait aimé avoir trois cartouches en finale. » Après les demi-finales, le responsable du freestyle français Fabien Bertrand semblait un poil inquiet, ayant vu ses deux grandes chances de médaille – Bastien Midol (numéro 1 mondial, éliminé en quarts) et Jean-Frédéric Chapuis (éliminé en demies, finalement 5e) – sortis prématurément de ces Mondiaux de Solitude (États-Unis). Il ne restait alors que François Place, deuxième des qualifications, pour faire briller le drapeau bleu sur une discipline maison. Place dont le pedigree affichait une médaille de bronze en 2017 pour ses premiers Mondiaux de skicross, après une première carrière de skieur alpin (39 départs en Coupe du monde de slalom et géant, zéro point marqué).

« J'ai tenté l'expérience et la Fédération m'a tout de suite fait confiance, explique celui qui a couru sa première Coupe du monde de skicross le 26 novembre 2016. *Ça s'est assez vite bien passé avec ce groupe et j'ai pu rapidement monter les échelons. »*

Évidemment, comme Chapuis avant lui, Place, longtemps roi des qualifs, a dû modifier sa façon de skier et, surtout, travailler son physique pour batailler dans les courses au coude à coude avec des adversaires. *« Il a fallu que je prenne un peu de coffre. J'étais plus un gars technique en ski et il me manquait un peu de physique. C'est là-dessus que j'ai bossé. »* Un physique qui lui a permis de résister à Jean-Frédéric Chapuis lors d'une demi-finale où les deux Français, un temps en tête, ont failli tout perdre en s'accrochant. *« On était fous furieux dans l'aire d'arrivée*, avoue Fabien Bertrand. *Normalement, quand deux Français sont en tête, on essaie d'assurer. » « Je reste un peu mitigé sur ma demi-finale*, confesse Place, de son côté. *Je décroche dans un virage et on se touche avec Jean-Fred'. Je ne pensais pas que ça reviendrait derrière. Ça me laisse un goût amer. »*

le podium

1. **F. Place**
2. **B. Leman (CAN)**
3. **K. Drury (CAN)**

La victoire airbag ouvert

Le Canadien Drury se faufilait pour sortir Chapuis, alors que Place s'en sortait pour jouer le titre, notamment face au champion olympique en titre Brady Leman. Et, malgré un départ quelque peu limite avec un premier saut où son airbag s'ouvrit, le Français était en tête au premier virage, avant de s'envoler vers le premier exploit de sa carrière sans jamais être doublé. *« Comme j'avais mon airbag ouvert, j'ai attendu toute la course que quelqu'un me passe. Mais finalement, je suis resté en tête. »* Une victoire que le Français n'avait encore jamais connue, lui qui souffrait d'un évident complexe en demi-finales. *« Je restais sur une seule finale obtenue, sur six tentatives. Je faisais un blocage. Mais aujourd'hui, avant la demi-finale, je me suis dit qu'il fallait que j'arrête de faire des cadeaux, d'être trop gentil. »* C'est exactement ce qu'il a fait, et le voilà champion du monde. À vingt-neuf ans.

Baron en bronze

Chez les femmes, troisième de la finale remportée par la Canadienne Marielle Thompson devant la Suissesse Fanny Smith, Alizée Baron a réussi à se glisser sur le podium. C'est la première médaille mondiale pour la skieuse d'Orcières-Merlette, vingt-six ans.

Boe a tout cassé

À 25 ans, le Norvégien a mis fin à la série de victoires de Martin Fourcade au classement général de la Coupe du monde. Et a établi un nouveau record de seize victoires dans la saison.

L'ÉQUIPE DU 22 MARS 2019

MARC VENTOUILLAC

Voici quelques années, alors que Tarjei Boe venait de remporter la Coupe du monde et était un des principaux rivaux de son conscrit Martin Fourcade, Stéphane Bouthiaux avertissait : « *Tarjei, c'est bien, mais derrière, il y a son petit frère, Johannes, et il est encore plus fort.* » Les années ont donné raison à l'ancien coach du Français. Le Norvégien, 25 ans, est l'homme qui aura mis fin à la série de sept victoires consécutives au classement général de la Coupe du monde de Martin Fourcade - et a battu son record de victoires en une seule saison : seize contre quatorze au Français.

Pas une surprise au vu de son potentiel. Depuis sa première victoire en Coupe du monde en décembre 2013 au Grand-Bornand, le rouquin aux yeux bleus n'a cessé de progresser, glanant au passage, avant les Mondiaux d'Östersund, deux titres mondiaux (sprint en 2015, poursuite 2016) en solo et un olympique (individuel 2018). L'an dernier, il avait poussé Fourcade dans ses retranchements avant de prendre nettement le meilleur cette saison, avec son record, donc, mais aussi quatre couronnes mondiales en Suède, dont trois en relais.

Après chaque succès, un des premiers à féliciter Johannes est son frère Tarjei. Sans lui, Johannes n'aurait sans doute jamais fait de biathlon. « *J'ai toujours su depuis le début qu'il serait à mon niveau et certainement meilleur*, précise l'aîné. *Son secret, c'est le talent. Chez lui, il est grand et Johannes est solide dans sa tête.* »

Tarjei l'a toujours chouchouté. Quand lui-même était au sommet de son art (vainqueur de la Coupe du monde en 2011), il l'a pris sous son aile, négociant pour lui ses premiers contrats de sponsoring alors qu'il n'était encore qu'un espoir. « *Il lui a fait aussi profiter des erreurs qu'il a commises, en particulier en matière de surentraînement* », ajoute l'ancien champion du monde Raphaël Poirée. Aujourd'hui encore, les frangins de Styrne, petit village à 300 bornes au nord de Bergen, sont très proches. Y compris au sens géographique puisqu'ils habitent à un kilomètre l'un de l'autre à Oslo.

> **“On ne lui a peut-être pas mis assez de coups de pied au cul”**
> SIEGFRIED MAZET, SON ENTRAÎNEUR

À ses débuts au top niveau, le petit Boe se présentait comme un joyeux drille, héritant un court moment du surnom de Spiderman pour s'être pointé à la soirée d'adieux des Mondiaux 2014 vêtu en homme araignée... « *Son tempérament a fait qu'il n'a pas suivi la courbe de progression sur laquelle il avait commencé*, estime Siegfried Mazet, son entraîneur actuel. *Il peut être tout feu tout flamme. On ne lui a peut-être pas mis assez de coups de pied au cul à l'époque.* »

L'homme s'est assagi avec les années. « *C'est désormais un mec qui a la tête sur les épaules*, poursuit Siegfried Mazet. *Je le trouvais rock'n'roll, mais là, il change. Il prend une maturité que je ne lui connaissais pas. Il sait mettre des exigences en face de ses objectifs.* » C'est en 2017 qu'il a parlé pour la première fois du classement général de la Coupe du monde. « *Je lui ai dit OK*, explique Mazet, *mais alors il faut être plus régulier, tout le temps, dans la préparation. Toutes les balles que tu vas rater à l'entraînement vont compter pour l'hiver.* »

Boe a travaillé, progressé, avec aujourd'hui une seule faiblesse identifiée au tir debout. Dans un pays où ce n'est pas la culture, cela lui a valu des engueulades de la part de « Sieg ». Dont une mémorable l'an dernier à Kontiolahti. « *Martin était malade et Johannes a lâché trois balles au début qui l'auraient relancé pour la Coupe du monde. Là, entre la cabine où on se change et le camion des Norvégiens, je l'ai chopé. Je lui ai dit qu'il avait laissé passer une belle opportunité* : "Pour l'instant, il est là, ton point faible ! Tant que tu seras dans cet état d'esprit, tu ne pourras pas gagner le général." » C'est chose faite. Et pas qu'un peu.

Fourcade comme absent

L'image de Martin Fourcade, à l'arrivée du relais hommes d'Östersund (Suède), le 16 mars, suffit à résumer la saison infernale que le quintuple champion olympique a vécue. Les Français finissent sixièmes alors qu'Antonin Guigonnat et Quentin Fillon-Maillet avaient fait le trou. Simon Desthieux craque un peu mais rien n'est encore perdu pour le podium lorsque Martin Fourcade s'élance à la poursuite de Johannes Boe. Il tire, rate trois cibles, qu'il manque ensuite de blanchir avec ses balles de pioche. Craquage mental qui l'oblige à deux tours de pénalité. La médaille s'envole. « *C'est un échec*, dit-il d'une voix blanche. *Au delà de la déception, il y a de la colère et de la tristesse pour mes coéquipiers et le staff.* » Depuis le début de l'hiver, le doute ne l'aura pas quitté. Il aura conclu les Mondiaux sans médaille (deux bronzes pour Fillon-Maillet, l'argent pour Guigonnat en mass start chez les hommes ; le bronze pour Braisaz sur l'individuel) et le classement général de la Coupe du monde à la douzième place (deux victoires).

Après l'entame, plus rien...

Constants dans la pression et emballants en première période, les Bleus ont ensuite disparu pour laisser parler la froide efficacité galloise.

L'ÉQUIPE DU 2 FÉVRIER 2019

PIERRE MICHEL BONNOT

S'il est un secteur au moins où le rugby français ne manque pas d'imagination, c'est dans l'art de laisser échapper un match à sa portée. Vous pouvez changer de staff, rajeunir les cadres, retoucher le plan de vol pour apporter de l'alternance dans un océan de monotonie offensive, à la fin c'est la France qui perd. Elle est morte, cette fois, de s'être laissée aller à écarter un ballon de trop, comme elle s'était répandue pour avoir oublié il y a un an de prendre un ultime renvoi face aux Irlandais. Et tant qu'elle sera incapable de tenir le fil de son plan de jeu jusqu'à l'ultime minute, elle s'exposera à ces revers rageants.

En même temps, l'illusion ne dura vraiment qu'une période, et il suffit aux Gallois d'une poignée de bévues tricolores pour aligner une dixième victoire de rang et se placer en tête des favoris du Tournoi. Quant à la France, la voilà perdue un peu plus au pays des doutes après s'être brutalement évaporée au retour des vestiaires.

Au bout de dix minutes, pourtant, on put croire au miracle. Parra, Lopez, Ntamack et tout ce que la France comptait de joueurs capables de taper dans un ballon sans se blesser avaient épuisé la panoplie des « petits par-dessus », des longs rasants et des chandelles variées. Et si, au bout de vingt-trois minutes, elle avait déjà inscrit deux essais, le premier sur une longue action derrière la récupération d'un en-avant gallois, le deuxième par Huget derrière une conquête à la godille en touche, le jeune Penaud, Huget et Fofana montraient des dispositions à presser le Gallois dans les duels aériens. Ça n'allait pas durer. On était, par ailleurs, curieux de voir comment allaient évoluer en harmonie une vibrionnante ligne d'attaque de libellules, bâtie pour la course, et un pachydermique pack de neuf cent cinquante-quatre kilos, le plus lourd de l'histoire du Tournoi, qui aurait fait passer celui des animaux du Grand Chelem pour un fagot de bûchettes, avec ses huit cents kilos tout mouillés de sueur et de gloire.

Le pays de Galles remet son jeu à l'endroit

Là encore, la surprise fut d'abord plutôt heureuse. Prompt à se jeter sur les ballons lâchés par des Gallois remarquablement maladroits et bien emmené par un Iturria lucide dans le soutien, le pack tricolore ne fut pas pour rien dans la domination de la première période. Mais, dès la reprise, les Bleus cessèrent de jouer en équipe pour accumuler les bourdes fatales. Privés de ballons là où ils avaient dominé la conquête une période durant, brutalement absents dans le jeu aérien, ils laissèrent le pays de Galles remettre son jeu à l'endroit. Josh Adams trouva une première fois la faille au ras d'un regroupement pour l'essai de Williams, puis North profita d'une énorme bourde d'Huget à la réception d'un petit rasant de Williams pour démontrer que ce jeu de passe au pied a de l'avenir.

Le pire était à venir. Car, après un échange de politesses face aux perches qui avaient redonné une dernière fois l'avantage à des Tricolores revenus aux affaires pour mener de deux points à dix minutes de la délivrance, Lopez écarta un ballon pour Vahaamahina, lequel tenta une sautée, interceptée par North. Un grand froid, une nouvelle fois, s'abattait sur le Stade de France.

Complètement largués !

Les Bleus, totalement dépassés dans tous les secteurs, ont reçu une terrible leçon d'efficacité face aux Anglais.

L'ÉQUIPE DU 11 FÉVRIER 2019

PIERRE MICHEL BONNOT

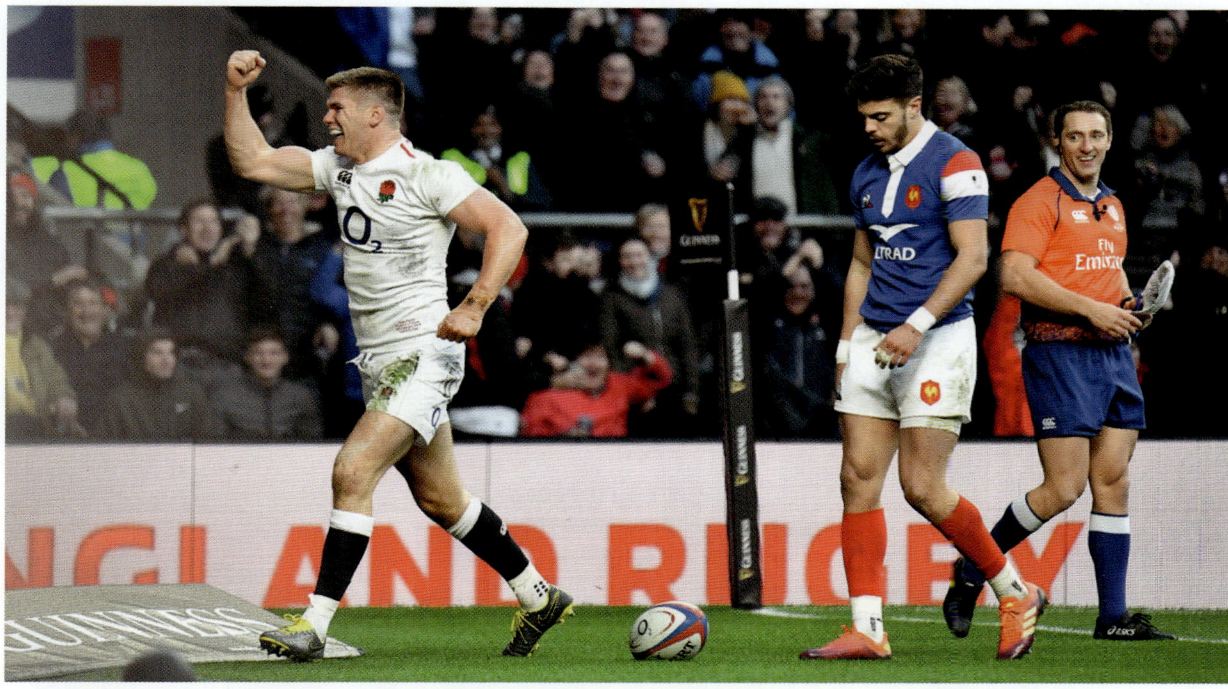

Le capitaine Owen Farrell lève le poing : il vient d'inscrire le sixième et dernier essai anglais. Derrière lui, Romain Ntamack est dépité.

Bonne nouvelle : le Comité des Six Nations a refusé l'instauration d'un système de relégation pour les Tournois à venir et l'équipe de France peut continuer à sombrer tranquille. Mauvaise nouvelle : les Anglais ont marché sur le ventre des Tricolores une période durant, ils sont passés exactement là où ils l'avaient annoncé, par la voie des airs, et exactement quand ils l'avaient prévu, d'entrée de match, avant de laisser légèrement flotter les rubans en deuxième période.

Et pourtant, comme l'a répété Eddie Jones, ils sont encore loin d'être à leur meilleur. Le pire, c'est que quasiment personne n'a été surpris ni déçu par la performance des Bleus tant elle découle de ce qui a précédé depuis dix ans, voire plus, dans le petit monde soi-disant pro du rugby de l'Hexagone. Tout au plus pourra-t-on s'étonner de la fulgurance du châtiment.

On ne jouait pas depuis une minute que les Bleus avaient déjà exposé la médiocrité de leurs réflexes collectifs par un en-avant grossier de Guirado sur une passe de Lopez pour un essai de May ciselé d'un pied sûr par Daly. Un petit peu plus d'une demi-heure plus tard, l'affaire était déjà pliée après deux autres essais de ce même May, le premier en fusillant sur place le jeune Damian Penaud pour l'exemple, d'une humiliante feinte de corps, et le second au soutien d'un énième coup de pied offensif récupéré par Ashton.

Tout dans la démonstration anglaise respirait la santé, la confiance et la justesse collective tandis que la sélection française, à l'image du jeune Penaud, auteur de l'essai de l'illusion, parvenait à alterner le meilleur et le pire dans la même action.

Les chevaliers à la Rose, coude à la portière

Les hommes de Brunel ajoutèrent même une pointe de prétention sur une touche rapide juste avant la sirène, qui se conclut par un essai en contre anglais. Une énième claque qui leur ôtait définitivement l'utopie de pouvoir refaire leur retard de quinze points.

Mais le pire était à venir. Une deuxième période interminable où les chevaliers à la Rose, sifflotant, coude à la portière, firent tourner le compteur sans forcer. Une baisse de régime qui finit par donner au camp français l'illusion d'un mieux lorsque la fraîcheur de ses remplaçants croisa un léger vent de n'importe quoi adverse.

Cela n'empêcha pas quelques éclairs de pragmatisme anglais pour inscrire deux essais sans en encaisser et laisser cette équipe de serial losers à un point de la plus douloureuse déroute de son histoire face à Albion (37-0 en 1911). Alors bien sûr, tout le monde a vu que Bamba s'en était plutôt bien sorti, que Ntamack pouvait se montrer à son avantage au poste d'ouvreur, que Ramos avait du sang-froid ou que Dupont était robuste comme un taurillon. Mais Jones eut surtout la confirmation que l'Angleterre disposait de plusieurs longueurs d'avance sur la France, incapable de rester lucide en défense dès que le rythme s'élève et inefficace dans le jeu au pied offensif.

France 27-10 Écosse

Face à l'Écosse, enfin un happy end

Mathieu Bastareaud est tout près de marquer mais sera arrêté juste avant l'en-but. Les Français s'imposeront tout de même et se donnent un peu d'air.

L'ÉQUIPE DU 24 FÉVRIER 2019

LAURENT CAMPISTRON

« *Quand on a pris l'essai écossais* (78e), a reconnnu Guilhem Guirado, *j'ai eu un peu peur.* » Le capitaine des Bleus était alors sorti du terrain, remplacé par Camille Chat. Il restait deux minutes à jouer, et les Bleus menaient encore 20-10. A priori, à moins d'un cauchemar, le match était gagné. Sauf que la France est habituée à ce type de scénario : les Bleus n'avaient inscrit que trois points au total, après la pause, lors de leurs deux premiers matches. « *Au bout d'un moment, on apprend de nos erreurs*, sourit le demi de mêlée Antoine Dupont. *Même quand on s'est fait percer, on a rattrapé les coups.* »

À la fin, surtout, alors qu'ils auraient pu se contenter de la victoire, les Bleus ont mis un point d'honneur à inscrire l'essai du bonus offensif. « *Après le troisième essai* (75e), *on s'était réunis*, raconte le deuxième-ligne Sébastien Vahaamahina. "Pourquoi ne pas aller chercher le bonus ? OK, allez, on peut le faire." *Derrière, on a pris un essai mais on n'a pas lâché. On a cherché la touche sur pénalité pour ça. Et malgré la touche ratée, on n'a pas baissé les bras. On ne s'est pas dit* : "Allez, on sort la balle et on arrête." *Non, on a récupéré le ballon pour avoir une nouvelle occasion.* » Et les Bleus ont fini par inscrire le quatrième essai par Alldritt au ras. « *Ça ne nous permettra pas de gagner le Tournoi, mais vu l'énergie qu'on a mise dans le combat, c'était important de marquer cet essai*, confie le troisième-ligne centre Louis Picamoles. *Il est anecdotique, mais il nous apporte beaucoup de soulagement.* »

Irlande **26-14** France

À la niche !

Les Français, confus et inférieurs en tout, ont pris une nouvelle correction face à des Irlandais sereins et dominateurs.

L'ÉQUIPE DU 11 MARS 2019

PIERRE MICHEL BONNOT

Cette après-midi à l'Aviva Stadium a été la plus désespérante vécue en quarante ans de transhumance bisannuelle à Dublin et on en arrive à se demander si le rugby français, bien « aidé » par son Championnat mortifère, ses clubs omnipotents, ses petites stars surcotées, sa Fédération impuissante et sa formation ringarde, parviendra à refaire un jour son retard sur des nations qui n'ont aucune raison de cesser d'aller de l'avant.

On a ressenti un tel sentiment d'impuissance face à la démonstration de force et de sérénité irlandaise que c'est à se demander ce qu'il y eut de plus vexant en cette réfrigérante après-midi.

Est-ce ce nouvel essai encaissé sur le ballon du coup d'envoi ? Ce fond de terrain déboussolé au bout de trois malheureux coups de pied irlandais ? La disparition corps et biens de Ramos sur le coup de pied rasant de Larmour ? L'approximation et l'amateurisme qui triomphent avant même que les joueurs n'aient eu le temps de s'essouffler ? Est-ce la défense « rantanplanesque » de Fickou et Huget, fascinés par le ballon qui flottait dans l'air sur une redoublée Sexton-Ringrose ? Ces cinq malheureuses secondes passées dans les vingt-deux mètres adverses en quarante minutes ou les 24 misérables passes effectuées par les Français, tous ces chiffres qui ne suffisent pas à retranscrire l'impression d'incapacité absolue laissée par cette bleusaille ?

89 %

L'Irlande a passé 89 % de la première mi-temps dans le camp français et 4'32'' dans leurs 22 m (contre 5'' aux Bleus).

3

Signe de l'impuissance offensive des Bleus en première période, trois joueurs irlandais n'ont eu aucun plaquage à effectuer : Earls, Ringrose et Stockdale. Côté français, seul Ramos a été dans le même cas.

Non, à notre sens, ce qu'il y eut de pire pour le rugby français, c'est le mouvement de troupes ordonné par Joe Schmidt peu avant la 60e minute.

Ce qu'il y eut de pire pour le rugby français, c'est le mouvement de troupes ordonné par Joe Schmidt

L'Irlande venait de donner un petit frère au troisième essai inscrit juste avant la mi-temps par Conan, en mettant Earls sur orbite sur une combine de fond de touche joliment orchestrée. 26-0, bonus offensif en poche, enlevez, c'est pesé. La pluie était passée en coup de vent, les supporters du cru, d'une infinie patience eux aussi, avaient attendu que s'étouffent de cacophoniques tentatives de « *Marseillaise* » pour lancer un vibrant « *Fields of Athenry* », et les plus assoiffés dégringolaient déjà des tribunes vers les pubs les plus proches, quand le coach irlandais sortit d'un coup sa charnière vedette, son capitaine, Rory Best, et le meilleur pilier droit du monde, Tadhg Furlong. Genre : « *Bon les gamins, vous êtes bien mignons, mais nous, on a un match sérieux à préparer la semaine prochaine contre les Gallois.* » Le reste, tout le reste, la punition d'Aldegheri en mêlée fermée, la négligence un poil arrogante des Irlandais laissant trois essais en route, l'ultime révolte des Français, cette manie d'inscrire sur la cloche des essais qui ne servent plus à rien, ce sursaut dérisoire pour montrer qu'on n'est pas tout à fait mort alors qu'on est déjà six pieds sous terre, là franchement, tout le monde s'en fout, non ?

Italie **14-25** France

Même l'Italie les a fait trembler

L'ÉQUIPE DU 17 MARS 2019

ARNAUD REQUENNA

Les Bleus viennent de battre l'Italie. Ils ont gagné, de façon très laborieuse, mais ils ont gagné, et ce n'est pas si fréquent. Mais les joueurs sont lucides sur la piètre qualité de leurs performances dans ce Tournoi 2019.

Félix Lambey (deuxième ligne) : « *Honnêtement, on est surtout soulagés de gagner. Si on crie de joie et qu'on se saute dans les bras, les gens vont se dire :* "Ils se prennent pour qui ? Ils ont juste gagné en Italie." *Croyez-moi, on est contents, mais surtout soulagés. On avait vraiment peur. On a beaucoup de pression. J'imagine que c'est normal en équipe de France. Mais vous dire que ça nous aide, non, ce serait mentir, ça nous fait plus de mal qu'autre chose. Quand on est en équipe de France, c'est une réalité : il y a beaucoup plus de pression qu'en club. Je n'ai pas encore ouvert mon téléphone, mais je sais que quand je vais le faire les gens, enfin les médias, vont dire qu'on a été nuls.* »

Maxime Médard (arrière) : « *Avec le peu de confiance qu'on a en ce moment, on savait que ce serait un match piège, et on a failli tomber dedans. On a montré qu'on manquait de confiance, qu'on se cherchait beaucoup. On a manqué de précision, de maîtrise.* »

Mathieu Bastareaud (trois-quarts centre) : « *J'ai rarement vécu un Tournoi comme ça... Pas facile, aujourd'hui : on a été sous pression tout le match.* »

Jones, deuxième-ligne, troisième Chelem

Le capitaine gallois Alun Wyn Jones a porté les siens vers le Grand Chelem. C'est le troisième pour lui, qui s'installe parmi les meilleurs deuxième-ligne du monde.

L'ÉQUIPE DU 17 MARS 2019

AURÉLIEN BOUISSET

Il y a bien eu un murmure d'admiration pour Dan Biggar à son apparition sur le grand écran, une ovation pour l'entraîneur Warren Gatland. Mais quand les caméras ont capté Alun Wyn Jones, le Millennium a laissé parler le cœur. Brouhaha de dingue. Le capitaine commentait la victoire sur l'Irlande (25-7) de sa voix pondérée un peu éraillée, et le public l'adoubait : il est le visage et l'âme de ce Grand Chelem gallois. Le deuxième-ligne l'a célébré à sa manière, en retenue. Un troisième Grand Chelem (après 2008 et 2012), tout de même, pour sa 125e sélection, à trente-trois ans. Et une place au panthéon du quinze du Poireau.

Dans le sillage de son équipe, qui a parfaitement entamé ce match capital sous la pluie de Cardiff en surprenant très vite l'Irlande par l'essai d'Hadleigh Parkes (2e), avant de capitaliser sur les maladresses de Johnny Sexton et compagnie, Jones a montré ce qu'il savait faire. Tout, et bien, à en croire Phil Davies. *« Il porte le ballon, annonce en touche, défend dur, il est efficace en mêlée,* énumère l'ancienne poutre du pack gallois des années 1980-1990. *Et depuis que Sam Warburton a pris sa retraite, il est devenu un leader. Il est de la trempe des meilleurs deuxième-ligne du monde ! »*

31 **C'est l'écart de points qui séparait l'Écosse de l'Angleterre** au bout d'une demi-heure de jeu à Twickenham, lors de la dernière journée. Puis, aux cinq essais anglais transformés, les Écossais ont répondu par... six essais et finalement obtenu le match nul : 38-38 !

> **“Dans le rugby, c'est important de rester lucide pour faire ses choix. Il sait faire ça ! ”**
>
> MARCO BORTOLAMI, EX-DEUXIÈME-LIGNE DU QUINZE D'ITALIE

Pour le pays de Galles, le hisser là n'est pas une aberration. Depuis ses premières sélections, en 2006, Jones est programmé pour être capitaine. À la Coupe du monde 2007, il fut bizuté et dut porter la Love Spoon, une cuillère de bois spéciale, mais il était déjà intégré au groupe de décideurs. *« Je l'ai vu arriver à ce moment-là,* se remémore Martyn Williams, l'ex-troisième-ligne aux 100 capes. *Il faisait déjà tout avec un engagement maximum à l'entraînement, les touches, la muscu, tout. Il était si intense ! »* Tellement intense que, ces jours-ci, Gatland rappelait en souriant qu'à ses débuts, Jones basculait côté tête brûlée *« avec un tempérament à lancer les bagarres. Mais il a mûri ! »*

Ces coups de chaud juvéniles auraient de quoi surprendre Marco Bortolami. Autre référence du poste, l'Italien aux 112 sélections, pointe une qualité chez Jones, qui tranche avec cette réputation passée : *« C'est quelqu'un d'équilibré et de très intelligent. Il dégage de la confiance et reste toujours en contrôle avec les adversaires, l'arbitre. Dans le rugby, c'est important de rester lucide pour faire ses choix. Il sait faire ça ! »*

Le classement

1. Galles, 23 points
2. Angleterre, 18
3. Irlande, 14
4. **France,** 10
5. Écosse, 9
6. Italie, 0.

Les dix derniers vainqueurs

2019 Galles (GC)
2018 Irlande (GC)
2017 Angleterre
2016 Angleterre (GC)
2015 Irlande
2014 Irlande
2013 Galles
2012 Galles (GC)
2011 Angleterre
2010 France (GC)

Contre l'Angleterre (21-13), en février, Jones a illustré cette clairvoyance avec une rare efficacité : plaqué à la gorge par le pilier Kyle Sinckler, dans un match tendu, le capitaine a levé un œil calme et entendu vers l'arbitre et juste pointé de son index libre le bras coupable. Pour obtenir une pénalité.

Alors, ça n'a peut-être pas le clinquant d'une course de Retallick ou d'un déblayage de son collègue all black Whitelock. Ni la sauvagerie d'une charge d'Etzebeth ou l'élégance d'une passe d'Itoje. Mais *« c'est un des deux ou trois meilleurs au monde ! »,* insiste Bortolami. Mais ce n'est pas ce qui semblait l'animer, quand il prolongea chaque instant sur la pelouse. Il rayonnait, mais sans excès. Puis Jonathan Davies, son vice-capitaine, s'est approché. Pour laisser parler son cœur, à son tour, au moment de leur accolade. *« Merci mon pote,* s'est ému l'ex de Clermont. *Je t'aime. »*

D'une main, le capitaine Alun Wyn Jones brandit la Coupe du Tournoi des Six Nations et, de l'autre, indique le chiffre trois. Comme les Grands Chelems qu'il a déjà remportés.

Romain Del Castillo grimpe sur les épaules de Mbaye Niang, auteur du troisième but rennais qui scelle la qualification.

Rennes, roi de l'arène

Rejoints à l'aller alors qu'ils menaient 3-1, les Bretons ont déjoué les pronostics en résistant,en Andalousie, à un retour du Betis Séville. Ils accèdent pour la première fois aux huitièmesde finale d'une Coupe d'Europe.

L'ÉQUIPE DU 22 FÉVRIER 2019

ANTOINE MAUMON DE LONGEVIALLE

Le ballet a commencé avec M'Baye Niang, puis ce fut Adrien Hunou, Clément Grenier, et toute l'équipe rennaise. Un par un, chacun des héros du soir s'est élancé face à l'îlot rouge et noir resté dans le stade Benito-Villamarin pour obtenir les « olés » des 2 700 supporters bretons présents. Il était 23 h 20 à Séville et le Stade Rennais tenait son exploit depuis une demi-heure : sa première qualification pour des huitièmes de finale européens obtenue sur la pelouse de l'une des plus belles équipes d'Espagne.

C'était un match pour grandir, créer l'exploit et repousser encore ses limites. Le Stade Rennais savait tout cela et avait emmené tout son personnel à Séville pour voir et espérer. Quant à ses supporters, ils s'étaient déplacés comme jamais pour se faire entendre toute la journée, de l'Alcazar à la place d'Espagne.

Pour quel résultat ?

Une soirée que tout ce petit monde pourra raconter longtemps : un succès devant un public capable de chanter à la gloire de ses joueurs une bonne demi-heure après une élimination, et une équipe qui avait quitté la Bretagne, il y a une semaine (3-3), en laissant l'impression qu'il lui suffirait juste d'un peu de réussite pour finir le travail. Mais Rennes a sorti son grand match. Celui que le staff de Julien Stéphan avait préparé et ses joueurs disputé avec bien moins d'erreurs qu'à l'aller. On attendait une grande prestation d'Ismaïla Sarr et d'Hatem Ben Arfa, mais c'est au moins autant avec tous leurs autres atouts que les Bretons ont écrit ce scénario rêvé.

On pense à Tomas Koubek, Hamari Traoré et Mexer, bluffant d'assurance dans la fournaise de Benito-Villamrin qui a encore pris quelques degrés avec la réduction du score de Lo Celso (1-2, 41e), au bout d'un contre qui a empêché les Rennais de revenir au vestiaire avec deux buts d'avance. Car Bensebaini sur corner (22e) et Hunou sur un contre (30e) avaient sérieusement refroidi un stade incrédule.

Mais Rennes n'a pas faibli, cette fois. L'équipe de Stéphan a reculé face aux vagues sévillanes, de plus en plus hautes et nombreuses. Elle a concédé des occasions, dont ni Jesé (45e, 57e, 66e) ni Moron (48e, 51e) n'ont profité, mais sans se contenter de subir pour autant. En cela, la patte de Ben Arfa a été essentielle pour gérer les moments où les Rennais pouvaient remettre le pied sur le ballon. Et si Koubek s'est interposé plusieurs fois en fin de match, ce n'était que sur des frappes mineures. Outre Canales, toujours flamboyant, c'est surtout par les deux joueurs prêtés par le Paris-SG, Lo Celso et Jesé, que le danger s'est le plus approché du but rennais.

Mais la rencontre a cette fois fini comme elle avait débuté : par une emprise rennaise. Les Bretons avaient d'entrée diffusé le sentiment qu'ils lutteraient dans les yeux face aux Verdiblancos, avec Bensebaini (2e) et Sarr (17e, 21e) montrant la voie. En fin de match, c'est Ben Arfa et Niang qui se sont occupés de tout. Les joueurs rennais se souviendront de cette 85e minute, lorsque leurs supporters se sont permis de chambrer le public andalou sur une conservation de balle interminable menée par Ben Arfa. Mais c'est surtout la dernière action qu'ils n'oublieront pas : une récupération de Sarr sur Lainez, une course de Ben Arfa, une chevauchée de Niang, un débordement sur Bartra, et un but sur un tir au ras du poteau droit de Robles, le gardien sévillan. De quoi faire le plein de souvenirs.

Le dernier survivant

Qualifié pour les huitièmes de finale, le Stade Rennais est la dernière équipe en Ligue Europa. Marseille et Bordeaux, les deux autres équipes engagées, ont été éliminées en phase de groupes. Les Phocéens, derniers de leur poule, n'ont inscrit qu'un point (grâce à un nul à Limassol, 2-2) en six matches face à l'Eintracht Francfort, la Lazio Rome et l'Apollon Limassol. Les Girondins, 3e, ont été devancés par le Zénith Saint-Petersbourg et le Slavia Prague.

Monfils au présent du conditionnel

En mode carpe diem, Gaël Monfils a remporté la finale du tournoi de Rotterdam face à Stan Wawrinka (6-3, 1-6, 6-2). Malgré un poignet gauche douloureux.

L'ÉQUIPE DU 18 FÉVRIER 2019

JULIEN REBOULLET

Gaël Monfils n'est sans doute pas le premier nom qui vient à l'esprit quand on cherche un exemple de constance en tennis. N'empêche que le Français en est à sa quinzième saison de suite avec au moins une finale ATP au compteur et qu'aucun de ses compatriotes ne peut en dire autant.

O.K., ses finales finissent mal, en général (75 % d'échecs jusqu'à cette semaine), mais pas celle de Rotterdam. Malgré une douleur au poignet gauche, ressentie après une chute en début de tournoi, il y a dominé le Suisse Stan Wawrinka grâce à un joli chapelet de défenses bien senties au premier et au troisième sets, et malgré une absence d'une demi-heure dans la deuxième manche (6-3, 1-6, 6-2), qui lui a servi à recharger sa batterie avant la dernière ligne droite. Voilà Monfils à la tête de huit titres : six ATP 250 et, désormais, deux ATP 500, après celui conquis à Washington en 2016. À l'issue d'une semaine où il a trouvé les clefs face à des clients comme Goffin, Medvedev et Wawrinka, le Français de trente-deux ans et demi a ausi réussi à se hisser à la huitième place de la Race, et se trouve donc virtuellement « masterisable ».

> **"Gaël est le meilleur défenseur de tous les temps"**
>
> STAN WAWRINKA

Sa régularité depuis le début de saison (9 victoires - 2 défaites) rappelle son début d'année 2016 quand, cornaqué par le Suédois Mikael Tillström, il avait connu sa période la plus constante, jusqu'à sa demi-finale à l'US Open.

Que pensez-vous que cette comparaison lui inspire ? Officiellement, absolument rien : *« 2019, c'est 2019, je reste dans le moment présent, je travaille. »* Il a coutume de se placer en configuration *« no comment »* quand il considère que se retourner ou se projeter risquerait de lui faire perdre son fil conducteur. Sa victime « néerlandaise », qui est aussi son ami, a néanmoins dit tout le bien qu'il pensait de lui, cette semaine : *« Gaël est le meilleur défenseur de tous les temps et, en ce moment, il joue un des meilleurs tennis que je lui ai vu jouer. »*

MONTPELLIER ATP 250 indoor

Tsonga chauffeur de salle

Impressionnant face à Pierre-Hugues Herbert (6-4, 6-2), le Manceau a conquis son 17e titre, le 12e en indoor. Grâce, notamment, à un physique retrouvé.

L'ÉQUIPE DU 11 FÉVRIER 2019

VINCENT COGNET

Il adore l'indoor

Rien de bien neuf sous l'absence de soleil : rapides, les conditions de jeu en salle entrent en parfaite adéquation avec son profil de puncheur. *« Il y a le service, bien sûr,* explique Sébastien Grosjean, directeur du tournoi. *Hormis lors de son début de match contre Ugo Humbert, je l'ai trouvé serein sur ses engagements. En indoor, il exploite très bien sa puissance. Et puis, ce sont des schémas assez courts, ça lui correspond. »* La dernière embellie de Tsonga remontait à l'automne 2017, où il avait enchaîné, en deux semaines, un titre à Anvers et une finale à Vienne.

Le physique paie

Tsonga a livré, face à Jérémy Chardy en quarts, le plus long match de la semaine (2 h 45'). Il a pourtant terminé son tournoi en pétant la forme.

Herbert l'a remarqué à ses dépens : *« Jo se déplace magnifiquement bien. On a l'impression qu'il ne court pas, mais il est sur toutes les balles. »* À l'arrêt durant de longs mois en 2018, JWT commence à toucher du doigt son investissement à l'entraînement : *« Je me sentais bien physiquement en revenant d'Australie. Après, j'ai fait une super séance de boulot de deux semaines. C'est un long process. Être relâché en match, ça met du temps à revenir. »*

Du béton dans le coup droit

Tsonga a conclu cette semaine en pole-position pour ce qui est des aces : 64 en cinq matches. Mais son engagement seul n'aurait pas suffi à lui offrir le trophée. *« J'ai eu l'impression de m'être fait péter la gueule,* admet Herbert. *J'ai tenu une demi-heure. Quand Jo a pris les devants, il était inatteignable. Face à lui, c'est un combat de boxe. J'avais l'impression de ne plus trouver de solution. »* P2H a été martyrisé par le coup droit maousse de Tsonga : *« Il est capable de couvrir au moins les trois quarts du terrain avec son coup droit. »*

3 FÉVRIER

MOTO **ENDUROPALE.** Il aura fallu attendre trente-trois ans et un pilote britannique, Nathan Watson, pour que KTM l'emporte à nouveau au Touquet et mette fin à l'hégémonie Yamaha. L'Anglais, deuxième lors de l'édition précédente, a démarré « prudemment » avant de faire la différence dans la dernière heure.

21 FÉVRIER

JO **PARIS 2024.** Le Français Martin Lejeune, seize ans, en pleine action et médaillé d'argent, lors des JO de la Jeunesse à Buenos Aires en 2018. Dans la liste des sports additionnels pour les Jeux de Paris 2024, publiée ce 21 février, figurent donc la breakdance (rebaptisée breaking), l'escalade, le surf et le skateboard.

10 FÉVRIER

ÉQUITATION **GRAND PRIX DE BORDEAUX.** Félicie Bertrand, sur sa petite jument *Sultane des Ibis*, a remporté son premier concours cinq étoiles de saut d'obstacles. Elle s'est imposée devant quelques ténors de la discipline comme l'Irlandais Bertram Allen, le Français Simon Delestre ou l'Allemand Ludger Beerbaum.

5 FÉVRIER

FOOTBALL AMÉRICAIN **SUPER BOWL.** Le quarterback Tom Brady (à droite) fête, avec son coéquipier-hipster Julian Edelman, sa sixième victoire dans le Super Bowl (en neuf finales), sous le maillot des New England Patriots. Après cette victoire étriquée (13-3) face aux Los Angeles Rams, il est le joueur plus titré de la NFL.

23 FÉVRIER

FOOTBALL **MBAPPÉ, 50 BUTS À 20 ANS.** Le Parisien Kylian Mbappé trompe pour la deuxième fois le gardien nîmois Bernardoni et devient le plus jeune joueur de Ligue 1 à avoir inscrit cinquante buts en Championnat de France. Ce jour-là, il a vingt ans, deux mois et trois jours et finira la saison avec un total de soixante-deux buts.

24 FÉVRIER

CYCLISME **TOUR DU HAUT-VAR.** Thibaut Pinot franchit en vainqueur la ligne d'arrivée de la troisième et dernière étape, au Mont-Faron, et remporte la course devant Romain Bardet (à l'arrière-plan). De bon augure pour le Français pour qui, à ce moment-là, le Tour de France est l'objectif majeur.

Ndama, sacrée nana

À vingt ans, Solène Ndama a décroché le bronze au pentathlon après un 800 m survolté. Et égalé, au passage, le record de France d'Antoinette Nana Djimou (4 723 points).

1 **Depuis 2009, il y a toujours au moins un Français sur le podium** des Championnats d'Europe d'athlétisme en salle.
2009 (Turin, ITA). –
1. **L. Doucouré**, 7"55
2011 (Paris). –
2. **G. Darien**, 7"56
2013 (Göteborg, SUE). –
3. **P. Martinot-Lagarde**, 7"53
2015 (Prague, RTC). –
1. **P. Martinot-Lagarde**, 7"49 ;
2. **D. Bascou**, 7"50 ;
3. **W. Belocian**, 7"52
2017 (Belgrade, SER). –
2. **P. Martinot-Lagarde**, 7"52
2019 (Glasgow, GBR). –
2. **P. Martinot-Lagarde**, 7"61 ;
3. **A. Manga**, 7"62

Au poids (14,23 m), Solène Ndama ne s'est classée que cinquième, mais ses 8"09 sur 60 m haies (meilleur temps), entre autres, lui ont permis de décrocher le bronze.

L'ÉQUIPE DU 2 MARS 2019
CÉLINE NONY

Elle brandit, incrédule, le drapeau au-dessus de sa tête. Pourtant, après avoir réalisé la meilleure performance mondiale deux semaines avant à Miramas (4 672 points), Solène Ndama avait pris date avant ce rendez-vous de Glasgow. Bien sûr, on se doutait que la championne du monde britannique Katarina Johnson-Thompson, serait impitoyable à domicile. Elle l'a été. Et même si une longueur mineure (6,53 m) a ruiné ses espoirs de jouer le record du monde de l'Ukrainienne Dobrynska (5 013 points), elle s'est arrachée sur le 800 m pour décrocher l'or (4 983 points).

Un instant, on a cru que Solène Ndama se parerait d'argent. Après un finish survolté et rageur, la Bordelaise a pulvérisé son record personnel sur le 800 m (2'11"86) et égalé le record de France d'Antoinette Nana Djimou (4 723 points en 2011), et offert sa première médaille à la France. Sa première à elle. Et tant pis si l'autre Britannique, Niamh Emerson (19 ans), championne du monde juniors de l'heptathlon l'a devancée de huit points (4 731). L'essentiel était ailleurs. « *J'ai tout donné, jusqu'au bout. J'ai même vomi à la fin. Je suis trop contente. Je n'ai pas les mots, c'est trop bien* », exultait Solène Ndama. Le duo qu'elle forme avec Laurent Moreschi, son entraîneur, a traversé mille émotions. Mais on a surtout découvert une guerrière, qui ne cache rien. Moues, grimaces, grands sourires. Facile d'interpréter son ressenti immédiat.

Record personnel à la hauteur

Le matin, elle avait commencé par fulminer. Son départ en sept foulées s'était totalement écrasé et, même si la Française domina le 60 m haies (8"09), pas loin de son record en 8"03, ceux qui l'avaient observé à l'échauffement la voyaient descendre sous les 8 secondes. « *C'est son épreuve forte, et on s'est dit que le joker était parti* », glissait Moreschi. Le temps d'évacuer sa frustration, elle avait réagi, améliorant deux fois son record à la hauteur (1,78 m). Mieux, la jeune femme confirmait son nouveau potentiel au poids en le lançant au troisième essai à 14,23 m. « *Elle a eu un petit coup de mou en longueur* (6,21 m), *on est redescendus*, admet Moreschi. *Avant le 800 m, elle avait très, très, très peur. De finir quatrième, de décevoir ses proches. Pour la remotiver, c'est de l'affectif. On est très proches, assez fusionnels. Je lui ai rappelé d'où elle venait. Pour qui elle courait. Pour elle, mais toujours aussi pour quelqu'un à qui elle veut faire plaisir. On a marché un peu dehors, elle est rentrée dans sa bulle.* »

De retour sur la piste, Ndama affichait un sourire immense. Et une détermination farouche. « *J'ai essayé d'accrocher Niamh qui est partie très fort*, racontait la Française. *Je ne m'y attendais pas du tout. Avec mon entraîneur, on avait dit qu'il fallait que je relance aux 500 m, j'ai essayé. Je me suis retournée, j'ai vu l'autre* (la Lettone Ikauniece). *Je l'ai un peu insultée dans ma tête… J'en ai remis une couche, et voilà !* » C'est tellement simple, dit comme ça.

4 × 400 m
Le relais, dernier éclair

Emmenée par Mame-Ibra Anne et Thomas Jordier dans les deux premiers relais, la France a décroché le bronze du relais 4 x 400 m, sa quatrième breloque dans ces Championnats. Et pourtant, elle était encore cinquième à quelques tours de l'arrivée, après le troisème relayeur Nicolas Courbière. Paraissant coincer aux 200 m derrière les Britanniques et les Polonais, Fabrisio Saidy sut être patient avant d'accélérer dans la dernière ligne droite et apporter le bronze à la France (3'07"71) derrière la Belgique et l'Espagne. « *Quand je pars* (5e), *je vais vraiment chercher les deux devant*, raconte Saidy. *Ils m'ont enfermé. Quand je place mon attaque, ils répondent et je reste derrière. J'étais facile, je savais que j'allais les passer dans la dernière ligne droite.* »

L'argent plaît à Lamote

Deux fois vice-championne d'Europe du 800 m en plein air, Rénelle Lamote l'est devenue en salle. Ça ne lui déplaît pas encore.

L'ÉQUIPE DU 4 MARS 2019

CÉLINE NONY

Décidément, elle n'y arrive pas. Le constat semble brutal. Il est surtout injuste. *« J'aimerais connaître le goût de l'or. Mais, dans ces conditions, je suis super contente. »* Double vice-championne d'Europe estivale (2016 et 2018), Rénelle Lamote a encore décroché une médaille d'argent sur le 800 m en salle de Glasgow, en 2'3"00. Mais cela n'a pas assombri son sourire. *« Elle a beaucoup de saveur. J'ai abordé ces Championnats dans des conditions difficiles. Psychologiquement, je suis arrivée fatiguée, j'étais sur les nerfs »*, avouait-elle.

C'est qu'ils étaient peu à miser une pinte sur la protégée de Thierry Choffin. Eux seuls connaissaient les indices amassés durant la préparation. Et ils étaient si bons que le duo avait rêvé de balayer le record personnel de Lamote (2'1"97 en 2015), voire s'attaquer au record de France (2'0"42, par Élisabeth Grousselle en 2006).

Si elle a paru se chercher en série, elle a couru sa demi-finale en patronne. Ça n'allait pas assez vite et elle a pris les commandes pour s'imposer sans trembler. *« Je ne veux pas être qu'une coureuse de demies »*, se persuadait-elle, devenue favorite après que la Suissesse Selina Büchel eut été éliminée. Mais la finale délivra un autre verdict : au départ, ce n'est pas la Française mais la Britannique Shelayna Oskan-Clarke, médaillée de bronze mondiale en 2018, qui se porta en tête. Lamote, elle, se déportait régulièrement au couloir 2 et sa rivale jouait avec elle. *« Je ne sais pas encore courir correctement dans les courses à enjeu*, admettra-t-elle ensuite. *J'ai du mal à me placer. Mais j'étais plus actrice de la course aujourd'hui que les années précédentes. »*

Elle a essayé d'attaquer, osé quelques coups de reins. En vain. *« J'y ai cru jusqu'au bout*, affirme-t-elle. *C'est le fait d'avoir couru pour l'or qui me permet de monter sur le podium. Je pense que si j'avais juste couru pour le podium, j'aurais fini cinquième... »*

60 m haies

Martinot-Lagarde : "Le cassé du renard n'a pas suffi"

« J'ai fait la course qu'il ne fallait pas faire, avec des erreurs. J'ai fait une finale... pas très clean. Je fais un bon départ mais je tape la 2e ou 3e haie, ce qui me freine et me défonce un peu la course. Le cassé du renard n'a pas suffi. Je reste un peu sur ma faim, c'est le Championnat le plus lent depuis longtemps, mais il ne faut pas banaliser les médailles. »

PASCAL MARTINOT-LAGARDE, MÉDAILLÉ D'ARGENT SUR 60 M HAIES, À UN CENTIÈME DU VAINQUEUR, LE CHYPRIOTE TRAJKOVIC.

Manga : "J'ai bien fait de venir"

« En cassant, je n'ai pas regardé, je ne savais pas où j'étais, juste dans le pâté. Quand je vois que je suis troisième, forcément je suis content. J'ai bien fait de venir ! Si je n'ai pas gagné, c'est que je n'ai pas respecté tout ce qu'on a mis en place, je manque un peu d'agressivité sur certains franchissements et sur ceux où je suis plus agressif, je touche les haies. »

AUREL MANGA, MÉDAILLÉ DE BRONZE SUR 60 M HAIES, À DEUX CENTIÈME DU VAINQUEUR.

FOOTBALL LIGUE DES CHAMPIONS | huitièmes de finale retour | Paris-SG 1-3 Manchester-United

La Débandada

Le Paris-Saint-Germain a été lamentablement éliminé de la Ligue des champions par une très faible équipe de Manchester United. Les responsabilités sont partagées au sein du club.

1
Le Paris-SG est la première équipe, dans l'histoire de la Ligue des champions, à être éliminée après l'avoir emporté 2-0 à l'extérieur à l'aller.

4
Le (faible) nombre de tirs cadrés par Manchester United. Pour trois buts...

L'ÉQUIPE DU 7 MARS 2019
DAMIEN DEGORRE

Qui blâmer ? Gianluigi Buffon, pour ne pas avoir su maîtriser une frappe anodine de Marcus Rashford et avoir offert, du même coup, le ballon du 2-1 à Romelu Lukaku (30e), alors que Manchester United n'existait pas dans ce match ? Kylian Mbappé, qui a eu le ballon du 2-2, seul face à David De Gea, à la 84e minute, et qui s'est pris les pieds dans le tapis après avoir multiplié les mauvais choix ? Thilo Kehrer, qui avait placé le même Lukaku et son équipe sur orbite alors que la rencontre venait de commencer (0-1, 2e) ? Thomas Tuchel, qui donna le sentiment de subir la fin de match et de se contenter de cette défaite suffisante par un but d'écart jusqu'aux prémices du temps additionnel ? La liste pourrait s'étirer à la majorité des Parisiens présents sur la pelouse du Parc des Princes. À des degrés divers, aucun n'a jamais été en mesure de mettre son équipe à l'abri de ce qui ressemble à l'une des pires pages de l'histoire européenne du club.

Parce que, franchement, en face, ce n'était pas des Red Devils mais des diablotins première année. Il faut bien mesurer que Manchester a obtenu son penalty - après visionnage du VAR - avec, sur la pelouse, Tahith Chong, 19 ans, une minute de jeu contre Southampton en Championnat cette saison, dix contre Reading en Cup, et Mason Greenwood, 17 ans, première apparition en pro de sa carrière.

Un immense échec sous les yeux de l'émir Al-Thani

Et même si ces jeunes-là ne sont pas mauvais, ils n'ont pas le niveau de Frenkie De Jong, Matthijs De Ligt ou Donny Van de Beek, par exemple, les pépites de l'Ajax Amsterdam qui avaient fait tomber le Real Madrid la veille, au même tour de la compétition (4-1, 1-2 à l'aller). Paris n'est pas le Real, bien sûr, et d'ailleurs, à ce rythme, le PSG ne le sera jamais. Les rêves de grandeur de ses dirigeants se heurtent toujours à une réalité sportive qui, depuis trois saisons, est trop souvent dévastatrice. La Remontada du Camp Nou, en mars 2017 (*), aurait dû être le pire moment de son histoire. Mais celui-ci est sans doute encore un ton au-dessus... Et ce, sous les yeux de l'émir Al-Thani, le propriétaire du club, qui avait effectué le déplacement... Peut-être le boss qatarien va-t-il commencer à s'interroger sur cette direction générale. Nasser al-Khelaïfi a eu la chance d'être le président du PSG avec le plus de moyens financiers mais pas forcément celui aux idées les plus judicieuses.

Parce que si cette élimination est en grande partie imputable à ceux qui étaient sur le terrain, elle trouve aussi ses fondements dans une succession de mercatos ratés. Leandro Paredes, dernier en date, est un bon petit joueur, c'est vrai, mais justement, ce n'est qu'un bon petit joueur qui n'a rien apporté au moment de son entrée, alors que Tuchel attendait de sa

Paris-SG	1	1
Manchester United	2	3

Arbitre M. Skomina (SLV, 7) 47 441 spectateurs

Paris-SG
But : Bernat (12e).
Paris-SG : Buffon (2) - Kehrer (2) (Paredes, 70e), Thiago Silva (cap., 5), Kimpembe (3) - Daniel Alves (3) (Cavani, 90e + 5), Marquinhos (4), Verratti (5), Bernat (5) - Draxler (3) (Meunier, 70e), Di Maria (3) - Mbappé (3).
Entraîneur : T. Tuchel.
Cartons : 2 avertissements.
Di Maria (34e), Paredes (75e).

Manchester United
Buts : Lukaku (2e, 30e), Rashford (90e + 4)
Manchester United : De Gea (6) - Bailly (non noté) (Dalot, 36e, 6), Smalling (7), Lindelöf (7), Shaw (6) - A. Young (cap., 6) (Greenwood, 87e), McTominay (4), Fred (5), Pereira (3) (Chong, 80e) - Lukaku (8), Rashford (7).
Entraîneur : O. G. Solskjaer.
Cartons : 1 avertissement : Shaw (90e + 9).

Paris encore dans le mur

Lors de ses sept dernières participations à la Ligue des champions, le Paris-SG s'est d'abord heurté au mur des quarts de finale avant, ces trois dernières saisons, de coincer dès les huitièmes. Et de façon spectaculaire.

Le mur des huitièmes
2018-2019
éliminé par Manchester United (2-0, 1-3)
2017-2018
éliminé par le Real Madrid (1-3, 1-2)
2016-2017
éliminé par le FC Barcelone (4-0, 1-6)

Le mur des quarts
2015-2016
éliminé par Manchester City (2-2, 0-1)
2014-2015
éliminé par Chelsea (1-1, 2-2 a.p.)
2013-2014
éliminé par Chelsea (3-1, 0-2)
2012-2013
éliminé par le FC Barcelone (2-2, 1-1)

qualité de passe qu'elle casse des lignes. Paredes, le remplaçant de Thiago Motta ? Vraiment ? *« C'est exactement le profil qu'on voulait »*, confie Antero Henrique en privé. Alors si c'est exactement ce que le responsable du recrutement veut, c'est que le responsable du recrutement commet une erreur de diagnostic. Après Lassana Diarra l'hiver précédent, ça commence à faire beaucoup.

Le staff, lui, n'a pas non plus brillé par ses choix, mais au moins peut-on lui reconnaître que si l'image du PSG a été redorée après l'ère Unai Emery, c'est à Tuchel que le club de la capitale le doit. Choisir l'ancien entraîneur de Dortmund pour succéder à l'Espagnol aura sans doute été l'une des meilleures décisions de ces dernières saisons.

Alors, oui, Paris va encore être champion de France, mais il a offert une piètre image du foot français sur la scène européenne. Et en attendant, c'étaient les 2200 supporters de Manchester qui, pendant qu'ils patientaient sous la pluie dans leur quart de virage du Parc, chantaient la Marseillaise et pouvaient « rêver plus grand ».

(*) Vainqueurs 4-0 à l'aller, les Parisiens s'étaient inclinés 1-6 à Barcelone au retour.

« Pas de mots pour l'expliquer »

Thomas Tuchel, l'entraîneur du PSG, avait beaucoup de mal à analyser, à chaud, la nouvelle déroute de son équipe.

L'ÉQUIPE DU 7 MARS 2019
JOSÉ BARROSO

Thomas Tuchel est arrivé dans l'amphithéâtre du Parc des Princes à minuit passé. Les traits tirés, l'entraîneur du Paris-SG a mûrement pesé ses mots. Manifestement encore marqué par ce qui venait de se passer, il avouait ne pas avoir encore toutes les clés pour expliquer cette élimination invraisemblable.

« Est-ce une élimination d'abord mentale ?
Je ne peux pas dire oui mais je ne peux pas dire non. On a montré une très bonne réaction après le premier cadeau qu'on a fait à Manchester. On a très bien joué les trente premières minutes, avec beaucoup d'occasions. On aurait dû mettre deux ou trois buts, on ne l'a pas fait. Après ça, leur deuxième but (30e) a tout changé car Man U, à ce moment-là, n'avait pas eu la moindre occasion et avait déjà marqué deux fois. Avec un seul but de plus pour MU, nous étions éliminés alors que nous avions complètement contrôlé le match. Après, c'est devenu compliqué. Quiconque a joué au foot sait que cette situation est difficile à gérer. En seconde période, on a eu de grosses occasions encore mais, sans le moindre tir, MU marque un troisième but *(sur penalty)*. Je n'ai pas de mot pour l'expliquer. Mettre trois buts sans la moindre occasion, c'est difficile d'analyser.

Que pensez-vous du penalty ?
Je suis un grand partisan du VAR et je le reste. Pour moi, quand Dalot tire *(en direction de Kimpembe)*, la trajectoire n'était pas cadrée. J'étais surpris qu'on siffle corner car je ne pensais pas qu'elle avait été contrée. Avec la main, c'est très compliqué. Il y a trop d'éléments à prendre en compte pour savoir si on siffle ou pas : la distance du joueur, le caractère volontaire, si le tir est cadré, etc. C'est du 50-50. Je comprends qu'on siffle mais, pour moi, c'est très difficile de trancher.

L'élimination reproduit les circonstances du match contre le Barça en 2017 (1-6 après le 4-0 à l'aller). Cela a-t-il pu jouer dans les esprits ?
Ce n'est pas la même chose, on ne peut pas mettre ça sur le dos de ce qui s'est passé. On aime trouver une logique aux choses mais je ne pense pas que la défaite à Barcelone soit encore un problème aujourd'hui. La manière dont on a débuté le match n'a pas été la bonne. On dominait totalement, on aurait dû mettre un deuxième but qui nous aurait retiré la pression. Et si on avait mis ce deuxième but, ce qui est arrivé à Gigi *(Buffon relâche une frappe lointaine de Rashford dans les pieds de Lukaku)* ne serait jamais arrivé. C'est très difficile à accepter... »

Lyon foudroyé

Auteur d'un bon nul à l'aller (0-0), Lyon n'a pas résisté à l'ouragan Messi. La seule surprise est qu'il y a eu un match pendant vingt minutes en seconde période. Mais le Barça était trop fort.

"On sait que Messi, quand il est à ce niveau de jeu et de motivation, est quasi inarrêtable. Il fait partie des meilleurs joueurs de tous les temps. À l'image de ce qu'a fait Ronaldo avec la Juve (triplé lors de la victoire 3-0 face à l'Atlético de Madrid), il a porté son équipe."

BRUNO GENESIO, ENTRAÎNEUR DE LYON

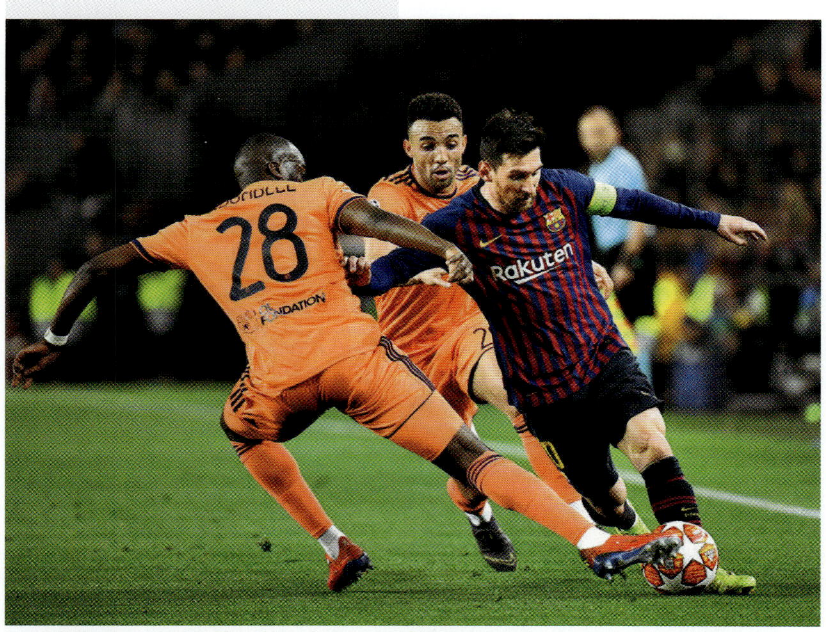

Le capitaine barcelonais Lionel Messi virevolte, à l'aise, entre les Lyonnais Tanguy Ndombele et Marçal (à l'arrière-plan). Son bilan : deux buts, deux passes décisives.

L'ÉQUIPE DU 14 MARS 2019

VINCENT DULUC

Il y a eu un moment, dans cet adieu aux larmes du football français en C 1, où l'OL a osé regarder le grand Barcelone dans les yeux. C'était juste avant que la tempête ne l'emporte. Puisque les enhardis qui s'attaquent au Barça lui laissent trop d'espaces en retour, puisque Lionel Messi les attendait depuis la première minute du match aller (0-0), les Lyonnais ont été expédiés par le fond dans des proportions qui disent la différence de talent (1-5), mais qui cachent le ton du match, au cœur de la seconde période, après que Tousart eut ramené le score à 1-2 (58e).

Il y a eu, alors, deux occasions qui auraient pu faire taire le Camp Nou, une frappe soudaine de Fekir (63e), et surtout un centre en retrait de Mendy pour Depay qui aura glissé au moment fatal (66e), une illustration de son match catastrophique sur la scène même où il entendait se montrer au monde.

Avant et après ces minutes, l'OL n'a pas réellement été invité, face à des Barcelonais déchaînés et virtuoses.

Et il aurait fallu, en surplus de ces arabesques, que l'OL se remette de deux faits de jeu qui auront pesé sur le scénario de la première période, par-delà l'évidence d'un rapport de forces déséquilibré et de l'évidence que quelques jeunes Lyonnais qui sont suffisants en L 1 sont insuffisants en Ligue des champions, écrasés par la charge mentale de l'événement, et confrontés à des limites qui ne tiennent pas toutes à leur jeune âge. Le premier fait de jeu a impliqué le VAR. C'est une perversion du nouveau système : les arbitres sifflent même quand ils ont un doute, puisque le VAR existe, mais il n'est qu'une chambre d'enregistrement. Voir aussi longtemps M. Marciniak immobile sur le terrain, pendant la vérification du but lyonnais, est une image pénible pour un grand spectacle mondial. Et, puisque le VAR est aux mains des arbitres, Barcelone n'a pas grand-chose à craindre, ce dont témoigne ce penalty que Suarez a arraché en marchant lui-même sur Denayer (16e).

Le récital de Messi

L'autre fait de jeu aura été la blessure d'Anthony Lopes, percuté par Coutinho (21e). Le gardien lyonnais a repris le jeu courageusement, ou de manière doublement inconsciente, encaissant le deuxième but signé Coutinho, après une offrande de Suarez qui avait fait monter Marçal dans le bus (31e), avant que Gorgelin, le gardien remplaçant, n'entre en jeu pour le premier match de Ligue des champions de sa vie.

L'enchaînement des événements aurait pu couler l'OL, sans équilibre avec son 3-4-1-2, et sans solution ni caractère quand il avait le ballon. Qu'il soit parvenu à exister à nouveau dans le match est presque un mystère, mais, après PSG-Manchester United *(1-3, p. 42-43)*, il n'y avait plus de miracle disponible en magasin. Toutes les portes se sont ouvertes d'un coup et Lyon a été submergé en dix minutes, parce que l'entrée de Bertrand Traoré (73e) a été calamiteuse et qu'il a perdu le ballon sur le 1-3 signé Messi (78e), parce que tout est allé trop vite sur un corner offensif pour l'OL, avec une passe géniale de l'Argentin pour Piqué (81e) et parce que Messi, encore, a offert le cinquième but à Ousmane Dembélé (86e). Il a été un peu plus génial quand il a eu beaucoup d'espace, mais son influence aura souligné que quelques joueurs lyonnais n'ont pas passé le test du niveau, ni à l'aller, ni au retour, se cachant parfois pour ne pas recevoir le ballon.

La saison européenne de l'OL s'est arrêtée là où on l'attendait, sur la pelouse du seul survivant de la grande Espagne, dans des quarts de finale où joueront quatre Anglais et le continent. Il ne reste au club lyonnais et à son entraîneur qu'à se souvenir qu'ils ont regardé le Barça dans les yeux pendant vingt minutes, mais ils pourront difficilement oublier qu'ils l'ont vu de dos le reste du temps.

Zidane, un Messie pour le Real

À la surprise générale, ZZ est redevenu entraîneur du Real Madrid. Avec les moyens de ses ambitions.

L'ÉQUIPE DU 12 MARS 2019

FRÉDÉRIC HERMEL

« J'ai écouté mon cœur, et mon cœur m'a dit qu'il fallait que je revienne à la maison. » C'est un Zinédine Zidane calme, reposé et heureux, qui s'est présenté dans la salle de presse bondée du stade Santiago-Bernabeu. Rien à voir avec l'homme un peu impressionné qui, le 4 janvier 2016, avait prononcé ses premiers mots d'entraîneur du Real. Habitué à l'exercice et renforcé par la légitimité que lui confèrent ses neuf trophées remportés *(voir ci-contre)*, le Français a pu transmettre son message. La raison de son retour ? Le président lui a demandé et, comme Zidane avait envie, il a dit oui.

Selon une source interne au Real, c'est le lendemain de l'élimination face à l'Ajax Amsterdam en Ligue des champions *(1-4, aller 2-1, voir ci-dessous)*, que Florentino Pérez a appelé celui qui avait démissionné de son poste le 31 mai 2018. La réponse de l'ex capitaine des Bleus a été aussi rapide et enthousiaste que la première fois. Il a signé un contrat qui le lie jusqu'en juin 2022. *« Nous te rendons la responsabilité dans un moment de grande difficulté*, expliquait le patron du Real lors de la présentation du nouveau technicien. *Ton implication et ton engagement rendent heureux tous les supporters. Tu es le meilleur du monde et tu reviens parmi nous. Tu représentes l'âme de notre club. Bon retour chez toi. »*

Plus que jamais, Zidane rend un énorme service à un club qui, depuis son départ, a vécu une période très compliquée. Un vide immense s'est créé depuis l'élimination, et c'est toute l'institution et son conseil d'administration qui tremblent.

> **« Le défi est plus grand encore que lors de ma première nomination »**

Ce retour, considéré en Espagne comme un coup de maître réussi par Pérez, balaie d'un coup la crise. L'inquiétude laisse place à l'espoir. Le Marseillais était attendu à bras ouverts et sa décision de changer d'air au printemps 2018 était pardonnée. *« Le défi est plus grand encore que lors de ma première nomination*, reconnaissait le Français. *J'aurais pu partir ailleurs, j'ai eu des propositions. J'ai envie de retrouver le terrain. »* Et d'annoncer qu'il n'est pas venu faire de la figuration. *« Des choses vont changer. Il faut le faire pour l'avenir du meilleur club du monde. Nous avons du temps, et ça c'est important »*, annonça-t-il devant la mine ravie du président Pérez. Le Real, qui n'a que très peu dépensé en recrutement ces dernières années, a les moyens des ambitions de son nouvel entraîneur.

9

À la tête du Real Madrid, Zinédine Zidane a remporté neuf titres majeurs

3 Ligue des champions (2016, 2017, 2018)
1 titre de champion d'Espagne (2017)
2 Coupes du monde des clubs (2016, 2017)
2 Supercoupes de l'UEFA (2016, 2017)
1 Supercoupe d'Espagne (2017)

Il commence immédiatement à travailler dans son bureau de Valdebebas, avec la même garde rapprochée composée de David Bettoni, premier adjoint, de Hamidou Msaidié, second adjoint, d'Antonio Pintus, préparateur physique, et de Stéphane Plancque, observateur. Et ses joueurs ne tarderont pas à retrouver l'entraîneur qui les avait emmenés si haut. En Espagne, une expression populaire dit que les *« deuxièmes épisodes ne sont jamais bons »*. À Zidane de prouver le contraire.

Real Madrid 1-4 Ajax Amsterdam

L'Ajax avait eu la tête du roi

Vainqueur à l'aller (2-1), le triple tenant du titre en Ligue des champions avait été sorti dès les huitièmes de finale par un Ajax Amsterdam plein de culot, de talent et d'imagination.

L'ÉQUIPE DU 6 MARS 2019

BAPTISTE CHAUMIER

C'était un match haletant, passionnant et intense de bout en bout, sans temps mort. Et après une première manche formidable (1-2), le Real Madrid et l'Ajax Amsterdam se sont livrés une bataille incroyable dans un stade Santiago-Bernabeu déjà frondeur avec ses propres joueurs, où les supporters néerlandais ont fini par prendre le pouvoir. Et la jeune garde néerlandaise, emmenée par un épatant Dusan Tadic – impliqué sur trois des quatre buts – a détrôné les triples tenants du titre (4-1). Double passeur décisif pour Ziyech (7e) puis Neres (18e), le Serbe a ensuite signé un but splendide, celui du 3-0 : un coup de canon en pleine lucarne (62e) sur une action d'une beauté absolue.

Le gardien de l'Ajax, Onana, de son côté, a aussi profité de la maladresse madrilène : frappe de Vinicius dans le petit filet (31e), poteau de Bale (42e) et tir pas assez enroulé de Benzema, capitaine (58e).

Mais la volonté permanente des joueurs de l'Ajax d'attaquer – même à 3-0 – et d'étouffer leur adversaire au pressing aura été la clé du match. Et le duel entre Luka Modric et Frenkie De Jong a bien résumé l'affaire. Les deux milieux se sont rendus coup pour coup avec leurs contrôles de balle et leur sens de la passe. Mais c'est le second qui a vraiment marqué les esprits, maître du milieu et du tempo, orientant le jeu avec une précision diabolique. Étourdis de bonheur, abasourdis, peut-être, par leur performance, les joueurs de l'Ajax ont été raccompagnés aux vestiaires par les hurlements de joie venus de leur parcage, et applaudis aussi par des supporters madrilènes.

La joie de la jeune génération de l'Ajax. Au premier rang, le gardien André Onana exulte après avoir écrasé le Real à Santiago-Bernabeu.

La fin du rêve

L'aventure européenne des Rennais s'est achevée à Londres. Vite menés, les Bretons, victorieux à l'aller (3-1), n'ont jamais marqué le but qui leur aurait offert une prolongation.

Les dix matches des Rennais

Qualifié directement pour la phase de groupes de la Ligue Europa grâce à sa victoire en Coupe de France, le Stade Rennais a disputé dix matches européens. À noter que Bordeaux (3e du groupe C avec 7 points en 6 matches) et Marseille (dernier de son groupe avec 1 point en six matches) ont été éliminés durant cette phase de groupes.

Phase de groupes

Rennes 2-1 Jablonec (RTC)
Astana (KZK) 2-0 **Rennes**
Rennes 1-2 Dynamo Kiev (UKR)
Dynamo Kiev 3-1 **Rennes**
Jablonec 0-1 **Rennes**
Rennes 2-0 FK Astana

Seizièmes de finale

Rennes 3-3 Betis Séville (ESP)
Betis Séville 1-3 **Rennes**

Huitièmes de finale

Rennes 3-1 Arsenal (ANG)
Arsenal 3-0 **Rennes**

L'ÉQUIPE DU 15 MARS 2019

ANTOINE MAUMON DE LONGEVIALLE

Il restera le match aller, cette victoire contre Arsenal, un cador de Premier League (3-1). Il restera aussi les deux rencontres face au Betis Séville (3-3, 3-1), des buts de Sarr, un public, une ferveur. Mais il y aura aussi les regrets de ne pas s'être créé d'autres souvenirs alors que l'occasion de franchir une nouvelle montagne était bien réelle. Elle l'est forcément quand on remporte chez soi le match aller sur un score qui, dans l'histoire des Coupes d'Europe, qualifie les trois quarts des équipes qui l'obtiennent.

Mais Rennes ne connaîtra pas cette saison les premiers quarts de finale de C3 de son histoire. Une histoire achevée sous les applaudissements de ses 5 000 supporters restés dans l'Emirates Stadium de longues minutes à chanter, bien après la défaite de leurs joueurs... Rennes a eu son épopée, elle a été magnifique par instants, et il n'a finalement tenu qu'à un but qu'elle se prolonge au moins un peu. Lorsque Ismaïla Sarr a vu son tir exécuté en reculant arrêté par Cech au bout d'un temps additionnel déjà terminé, c'est le dernier espoir d'emmener son équipe en prolongation qu'il a vu s'envoler. Que les Rouge et Noir aient gardé jusqu'au bout l'opportunité de pousser Arsenal à jouer trente minutes supplé-mentaires tient beaucoup moins à cette rencontre qu'au match aller. Pour le dire franchement, Rennes n'a rien fait de la première période et n'a pas été plus dangereux que son hôte dans la seconde. Ses joueurs ne pouvaient pas se contenter d'une prestation moyenne, pas face à une équipe qui a gagné chez elle ses neuf derniers matches de Premier League.

Clément Grenier console Benjamin Bourigeaud (ci-contre). Tandis qu'Alexandre Lacazette et Pierre-Emerick Aubameyang se congratulent.

La victoire tactique d'Emery

Or, ils sont trop à avoir plié dans le rapport de force imposé par les Anglais. On pense à Sarr qui, du haut de son talent et de ses vingt et un ans, aura le temps de retrouver les grands soirs européens, mais qui ne s'est jamais libéré.

S'il est une équipe qui a gêné l'autre par son pressing, c'est Arsenal. Tactiquement, Unai Emery a maîtrisé son match : sa formation a suffisamment su aspirer son adversaire pour disposer d'espaces entre les lignes rennaises. C'est comme ça, et avec les courses d'Aubameyang, qu'elle a ouvert le score dès la 5e minute, par l'attaquant gabonais. Trop rapide dans tout ce qu'elle a fait pendant une demi-heure, l'équipe londonienne a logiquement inscrit un deuxième but à la 15e sur un centre d'Aubameyang pour Maitland-Niles. Le Gabonais était hors jeu ? Il semble bien. Mais Rennes s'en serait bien tiré en terminant la première période à 1-0. Ce n'est qu'après la reprise que les Bretons se sont montrés dangereux. M'Baye Niang a trouvé le poteau à la 47e, et plusieurs esquisses d'occasions sont venues de centres de Sarr (57e) et Hamari Traoré (65e), ou de trop rares accélérations d'Hatem Ben Arfa (61e). Mais même les options offensives prises par Julien Stéphan – comme terminer dans un 4-3-3 avec six joueurs à vocation offensive – n'ont jamais vraiment inquiété le public de l'Emirates.

Car Arsenal en a mis un troisième, encore par Aubameyang (72e), et l'entrée d'Iwobi (70e) a apporté le même vent de panique dans la défense rennaise qu'au début du match aller. Le Nigérian a manqué une reprise (71e) et donné une offrande qu'Aubameyang n'a pas cadrée (82e). Rennes a poussé, son public aussi, mais sans jamais s'approcher vraiment de la surface de Cech.

La marche était cette fois trop haute. Mais les Bretons en ont franchi tellement, ces dernières semaines, qu'on aimerait se dire que ce n'est que partie remise.

14

Pierre-Emerick Aubameyang, auteur de deux buts (5e, 72e) et une passe décisive (15e) face aux Rennais, traversait une période extrêmement prolifique : il était impliqué sur quatorze buts lors des treize derniers matches disputés à domicile par Arsenal (10 buts et 4 passes décisives).

Shows en mars

Pour commencer les qualifications à l'Euro 2020, les Bleus ont balayé la Moldavie (4-1) et l'Islande (4-0) avec la manière. Leur jeu offensif a marqué les esprits.

L'ÉQUIPE DU 27 MARS 2019

VINCENT GARCIA

Les Bleus ont fait beaucoup, en ce mois de mars, pour l'amitié franco-belge. Nos voisins, très critiques sur le jeu tricolore après leur élimination en demi-finales de la Coupe du monde 2018 (0-1), ont sans doute apprécié les sorties des Bleus face à la Moldavie et l'Islande trois jours après. 68 % de possession face à la Moldavie (4-0), 75 % face à l'Islande (4-0), huit buts marqués lors de deux matches consécutifs, ce qui n'était plus arrivé depuis cinq ans et les deux premières rencontres de la Coupe du monde 2014 face au Honduras (3-0) et la Suisse (5-2) : l'équipe de France s'est montrée sous son jour le plus séduisant pour débuter cette campagne qualificative à l'Euro 2020.

On pourra toujours trouver que l'opposition manquait de répondant mais, dans le passé, face à ces équipes du même calibre, la fête n'avait pas toujours été aussi belle. Les Bleus ont trouvé face à eux exactement ce à quoi ils s'attendaient : des blocs bas qu'il a fallu contourner et déstabiliser. *« On peut toujours progresser dans le fait d'imposer notre jeu, de mieux maîtriser notre sujet*, disait le sélectionneur Didier Deschamps il y a peu. *On va se retrouver confrontés lors de ces éliminatoires à des équipes regroupées, c'est toujours la situation la plus difficile. Il y a moins d'espaces, il faut voir plus vite, jouer plus juste, mettre plus de vitesse dans la transmission. »* Ce sera sûrement leur lot dans ce groupe H, où figurent aussi l'Andorre et l'Albanie. Mais les champions du monde semblent avoir des arguments pour répondre à toutes les situations. Bien défendre et foudroyer l'adversaire, sur coups de pied arrêtés ou en contres, on a vu en Russie que cela fonctionnait bien aussi.

> **"On peut créer le danger à tous les niveaux, dans les espaces, dans le dos, dans les airs."**
> HUGO LLORIS, CAPITAINE DE L'ÉQUIPE DE FRANCE

Avec le même onze ou presque qu'au Mondial, les hommes de Deschamps ont proposé autre chose, portés par un quatuor en grande forme, le trio Antoine Griezmann - Olivier Giroud - Kylian Mbappé devant et Paul Pogba au milieu. Du jeu long, du jeu court, des redoublements de passes, des centres, des combinaisons dans les petits espaces : la palette a été très variée et c'est ce qu'il fallait faire face à ce genre d'adversaires. Et le réservoir est riche en attaque puisque Ousmane Dembélé, Kingsley Coman ou encore Anthony Martial, blessés, n'ont pu participer au show de ce mois de mars.

Dans les couloirs du Stade de France après la victoire contre l'Islande, Olivier Giroud s'est attardé pour expliquer la distribution des rôles devant, ce pressing en zone demandé par Deschamps à la perte du ballon et cette liberté totale laissée aux attaquants quand les Bleus sont maîtres du jeu. Si le joueur de Chelsea sert surtout de point de fixation, Kylian Mbappé et Antoine Griezmann, eux, se sont baladés un peu partout, créant le déséquilibre et le désordre.

Et quand le jeune Parisien, un peu plus brouillon en Moldavie, se fond aussi bien dans le collectif, c'est un régal. *« On a pris notre pied »*, confiait Blaise Matuidi. *« Avant tout, nos attaquants ont cherché la simplicité, l'efficacité*, s'est félicité de son côté le capitaine Hugo Lloris. *Ils ne sont pas là pour amuser la galerie. On peut créer le danger à tous les niveaux, dans les espaces, dos au but, dans les airs. Collectivement, on a tous pris du plaisir. »*

Contre des adversaires aussi peu entreprenants, N'Golo Kanté a suffi pour deux au milieu et Paul Pogba, moins occupé par ses tâches défensives, a pu participer aussi au feu d'artifice. Le milieu de terrain de Manchester United, comme tous les autres, a été impeccable dans l'état d'esprit et le message de Deschamps a été entendu. Le sélectionneur avait demandé beaucoup *« de sérieux et d'application »* à ses hommes lors de ce stage. Les Bleus ont rajouté un brin de folie et beaucoup d'enthousiasme à cette feuille de route. Pour leur plus grand plaisir et le nôtre.

Moldavie	0	1
France	3	4

Arbitre : M. Stavrev (MCD). 10 500 spectateurs.

Moldavie

But : Ambros (89e)

Moldavie : Koselev (4) - Jardan (4), Posmac (4e), Carp (4), Reabciuk (2) - Cebotaru (4), Ionita (cap., 4) - Antoniuc (3) (Ambros, 73e), Cociuc (4) (Rozgoniuc, 4), Gînasri (4) - Nicolaescu (3) (Damascan, 59e).

Sélectionneur : A. Spiridon (4).

Cartons. - 2 avertissements : Damascan (77e), Ambros (83e).

France

Buts : Griezmann (24e), Varane (27e), Giroud (36e), Mbappé (87e).

France : Lloris (cap., 5) - Pavard (5), Varane (7), Umtiti (5), Kurzawa (6) - N. Kanté (6), P. Pogba (7) - Mbappé (5), Griezmann (8) (Lemar, 73e), Matuidi (5) (Thauvin, 73e) - Giroud (6) (Fekir, 81e).

Sélectionneur : D. Deschamps (6).

Cartons. - 2 avertissements : Varane (33e), Mbappé (90e + 1).

France	1	4
Islande	0	0

Arbitre : M. Kovacs (ROU). 64 538 spectateurs.

France

Buts : Umtiti (12e), Giroud (68e), Mbappé (78e), Griezmann (84e).

France : Lloris (cap., 6) - Pavard (7), Varane (6), Umtiti (6), Kurzawa (Kimpembe, 85e) - P. Pogba (6), N. Kanté (6) (Lemar, 80e) - Mbappé (8), Griezmann (7), Matuidi (6) - Giroud (6) (Mou. Sissoko, 90e).

Sélectionneur : D. Deschamps (7).

Carton. - 1 avertissement : Griezmann (90e + 1).

Islande

Islande : Halldorsson (3) - Saevarsson (3) (Skulason, 84e), Ingason (3), Arnason (3), R. Sigurdsson (4), Magnusson (4) - Sigurjonsson (3) (Traustason, 57e), Gunnarsson (cap., 3), B. Bjarnason (4) - G. Sigurdsson (3), A. Gudmundsson (4) (Finnbogason, 62e).

Entraîneur : E. Hamren.

Cartons. - 1 avertissement : B. Bjarnason (51e).

DE CENT FROID

Roger Federer a d'abord écrit une ligne de plus de sa légende en remportant à Dubaï, face au Grec Stefano Tsitsipas (6-4, 6-4), le centième trophée de sa carrière. Avant, moins d'un mois plus tard, de s'en offrir un cent unième à Miami, puis un cent deuxième à Halle en juin.

Février 2001. Le siècle n'a qu'un mois et Roger Federer pas encore vingt ans. Irrégulier, irascible, ce teenager élégant et percutant déçoit autant qu'il impressionne. Les étincelles succèdent aux pétages de plomb, et inversement.

Alors quand se présente sa troisième finale, à Milan, début 2001, contre Julien Boutter, le cœur de Federer balance : « *Mes défaites dans mes deux premières finales avaient été difficiles à accepter. Et quand j'ai perdu le deuxième set contre Julien, j'ai pensé que ça allait peut-être encore basculer contre moi.* »

Mais il bat le Français (6-4, 6-7, 6-4) et vainc quelques démons : « *La presse me harcelait pour savoir quand j'allais enfin gagner un titre, donc cette victoire est très spéciale.* »

Son immense collection s'est enrichie de façon vertigineuse au milieu des années 2000, sans que jamais, pourtant, personne ne puisse se projeter sur le total à trois chiffres. Lui-même n'osait rêver pareil palmarès, en 2007, en atteignant la barre des 50 trophées à Cincinnati. Amusants, ses propos de l'époque, en référence au record de ce bon vieux Jimmy Connors : « *Il en a gagné 109 ! Je n'en suis même pas à la moitié, bon Dieu ! Ça me paraît infaisable.* » Douze ans plus tard, Roger Federer a plus que doublé son capital car, trois grosses semaines après sa centième, il a ajouté une victoire à Miami, sa 101e, acquise en une bouchée face à John Isner (6-1, 6-4), sans perdre un seul point sur sa première balle. « *Rodgeur, tu es trop fort, comme souvent*, a déclaré, après la rencontre, le géant Isner (2,08 m) au géant Federer (101 titres). *On a de la chance de t'avoir. Ne te retire pas trop tôt.* » Il n'avait pas l'air d'en avoir l'intention.

Cincinnati 2007

Répartition de ses titres par année

Année	Titres
2001	1
2002	3
2003	7
2004	11
2005	11
2006	12
2007	8
2008	4
2009	4
2010	5
2011	4
2012	6
2013	1
2014	5
2015	6
2016	0
2017	7
2018	4
2019	1

De 10 en 10...

À quel rythme Roger Federer a-t-il empilé les coupes ? Plutôt doucement sur l'ensemble de ses quatre premières saisons professionnelles (1998-2001) puis de façon effrénée entre 2003 et 2007. S'il continue sur le rythme des cinq dernières saisons (2016 exceptée), il lui faudrait à peu près deux ans pour en ajouter dix de plus. Jouable ?

Milan 2001

Wimbledon 2005

/L'Équipe

6

Le nombre de tournois remportés après y avoir sauvé des balles de match.

- **Masters 2003** (sauve 2 balles de match en poule contre Andre Agassi).
- **Dubaï 2005** (sauve 2 balles de match contre Juan Carlos Ferrero au 2e tour).
- **Halle 2006** (sauve 4 balles de match contre Olivier Rochus en quarts de finale).
- **Masters 2006** (sauve 3 balles de match contre Andy Roddick en poules).
- **Shanghai 2014** (sauve 5 balles de match contre Leonardo Mayer au premier tour).
- **Miami 2017** (sauve 2 balles de match contre Tomas Berdych en quarts de finale).

100e

Dubaï

Masters 2011

20

Le nombre de tournois gagnés sans perdre un set.
Dont 2 tournois du Grand Chelem (Open d'Australie 2007, Wimbledon 2017) et 7 Masters 1000 (Indian Wells 2005, Hambourg 2005, Madrid 2006, Bercy 2011, Cincinnati 2012, Cincinnati 2015, Indian Wells 2017).

Indian Wells 2017

70e Masters Novembre 2011

80e Cincinnati Août 2014

90e Indian Wells Mars 2017

50

Le nombre d'adversaires différents qu'il a battus dans des finales.
Voici ceux qu'il a le plus souvent battus dans ces occasions :

- **x 10** R. Nadal
- **x 7** A. Roddick
- **x 6** N. Djokovic
- **x 5** A. Murray
- **x 4** I. Ljubicic
- **x 3** M. Safin, L. Hewitt, J. Blake, T. Berdych, F. Gonzalez.

Treize joueurs battus deux fois et vingt-sept joueurs battus une fois.

Wimbledon 2009

Les 10 plus titrés dans l'ère Open (1968)

Rang	Joueur	Période	Titres
1	J. Connors	(1972-1989)	109
2	R. Federer	(2001-2019)	100
3	I. Lendl	(1980-1993)	94
4	R. Nadal	(2004-2018)	80
5	J. McEnroe	(1978-1991)	77
6	N. Djokovic	(2006-2019)	73
7	B. Borg	(1974-1981)	64
-	P. Sampras	(1990-2002)	64
9	G. Vilas	(1973-1983)	62
10	A. Agassi	(1987-2005)	60

Dubaï 2019

Répartition de ses titres par surface

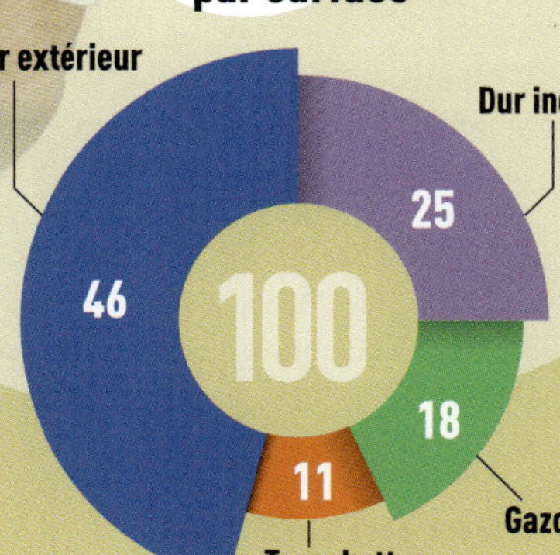

Répartition de ses titres par catégorie de tournois

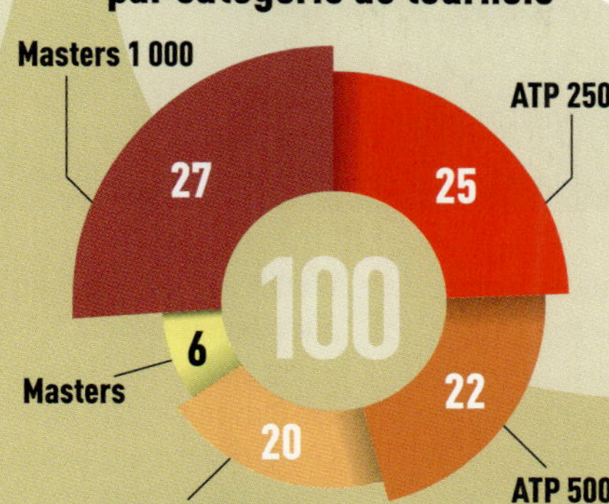

27 mois · 32 mois · 30 mois · 23 mois

2010 · 2011 · 2012 · 2013 · 2014 · 2015 · 2016 · 2017 · 2018 · 2019

Florent Manaudou

« Je veux gagner, bien sûr »

Le champion olympique 2012 du 50 m libre, après moins de trois ans de pause, reprend la natation avec l'or des Jeux de 2020 dans le viseur.

L'ÉQUIPE DU 19 MARS 2019

MYRIAM ALIZON
ET CLÉMENTINE BLONDET

Ce 18 mars 2019, Florent Manaudou est arrivé à 9 h 30 précises à *L'Équipe*. L'ancien nageur de vingt-huit ans a pris le temps d'expliquer les raisons qui l'ont poussé à replonger. Sa décision est prise depuis trois mois. Il a choisi de reprendre la compétition sur 50 m avec l'or des Jeux de Tokyo en 2020 dans le viseur. Pour y arriver, il s'en remet à son ancien entraîneur marseillais, l'Anglais James Gibson, qui entraîne à Antalya, en Turquie. Manaudou y passera trois semaines toutes les cinq semaines. Il s'explique.

« Alors, ça y est, vous replongez ?
Oui, depuis quelque temps, ça me manque, et de plus en plus. J'ai pris beaucoup de plaisir à faire ce que j'avais envie de faire depuis longtemps, que je ne pouvais pas faire quand je nageais. Je me suis éclaté au hand, éclaté à faire un peu de cinéma... Mais, en discutant avec mes proches, mes anciens coaches, je me suis lancé un challenge : me relancer en compétition. Je veux me réentraîner, prendre du plaisir là où je n'en avais plus aux Jeux de Rio (en 2016).

Pourtant, l'été dernier, quand on évoquait votre retour, vous répondiez : "Plus jamais ça." Le déclic est venu plus tard ?
Il a eu lieu en décembre. En interview, je disais *"plus jamais"* car si je disais *"ouais, peut-être"*, on m'aurait embêté tout le temps.

C'est l'adrénaline de la compétition qui vous a manqué plus que le fait de nager ?
J'ai toujours aimé l'adrénaline. Au handball, il y avait davantage le côté jeu. En natation, je m'entraîne pour être le meilleur du monde, arriver à une finale de JO, avoir le stress et détester la défaite. Parfois, au hand, quand je perdais, je voyais ma performance personnelle. Je me disais : *"merde, c'est un sport co, il faut plus penser équipe"*. En natation, quand je perdais, j'étais détestable avec moi-même, ça me motivait pour performer après.

Qu'avez-vous retenu de votre première carrière ?
Je me suis dit que j'avais gagné les titres que je voulais gagner gamin. Maintenant, je n'ai plus rien à perdre. Ce n'est que du plaisir. Le 50 m est plus dense, il y a des nageurs qui nagent plus vite que moi. Ça m'excite de me reconfronter aux meilleurs. Après, rien ne dit qu'ils feront 21'' en finale à Tokyo. J'ai nagé en 21''19 à Kazan (son record personnel, lors de son titre mondial, en 2015) et ça s'est gagné en 21''40 à Rio (aux JO de 2016).

Votre retour va susciter énormément d'attentes. Quelles sont les vôtres ?
Je n'ai pas envie de reprendre pour faire une demi-finale aux Jeux de Tokyo. J'ai envie de gagner, bien sûr.

> **« Je n'ai plus un corps de nageur, il faut que je le retransforme »**

Il était évident que votre retour se ferait avec James Gibson ?
J'ai toujours voulu me réentraîner avec lui. Ç'avait duré un an et demi entre nous. C'est lui qui me coachait pour la préparation finale des Jeux de Londres. J'adore James, c'est un mec qui est toujours de bonne humeur, un anglophone. J'étais très triste quand il nous a annoncé qu'il partait, fin 2012.

Vous n'avez pas envisagé de vous réentraîner à Marseille ?
J'y serai licencié pour les compétitions nationales et j'en suis très content, mais je ne voulais pas avoir la même vie qu'avant. Le fait que James soit à Antalya, ça va me faire du bien. Je vais côtoyer d'autres nageurs, faire un circuit un peu différent

On pensait que votre défi serait plutôt de participer aux Jeux de Paris 2024 ?
Je m'étais dit que, si je voulais reprendre pour Paris, c'était un retour en 2021 ou 2022 au plus tard. Et puis, petit à petit, en en discutant... Je me suis levé un matin et j'ai envoyé un SMS à James, en décembre, en lui disant, en gros : *"J'ai envie de recommencer à nager, tu me prends ?"*

Avez-vous pris du poids pendant votre pause ?
En fait, je n'ai jamais maigri de ma vie. En arrivant à Marseille (en 2011), je faisais 86 kg. Aux Jeux de 2012, 94 kg, aux Jeux de 2016, 100 kg. Et là je fais 104 kg. Ce qui compte, c'est le rapport poids/puissance. Tant que j'arrive à tirer mon corps... Si je dois faire 110 kg et que je nage en 21'', je ferai 110 kg ; si je dois en faire 100, je ferai 100. Ce que j'ai gagné sur les jambes au hand, il faut que je le garde car ça va être un atout. J'ai perdu tout ce qui est pectoraux et dorsaux mais avec la muscu, ça va le faire. J'ai besoin de reprendre énormément de muscles sur le haut du corps, de gainage. Je n'ai plus un corps de nageur. Il faut que je le retransforme.

Vous qui n'avez jamais aimé spécialement nager, appréhendez-vous les réveils ?
L'hôtel où on est logés est à 30 mètres de la piscine et à 20 mètres du petit déj. On gagne quelques minutes de sommeil ! Je vais nager un peu moins, le travail sera axé sur le sprint. Je vais avoir plus de fun aussi.

C'est quoi le fun en natation ?
Le sprint, les jeux, pas des longueurs à la russe comme ma sœur en faisait à Melun. Je n'ai jamais fait ça. Enfin, un peu quand je m'entraînais avec mon frère à Ambérieu (de 2005 à 2011). Maintenant, j'ai vingt-huit ans, je n'ai plus envie de ça. Ce sera différent et plus cool. J'aime toujours plus la compétition que nager, ça, ça ne change pas.

Ça vous paraît loin 2024 ?
Il y a le même nombre d'années qu'entre mon arrivée au Cercle et les Jeux de Rio. Et des choses se sont passées entre 2011 et 2016 ! Je pense d'abord à performer, retrouver le niveau, nager vite en petit bain en fin d'année, à me qualifier pour les Jeux, à bien faire à Tokyo. Cinq ans, ça peut être très long et très court aussi. »

Alizée Agier, ceinture rouge, ici opposée à la Suissesse Elena Quirici.

Le karaté bleu brille

Grâce à Alizée Agier, Sophia Bouderbane et Steven Da Costa, la France, à un un an et demi des Jeux de Tokyo, où le karaté fera son apparition, a obtenu trois des dix titres distribués à Guadalajara (Espagne).

L'ÉQUIPE DU 31 MARS 2019

ANDRÉ-ARNAUD FOURNY

Le directeur des équipes de France, Yann Baillon était reparti déçu des Mondiaux, en novembre 2018 à Madrid, où les Bleus n'avaient obtenu qu'une médaille en individuel, l'or de Steven Da Costa (– 67 kg). À l'issue des Championnats d'Europe, à Guadalajara (Espagne), il avait retrouvé le sourire grâce aux trois titres (sur dix possibles) de Sophia Bouderbane (– 50 kg), Alizée Agier (– 68 kg) et Da Costa. *« Je suis plutôt satisfait*, avoue Baillon, *sans compter la médaille en kata* (bronze d'Alexandra Feracci) *qu'on attendait depuis pas mal de temps. Ce n'est pas une surprise, car nous avions priorisé sur l'Euro. Certes, nous sommes en période de qualification olympique et il ne comptait pas pour. Mais les médailles des Championnats d'Europe restent imprimées dans les palmarès et les esprits. »*

Rester dans les palmarès n'a pas constitué, pourtant, l'unique motivation des Bleus... *« Nous sommes dans une période très difficile avec l'annonce du Comité d'organisation de ne pas retenir le karaté pour Paris 2024*, reprend Baillon. *Cela a été un coup de fusil et c'est très dur pour les athlètes de rebondir après ça. Mais justement, on a basé la motivation dessus, montrer que le karaté français est fort et que le Comité d'organisation a fait une erreur. »*

Une préoccupation qui s'affichait jusque sur les ceintures des athlètes aux couleurs olympiques.

Des trois médailles d'or, celle de Sophia Bouderbane (23 ans), vainqueur 5-0 de l'Autrichienne Bettina Plank, était la moins attendue. La jeune Toulonnaise, qui avait décroché le bronze à l'Euro 2014, a souvent été barrée par Alexandra Recchia, blessée lors de ces championnats. *« Sophia a obtenu de nombreux titres en jeunes et, en seniors, a souvent titillé Alexandra et les meilleures*, souligne Baillon. *Elle a été assez bluffante, avec énormément de volonté et de courage, et nous allons l'inclure sur le programme pour la qualification olympique. »*

L'aisance de Da Costa

Pour Alizée Agier (24 ans), victorieuse 2-1 de la Suissesse Elena Quirici, il s'agit d'un retour, après l'or mondial en 2014 et l'argent à l'Euro 2017. *« C'est elle la plus régulière dans les résultats pour la qualification olympique*, précise Baillon, *mais c'est vrai qu'elle passait à côté des titres des grands Championnats. Cependant, à Guadalajara, elle est arrivée relâchée, ce qui fait qu'elle a été très forte. »*

En revanche, le titre de Steven Da Costa (22 ans), vainqueur 10-1 du Monténégrin Hodzic, trois ans après son premier sacre européen, était plus attendu. *« Très peu d'athlètes sont capables d'enchaîner deux gros titres, comme Steven avec l'or mondial et européen, mais il est très, très régulier dans ses performances*, se réjouit le directeur des équipes. *C'est assez exceptionnel l'aisance qu'il a depuis le début de la saison. »*

Après quelques jours de repos, les Bleus vont retrouver le chemin du centre national de Châtenay-Malabry (Hauts-de-Seine), excepté Bouderbane qui n'y va qu'une à deux fois par semaine, étant en école d'ingénieurs à Lyon.

La Française Sofia Bouderbane (à gauche, bleue), couronnée en – 50 kg face à l'Autrichienne Plank. Ci-dessus, Steven Da Costa (ceinture bleue) dispose facilement du Monténégrin Hodzic.

Maîtres de danse

Quadruples champions du monde à Saitama, où ils avaient vécu leurs premiers Mondiaux, Gabriella Papadakis et Guillaume Cizeron ont impressionné par leur maîtrise et leur apparente facilité, laissant leurs adversaires simples spectateurs.

L'ÉQUIPE DU 24 MARS 2019

CLÉMENTINE BLONDET

C'était ici-même, à Saitama (Japon), il y a cinq ans. *« Dans le Starbucks, juste à côté de l'hôtel*, se souvient Romain Haguenauer, leur entraîneur. *J'étais avec Gabriella et Guillaume pour leurs premiers Mondiaux seniors. Elle avait une infection à l'œil et était restée trois jours à l'hôpital avant le début de la compétition. J'avais passé beaucoup de temps avec Guillaume et, dans ce café, je lui avais dit :* "J'ai eu une idée pour l'année prochaine", *et je lui avais proposé la musique de Mozart. C'est là que leur éclosion au plus haut niveau a démarré. »* Ce concerto n° 23 pour piano serait champion du monde mais personne ne s'en doutait. En 2014, les danseurs étaient à peine majeurs (18 et 19 ans), avaient pour seule référence un argent mondial juniors et étaient très contents de leur treizième place. *« C'est sympa de se souvenir d'où on en était et où on en est maintenant*, déclarait Gabriella Papadakis aux spectateurs quelques minutes après son quatrième sacre mondial. *C'est juste incroyable. »* Même les plus convaincus de leur potentiel n'auraient imaginé qu'un seul quinquennat aurait transformé les aspirants champions en deuxièmes danseurs les plus titrés de l'histoire des Mondiaux, à égalité avec les légendaires Britanniques Torvill-Dean. *« Et je ne vois pas pourquoi ils ne continueraient pas à agrandir leur collection*, imaginait Meryl Davis, championne olympique 2014. *Ils ont ce je-ne-sais-quoi* (en français dans le texte) *qui fait que vous n'admirez pas les éléments mais que vous êtes aspirés par leur performance. Ça ne s'apprend pas. »*

> **“On a l'honneur de s'entraîner avec eux tous les jours et je peux vous assurer qu'ils sont tout aussi fabuleux à la maison ”**
> MADISON HUBBELL, MÉDAILLÉE DE BRONZE

Son ancien partenaire Charlie White est tout aussi admiratif : *« Je regarde beaucoup de patinage avec Tanith* (Belbin, sa femme, vice-championne olympique 2006). *Quand on regarde les Français on se dit :* "On ne pourrait pas faire ça." *On a l'impression qu'ils sont faciles alors que je sais que ce n'est pas le cas. Gaby et Guillaume sont l'avenir de la danse sur glace, comme si on était partis de l'homo erectus pour arriver à eux ! »* N'en jetez plus. Enfin si, encore.

Quand, en conférence de presse, on demanda aux médaillés d'argent et de bronze, relégués à plus de dix points, comment ils pourraient rattraper la référence, l'Américaine Madison Hubbell (bronze) haussa les sourcils : *« On a l'honneur de s'entraîner avec eux tous les jours et je vous assure qu'ils sont tout aussi fabuleux à la maison. »* Les principaux intéressés avaient l'air à la fois gênés et flattés. *« La reconnaissance du public, c'est quelque chose, mais quand nos adversaires disent ça, ça fait encore plus plaisir, car ça vient de personnes contre qui on se bat et qui n'ont pas d'intérêt à dire ça »*, observait Cizeron. Peut-être encore plus que les scores, renouvelés cette année suite à des évolutions de la notation. Recordmen ancienne formule en 2018 (207,20 pts), les Français le sont encore cette année avec leur tango et ce libre pop, moderne et romantique sur deux chansons de Rachael Yamagata (222,65 pts).

En attendant l'or olympique

Romain Haguenauer, lui, tient les comptes : *« En théorie, ils pourraient presque faire encore huit ans de compétition. Mais l'objectif c'est Pékin 2022 et s'ils se maintiennent, ils deviendront les recordmen du nombre de titres européens et mondiaux. »* En attendant l'or olympique qui leur manque et qui n'a tenu, à Pyeongchang, qu'au fil décousu de la robe de la danseuse et à la performance de Virtue-Moir. Un coup du destin, peut-être aussi un mal pour un bien, dixit leur coach : *« Qui sait ce qui se serait passé s'ils avaient été champions olympiques ? Ils sont jeunes, ç'aurait été dommage qu'ils se sentent sans objectif pour l'avenir. Peut-être qu'ils auraient continué aussi mais ç'aurait été plus dur. »* Eux sont certains, en tout cas, d'avoir toujours l'envie d'explorer, en travaillant l'acrobatie pour leurs portés ou la danse classique, et en multipliant les collaborations. *« On aime ce qu'on fait et apprendre*, confirme la danseuse. *C'est important de prendre tout ce qu'on peut prendre de l'extérieur. »* C'est aussi nécessaire. *« Ils peuvent encore gagner en vitesse de déplacement, en puissance*, affirme Haguenauer. *On exige d'eux l'excellence avec une nouveauté, une proposition. S'ils décevaient, c'est évident que le couple n° 2, même moins fort, se rapprocherait dangereusement. »* Ils préfèrent écrire leur histoire.

46

Le nombre de 10 donnés par les juges à Gabriella Papadakis et Guillaume Cizeron à Saitama, sur 90 possibles (soit 51,1 %). Ils n'ont obtenu aucune note inférieure à 9,50.

le podium

1. **Papadakis-Cizeron**	222,65 pts
2. Sinitsina-Katsalapov (RUS)	211,76 pts
3. Hubbel-Donohue (USA)	210,40 pts

Christian Mbilli a réussi à tenir à distance le Mexicain Humberto Gutierrez Ochoa, qui ne s'est incliné qu'aux points.

Mbilli fait dans le raffinement

Vainqueur pour la première fois aux points, face au Mexicain Ochoa, le grand espoir français basé au Canada, qui boxait pour la première fois aux États-Unis, estime qu'il doit être moins généreux dans l'effort.

L'ÉQUIPE DU 1er AVRIL 2019

ANDRÉ-ARNAUD FOURNY

Dès sept heures du matin, le lendemain du combat, Christian Mbilli a quitté, avec ses entraîneurs, leur hôtel de Philadelphie. À l'aéroport, dans l'attente de leur avion pour Montréal, où ils résident, Mbilli est revenu sur son combat de la veille. Alors qu'il avait remporté ses treize premiers matches avant la limite, le jeune Français (25 ans) a largement battu aux points (80-72, 79-73, 79-73) le Mexicain Humberto Gutierrez Ochoa (30 ans, 33 victoires, dont 22 avant la limite, 2 nuls, désormais 8 défaites). *« Cela a été très engagé,* souligne Mbilli. *J'ai été surpris par l'adversaire, très expérimenté, qui a su en profiter pour tenir la limite. Je m'attendais à ce qu'il fasse une guerre nucléaire comme tous les Mexicains. Mais après les deux premiers rounds, il a vu qu'il n'avait pas l'avantage et a su bien gérer, il s'est sauvé pendant plus de la moitié du combat. Il a tout mon respect. »*

Quart-finaliste aux Jeux de Rio, passé pro avec le promoteur canadien Yvon Michel, Mbilli n'avait jamais fait accordé plus de cinq rounds à ses adversaires (les grands Championnats se disputent en douze).

« Cela m'a rassuré sur ma forme d'en faire huit, remarque le Français. *En plus, j'ai appris beaucoup. Il faut que je sois plus lucide, que je mette plus l'accent sur la qualité. Contre le Mexicain, je me suis un peu excité, j'étais toujours généreux sur mes coups, alors qu'il faut que je sois plus raffiné, que je change de rythme. Il faut que je peaufine deux ou trois détails techniques. Bien sûr, on peut toujours faire mieux, mais je suis sur le bon chemin. »*

Avec John Dovi comme supporter

Mbilli, qui devait initialement affronter l'Américain Chris Pearson, plus réputé, a appris, à moins d'une semaine du combat, qu'il serait finalement opposé à Ochoa, certes champion WBC par intérim en 2009, mais des... super-plume (–58,967 kg) ! Depuis six ans, le Mexicain (1,75 m, 75 kg samedi, contre 1,74 m et 74 kg pour Mbilli) évolue en welters et moyens.

« Je ne l'ai pas sous-estimé, affirme le Français, *et ces derniers jours m'ont beaucoup apporté. Il y a eu le changement d'adversaire, puis mon visa de travail pour les États-Unis, que je n'ai eu que le jeudi et qui a repoussé au vendredi mon départ pour Philadelphie, puis les quelques problèmes d'organisation sur place. Tout ne se passe pas toujours comme prévu, alors cela a été une grosse expérience. »*

Au cours de ce combat, Mbilli a bénéficié d'un supporter de choix. Son ancien entraîneur en équipe de France, John Dovi, est venu l'encourager. *« Ce combat lui a plus apporté que les treize autres,* avoue ce dernier. *Quand il contrôle ses émotions, il est irrésistible, comme cela a été le cas au deuxième ou troisième round, quand il a réduit son rythme, esquivé, été moins puissant mais plus précis. Il doit être plus dans la gestion de l'effort, moins dans la puissance, qui le fait parfois frapper sans regarder. »*

La vitesse retrouve des couleurs

Quentin Lafargue en or et Michaël D'Almeida en bronze sur le kilomètre (non olympique), Mathilde Gros en bronze sur la vitesse individuelle... Le sprint français revit.

L'ÉQUIPE DU 2 MARS 2019

GILLES SIMON

« J'ai voulu crier comme Grégory Baugé, mais je n'avais plus assez d'énergie pour le faire. » Il y a dix ans, Quentin Lafargue avait découvert les Mondiaux sur cette même piste de Pruszkow (Pologne), dans l'ombre d'un Baugé conquérant. *« Quand il avait gagné sa finale en vitesse individuelle, son cri avait résonné tellement fort, ça m'avait marqué*, raconte le Bordelais. *Je m'étais promis de faire pareil si je gagnais, mais impossible. »*

L'effort du kilomètre (non olympique), comparable au 400 m en athlétisme, vous tord un athlète comme une guimauve. Il faut l'aider à descendre du vélo, le porter jusqu'à sa chaise et patienter longtemps avant de le voir reprendre forme, se tenir debout sans s'appuyer à un mur. Alors, crier en passant la ligne...

Quentin Lafargue a décroché, à vingt-huit ans, son premier titre mondial en Élite (il avait réussi un triplé vitesse individuelle, vitesse par équipes et kilomètre chez les Juniors en 2008) et il lui a fallu du temps avant de tomber dans les bras de Clara Sanchez, qui l'entraîne depuis trois ans.

En qualifications, Lafargue avait déjà explosé son record personnel et été le seul des concurrents à briser la minute : 0'59''845. En finale, tout le monde est allé un peu moins vite mais a contenu le Néerlandais Theo Bos (35 ans), redoutable sur le dernier tour. *« Avec un tel temps, je me suis dit que c'était fait : trois dixièmes d'avance*, reprend Lafargue. *J'ai pourtant essayé d'être le moins expressif possible. J'ai si souvent perdu que je n'avais pas envie de m'enflammer. »*

Ce record personnel arrive au surlendemain d'un autre record personnel sur le troisième tour de la vitesse par équipes (médaille d'argent). *« Dites juste que je pense à la team QLD »*, lance-t-il dans un sourire. QLD pour Quentin Lafargue Développement, structure qu'il a montée pour démarcher des sponsors et améliorer ses conditions de travail. À ses côtés, Michaël D'Almeida, trente et un ans, savoure sa médaille de bronze et son nouveau record personnel, lui aussi (1'0''379). *« C'est une performance qu'on réalise sur la classe*, dit-il, *pas sur le travail : l'investissement que ça demanderait n'est pas ma priorité. Mais j'apprécie à sa juste mesure : c'est mon premier podium sur l'épreuve depuis 2012. »*

Mathilde Gros, à droite, en bronze sur le podium de la vitesse, aux côtés de l'Australienne Stéphanie Morton et de la Hongkongaise Lee Wai Sze. À droite, poing levé, Quentin Lafargue.

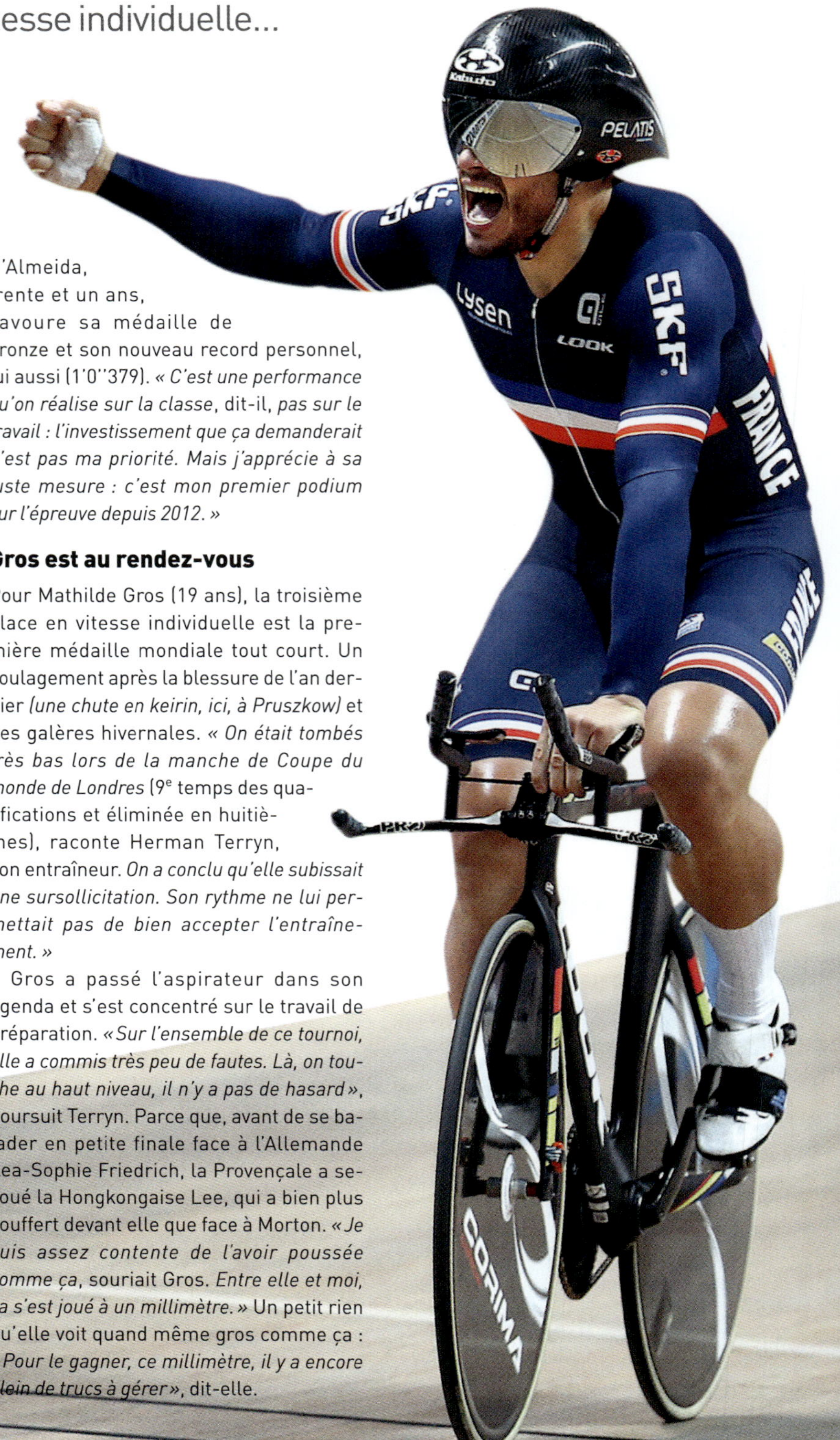

Gros est au rendez-vous

Pour Mathilde Gros (19 ans), la troisième place en vitesse individuelle est la première médaille mondiale tout court. Un soulagement après la blessure de l'an dernier *(une chute en keirin, ici, à Pruszkow)* et des galères hivernales. *« On était tombés très bas lors de la manche de Coupe du monde de Londres* (9e temps des qualifications et éliminée en huitièmes), raconte Herman Terryn, son entraîneur. *On a conclu qu'elle subissait une sursollicitation. Son rythme ne lui permettait pas de bien accepter l'entraînement. »*

Gros a passé l'aspirateur dans son agenda et s'est concentré sur le travail de préparation. *« Sur l'ensemble de ce tournoi, elle a commis très peu de fautes. Là, on touche au haut niveau, il n'y a pas de hasard »*, poursuit Terryn. Parce que, avant de se balader en petite finale face à l'Allemande Lea-Sophie Friedrich, la Provençale a secoué la Hongkongaise Lee, qui a bien plus souffert devant elle que face à Morton. *« Je suis assez contente de l'avoir poussée comme ça*, souriait Gros. *Entre elle et moi, ça s'est joué à un millimètre. »* Un petit rien qu'elle voit quand même gros comme ça : *« Pour le gagner, ce millimètre, il y a encore plein de trucs à gérer »*, dit-elle.

Dessert indigeste, bilan aigre-doux

En dépit de l'argent de Benjamin Thomas (omnium), le bilan des Bleus est mitigé.

L'ÉQUIPE DU 4 MARS 2019

GILLES SIMON

La France a mal digéré la conclusion de ces Mondiaux, avec deux sixièmes places pour Gros en keirin et le duo de l'américaine. Après sa médaille de bronze en vitesse individuelle, la Provençale a reconnu avoir *« mal couru »*, mais les regrets agitaient aussi l'équipe d'endurance, qui comptait sur l'américaine pour dorer un maigre bilan. Le couple français a vite boité sur une jambe, Benjamin Thomas devant compenser les carences de Bryan Coquard. Au total, la France quitte Pruszkow avec cinq médailles : une en or (Lafargue sur le kilomètre), deux en argent (vitesse par équipes et omnium hommes) et deux en bronze (Gros en vitesse individuelle et D'Almeida sur le kilomètre). Bien mieux que l'an passé à Apeldoorn (2 bronzes seulement), mais il a manqué la saveur d'un titre sur une discipline olympique.

Au rayon des déceptions, ces Mondiaux rendent plus hypothétique les chances d'aligner une équipe de poursuite masculine aux JO de Tokyo, et ont confirmé la faiblesse de l'endurance féminine et la fragilité persistante des grands espoirs, Sébastien Vigier et Mathilde Gros. Au rayon des satisfactions trônent l'équipe de vitesse, la Mathilde Gros de la vitesse et Benjamin Thomas. Ce dernier a été le ballon d'oxygène de l'endurance : médaillé d'argent en omnium, selon un scénario ébouriffant – après avoir raté la première épreuve sur un incident de course, il avait opéré une véritable « remontada » dans les trois suivantes – il a plus que montré son potentiel. Il peut aussi concrétiser en américaine si on parvient à construire un projet autour de lui.

Bernal donne rendez-vous

En remportant Paris-Nice à tout juste vingt-deux ans, le Colombien de la Sky, bientôt leader sur les grands Tours, est déjà plus qu'une belle promesse.

L'ÉQUIPE DU 18 MARS 2019
GAÉTAN SCHERRER

Il l'énonçait inlassablement à ceux qui l'entouraient après avoir coupé la ligne, tout près de l'opéra de Nice, et il l'a redit en conférence de presse une heure plus tard. Ses yeux écarquillés laissent supposer qu'il se le répétera encore une bonne partie de la semaine : *« C'est incroyable ! »* À croire que le féru de vélo le plus stupéfait par la victoire finale d'Egan Bernal, était Egan Bernal lui-même. Depuis qu'il avait enfilé le maillot jaune et soulevé son premier lion du Crédit Lyonnais la veille, au sommet du Col du Turini où il avait envoyé le grand plateau dans les pentes finales, personne n'avait osé remettre en doute la supériorité du Colombien et de son armada sur cette course que les hommes en noir du Team Sky ont dictée sans connaître le moindre heurt, des bourrasques de Saint-Germain-en-Laye à la grisaille de Nice. *« La meilleure prestation d'équipe qu'on ait jamais faite, Tour de France compris »*, osait même son directeur sportif, Nicolas Portal, qui en a pourtant vu d'autres.

La défaillance de Michal Kwiatkowski dans l'ascension reine, la veille, en atteste pourtant : cette indéniable performance collective – la Sky termine en tête du classement général, du classement par points, par équipes et de celui des jeunes – n'aurait pu être possible sans la vista de son joyau de Zipaquira, devenu le plus jeune vainqueur de la Course au soleil depuis l'Irlandais Stephen Roche, il y a trente-huit ans.

> **"C'est facile d'être calme avec une équipe pareille"**
> EGAN BERNAL

Si son prénom, inspiré de la mythologie grecque signifie « esprit de feu », Bernal a d'abord gagné en faisant preuve d'un calme désarmant sur le vélo, celui-là même qui lui avait déjà permis de faire ses preuves sur plusieurs courses d'une semaine en 2018, et d'exploser aux yeux du grand public sur le Tour de France (15e), dès sa première saison dans la structure britannique. *« C'est facile d'être calme avec une équipe pareille »*, sourit l'intéressé. Son capitaine de route, Luke Rowe, nuance : *« Je n'ai jamais vu un jeune coureur comme lui, peu habitué au vent, se comporter dans les bordures comme il l'a fait en début de semaine. En le voyant, je me suis dit : "il n'a aucune limite". »*

En attendant le Giro, on se souviendra de ses performances dans l'Alpe d'Huez ou de son ascension du col de l'Aubisque, en juillet 2018, où il avait ramené Chris Froome aux avant-postes avant d'imposer son rythme face à Tom Dumoulin et Primoz Roglic, le tout en troisième semaine...

S'il récupère vite de son épopée transalpine, la Sky pourrait bien le faire doubler avec la Grande Boucle cet été. Et *« si Sky l'emmène au Tour, il peut le gagner »*, tonne la légende Eddy Merckx, bluffé par l'aisance du garçon, surtout en contre-la-montre. *« Il ne sera jamais un Froome ou un Tony Martin en chrono, mais il a le braquet pour rouler fort »*, assure Nicolas Portal, qui ne revenait toujours pas du chrono *« fantastique »* réalisé par son poulain de 60 kilos en milieu de semaine à Barbentane (6e à 15'' de Simon Yates), sur un tracé pour rouleurs.

Biberonné au VTT, qu'il pratique parfois l'hiver en Andorre, où il vit au pied des pistes de descente, Bernal s'est forgé un mental de conquérant, une agilité supérieure à la moyenne et un côté joueur à la Peter Sagan, qui pourrait lui permettre de s'illustrer sur des classiques. Mais pour l'instant, son entourage se concentre sur les grands Tours, et souhaite surtout lui faire éviter une trajectoire à la Carlos Betancur, son compatriote, dont la victoire à Nice en 2014, à vingt-cinq ans, constitua l'apogée d'une carrière au goût d'inachevé. *« C'est quelqu'un de très mûr, qui sait ce qu'il veut, il ne voit pas juste le bout de son nez, et cela fera forcément office de garde-fou par rapport aux obstacles qui pourraient freiner son développement*, balaye Portal. *Il a déjà un plan de carrière. »* Et encore une sacrée marge de progression.

le classement

1. E. Bernal (COL, Sky) en 29 h 17'2''
2. N. Quintana (COL, Movistar), à 39''
3. M. Kwiatkowski (POL, Sky), à 1'3''
4. J. Haig (AUS, Mitchelton-Scott), à 1'21''
5. **R. Bardet** (AG2R La Mondiale), à 1'45''

...7. **R. Molard** (Groupama-FDJ), à 3'2''
...11. **V. Madouas** (Groupama-FDJ), à 4'7''.

10 MARS

VOLLEY-BALL **COUPE DE FRANCE.** Le Tourangeau Barthélémy Chinenyeze, meilleur marqueur du match, s'élève devant le numéro 8 Jorge Fernandez. Ce 10 mars, Tours remporte sa dixième Coupe de France, sa compétition fétiche, face à Chaumont (3-0, 25-22, 25-13, 25-18).

28 MARS

FOOTBALL **LIGUE DES CHAMPIONS.** La milieu de terrain lyonnaise Dzsenifer Marozsan (auteure de l'ouverture du score) s'interpose devant Claudia Neto (Wolfsburg) et les triples championnes d'Europe en titre s'imposent (4-2, aller, 2-1). Elles sont qualifiées pour leurs dixièmes demi-finales depuis 2008.

24 MARS

ESCRIME **COUPE DU MONDE DE SABRE.** L'équipe de France féminine de sabre, championne du monde en titre, remporte sa quatrième Coupe du monde, devant les Russes (5-4) à Sint-Niklaas (Belgique). Menée 40-32 avant le dernier relais, Manon Brunet (en pleurs), déjà sacrée en individuel, est revenue sur Sofia Velikaia (13-3).

9 MARS

CYCLISME **STRADE BIANCHE.** Julian Alaphilippe boxe l'air en signe de victoire. Il vient de fausser compagnie au Danois Jakob Fuglsang dans le final des Strade Bianche, à Sienne. C'est la 22e victoire professionnelle du Français (la quatrième en 2019) mais le meilleur, pour lui, est encore à venir...

31 MARS

RUGBY **COUPE D'EUROPE.** Le trois-quarts centre toulousain Sofiane Guitoune, balle en main, est protégé, par ses coéquipiers, des assauts du Racing 92. Les Sudistes, à quatorze depuis la 23e minute, alors qu'ils étaient menés, réussissent à revenir sur les Parisiens et se qualifient de justesse (22-21) pour les demi-finales.

30 MARS

FOOTBALL **COUPE DE LA LIGUE.** Extatiques, les Strasbourgeois, malgré une finale sans but (remportée 4-1 aux t.a.b.) face à Guingamp. Le milieu Pablo Martinez brandit le trophée, déjà conquis par les Alsaciens en 1997 et 2005. C'est d'ailleurs l'avant-dernière Coupe de la Ligue car elle disparaîtra après l'édition 2020.

Le sacre rêvé

Au bout du suspense, Mélanie De Jesus Dos Santos est devenue championne d'Europe absolue. Un titre rare et riche d'enseignements sur une jeune femme qui n'a pas fini d'épater.

L'ÉQUIPE DU 13 AVRIL 2019

CÉLINE NONY

Un instant, il hésite. Une coquetterie qui lui ressemble peu. *« J'ai rêvé que j'étais dans le corps de Mélanie, comme dans le film* L'aventure intérieure. *J'arrive dans sa main, et je vois les tissus qui se recollent. C'était psychédélique... »* Éric Hagard se réveille alors, certain qu'il doit réclamer un nouvel avis médical. Pourtant, depuis que sa protégée à Saint-Étienne, Mélanie De Jesus Dos Santos, a chuté mi-janvier lors d'un exercice aux asymétriques, parce que la barre a lâché et écrasé la phalange de son annulaire gauche, une spécialiste parisienne a préconisé l'opération.

Tout le monde se range à cet avis. Lui compris. Pas la gymnaste, qui n'en ressent pas la nécessité. Et soudain, le coach demande une autre expertise. Bingo : pas besoin d'ouvrir la main, d'infliger quatre mois de convalescence à la star des Bleues, de la priver de l'échéance européenne. La consolidation est amorcée. Dingue, mais réel.

Moins de trois mois plus tard, à Szczecin (Pologne), Mélanie DJDS a donc remporté le titre le plus convoité de la semaine : championne d'Europe absolue. Jusque-là, une seule Française avait décroché l'or du concours général. C'était il y a quatorze ans. En année post-olympique, alors qu'il manquait du monde – cela dit sans dévaloriser la razzia des Françaises (5 médailles dont 3 titres pour Debauve, Le Pennec aux barres asymétriques et Severino au sol). Cette fois, « DJDS » a défié les meilleures.

Révélée lors de sa médaille de bronze européenne au général, il y a deux ans à Cluj (Roumanie), elle a su patienter jusqu'à l'ultime rotation au sol, alors qu'elle affichait encore 66 millièmes de point de retard sur la Britannique Downie, sacrée en 2017, pour la devancer de... 68 millièmes. Mieux, toutes les deux surclassent la favorite russe, Melnikova, qui précédait la Française de 134 millièmes lors des qualifications.

« Les barres asymétriques, "sa bête noire" »

Et dire que, d'entrée, Mélanie De Jesus Dos Santos a abandonné trois dixièmes de point au saut. Son coach l'avait alertée : attention à ne pas désaxer l'envol. Raté ! Elle a atterri hors zone. Et couru après le score. Aux barres, *« sa bête noire »*, insiste-t-il, elle réalise son mouvement. Elle se libère à la poutre, et plus encore au sol, un agrès qu'elle a longtemps détesté, où elle a pourtant conquis son premier titre européen en 2018. Quel scénario !

Elle est modelée pour ce sport, qu'elle a d'abord pratiqué dans son salon. *« Quand ma mère a voulu m'inscrire, il n'y avait plus de place. Et comme j'étais un garçon manqué, que j'aimais bien me bagarrer, elle m'a inscrite au judo »*, s'amuse Mélanie DJDS, rattrapée par la gym, pour qui elle abandonne sa Martinique en 2012, direction Saint-Étienne. Elle reste, progresse. Jusqu'en 2016. Personne ne l'attend avant les Jeux de Rio, mais elle impressionne : *« J'étais prête mais personne ne m'attendait. Je n'allais pas m'incruster comme ça dans l'équipe olympique »*, juge Mélanie DJDS. Pourtant, elle jette le trouble : jusqu'où peut aller cette acrobate ? Une rupture d'un ligament croisé du genou stoppe les conversations. Aujourd'hui, les débats se situent à un tout autre niveau, elle a changé de dimension.

« C'est la fête dans ma tête »

En plus de l'or du concours général, la Française a conservé son titre au sol et décroché l'argent à la poutre.

L'ÉQUIPE DU 15 AVRIL 2019

CÉLINE NONY

Mélanie De Jesus Dos Santos restera l'héroïne des Championnats d'Europe : la Française vient de visiter le podium pour la troisième fois de la semaine. Après l'or individuel au concours général, elle a conservé son titre au sol. *« Je suis super heureuse ! J'ai réussi ce que je voulais, j'ai même pu récupérer une médaille en chemin »*, savoure la jeune femme de dix-neuf ans, qui avait débuté son après-midi en décrochant l'argent à la poutre. *« D'un côté, je me dis que ça y est, c'est fini. D'un autre, je réalise que je suis encore championne d'Europe. Et c'est la fête dans ma tête ! »*

Mélanie DJDS est désormais la seule en France à avoir obtenu trois titres européens (*) et la première à s'approprier trois breloques dans une même édition : *« C'est important pour l'avenir. J'ai envie que mon nom reste dans la gym, que les gens n'oublient pas. »* Elle avait annoncé que *« (sa) priorité, c'était le sol »*. Mais, avant cela, elle avait une première carte à jouer à la poutre. *« J'avais hâte, envie de bien faire »*, raconte-t-elle. Si certains l'imaginaient devenir la première Française sacrée à cet agrès, Mélanie DJDS espérait simplement réussir son mouvement. Et, malgré deux déséquilibres, elle se satisfaisait pleinement de l'argent. *« Et surtout, je partage le podium avec Lorette ! »* Car la surprise est venue de la benjamine des Bleues, Lorette Charpy (17 ans), qui s'est offert une première médaille individuelle.

Puis, au sol, De Jesus Dos Santos a réalisé un numéro de toute beauté. *« Je me suis amusée sur ma choré, j'ai savouré. J'ai vu que j'avais un pied dehors* (après sa première acrobatie), *je me suis dit qu'il fallait ajouter un tour sur le pivot* (accroupi). *»* Afin de récupérer le dixième de point lâché d'entrée. Sauf que les juges n'ont pas remarqué et qu'il fallut poser une réclamation pour que la bonne note s'affiche... Mais dès la fin de ce rendez-vous européen, « DJDS » était déjà tournée vers les Mondiaux : *« J'espère ajouter trois nouveautés : une sortie à la poutre, peut-être une aux barres et une nouvelle diagonale au sol. »* Dans sa tête, la sarabande a cessé.

(*) Avant elle, trois hommes en avait détenu deux : Éric Poujade (par équipes et arçons en 1998), Yann Cucherat (parallèles en 2009 et 2010), Thomas Bouhail (saut en 2009 et 2011).

Argent double

Coline Devillard (saut) et Cyril Tommasone (arçons) ont aussi achevé leurs Championnats d'Europe avec une médaille.

les médailles françaises

FEMMES
Or Mélanie De Jesus Dos Santos *(concours général, sol).*
Argent Mélanie De Jesus Dos Santos *(poutre)*, Corinne Devillard *(saut).*
Bronze Lorette Charpy *(poutre).*

HOMMES
Argent Cyril Tommasone *(arçons).*

L'ÉQUIPE DU 14 AVRIL 2019
CÉLINE NONY

« Il est là, le vieillard, il est bien ! » Du haut de ses dix-huit ans et de son mètre quarante-sept, Coline Devillard chambre Cyril Tommasone. À trente et un ans, l'aîné des Bleus vient, comme elle, de décrocher une médaille d'argent européenne. Un joli coup à double détente : deux breloques en quelques minutes, le Lyonnais au cheval d'arçons, la Digoinaise au saut. *« Elle m'a copié »*, assure Tommasone. *« C'est vrai »*, admet Devillard. La complicité entre ces deux-là saute aux yeux alors qu'ils ne sont pas de la même génération et que leurs agrès respectifs réclament des qualités diamétralement opposées. *« Elle a un premier saut qui est exceptionnel*, décrypte Tommasone. *J'étais avec Whitlock* (l'Anglais, champion olympique des arçons qui l'a devancé) *et, comme tout le monde il a été surpris par son amplitude. C'est une bombe ! »* Pourtant, à cause d'une réception désaxée et hors zone, elle a logiquement été battue par la Russe Maria Paseka, double championne du monde et d'Europe de la spécialité, qui a osé un envol plus complexe que le premier de la Française. *« Pff… Je vais avoir du mal à expliquer le mouvement de Cyril, je n'y connais rien aux arçons*, enchaîne Devillard. *Je sais juste qu'il a réalisé son gros mouvement et qu'il a réussi, sans trop d'écart de jambes, mais avec juste une petite faute à la fin. »* Cette prestation restera surtout synonyme d'une seconde médaille d'argent européenne… huit ans après la première. *« Ça montre que je persévère, que je suis toujours au niveau »*, estime Tommasone.

Woods en Maître du temps

Plus humain, plus souriant, plus vulnérable, Tiger Woods, 43 ans, a su s'arracher à la meute de ses poursuivants pour réussir le plus stupéfiant des come-backs.

L'ÉQUIPE DU 15 AVRIL 2019

PIERRE MICHEL BONNOT

Et soudain, au trou numéro 16, ce fut comme si Tiger Woods venait de rembobiner la cassette VHS quatorze ans en arrière. Son coup de fer 9, presque aussi génial que l'approche rentrée qui, en 2005, avait fait mollement le tour du trou avant de faire le tour du monde pour lui ouvrir les portes d'un quatrième titre à Augusta, venait de friser le trou en un. Et derrière lui, la foule extatique s'était levée comme un seul homme. *« J'ai revu la vidéo de cette approche du 16. Derrière moi, on voit un gentleman sauter en l'air et balancer furieusement sa casquette sur le sol*, s'amusait-il en prélude au tournoi. *C'est excitant de se dire que des gens se souviendront toujours m'avoir vu réussir ce genre de coup. »*

Bien sûr, certains spectateurs ont bondi un peu moins haut qu'alors et les plus âgés ont même dû plisser les yeux pour apercevoir, sur le green, la balle qui allait sceller le destin du tournoi en lui donnant deux coups de confort sur la meute.

C'est que quatorze ans ont passé depuis sa dernière victoire à Augusta, presque onze depuis qu'il a remporté son quatorzième Majeur en 2008. Et si le triomphal retour du Tigre regonfle le moral de toute une génération de quadras, il ne rajeunit pas grand monde.

Même polo à col roulé rouge sang, même démarche conquérante, même patience et même concentration, les ingrédients de la victoire sembleront exactement les mêmes qu'il y a dix ans et même vingt-deux, lorsque il remportait son premier Masters.

Pourtant, tout a tellement changé. À commencer par lui. Et cela n'en donne que plus de valeur à un come-back qui n'est pas loin de valoir celui de Ben Hogan, vainqueur de l'US Open 1950 moins de deux ans après avoir failli périr dans sa Cadillac broyée par un bus. *« À part quatre opérations des genoux et quatre opérations du dos, je vais bien, merci, et vous-même ? »*, répondit-il goguenard à l'intervieweuse de CBS qui s'inquiétait de sa santé. C'est déjà un double exploit. On veut dire « d'avoir réussi à tenir quatre tours sans faiblir après de telles opérations », et d'avoir acquis assez de distance pour s'amuser en public de ses propres malheurs.

Il a aussi gagné en humanité

Car ce qui frappe dans cette victoire n'est pas tant sa fermeté d'âme, sa patience infinie ou ses dispositions au combat rapproché. C'était déjà ses armes premières du temps où il dominait le monde sans partage. Mais lorsque Finau a dû se pencher pour lui donner l'accolade, on a mesuré à quel point Tiger Woods est devenu un joueur au physique ordinaire. *« J'avais de l'avance sur tout le monde en arrivant sur le circuit*, expliquait-il récemment. *Aujourd'hui des types comme Dustin Johnson ou Gary Woodland sont capables de dunker, alors que moi j'étais déjà bien content quand je touchais l'arceau. »* Dans sa foulée athlétique, toute la corporation a abandonné les bars du dix-neuvième trou pour celles de la salle de gym, l'amélioration du matériel a contribué à niveler les talents et à compliquer sa tâche.

Aujourd'hui, tout le champ ou presque est capable de l'emporter à chaque Majeur. Ainsi, ils étaient dix, à Augusta, à se tenir à l'affût en trois coups au sommet du leaderboard – quand Luke Donald et Retief Goosen, ses deux poursuivants les plus proches, se tenaient en sept coups en 2005 –, pour situer la valeur de son stupéfiant come-back.

Mais le plus étonnant, dans ce retour vers le futur, c'est Tiger Woods lui-même. Sortant du parcours le sourire bloqué en position phare, il est tombé dans les bras de Kutilda sa mère, celle-là même qui l'invitait à *« trancher la gorge de ses adversaires »* sur les tournois de sa jeunesse. Puis il est aussi tombé dans les bras de sa famille, d'une pelletée de proches, et il a tapé au passage dans les mains de parfaits inconnus, avant de recevoir l'accolade de Bubba Watson, Rickie Fowler, Bernard Langer ou Brooks Koepka. Oui, Woods a gagné un quinzième Majeur et le droit de rêver à nouveau à l'inaccessible record des dix-huit trophées de Jack Nicklaus, mais il a aussi gagné beaucoup plus que ça. Un peu d'humanité et la force de l'offrir.

22 ans, 15 majeurs

1997	Masters
1999	US PGA
2000	US Open British Open US PGA
2001	Masters
2002	Masters US Open
2005	Masters British Open
2006	British Open US PGA
2007	US PGA
2008	US Open
2019	Masters

L'image d'un Woods triomphant n'était plus qu'un souvenir. Le Tigre, même polo rouge, même attitude, a rajeuni ses fans.

Hamilton met dans le 1000

En tête dès le premier virage, le quintuple champion du monde a remporté la millième course de l'histoire et pris la tête du Championnat. C'est déjà sa deuxième victoire en trois Grands Prix.

L'ÉQUIPE DU 15 AVRIL 2019

JÉRÔME BOURRET

Ils n'étaient que quelques centaines, près de Shanghai, noyés au cœur de cette immense tribune plantée face aux stands et bondée au moment du départ. Mais lorsque celle-ci s'est vidée, une fois la course terminée, ils sont restés en place. Union Jack en main et sourire aux lèvres, les fans chinois de Lewis Hamilton rassemblés sous la bannière du « Team LH » ont longtemps continué à clamer leur bonheur et à guetter les mouvements dans le garage Mercedes, en l'attente d'un éventuel dernier échange avec leur héros triomphant.

Une fois ses obligations médiatiques terminées, une grosse heure après le podium, le quintuple champion du monde anglais a traversé la piste pour venir à leur rencontre, trophée sous le bras, avant de prendre la pose devant son fan-club, assis à même la piste. *« Ils ont été incroyables tout le week-end »*, avait apprécié le pilote Mercedes un peu plus tôt, sa sixième victoire ici tout juste acquise.

C'est d'ailleurs sous les yeux de ces fans transis que la course s'est jouée. À l'extinction des feux, lorsque Hamilton a pris le meilleur sur Valtteri Bottas, son poleman d'équipier, dès le départ. Un exercice dans lequel Hamilton reconnaît pourtant des lacunes : *« Je galère et cela ne date pas d'hier. Ça s'est mieux passé la saison dernière, mais j'ai à nouveau eu du mal sur les deux premières courses cette année donc c'est une bonne chose d'avoir rectifié le tir aujourd'hui. »*

> **“J'ai l'impression que nous surperformons un peu par rapport à notre réel potentiel”**
> LEWIS HAMILTON

Bottas passé d'entrée, la suite a presque été une formalité pour un Hamilton qui a retrouvé ses sensations après un début de week-end compliqué : *« Cela n'a pas été un long fleuve tranquille mais le résultat final est fantastique. Une fois devant, ma course a été plutôt tranquille, la stratégie a été parfaite et j'ai réussi à trouver une vitesse que je n'avais pas en essais libres et j'en suis très satisfait. »*

Hamilton prend la tête du Championnat pour la première fois de l'année, avec 6 points d'avance sur Bottas, alors que Mercedes s'envole du côté des constructeurs avec ce troisième doublé consécutif. *« On ne s'attendait pas à cela*, assure Hamilton, *mais je suis fier d'avoir contribué au travail fourni et à cette réussite. À la sortie des essais hivernaux, on pensait vraiment que Ferrari avait le dessus. J'ai l'impression que, pour l'instant, nous surperformons un peu par rapport à notre réel potentiel, alors que, contrairement à nous, Ferrari n'a pas encore réussi à rendre une copie propre sur un week-end. Ici, ils nous mettaient 0"4 dans les lignes droites mais nous concédaient du temps dans les virages. Il y a bien des circuits où leur voiture sera meilleure que la nôtre. Les prochaines courses seront intéressantes. »* Mais il n'y avait qu'un seul millième Grand Prix. Et c'est lui qui l'a gagné.

Leclerc amer, première

Ce millième Grand Prix marque le début officiel des soucis pour Ferrari en 2019. Il est maintenant indiscutable que Charles Leclerc ne voudra pas rester dans l'ombre. Et la course fut une longue déclaration d'indépendance d'un gamin d'à peine vingt et un ans clamant haut et fort sa volonté de briller. Dès le départ, le Monégasque avait pris le meilleur sur son équipier, Vettel. Troisième sur la grille, l'Allemand s'est retrouvé coincé à l'extérieur du virage. Le Monégasque, passé à l'intérieur, se retrouvait donc troisième, menant la chasse aux Mercedes et les deux Ferrari tournant alors dans des chronos similaires.

Mais dès le dixième tour, une communication enflamme la radio : « Charles, nous devons accélérer ou il faudra laisser passer Sebastian. » À peine le temps d'accélérer, le couperet tombe : on lui intime l'ordre de s'exécuter. *« Mais je venais de hausser le ton »*, se défend-il vertement avant de laisser la Ferrari n° 5 le doubler. Vettel ne prend pourtant pas l'ascendant. Le Monégasque tempête et montre à nouveau son nez. *« Juste pour que vous le sachiez, je perds du temps... »* Désormais, tout le monde a compris : Leclerc est un gagnant, impatient. *« L'équipe m'a demandé si je pouvais aller plus vite*, explique Vettel. *J'ai dit que oui. Après avoir passé Charles, il m'a fallu plusieurs tours pour trouver mon rythme. »* Mais ses chronos restent similaires à ceux de son équipier. À ce jeu-là, Verstappen profite de la situation, chipe la quatrième place à la seconde Ferrari. Cinquième au lieu de quatrième et deux petits points qui changent brutalement la donne, Vettel reprenant la quatrième place au général. D'un point. **F.F.**

Alaphilippe dompte le Poggio...

Déjà vainqueur des Strade Bianche, le puncheur français s'est adjugé Milan – San Remo, sa première grande classique, au bout d'un sprint qui ponctue un chef-d'œuvre tactique.

L'ÉQUIPE DU 24 MARS 2019
PHILIPPE BRUNEL

Quels que soient son évolution, son parcours, le pli que prendra sa carrière, le Poggio de San Remo aura joué un rôle essentiel dans l'épanouissement de Julian Alaphilippe, qui n'était encore qu'un jeune mousquetaire imberbe de la Quick Step, en recherche d'identité et d'un statut, quand il s'était reporté, il y a deux ans, exténué, à bout de souffle, ici même sur ce balcon de San Remo, dans le sillage d'un Peter Sagan déchaîné. À l'époque, le Slovaque était encore une sorte d'épouvantail, admiré autant que redouté par ses pairs. Le Polonais Michal Kwiatkowski les avait ensuite rejoints dans les premiers lacets de la descente et leur avait soufflé la victoire de l'épaisseur d'un boyau.

Et sur cette Via Roma en légère montée, le Montluçonnais n'avait pu que clamer sa joie, sa fierté, après sa troisième place : *« Je suis cuit, épuisé. Non, vraiment, je n'ai rien à regretter. »* Il s'était révélé sous son vrai visage, simple, modeste. Le temps jouait pour lui, un jour il les rejoindrait au palmarès.

Et ce jour est venu, sur le théâtre de son ancienne défaite. Et c'est en larmes, étreint par l'émotion qu'il s'est jeté dans les bras de son masseur et dans ceux de Philippe Gilbert, Tim Declercq, Zdenek Stybar, les piliers de l'équipe Deceuninck-Quick Step, tous en pleurs.

Appliquant ses consignes en pleine dévotion, ils avaient asphyxié les sprinteurs en menant un train d'enfer sur le Poggio (escaladé en 5'41'', un record) jusqu'à la rupture. *« Il était important d'imposer notre tempo,* expliquera Alaphilippe. *Alors, dès le pied, j'avais demandé à Stybar d'accélérer puis Philippe* (Gilbert) *m'a demandé :* "Qu'est-ce qu'on fait ? *Je lui ai dit :* "On monte à bloc", *et il s'est mis à bloc... »*

Alors que Sagan, fendant la foule, venait le féliciter, Kwiatkowski, sur la Rai, s'inclinait devant la classe du Français : *« Sur le Poggio, c'est lui qui fait la sélection. Puis il nous bat au sprint. Que dire de plus ? »* Lui réalisait mal. *« Je suis heureux, oui, mais c'est une drôle de sensation. Gagner les Strade Bianche c'était important, mais je n'avais jamais remporté un monument. »*

Alaphilippe n'en revenait pas. Il venait de signer son acte de naissance aux dépens de Sagan, de Kwiatkowski (Naesen apparaissant comme un intrus dans cette affaire), ses bourreaux d'il y a deux ans, les plus prompts à réagir quand il avait porté son attaque, à sept cents mètres du sommet ! Un acte de bravoure absolu, quasi suicidaire dans une course à retardement dans laquelle il avait dû se battre *« contre une forme d'ennui »*, dans la plaine du Pô, puis sur le littoral, avant qu'elle n'adopte un staccato fascinant à l'approche des capi (*« Comment dit-on ? Capi ? Capo ? »*, demandera-t-il).

> **"Sur le Poggio, c'est lui qui fait la sélection. Puis il nous bat au sprint. Que dire de plus ?"**
> MICHAL KWIATKOWSKI, TROISIÈME

Il avait alors *« saisi l'instant »*, prenant tous les risques dont celui de perdre, et Sagan, sentant le danger, s'était reporté sur lui, puis Mohoric puis Van Aert, enfin Naesen, Trentin, Kwiatkowski et cette vieille connaissance de Valverde ! Sept champions de renom représentant autant d'équipes différentes. C'est ensemble, avec une faible avance – douze secondes tout au plus – qu'ils avaient négocié la descente du Poggio.

Les événements s'étaient alors accélérés. Au bas du Poggio, là où la route se déverse sur le Corso Cavallotti, Trentin avait joué crânement sa chance mais Van Aert avait bouché le trou, alors Mohoric s'était élancé à son tour, côté droit, peu après la flamme rouge. Là, Alaphilippe était sorti de sa réserve. Il était revenu sur le Slovène et l'avait débordé sans un regard, pour se projeter vers la ligne, franchie les mains levées, ponctuant par un moulinet des bras son chef-d'œuvre opératoire !

Plus tard, devant la presse, il était revenu sur sa fin de course, irradiante : *« J'ai dû faire un effort très violent sur le Poggio, un autre pour revenir sur Trentin. Après, je ne voulais laisser personne partir et quand Mohoric a accéléré, aux trois cents mètres, je me suis dit que c'était le moment. J'ai sauté dans sa roue, et maintenant je me dis que c'est fou d'avoir gardé autant de lucidité ! C'était une course parfaite. »*

Un sprint « monumental » à San Remo pour Alaphilippe, qui exulte ici devant Wout Van Aert (à gauche), Alejandro Valverde (au second plan) et Matej Mohoric (à droite).

le classement

1. **J. Alaphilippe** (Deceuninck-Quick-Step), les 291 km en 6 h 40'14'' ;
2. O. Naesen (BEL, AG2R La Mondiale) ;
3. M. Kwiatkowski (POL, Sky) ;
4. P. Sagan (SLQ, Bora-Hansgrohe) ;
5. M. Mohoric (SLV, Bahrain-Merida) ;
6. W. Van Aert (BEL, Jumbo-Visma) ;
7. A. Valverde (ESP, Movistar) ;
8. V. Nibali (ITA, TBM) ;
9. S. Clarke (AUS, EF Education First)
10. M. Trentin (ITA, Mitchelton-Scott), t.m.t.

Un Alaphilippe puissance 10

Entre sa reprise, en janvier, et le départ du Tour de France, le 6 juillet, Julian Alaphilippe a accumulé dix victoires, courses d'un jour et courses à étapes confondues.

2 étapes, Tour de San Juan (ARG)
1 étape, Tour de Colombie
Strade Bianche (ITA)
2 étapes, Tirreno Adriatico (ITA)
Milan-San Remo (ITA)
1 étape, Tour du Pays Basque
Flèche Wallonne (BEL)
1 étape, Criterium du Dauphiné

... et décoche sa deuxième Flèche

Le Français s'est succédé à lui-même dans le mur de Huy. Moins fort qu'il y a un an, mais toujours le meilleur, il a devancé le très accrocheur Jakob Fuglsang.

L'ÉQUIPE DU 25 AVRIL 2019

JEAN-LUC GATELLIER

Certes, c'est bien plus la joie qui prévaut après un succès prestigieux que la plaisante lecture d'une statistique élogieuse. Devenu l'égal d'Hinault (1979, 1983) et Jalabert (1995, 1997) sur la Flèche Wallonne, Julian Alaphilippe est le seul coureur français à l'avoir remportée deux fois de suite. Et en montrant deux visages différents. Il y a un an, il ouvrait son palmarès dans les classiques, mettant fin à l'hégémonie d'Alejandro Valverde (cinq victoires, dont quatre d'affilée). Cette fois, sur le podium, on ne retrouvait pas les mêmes effusions que pour la « première ». Il savourait intérieurement. Vainqueur au Mur, certes, mais le Mur l'avait assommé, mis à terre après l'arrivée. *« Je n'avais pas les jambes de l'an passé*, avouait-il. *Dans les cent derniers mètres, la brûlure était incroyable. Je l'ai fait avec ça »*, insistait le Français en pointant un doigt sur sa tête. Avec les tripes aussi, il s'était exprimé dans le paroxysme d'un effort total, rapetissé par l'ampleur de la tâche face au besogneux Jakob Fuglsang, loin devant l'Italien Diego Ulissi (3e). Le rapport poids-puissance était favorable à Alaphilippe, plus léger d'une demi-douzaine de kilos que son rival mais, ici, le courage compte souvent plus que les chiffres. Le Français plus explosif, le Danois plus puissant, on vécut ainsi une arrivée serrée, loin de l'époque où Valverde fumait la pipe en haut du Mur.

> **“ Autrefois, je me serais énervé. Là, je suis content, je suis plus calme ”**
>
> JULIAN ALAPHILIPPE

le classement

1. **J. Alaphilippe** (Deuceninck - Quick-Step), les 195 km en 4 h 55'14'' ;
2. J. Fuglsang (DDAN, Astana), m.t. ;
3. D. Ulissi (ITA, UAE Emirates), à 6'' ;
4. B. Lambrecht (BEL, Lotto-Soudal), à 8'' ;
5. M. Schachman (ALL, Bora-Hansgrohe), m.t. ;

...12. **B. Cosnefroy** (AG2R La Mondiale) ;
...13. **R. Bardet** (ALM).

Pour Alaphilippe, ce Fuglsang était un rival bien plus coriace que l'adversaire dont il s'était accommodé aux Strade Bianche, avant de lui régler son compte. Le numéro 1 mondial est moins fort qu'en Italie, moins impérial que dans le Poggio, moins autoritaire que sur la via Roma, où il acheva son chef-d'œuvre. Cette saison, il a ajouté une campagne d'Italie triomphale (4 victoires en comptant deux étapes à Tirreno-Adriatico), mais aussi très coûteuse en énergie. *« J'ai eu les jambes pour gagner. Assez pour gagner*, nuançait-il, trois jours après sa désillusion à l'Amstel Gold Race la semaine précédente (4e). *Mais il y a aussi de la fatigue. Je n'ai pas arrêté depuis le début de saison. »*

Une part importante de cette neuvième « gagne » individuelle en 2019 revient à son équipe. Alaphilippe a eu besoin de main-d'œuvre (Petr Vatkoc notamment) à 44 kilomètres du but, pour effacer le contretemps d'un incident mécanique. *« Un coureur qui bougeait dans tous les sens m'a arraché trois rayons de la roue*, détaillait-il. *Autrefois, je me serais énervé. Là, je suis content de moi, je suis plus calme. »* Il a conservé la tête froide, aussi, lorsque son équipe s'est retrouvée en infériorité numérique dans la dernière boucle (29 kilomètres) face à une escouade de Bora-Hansgrohe et à des Lotto-Soudal offensifs. Ils parvenaient à tenir en laisse leurs opposants lors des quinze dernières bornes avec deux hommes. Déjà à l'ouvrage à l'Amstel, Devenyns prit un très long relais. Puis l'agressivité d'Enric Mas, compagnon d'entraînement du Montluçonnais en Andorre, étouffa dans l'œuf, sur la côte de Cherave, toute menace extérieure. Matthews et Poels ne bronchaient pas dans la file, Schachmann tirait la langue. Après une course mouvementée, venteuse, cassante (chutes d'Adam Yates, Pozzovivo, Kreuziger...), cela semblait frotter moins que d'habitude au pied du Mur. Par réflexe, Alaphilippe restait dans le voisinage de Valverde, qui fit vite ses trente-neuf ans. Cela faisait longtemps que Dan Martin, dans une sale journée, et que Sagan, dans une mauvaise période, avaient lâché prise.

Le panache et l'audace

Philippe Gilbert a gagné parce qu'il n'a pas cessé d'attaquer. Et parce qu'il a pris le risque de revenir sur les pavés à un âge où on a plus tendance à flatter ses points forts qu'à fouetter ses points faibles.

L'ÉQUIPE DU 15 AVRIL 2019

GILLES SIMON

C'est un jeune freluquet de trente-six ans et de soixante-neuf kilos qui a fait mordre la poussière à un Paris-Roubaix balèze. Mais le Wallon n'a pas l'âge de ses artères, il est encore presque un néophyte sur la course (troisième participation seulement : 2007, 2018 et cette année) et son palmarès pèse bien plus lourd que sa carcasse de crevette (il est le premier vainqueur à moins de 70 kg depuis Servais Knaven en 2001).

Philippe Gilbert vainqueur à Roubaix, c'est un peu comme si un miler s'invitait sur 200 m. Pour s'imposer ici, il lui a fallu renverser quelques barrières. *« C'était un choix osé*, raconte-t-il. *Beaucoup disaient que les pavés n'étaient pas pour moi. À la base, j'ai des qualités de puncheur et j'en ai profité dans la première partie de ma carrière* (succès à l'Amstel Gold Race, Liège-Bastogne-Liège, la Flèche Wallonne). *Ensuite, j'ai osé rejoindre l'équipe de Patrick Lefévère et j'ai essayé de travailler différemment. J'y suis arrivé en très peu de temps puisque j'ai remporté le Tour des Flandres la première année* (2017) *et Paris-Roubaix maintenant. Cela veut dire que j'avais raison. »*

Le Wallon a gagné en conquérant, en prenant d'assaut d'autres horizons, à un âge où on se contente souvent de celui qui borde son jardin. Et il l'a fait avec ses armes préférées, le panache et l'audace. Il a attaqué à 65 km de l'arrivée, une distance déraisonnable, et il a remis ça trois fois encore. À chaque fois qu'il s'est ébroué, il a éjecté un ou plusieurs adversaires, éclaboussant la course de sa classe. Certains sont revenus, parfois, mais seul le jeune Nils Politt (25 ans) a su tenir sa roue.

Van Aert prend rendez-vous

Même Peter Sagan, qui paraissait avoir retrouvé les jambes qui lui avaient permis de remporter l'édition précédente, a fini par craquer, au début du secteur de Gruson. *« Peter est un coureur très difficile à lire*, dira le natif de Remouchamps, province de Liège. *Il n'exprime rien et on ne sait jamais s'il est bien ou s'il fatigue. Il faut simplement oser le pousser à bout. Beaucoup de coureurs n'osent pas... »*

Sorti avec Politt alors qu'il restait quatorze secteurs pavés à avaler, le Belge a fini en duo avec le Katusha sur le ciment du vélodrome après avoir dégoûté les quatre autres sociétaires d'une échappée royale : Wout Van Aert, Yves Lampaert, Sep Vanmarcke et Peter Sagan. *« Être avec Politt était un avantage*, expliquera Gilbert. *Il est comme moi : il ne calcule pas et donne tout dans ses relais. On a roulé sans lésiner et on méritait tous les deux la victoire. » « Je pensais que ma seule chance résidait dans le sprint »*, avouera l'Allemand. Un avis partagé par Patrick Lefévère, le patron de Deceuninck-Quick Step, qui voyait déjà son poulain battu à leur en-

le classement

1. P. Gilbert (BEL, Deceuninck-Quick-Step), les 257 km en 5 h 58'2'' ;
2. N. Politt (ALL, Katusha-Alpecin), m.t. ;
3. Y. Lampaert (BEL, DQT), à 13'' ;
4. S. Vanmarcke (BEL, EF Education First), à 40' ;
5. P. Sagan (SLQ, Bora-Hansgrohe), à 42'' ;
6. **F. Sénéchal** (SQT), à 47'' ;
7. M. Teunissen (HOL, Jumbo-Visma) ;
8. Z. Stybar (RTC, DQT) ;
9. E. Siskevicius (LIT, Delko Marseille Provence KTM) ;
10. S. Langeveld (HOL, EF1), m.t. ;

...15. **A. Petit** (Total Direct Energie), à 1'25'' ;
...17. **A. Démare** (GFC), à 1'36''.

trée sur l'anneau. Mais s'il avait oublié son âge, Gilbert n'avait rien perdu de son expérience. Il a coincé l'Allemand sur la crête de la piste et attendu le dernier virage pour plonger à la corde et cueillir son succès.

Tombé malade quelques jours avant le Tour des Flandres, la semaine précédente (*« Je ne sais même pas combien de kilos j'ai perdus »*, dira-t-il), il savait cependant que *« la forme était là »*, comme à Harelbeke (GP E3) ou à Gand-Wevelgem, où c'est seulement le jeu de son équipe qui l'avait relégué en deuxième rideau. *« Mercredi, j'ai roulé six heures dans l'arrière-pays de Nice en montant des cols et j'en suis sorti confiant »*, assurait-il en conférence de presse.

Le pavé de Roubaix cohabitera désormais avec ses trophées du Tour de Lombardie (2009 et 2010), de Liège-Bastogne-Liège (2011) et du Tour des Flandres (2017). Gilbert compte ainsi quatre des cinq classiques monuments du cyclisme à son palmarès *(voir ci-contre)*. Seuls Eddy Merckx, Roger De Vlaeminck et Rik Van Looy – que des Belges ! – ont raflé le poker que le Wallon songe encore à décrocher : *« J'ai fait ce rêve un peu fou il y a une dizaine d'années. Je m'en rapproche… »* Il lui reste un Milan - San Remo à cocher. Ce sera peut-être pour sa seconde jeunesse.

En attendant, Paris-Roubaix s'est encore trouvé un nouveau vainqueur, le sixième en six éditions depuis l'ultime succès de Fabian Cancellara, en 2013. Frédéric Guesdon, dernier vainqueur Français, en 1997, a pris une ride de plus et il sera grand-père avant de se connaître un héritier sportif. Florian Sénéchal, l'équipier de Gilbert, signe la meilleure performance tricolore (6e) devant nos deux espoirs du jour, Adrien Petit (15e) et Arnaud Démare (17e), qui n'ont jamais pu jeter leurs poings dans la vraie bagarre.

Wout Van Aert, lui, s'est inscrit sur la liste d'attente et son tour viendra, c'est presque certain. À vingt-quatre ans, l'ancien champion du monde de cyclo-cross a manqué, dans les derniers kilomètres, de l'essence qu'il a brûlée pour revenir deux fois après avoir dû changer de vélo puis chuté. Mais il a pris rendez-vous avec le succès.

Gilbert un vainqueur 4 étoiles

Avec son succès dans la Reine des classiques, Philippe Gilbert étoffe son tableau de chasse sur les cinq monuments (Paris-Roubaix, Milan-San Remo, Tour des Flandres, Liège-Bastogne-Liège, Tour de Lombardie). Le Belge entre un peu plus dans le gotha du cyclisme mondial. Seul Milan-San Remo lui résiste encore.

Vainqueurs des cinq monuments

Coureur	Pays	Années
Rik Van Looy	Belgique	1958-1965
Eddy Merckx	Belgique	1966-1976
Roger De Vlaeminck	Belgique	1970-1979

Vainqueurs de quatre des cinq monuments

Coureur	Pays	Années
Louison Bobet	France	1951-1956
Germain Derycke	Belgique	1953-1958
Alfred De Bruyne	Belgique	1956-1959
Hennie Kuiper	Pays-Bas	1981-1985
Sean Kelly	Irlande	1983-1992
Philippe Gilbert	Belgique	2009-2019

Top 10 Les plus grands chasseurs de monuments

Rang	Coureur	Pays	Monuments
1	Eddy Merckx	Belgique	19 monuments
2	Roger De Vlaeminck	Belgique	11
3	Costante Girardengo	Italie	9
4	Fausto Coppi	Italie	9
5	Sean Kelly	Irlande	9
6	Rik Van Looy	Belgique	8
7	Gino Bartali	Italie	7
8	Tom Boonen	Belgique	7
9	Fabian Cancellara	Suisse	7
10	Henri Pélissier	France	6
…			
16	**Philippe Gilbert**	Belgique	5

Royal Rennes !

Très vite mené au score, le club breton a su refaire son retard et venir à bout d'un triste Paris, à l'issue des tirs au but, pour mettre fin à quarante-huit ans sans trophée.

L'ÉQUIPE DU 28 AVRIL 2019

DAMIEN DEGORRE

L'explosion de joie du virage breton, au moment où le tir au but de Christopher Nkunku s'envolait dans le ciel de Saint-Denis, fut magnifique, intense, dégoulinante de plaisir et elle disait toute la libération d'un club qui, quarante-huit ans après son dernier titre, avait enfin le droit d'être heureux.

Le Stade Rennais est le vainqueur de la cent-deuxième édition de la Coupe de France et il le doit autant au courage et à l'abnégation de ses joueurs qu'à la préparation tactique de son jeune entraîneur, Julien Stéphan. Pendant que les Parisiens se faisaient siffler, tous les Rennais hurlaient leur bonheur, se tombaient dans les bras ou tombaient tout court : cette victoire leur offre un nouveau billet pour l'Europe, là où ils se sont révélés.

Rennes aura tout simplement été magique, une mot qui ne colle plus à Paris depuis son humiliation en Ligue des champions contre Manchester United en huitièmes de finale *(pages 42-43)*. Les Parisiens, dont la marge technique s'est peu à peu noyée, auront donc abandonné deux de leurs titres nationaux. Ils s'étaient pourtant largement facilité la tâche, en ouvrant le score très vite par Daniel Alves (13e) puis en doublant la mise par Neymar après une passe génialissime d'Angel Di Maria (21e). Mais le mal qui traverse cette équipe est plus profond que les pires diagnostics d'avant-finale ne l'annonçaient. Paris est véritablement tragique cette saison.

Les dix derniers vainqueurs
2019 Rennes
2018 Paris-SG
2017 Paris-SG
2016 Paris-SG
2015 Paris-SG
2014 Guingamp
2013 Bordeaux
2012 Lyon
2011 Lille
2010 Paris-SG

En fait, tout dans ce match raconte la dégradation qui a gagné Paris au fil des mois. Jusqu'alors, une équipe seulement avait réussi à combler un écart de 2-0 avec le PSG : Nîmes, en Championnat, le 1er septembre, et les Gardois avaient été punis pour avoir peut-être un peu trop pris confiance en eux (victoire 4-2 du PSG). Mais c'était un autre Paris, pas encore gangréné par les luttes en coulisses.

D'une certaine manière, Rennes a su en profiter. Après l'égalisation d'une tête de Mexer sur un corner parfait de Grenier (2-2, 66e), il a accepté la domination parisienne sans concéder énormément d'occasions, à part une reprise de Kylian Mbappé (72e) puis un centre de ce dernier filant devant le but de Tomas Koubek (85e).

Money time perdant pour Mbappé

Il faut reconnaître que les Parisiens n'ont pas appuyé très fort, en tout cas pas assez pour faire mal. Très agité, Tuchel ne s'est pas révélé d'une grande aide non plus. Non seulement il a tardé avant d'essayer d'orienter le sort de cette finale mais sa seule intervention des quatre-vingt-dix premières minutes prêtait à discussion. Remplacer Di Maria, dont chaque action offensive était susceptible de déséquilibrer la défense bretonne, par Leandro Paredes, qui s'est surtout singularisé par sa semelle sur Hatem Ben Arfa (95e), n'était

À 6-5 pour les Rennais, le tir au but de Nkunku passe au-dessus de la transversale de Koubek.

sans doute pas le plus judicieux.

C'était aussi un signal assez puissant, et guère positif, à l'endroit d'Edinson Cavani, qui se languissait sur le côté. Malgré tout, face à l'impuissance de son attaque dans le temps réglementaire, Tuchel n'avait pas d'autre choix que de le lancer au coup d'envoi de la prolongation, pendant que Stéphan poursuivait avec son onze de départ.

Son équipe subissait, finissait par laisser quelques espaces, mais Mbappé, bien servi par Neymar, butait sur le poteau (99e). Ce n'était vraiment pas la finale du champion du monde, incapable de venir à bout de Koubek après quatre occasions nettes dont une, à 2-1 (45e), qui aurait dû plier la soirée. À l'arrivée, il ne la finira même pas, expulsé pour un attentat incompréhensible – au point de corner rennais ! – et scandaleux sur Damien Da Silva (118e), sous les yeux atterrés de Gianluigi Buffon.

Mbappé, qui n'aura d'ailleurs pas eu l'élégance de revenir chercher sa médaille à la fin, n'a donc pas participé aux deux dernières minutes de cette finale incroyable, haletante, terriblement excitante, à laquelle Ben Arfa avait cru mettre un terme avec cette frappe enveloppée, mais pas assez (109e). Finalement, ce sont les tirs au but qui ont choisi leur vainqueur. Et ce n'était pas Paris.

La causerie qui a renversé le PSG

Les germes de l'exploit rennais se trouvaient dans les propos d'avant-match de l'entraîneur, Julien Stéphan. En voici les détails.

L'ÉQUIPE DU 16 MAI 2019

ANTOINE MAUMON DE LONGEVIALLE

« Dans la préparation du match, j'ai pris des conseils auprès de certains entraîneurs, expliquait Stéphan quelques jours après la finale. *Mais pour la causerie : j'ai laissé parler mon instinct. »* Concrètement : *« Je me suis servi d'images d'action dans la saison et j'ai laissé ma personnalité exprimer ce que je ressentais. »* En ce 27 avril, à quelques heures du coup d'envoi, le groupe rennais est réuni à son hôtel d'Enghien-les-Bains (Val-d'Oise). Les aspects tactiques ont déjà été souvent évoqués durant la semaine. Cette dernière causerie a pour seul objet de transcender les joueurs avant le départ pour le Stade de France. Costume noir, chemise blanche, ils font face à un écran qui s'apprête à recevoir un montage concocté par le staff. Stéphan est le seul à se tenir debout.

Au fond, en présence notamment de François-Henri Pinault, le propriétaire, d'Olivier Létang, le président exécutif, l'entraîneur (38 ans) ajoute le son aux images que ses joueurs absorbent. Sylvain Armand, le coordinateur sportif, est également présent. Au deuxième rang, entre Mehdi Zeffane et Jakob Johansson, Hatem Ben Arfa fait comme ses partenaires : il écoute religieusement son entraîneur, à peine plus âgé que lui. Il incite ses joueurs à provoquer les Parisiens, à les faire sortir de leur match.

Stéphan annonce, en fait, la soirée à venir. Ses paroles font référence aux images projetées, qui feront elles-mêmes écho à des faits de jeu de la finale. La causerie dure environ cinq minutes. Derrière un public les yeux rivés sur l'écran, l'entraîneur de Rennes débute. Le discours est ciselé, avec une musique de fond qui épousera les différentes intonations. *« Il est là ce moment unique, magique, qui peut devenir historique »*, lance d'abord le technicien, en référence à l'attente du public breton. Chaque phrase correspond aux images. Quand l'entraîneur glisse qu'il faudra un gardien *« héroïque »*, les joueurs voient Tomas Koubek réaliser une parade. Lorsqu'il évoque *« l'intensité »*, *« la bravoure »* et *« l'engagement »*, apparaissent des tacles de Ramy Bensebaini, Benjamin André et Clément Grenier.

Stéphan enchaîne avec une anaphore, commençant toutes ses phrases par *« Ce moment où... »*. Le bloc, les duels, les attaquants comme premiers défenseurs : pour Stéphan, rapportent les témoins, c'est *« le moment où »* chacun doit jouer une *« partition collective »*.

> **“À partir de maintenant, il faut que CE moment devienne VOTRE moment”**
> JULIEN STÉPHAN À SES JOUEURS

Certaines phrases marqueront particulièrement l'auditoire. Comme celle-ci : *« C'est le moment où chaque coup de pied arrêté sera une occasion de but »*, parce qu'elle est accompagnée sur l'écran d'un but de la tête de Mexer, sur corner. Or, Rennes égalisera justement sur un corner repris de la tête par son défenseur mozambicain. La lucarne d'Ismaïla Sarr contre Jablonec (2-1) est diffusée quand Stéphan espère voir, en substance, *« la folie basculer dans l'irrationnel, pour forcer le destin »*.

L'entraîneur termine par l'adversaire, le PSG. Il s'approche de l'écran et fait face à son groupe. Sur la vidéo, le Mancunien Marcus Rashford inscrit le penalty qui élimine les Parisiens en C1. *« Plus le temps va passer, plus ils auront du doute dans la tête »*, prévoit le technicien. Les images défilent : Kimpembe tête basse, Draxler regard dans le vide. Le message est clair. Stéphan évoque ces équipes qui ont *« exposé les failles »* des Parisiens, les ont *« énervés »*. La vidéo appuie encore le propos : des joueurs du PSG sont aux prises avec les arbitres. Stéphan enjoint à ses joueurs à *« les amener sur ce chemin-là »*. Celui qui conduira à l'expulsion de Mbappé en prolongation... Il faut les provoquer, *« dans la surface »*, là où ils sont *« le moins à l'aise »*. Si Stéphan a donné de la voix durant la causerie, c'est très calmement qu'il conclut. *« Il est là ce moment. Et à partir de maintenant, il faut que CE moment devienne VOTRE moment. »* Ses joueurs étaient très attentifs.

Mbappé, récidive en rouge

Cela avait été l'un des premiers couacs de sa jeune carrière. Le 30 janvier 2018, Kylian Mbappé avait été expulsé en Coupe de la Ligue face à Rennes, s'étant essuyé les crampons sur Ismaïla Sarr. À la 118e minute, l'attaquant parisien a récidivé en finale de la Coupe de France cette fois. Un geste incompréhensible, à quelques mètres du poteau de corner. Le talent français ne contrôle à aucun moment son geste et sa semelle vient heurter le genou droit de Damien Da Silva. L'arbitre Ruddy Buquet n'hésite pas et sort le rouge. Indiscutable. Son deuxième de la saison, après celui reçu à Nîmes à la suite d'une échauffourée avec Téji Savanier sept mois avant. **H. De.**

Neymar, agacé, repousse un spectateur

Le Brésilien, médaille autour du cou, quitte la tribune après avoir effectué ce geste qui agitera l'après-finale. Quelques secondes plus tôt, Layvin Kurzawa avait déjà marqué un temps d'arrêt en passant devant un supporter filmant la montée des marches des Parisiens. Le regard noir, il avait cru entendre des mots désagréables avant que Marco Verratti, également visé, ne l'invite à tracer son chemin. Neymar n'arrivera qu'ensuite. Il entendra ces mots : *« Oh, va apprendre à jouer au foot, toi ! »* Le Brésilien s'arrêtera et répondra à l'énergumène avant de le pousser, agacé, d'un mouvement de bras. Le geste lui vaudra trois matches de suspension et une nouvelle controverse.

26 AVRIL

BASKET **JEEP ÉLITE.** Douze paniers à trois points : l'arrière américain de Gravelines Karvel Anderson a réalisé, face à Fos-sur-Mer, un nouveau record de paniers longue distance en Championnat. Un de plus que le trio Micoud-Hufnagel-McGee. À leur époque, la ligne des trois points était à 6,25 m et non 6,75 m…

9 AVRIL

HOCKEY SUR GLACE **LIGUE MAGNUS.** Cela faisait dix ans que les Brûleurs de Loups grenoblois n'avaient plus été champions de France. Ils le sont redevenus au bout du match 7 face à Rouen (2-1), champions en titre. Une ultime rencontre, sur la glace de Normandie, au cours de laquelle le gardien Lukas Horak a excellé.

16 AVRIL

CYCLISME **RECORD DE L'HEURE.** Sur la piste en bois du vélodrome d'Aguascalientes, au Mexique, le Belge Victor Campenaerts, vingt-sept ans, a réussi son pari et battu le record de l'heure, détenu depuis 2015 par Bradley Wiggins : 55,089 km, soit 563 m de plus que le Britannique. Il est donc le premier à dépasser la barre des 55 km.

21 AVRIL

FOOTBALL **LIGUE 1.** Ils l'ont attendu longtemps, ce huitième titre. Grâce à un triplé de Kylian Mbappé (ici sur le dos de Daniel Alves) face à Monaco (3-1), les Parisiens sont officiellement champions de France. Ils arboraient, pour l'occasion, un maillot en hommage à la cathédrale Notre-Dame de Paris, incendiée six jours auparavant.

20 AVRIL

NATATION **CHAMPIONNATS DE FRANCE.** À Rennes, Mehdy Metella soulève une gerbe d'eau après avoir battu son record du 100 m papillon (50''85). Il devient le premier Français à nager la distance en moins de 51''. Le médaillé de bronze aux Jeux de Rio (2016) devient le huitième performeur de l'histoire sans combinaison.

C'était si gros qu'ils y ont cru...

Longtemps héroïque, le Paris-SG a d'abord remonté les dix buts de retard encaissés à l'aller, avant de craquer dans les dernières minutes, après deux grossières erreurs de Mikkel Hansen. Ils n'iront pas au Final Four. Terriblement cruel.

L'ÉQUIPE DU 6 MAI 2019

YANN HILDWEIN (avec P. Me.)

Les vénérables murs de Coubertin en tremblent encore. Ils tremblent de ce coup de foudre, ce brasier ardent qui a animé pendant une heure les joueurs du Paris-Saint-Germain et leur public, et d'une vallée de larmes à la sirène finale, quand les bourreaux de Kielce entamaient une farandole inespérée.

Les Parisiens ne seront pas au Final Four, comme le leur promettait leur naufrage à l'aller en Pologne une semaine plus tôt (24-34). Ils ont pourtant cru, et tout le monde avec eux, repousser le funeste destin, ont été virtuellement qualifié pour Cologne pendant près de dix minutes en fin de match, avant de voir s'effondrer la statue qu'ils venaient de ciseler.

Nikola Karabatic ressentait *« du dégoût »*, Thierry Omeyer avait l'œil brillant après avoir consolé son fils Loris, en sanglots au bout du dernier match européen de sa gigantesque carrière. *« Je suis très triste de ne pas aller au Final Four, mais il y a aussi beaucoup de fierté après avoir mené un tel combat*, assurait le capitaine parisien. *On a fait un grand match européen, on est passés tellement près de réussir cet exploit... »*

> **"On a fait une partie fantastique mais, pour remonter dix buts, tout doit être parfait. On a laissé passer notre chance au match aller."**
> RAUL GONZALEZ, ENTRAÎNEUR DU PARIS-SG

Son équipe avait coché les cases de l'opération remontada les unes après les autres. La conviction intime de pouvoir réussir l'impossible, façonnée toute la semaine, qui se lisait sur les visages fermés et les regards noirs dès leur entrée. Une salle métamorphosée en un chaudron jamais vu dans le secteur, sifflets et rugissements mêlés des ultras, du huitième homme, des assidus et des spectateurs habituellement si sages. Une ruée formidable dès le coup d'envoi, en tête Luc Abalo, artiste vexé de la feuille blanche rendue la semaine passée, ou Rodrigo Corrales, bondissant comme un possédé après le moindre arrêt. Et les petits hommes jaunes de Kielce soudain tassés dans l'électricité ambiante, les doigts qui tremblent, le ballon qui fuit le cadre. *« Dès le début, ils sont sortis comme des lions et nous ont tués, ou en tout cas sonnés »*, soufflait Alex Dujshebaev, l'arrière droit du club polonais.

Après un quart d'heure, la moitié du chemin était faite (8-3, 16e), les trois-quarts juste après la pause (20-12, 33e), la totalité à l'entrée du dernier quart d'heure (29-19, 47e), sur les ailes du fantastique Nedim Remili. Et puis le scénario a bégayé. *« Peut-être qu'à ce moment-là on s'est mis la pression alors qu'on n'avait rien à perdre au début... pfff, je ne sais pas »*, glissait Abalo.

Il n'y a pas eu de coup de génie de Kielce, comme avait pu le réussir Grégory Anquetil pour sauver Montpellier d'un effondrement à Flensburg en 2005 (19-32, 36-22 à l'aller). *« On a juste eu de la chance »*, admettait Marko Mamic, l'arrière du club polonais, pour qui la lueur est venue de là où personne ne l'aurait imaginé : une double bévue du meilleur joueur du monde.

Hansen part à la faute

À 32-21, balle à Paris, Mikkel Hansen se cache le visage sous son maillot après avoir effectué un mauvais changement : deux minutes d'exclusion, ballon rendu à Kielce. Dès son retour, le Danois est expulsé définitivement pour une faute inutile sur Alex Dujshebaev (34-24, 56e)... Soudain, Vladimir Cupara s'est remis à stopper les tirs parisiens et les ballons perdus sont retombés dans les mains polonaises. Adieu remontada, Final Four, couronne. *« Ce mauvais changement, alors que Kielce était mort, nous a fait sortir du match*, se désolait Raul Gonzalez, l'entraîneur parisien. *On a fait une partie fantastique mais, pour remonter dix buts, tout doit être parfait. On avait laissé passer notre chance à l'aller. »* Sous le vernis si lisse de l'institution PSG, ses hommes auront fait vivre la folie, un rêve insensé. Mais la page d'histoire s'est déchirée, à peine écrite.

Champions à l'orgueil

Ça n'efface rien, ni n'atténue la souffrance. Quatre jours après leur déconvenue en Ligue des champions, les Parisiens, vainqueurs à Aix-en-Provence (29-20), sont bien devenus champions de France. C'est le sixième titre de leur histoire, leur cinquième d'affilée, et, si ce n'est pas le moins attendu, c'est nettement le plus convaincant. Sa saveur n'égale peut-être pas l'exaltation des sacres de 2018 ou de 2015, arrachés in extremis à Montpellier. Surtout quelques jours après la désillusion européenne contre Kielce (24-34, 35-26). Mais le millésime 2019 est celui d'une maîtrise quasi totale de Paris sur son empire domestique. Nikola Karabatic qui, avec onze titres, égale le record de Mladen Bojinovic, apprécie *« l'état d'esprit »*, et insiste sur le parcours impeccable du PSG cette saison. *« Il faut apprécier, oui*, dit-il. *Le Championnat de France n'est plus comme il y a vingt ans. Il faut vraiment souffrir pour le décrocher. »* **P. P.**

Le départ du rempart

Après vingt ans au sommet, Thierry Omeyer prend sa retraite sportive. La trace qu'il laisse dans l'histoire du handball est immense : celle du plus grand gardien.

L'ÉQUIPE DU 6 JUIN 2019
YANN HILDWEIN (avec J. L. F.)

Et dire que, moins prometteur que d'autres gardiens de son âge dans la région, il avait failli ne pas être retenu au pôle Espoirs de Strasbourg... Un quart de siècle plus tard, Thierry Omeyer (43 ans), a eu droit à des adieux en majesté pour son dernier match, face à Cesson, lors du dernier match de la saison du Paris-SG. Le dernier des « Costauds » champions du monde 2001 s'en va à quarante-deux ans, au sommet. *« C'est le gardien ultime pour ce qu'il dégageait sur un terrain, l'impact qu'il avait sur ses adversaires, la longévité, le nombre de titres*, avance Bruno Martini, manager général du PSG et gardien double champion du monde (1995, 2001). *Pour trouver l'équivalent, il faudra attendre quelques dizaines d'années. S'il arrive. »*

Il y en a eu, des géants en cage, depuis le pionnier suédois Roland Mattsson et la muraille de la grande Roumanie des années 1970, Cornel Penu. Mais aucun n'a exercé la même domination durant deux décennies. *« Mirko Basic, Mats Olsson, Andreas Thiel, Henning Fritz ou Arpad Sterbik aussi ont marqué leur époque, mais sur un temps très court*, souligne Daniel Costantini, l'ancien sélectionneur. *Le seul qui puisse tenir la comparaison avec Omeyer, qui faisait aussi peur que lui, c'est Andreï Lavrov. »* Avec ses trois médailles d'or olympiques (1988, 1992, 2000), le Russe rivalise peut-être avec les dix titres en bleu d'Omeyer, un record qui inclut « seulement » deux titres aux JO.

Mais l'Alsacien compte quatre Ligues des champions, Lavrov aucune. *« D'autres gardiens avaient à peu près le niveau de Thierry, mais la différence c'est que lui avait ce niveau tous les jours »*, souligne Jérôme Fernandez. Et il s'est nourri de tous ceux qu'il a observés. *« C'est un absorbeur de cultures, une éponge*, énonce le DTN Philippe Bana. *Il a fait la synthèse des Suédois, Russes et Yougoslaves pour devenir ultra-complet. » « C'est un monument, la crème de la crème du sport français*, salue Cristobal Huet, le seul gardien de hockey français à avoir remporté la Coupe Stanley en NHL. *On ne peut qu'être admiratif. Il restera la référence à ce poste. »*

Thierry Omeyer, trophée à la main, célèbre le dernier de ses cinq titres mondiaux, en 2017 à Paris.

Thierry Omeyer « Je ne changerais rien »

Sa décision prise, le gardien des Bleus ne ressent que fierté et bonheur. Ni regret ni nostalgie.

L'ÉQUIPE DU 6 JUIN 2019
YANN HILDWEIN ET JÉRÔME LE FAUCONNIER

« De quoi rêviez-vous à vos débuts comme gardien ?

Ma première référence, ce sont les JO de Barcelone en 1992 *(il a alors 16 ans)* et la première médaille de bronze des Bleus. Avec mon frère jumeau *(Christian)*, on s'est dit que c'était ça que l'on voulait faire, porter le maillot bleu et participer aux JO.

Mais vous n'étiez pas le plus grand espoir de votre génération...

Lors d'un stage en équipe de France jeunes, j'avais été classé cinquième sur six gardiens, le sixième était blessé ! L'été suivant, je me suis entraîné seul chez moi, notamment pour faire le grand écart.

Puis, vous avez su entrer dans le cerveau des tireurs adverses.

Toute ma carrière, je me suis nourri de l'idée de prendre l'ascendant sur l'adversaire. Cela permet de se concentrer sur tout le reste pour intervenir le plus tard possible. Je sais, par exemple, que si un tireur est moins lucide en fin de match, il tentera sans doute son tir préférentiel...

Avez-vous parfois senti que rien ne pouvait vous arriver ?

Il y a plein de moments où tu te sens dans un état second, où tu touches tous les ballons, avec la sensation de tout voir plus vite. Je l'ai ressenti au Championnat d'Europe 2006, en demies, contre la Croatie (29-23), la meilleure équipe du monde : j'ai réussi 28 arrêts. Là, tu as l'impression que c'est facile.

Vous avez aussi fait partie d'une génération exceptionnelle.

Bien sûr. Pendant dix ans, on a eu les meilleurs du monde à chaque poste. Mais on n'a obtenu aucun titre en claquant des doigts. On ne s'est jamais rien épargné.

Prenez-vous enfin le temps de vous pencher sur votre carrière ?

Avec les hommages qui se multiplient, je revisite un peu tout. Mais je ne suis pas nostalgique. Jamais je n'aurais imaginé vivre tout ça. Je suis content d'arrêter, c'est le bon moment. On m'a beaucoup parlé du risque de l'année de trop. Honnêtement, j'ai vécu une très belle dernière année. Je ne changerais rien. »

10

Parmi ses 59 trophées trônent dix titres conquis sous le maillot bleu : deux aux JO (2008, 2012), cinq en Championnats du monde (2001, 2009, 2011, 2015, 2017) et trois à l'Euro (2006, 2010, 2014). Un record mondial.

Wesley Fofana (à gauche) et Alivereti Raka hurlent derrière Damian Penaud, qui file à l'essai.

L'ÉQUIPE DU 11 MAI 2019

AURÉLIEN BOUISSET

Clermont, Challenge relevé

L'ASM s'est offert le troisième Challenge européen de son histoire. Pour réaffirmer que sa saison 2018 ratée n'était qu'un accident. Et que le club sait remporter des trophées.

Ils en avaient, des comptes à solder. Les Clermontois l'ont fait en tapant du poing sur la scène européenne. Ce n'était pas celle qu'ils avaient pris l'habitude de fréquenter, eux qui, depuis 2013, ont disputé trois finales de la grande Coupe d'Europe. Mais ce Challenge européen, même de moindre prestige, même souvent snobé, l'ASM est allée le chercher avec conviction dans un St James' Park de Newcastle glacé par un vent hivernal.

> **“Il n'y a pas de petits trophées, c'est important d'étoffer le palmarès de l'ASM ! ”**
> FRANCK AZÉMA, L'ENTRAÎNEUR DE CLERMONT

Les Jaune et Bleu ont mis La Rochelle à 20 points, cela pourrait paraître un monde d'écart, mais pour les troupes de Franck Azéma, ils ont surtout sonné comme une déclaration. Oui, la saison 2018, cette première absence, depuis 2006, des phases finales du Top 14, n'était qu'un accident. Oui, le club avait eu raison de se remobiliser sur ses fondations. Oui, l'institution souvent raillée, sait gagner des titres. *« C'est ce que Franck nous a dit dans la semaine,* rappelait Benjamin Kayser après le match. *Il y a une jeune génération qui arrive, les Penaud, Iturria, qui n'ont pas le poids du passé. Ils apprennent à gagner. »* Après le Brennus de 2017, c'est le deuxième trophée enlevé par cette génération de Jaunards. Il brille peut-être moins que le Bouclier, mais ils sont allés le chercher. Et quand ils ont soulevé cette coupe, ils n'ont pas boudé leur plaisir. *« C'est la récompense d'une saison d'efforts !,* se réjouissait le coach. *On a démarré avec l'ambition de l'emporter. On a sorti de grandes équipes, et La Rochelle nous a poussés dans nos retranchements. Alors il n'y a pas de petits trophées, c'est important d'étoffer le palmarès de l'ASM ! »* Ce n'est qu'à leur troisième essai que les Auvergnats ont senti que c'était à leur portée et osé des manifestations de confiance sur le terrain. Un Camille Lopez qui bondit en voyant que Wesley Fofana est le premier sur sa petite passe au pied droit, son mauvais, un Damian Penaud qui saute aussi haut que lorsqu'il convoite un ballon aérien, quand il comprend que son coéquipier a aplati et que l'écart est fait (72e, 33-16).

Novices à ce niveau, les Maritimes avaient un déficit d'expérience qu'on peut symboliser par l'année 2007 : il y a douze ans, l'ASM glanait son deuxième Challenge européen, après celui de 1999, le jour où le Stade Rochelais disputait une demi-finale... de Pro D2. Depuis, le club a grandi, patiemment.

Champagne pour les Clermontois Jedrasiak (à gauche) et Lee, vainqueurs des Rochelais dans la « petite » Coupe d'Europe.

Les dix derniers vainqueurs

2019 **Clermont**
2018 Cardiff (GAL)
2017 **Stade Français**
2016 **Montpellier**
2015 Gloucester (ANG)
2014 Northampton (ANG)
2013 Leinster (IRL)
2012 **Biarritz**
2011 Harlequins (ANG)
2010 Cardiff (GAL)

La puissance auvergnate avait fini par mater les éclairs des Jaune et Noir

Ils ont montré, à Newcastle, qu'ils étaient à la hauteur d'une finale continentale. D'abord pris par les Clermontois, qui trouvaient la faille par les jambes de Penaud (30e, 13-3), ils ont su revenir dans le match en restant fidèle à leur identité de jeu. Avec une bonne dose d'agressivité sur la charnière, avec de la vitesse chez les trois quarts et une prise de risque réjouissante. Les petites fusées Vincent Rattez ou Arthur Retière ont ainsi bousculé la ligne défensive de l'ASM.

Mais c'est là que Clermont, même vite privé de Morgan Parra (18e), a démontré que le club pouvait gagner une finale sans trembler. Même transpercée, la défense pouvait toujours compter sur l'un de ses membres pour rattraper le coup, comme Penaud projetant Aguillon en touche, en bout de ligne (38e) ou Iturria s'accrochant à un maillot à s'en laisser traîner sur la pelouse. Et quand il a fallu répliquer, les hommes d'Azéma ont continué leur travail de sape. C'est sur un maul d'école, déroulé depuis les 22 mètres jusque dans l'en-but rochelais, conclu par Lee, qu'ils ont rétabli leur emprise (59e, 26-9). La puissance auvergnate avait fini par mater les éclairs des Jaune et Noir.

Un Tours de grand huit

Encore vainqueur de Chaumont, comme en Coupe de France, le TVB a décroché son huitième titre national.

L'ÉQUIPE DU 11 MAI 2019

GUILLAUME DEGOULET

Il va devenir urgent d'agrandir encore Robert-Grenon. Car au rythme où le TVB accumule les trophées depuis quinze ans, il n'y aura bientôt plus assez de places pour accrocher les bannières aux cintres du palais des sports tourangeau.

La finale retour du Championnat 2019 a ressemblé à celle de la Coupe de France. Même affiche, même score (3-0). Sauf que Chaumont, battu d'un souffle à l'aller à Reims (3-2), a pris encore plus cher que le 10 mars dernier. Une tornade tourangelle s'est abattue sur sa réception, illustrée par le match de fou du duo Hermans Egleskalns (17/23 en attaque) et Gazmend Husaj (13/17). Et les espoirs haut-marnais d'arracher un match d'appui se sont envolés aussi vite que les fleurs d'un cerisier au printemps.

> **"Le niveau de jeu a été exceptionnel et on a défendu comme jamais"**
> PATRICK DUFLOS, ENTRAÎNEUR DE TOURS

« On a fait un match parfait avec une qualité incroyable, soufflait Patrick Duflos, entraîneur sur le départ mais heureux d'avoir rempli l'objectif assigné à son arrivée l'été dernier, le doublé Coupe – Championnat. *C'était grandiose. On a travaillé toute l'année pour ça. Il y avait beaucoup de tension mais le niveau de jeu a été exceptionnel et on a défendu comme jamais. Il y a tout eu. »* Et surtout un torrent d'émotions avec les adieux au jeu d'un géant, Hubert Henno, quarante-deux ans dont vingt-trois comme libéro au service du collectif : *« Dans les derniers points du troisième set, je n'étais plus vraiment là. Je sentais ma gorge se nouer. Je pensais juste à ne pas craquer. »*

Mais la poursuite lumineuse braquée sur lui lors des deux derniers échanges et le public debout, plus de 3 200 gorges à hurler son prénom, ont eu raison de sa résistance. Il est tombé au sol en larmes avant d'être relevé puis porté en triomphe par ses coéquipiers dans un Grenon en fusion. *« Je ne pouvais pas rêver plus belle sortie »*, confiait-il, entouré de ses proches, enlacé par ses deux fils, Hilir et Mathis. Il changera de costume immédiatement après cette 30e victoire d'affilée (il est invaincu en France depuis le 27 octobre), pour enfiler l'habit du coach. *« On a accompli une saison pleine, juste entachée d'un échec en Ligue des champions qui donne encore plus de regrets quand on voit notre niveau de jeu actuel »*, ajoutait Pascal Foussard, le directeur général d'un club désormais positionné au troisième rang dans l'histoire du volley français au nombre de couronnes nationales, derrière l'AS Cannes et le Paris Volley (9), juste devant Montpellier (7).

La détente et l'énergie de l'Espagnol Angel Trinidad, qui remporte son premier titre de champion de France.

Ligue A femmes

Le retour des Cannoises

Cela faisait quatre ans que le RC Cannes n'avait plus été sacré champion de France. Finaliste en 2016 et 2018, le club azuréen avait été battu respectivement par Saint-Raphaël et Béziers.

Le RC Cannes a retrouvé, en 2019, sa place dans la hiérarchie française : au sommet. Sur la Côte d'Azur, dans un palais des Victoires joliment plein, le Racing a en effet remporté son vingt et unième titre de champion de France, un record. Plus sacrées depuis 2015, les volleyeuses azuréennes, déjà victorieuses de la finale aller à Nantes (3-1), ont de nouveau dominé le même adversaire, sur le même score (3-1 : 25-21, 20-25, 25-13, 25-23), et sur une ultime attaque de la centrale des Bleues Myriam Kloster, également auteure de sept contres gagnants. Deuxièmes de la saison régulière, les joueuses de l'entraîneur italien Riccardo Marchesi n'ont, cette fois, pas eu besoin de disputer un match d'appui, contrairement aux deux premiers tours des playoffs, en quarts face à Saint-Raphaël (0-3, 3-0, 3-1) puis en demies contre Le Cannet (0-3, 3-1, 3-0).

Déjà battu en finale du Championnat par Cannes en 2014 (0-3), le VB Nantes connaît une seconde déception, après avoir perdu la finale de la Coupe de France contre Saint-Raphaël (1-3). Une fin de carrière un peu triste pour la capitaine nantaise, l'ex-centrale internationale Marion Gauthier-Rat, qui tire à cette occasion sa révérence à vingt-six ans.

Viva Carapaz !

Premier Équatorien vainqueur du Giro, le grimpeur de Movistar, né dans la pauvreté, est entré, à vingt-six ans, dans la légende de son pays.

L'ÉQUIPE DU 3 JUIN 2019

PHILIPPE BRUNEL

Avec un pareil nom de guérillero, Richard Carapaz Montenegro était voué à révolutionner ce Tour d'Italie, 102e de l'histoire, très longtemps indécis, qui, sous son ordonnance, ne s'est pas joué comme on l'aurait pensé dans les brouillards givrés du Mortirolo, sur les flancs pelés du Passo Manghen ou bien encore, au sein de l'état-major de la Movistar qui, à Bologne, tenait Mikel Landa en leader désigné. Mais à dix mille kilomètres de là. Dans d'autres forêts sud-américaines, tout aussi profuses, du Monti del Sol, aux confins de la Colombie. Là-bas, en Équateur, à 2 947 mètres d'altitude, dans le petit village d'El Carmelo (canton de Tulcan) où le vainqueur du Giro, Richard Carapaz, est né il y a vingt-six ans, dans la pauvreté.

Et c'est tout un pays, l'Équateur, que le public italien célébrait dans les Arènes de Vérone où la *« Locomotive du Carchi »* – ce surnom lui déplaît, (*« appelez-moi Richie et basta ! »*) – brandissait son trophée humblement, sans triomphalisme. Une joie intense sous le regard de ses parents, qui n'avaient encore jamais pris l'avion, et de sa femme Tania, très émue, arrivée la veille de Quito avec Sofia, deux ans (vêtue d'un tee-shirt sur lequel était écrit *« papa, mon héros »*), et Santiago, cinq ans, portrait craché de son père. Une famille simple, dépassée par l'événement. *« Ce qu'on vit est unique, historique, alors, c'est vrai, on a tous du mal à réaliser »*, s'excusait le héros du jour.

Un enfant de la montagne, qu'il « connaît et respecte »

À Tulcan, sa femme tient un commerce de chapeaux. Elle est la fille du directeur d'une école de cyclisme qui a découvert Carapaz et l'a formé. Chaque matin du Giro, tout le village, sans exception, se rassemblait

La joie de l'Équatorien Richard Carapaz dans les arènes de Vérone.

le classement final

1. R. Carapaz (EQU, MOV), en 9h1'47" ;
2. V. Nibali (ITA, TBM), à 1'05"
3. P. Roglic (SLV, TJV), à 2'30" ;
4. M. Landa (ESP, MOV), à 2'38" ;
5. B. Mollema (HOL, TFA), à 5'43" ;
6. R. Majka (POL, BOH), à 6'56" ;
7. M.A. Lopez (COL, AST), à 7'26" ;
8. S. Yates (GBR, MTS), à 7'49" ;
9. P. Sivakov (RUS, INS), à 8'56" ;
10. I. Zakarin (RUS, TKA), à 12'14" ;

...13. **V. Madouas** (GFC), à 21'59"
...29. **A. Vuillermoz** (ALM), à 1h12'04" ;
30. **F. Bidard** (ALM), à 1h16'55"

sous le marché couvert pour vivre ses exploits. Et tout le pays a suivi ce dernier chrono, son sacre dans les arènes de Vérone, que la chaîne publique, Ecuador TV, diffusait en clair à la demande du président Lenin Moreno.

Fils d'un transporteur, éleveur de vaches et de poules de Julio Andrade (au nord du pays), Carapaz est un paysan des Andes, un enfant de la montagne, qu'il *« connaît et respecte »*. Chez lui, aucun excès de langage. Après chaque étape, il analysait la situation sans pavoiser, sans se laisser embarquer dans de vaines polémiques. *« Quand on est calme*, me répète mon entraîneur (Josune Murillo), *tout devient plus facile. »* De fait, il a gagné deux étapes, tissant sa toile, patiemment, avec l'aide des Movistar et de Mikel Landa, dont il se refusait à penser qu'il pourrait le trahir ou pervertir leur relation par ambition. Plus fort, Carapaz a enchanté ce Giro sans avoir reconnu une seule étape. *« Jour après jour, on étudiait les parcours, sur vidéo, avec mon staff… »* À Courmayeur, il a su profiter du marquage de Roglic et Nibali pour s'emparer du maillot rose *(voir ci-contre)*. *« Derrière, on lui a laissé trop de champ* (1'54" au total). *Une erreur car le Giro s'est joué là… »*, regrettait l'Italien, qui s'est trompé de rival. « Richie » n'était pas voué à devenir le premier Équatorien lauréat du Giro. *« Dans mon pays, on ne sait rien du cyclisme »*, rappelle-t-il quand on le presse de raconter l'histoire de son premier vélo, bleu, à cinq ans, au guidon trop large, *« mon bien le plus précieux »*, que son père aurait trouvé dans une décharge. Il avait quinze ans, quand il est tombé *« amoureux »* du Giro, sur YouTube, grâce aux envolées de Marco Pantani.

Il a converti cet amour en destin. Mais c'est en Colombie qu'il était allé faire ses classes, qu'il s'est fait une renommée, avant d'être engagé comme stagiaire chez Movistar par un Eusebio Unzue ébloui par ce grimpeur *« agressif, tourné vers l'offensive »*, qui vient d'écrire en Italie le premier chapitre de son histoire.

Roglic a peu quitté la roue de Nibali, comme ici dans la 14e étape. Et ils se sont neutralisés.

Nibali et Roglic ont eu tout faux

En toile de fond de ce Giro, alors même que Carapaz n'était pas encore leader, les escarmouches entre l'Italien et le Slovène ont rythmé la course.

L'ÉQUIPE DES 25 ET 26 MAI 2019

PHILIPPE BRUNEL

L'événement est passé inaperçu, et ce n'est qu'en différé, sur la RAI, que les tifosi ont pu voir cette séquence singulière. Cet échange furtif, un peu vif, qui a opposé, après l'arrivée à Ceresole Reale, Vincenzo Nibali à son rival direct Primoz Roglic. Le Slovène de Jumbo-Visma, vainqueur brillant du chrono à Saint-Marin cinq jours plus tôt (1'05" devant l'Italien), était resté planqué, sans plus en bouger et sans le moindre scrupule, dans l'ombre de l'Italien sur les rampes finales, là où l'urgence commandait de courir derrière Mikel Landa. Là où ils auraient pu condamner définitivement le Colombien Miguel Angel Lopez et le Britannique Simon Yates. Ce même Yates qui, au départ du Giro, priait pour l'âme de ses rivaux ! Roglic et Nibali avaient accompli de concert la montée de Ceresole Reale et leur mano a mano avait vite tourné au huis clos psychologique.

« Roglic peut venir chez moi et je lui montrerai mes trophées »

À deux kilomètres du sommet, le premier avait tenté de surprendre le second, sans y parvenir. Une fois repris, il avait tenté de nouer le dialogue avec son rival qui, pour toute réponse, avait détourné le regard. D'ordinaire impassible, Roglic avait effectué une autre tentative d'approche captée à l'improviste par les caméras, juste après la ligne. Il avait tendu la main à l'Italien en signe de remerciement, pour lui avoir permis de limiter les pertes derrière un Mikel Landa déchaîné. Espérait-il, ainsi, amadouer son rival et se dédouaner de son attentisme ? Le « Requin de Messine », en tout cas, l'avait ignoré et lui avait adressé, sans prendre la peine de se retourner, un signe cavalier (que s'échangent les automobilistes énervés) qui signifiait clairement *« va te faire foutre ! »* Dans ce refus, Nibali exprimait sa rancœur et sa défiance. En filigrane, il lui lançait : *« Fais ta course, je ferai la mienne, mais ne joue pas ce petit jeu avec moi ! »* Plus tard, avec une belle dose d'ironie, il commentera ainsi cet échange : *« S'il le veut, Roglic peut venir chez moi et je lui montrerai mes trophées. »* Puis avait ajouté : *« Sur la fin de la montée, il a compris qu'il m'agaçait et s'est mis à relayer. Mais s'il veut gagner le Giro, il devra changer d'attitude et sa façon de courir. »*

Pendant ce temps-là, Carapaz taillait sa route et enfonçait le clou le lendemain, sur les pentes menant à Courmayeur. Nouvelle guerre psychologique entre l'Italien et le Slovène, l'un répondant aux attaques de l'autre avec une froide indifférence, sans s'adresser un seul regard, au profit de l'Équatorien de Movistar, éblouissant d'audace, qui put conquérir le maillot rose sans que Roglic réagisse, s'étant ostensiblement désintéressé de son échappée finale. Un troisième larron, toujours aux aguets, susceptible de se muer en arbitre de cet antagonisme. De façon prophétique, à l'arrivée à Courmayeur, Nibali, revenant sur son différend avec le Slovène, avait lancé : *« Roglic devra agir autrement. Sinon je ne gagnerai pas, mais lui non plus. »*

Une étape pour Démare et Peters

Deux Français se sont illustrés sur ce Giro, remportant chacun une étape. Arnaud Démare a frappé le premier, gagnant au sprint, et en hurlant son soulagement et sa rage, la dixième étape ralliant Ravenne à Modène. Le deuxième, Nans Peters, fan de ski de fond, a attendu une arrivée en altitude, à Anterselva/Antholz (17e étape), à plus de 1600 m, pour l'emporter en solitaire, démarrant aux quinze kilomètres et laissant le deuxième, le Colombien Chaves à 1'34".

FOOTBALL LIGUE DES CHAMPIONS FÉMININE finale Lyon 4-1 FC Barcelone

Les Lionnes mangent

Quatre buts en une demi-heure ! Les Lyonnaises ont écœuré le Barça et décroché leur sixième C1, la quatrième consécutive. Gargantuesque.

L'ÉQUIPE DU 19 MAI 2019

NATHAN GOURDOL

Année après année, il faut se creuser la tête pour trouver les mots assez forts pour les qualifier. À voir la joie pure et enfantine des Lyonnaises dans les paillettes de Budapest, après leur succès face au FC Barcelone (4-1), on aurait pu croire à un bonheur tout neuf. Il faut, en fait, savoir que ces filles-là jouent chaque finale comme si c'était la première, comme si leur appétit n'avait jamais de répit alors que leur vitrine à trophées est déjà pleine à craquer.

À peine ce sixième sacre européen acquis, inutile de vous dire que la conquête du septième l'an prochain les préoccupait déjà. Rarement une équipe de sports collectifs a dominé sa discipline de façon aussi étincelante. En Hongrie, les Lionnes de Reynald Pedros ont tout dévoré pour ajouter une ligne supplémentaire à un palmarès qui s'annonce inégalable avant plusieurs décennies.

Si les Barcelonaises donnaient l'impression d'être gonflées à bloc, elles ont compris, dès les premières minutes, que leur plan allait connaître un accroc, finalement très sérieux. Implacable, presque brutal de domination, le rouleau compresseur lyonnais a eu besoin de trente minutes pour coller un 4-0, révélateur de l'écart entre les deux formations. Acclamée chaleureusement à l'annonce de son nom dans le stade de Ferencvaros pour son retour dans sa ville natale, sous les yeux de toute sa famille, Dzsenifer Marozsan a elle-même tué une partie du suspense après cinq minutes de jeu.

Les dix derniers vainqueurs

2019 Lyon
2018 Lyon
2017 Lyon
2016 Lyon
2015 Francfort (ALL)
2014 Wolfsburg (ALL)
2013 Wolfsburg (ALL)
2012 Lyon
2011 Lyon
2010 Potsdam (ALL)

> **« C'était un match parfait, ce qui est rare sur une finale »**
> REYNALD PEDROS, ENTRAÎNEUR DE LYON

Un symbole dans une finale qui en a regorgé, pour une joueuse qui a frisé la fin de carrière, en 2018, en raison d'une double embolie pulmonaire. *« C'était une nuit parfaite pour moi devant ma famille et mes amis. Je n'ai pas de mots. C'était un rêve pour moi, il s'est réalisé »*, glissait l'internationale allemande, reconnaissante envers Wendie Renard, qui lui a laissé l'honneur de lever la Coupe la première.

Si « Maro » a pris beaucoup de lumière, c'était avant le show Hegerberg, autrice d'un triplé. On retiendra aussi les deux passes décisives de Shanice Van de Sanden, qui a encore prouvé sa capacité à briller dans les sommets (et à assurer l'ambiance après les cérémonies). Au fil des minutes, on se prenait à croire que le scénario avait été écrit à l'avance, tant les éléments allaient dans le sens des Lyonnaises. Peut-être un coup à distance du président Jean-Michel Aulas, parti de Hongrie quelques heures avant le coup d'envoi, et dont l'énorme stress a dû s'envoler très vite devant son écran.

Bien garni en supporters barcelonais, le stade de Ferencvaros s'est vite éteint et l'OL a maîtrisé les débats en vieil habitué, malgré un but anecdotique encaissé en fin de rencontre. *« J'ai envie de dire que c'était un match parfait, ce qui est rare sur une finale*, a glissé Reynald Pedros. *On a su maîtriser l'aspect émotionnel et la pression, tout en rehaussant notre niveau de jeu. On n'a pas les meilleures joueuses à tous les postes mais le meilleur collectif. »* Si les éléments offensifs ont évidemment pris une grande partie de la lumière, c'est bien une équipe qui a écrasé les débats, avec en illustration la nouvelle leçon défensive de la capitaine Wendie Renard, pour fêter son record de 82 matches de Ligue des champions. *« Quatre titres de suite comme ça, les gens pensent que c'est facile. Mais non. Je ne sais pas si ça se refera un jour, on marque l'histoire »*, s'enflammait Eugénie Le Sommer, fière de fêter son trentième anniversaire dans la liesse de Budapest : *« Je m'en souviendrai toute ma vie. »*

Une seule finale sans club français

Parmi les dix dernières éditions de la Ligue des champions, une seule finale n'impliquait aucune équipe française : celle de 2014, opposant les Allemandes de Wolfsburg aux Suédoises de Tyresö (4-3). Six fois vainqueurs, les Lyonnaises ont échoué en finale à deux reprises (en 2013, face à Wolfsburg, 0-1, et en 2010 face à Potsdam, 0-0, 6-7 aux t.a.b.). Par ailleurs, le Paris-Saint-Germain a échoué à deux reprises en finale : en 2015 contre l'Eintracht Francfort (1-2) et en 2017 face à... Lyon (0-0, 6-7 aux t.a.b.).

comme quatre

Soulever le trophée de la Ligue des champions est devenu un geste habituel pour Sarah Bouhaddi et ses coéquipières lyonnaises.

La reine plane à nouveau

Ada Hegerberg, auteure d'un triplé et notée 9/10, s'est libérée de la frustration accumulée toute la saison et a pleinement justifié son Ballon d'Or, obtenu en 2018.

L'ÉQUIPE DU 19 MAI 2019

NATHAN GOURDOL

Son refus de jouer la Coupe du monde avec la Norvège privera Ada Hegerberg d'un deuxième Ballon d'Or en décembre. Qu'importe. Moins tranchante depuis l'obtention de son trophée, en 2018, incapable de marquer en Ligue des champions depuis le 31 octobre, la star norvégienne a rappelé, le jour où cela comptait le plus, tout ce qui avait bâti sa jeune légende de façon éblouissante. L'attaquante de vingt-trois ans s'est créé des espaces pour signer un triplé somptueux en un gros quart d'heure pas plus (14ᵉ, 19ᵉ, 30ᵉ).

Aucune joueuse n'avait réalisé une telle performance en finale depuis l'Allemande Inka Grings en 2009 et Hegerberg a confirmé qu'elle était bel et bien la reine actuelle de la nouvelle ère. *« Je suis contente pour elle parce que ça faisait un petit moment qu'elle n'avait pas marqué*, témoignait Eugénie Le Sommer, sa meilleure amie dans le vestiaire lyonnais. *Je ne suis pas surprise de ce qu'elle a fait aujourd'hui. »*

Alors que son Ballon d'Or a été difficile à digérer, en termes d'impact médiatique notamment, Hegerberg avait à cœur de se libérer de beaucoup de pression. Son trophée prestigieux a fait causer dans un vestiaire rempli de stars, ses relations avec le staff n'ont pas toujours été faciles, mais elle n'a jamais abdiqué, se sacrifiant pour l'équipe, notamment en demies contre Chelsea (2-1, 1-1).

Au lendemain de sa fête nationale, elle s'est lovée dans un drapeau norvégien, puis s'est épanchée de manière à peine voilée sur sa situation personnelle au club : *« C'était très important de bien performer, c'est ce que j'ai pu faire. Je ne parle pas souvent de moi. C'est l'effort de toute une équipe, mais je suis très satisfaite de ma performance car cette saison n'a pas été facile. Répondre aux attentes le jour J, c'est très important pour moi. »*

Et ça s'est vu. Hegerberg s'est démultipliée, se permettant même des replis et accélérations tranchantes, pas vraiment son registre. La vérité, c'est que la Norvégienne avait une furieuse envie de prouver qu'elle était toujours au sommet. Son *« come on »* lâché les bras en l'air après son premier but en a témoigné. Avec 44 buts en Ligue des champions, elle a déjà dépassé le total de Le Sommer (42), une statistique parlante, pour une joueuse hors de la norme. *« Toutes les joueuses sont importantes. Et Ada encore plus »*, estimait Wendie Renard la veille de la finale. La capitaine a vu juste.

« Il faudra encore compter sur nous »

Wendie Renard, la capitaine de l'OL, a remporté les six titres européens du club, mais n'est pas rassasiée.

L'ÉQUIPE DU 19 MAI 2019

NATHAN GOURDOL

« Que représente ce sixième titre ?
C'est beaucoup d'émotion. Il y en avait déjà beaucoup avant, avec l'anniversaire d'Eugénie *(Le Sommer, 30 ans)* ou le retour à la maison de « Maro » *(Dzsenifer Marozsan, allemande mais née à Budapest, où s'est disputée la rencontre)*. On a bien débuté, on a su appuyer là où ça faisait mal. On a été très efficaces, on sait ce que c'est que de jouer une première finale de Ligue des champions *(pour les Barcelonaises)*. On voulait leur mettre la pression d'entrée. Il fallait que la première occasion finisse au fond et ç'a été chose faite.

Vous entrez un peu plus dans l'histoire…
Oui, c'est important de continuer à écrire son histoire. Chaque année, on a toujours faim. On est une équipe, on le démontre et c'est mérité. Il y a toujours la même émotion. On souffre pour ça, ce n'est pas facile. Même si c'est le sixième titre européen, chaque saison a un goût particulier et il faudra encore compter sur nous la saison prochaine.

Mener 4-0 au bout de seulement trente minutes, en aviez-vous rêvé ?
Non, pas rêvé. En finale, tu peux t'attendre à un match plus serré. Mais on s'est rendu le match facile. Quand on est lancées, quand tout le monde fait les efforts, quand on joue les unes pour les autres avec beaucoup de mouvement, ça fait mal. »

Le boss prend date

Vainqueur de Djokovic, Nadal s'est rassuré avant Roland-Garros en remportant son neuvième tournoi de Rome. Mais l'éclipse du Serbe rend illisible le rapport de force entre les deux champions.

Nadal	6	4	6
Djokovic	0	6	1

L'ÉQUIPE DU 20 MAI 2019

VINCENT COGNET (avec Q. M.)

On attendait monts et merveilles du 54e Djokovic-Nadal. On espérait aussi y dénicher des indices du rapport de force entre les numéros 1 et 2, à une semaine du début de Roland-Garros. Mais, à Rome, l'aficionado et l'analyste sont tous deux restés sur leur faim. Bien sûr, l'Espagnol sort de sa semaine rasséréné par un trente-quatrième titre en Masters 1 000 (record absolu), un neuvième trophée dans le Foro Italico et un succès de prestige (6-0, 4-6, 6-1) sur son tourmenteur patenté.

Il a clairement rassemblé les pièces de son puzzle, qui dessine de plus en plus un potentiel vainqueur de Roland-Garros. Mais on se gardera bien de tirer des con clusions péremptoires d'une finale peu enthousiasmante, car amputée d'un de ses protagonistes. On exagère ? À peine. Il fallait souffrir de graves troubles oculaires pour reconnaître, en Djokovic, le bourreau du tableau de Madrid et le champion capable de s'extraire, deux jours avant, des griffes de Juan Martin Del Potro. À l'évidence, le Serbe manquait de fraîcheur. Durant 2 h 25, il a paru trop souvent désorienté.

Le premier 6-0 encaissé par Djokovic contre Nadal

Le premier et le dernier point de cette finale en sont de parfaits exemples. Dès son premier coup de raquette après le service, « Djoko » choisit en effet de délivrer... une amortie. Façon étrange d'engager le combat face à un joueur qu'il a très souvent cuit à l'étouffée. Ce fut encore pire sur la balle de match, caviardée par une volée de revers jouée sans la moindre intention.

Entre-temps, le Serbe trouva le moyen de subir le premier 6-0 de l'histoire de ses duels avec Nadal, d'écarter quatre balles de break dans un deuxième set qu'il gagna presque par miracle, de détruire sa raquette après le premier jeu du troisième et d'encaisser un cinglant 6-1 pour finir.

Nadal, en revanche, n'est pas passé à côté. Certes, son dernier jeu de service du deuxième set, joué le bras tremblant comme un enfant de chœur, montre qu'il n'a pas encore gommé ses doutes. Mais il a servi toute la semaine comme un cador (42 jeux de service gagnés sur 44, 13 balles de break écartées sur 15) et surtout réassorti son fonds de commerce. En commençant par le coup droit, qui pétarade comme au bon vieux temps.

« *J'ai trouvé Rafa très bon toute la semaine*, souligne Paul-Henri Mathieu, qui a commenté le tournoi sur *Eurosport*. *Il joue plus long, c'est à dire qu'il est mieux physiquement, qu'il met plus d'intensité et se rapproche de sa ligne de fond. Du coup, il joue plus avec les angles et ses adversaires sortent du court. En face, ils se fatiguent plus vite.* »

Mine de rien, le Majorquin vient de remporter ses trois derniers duels sur terre battue contre le numéro 1 mondial (demies à Madrid 2017 et Rome 2018, finale de Rome 2019). Mais là n'est pas l'essentiel. « *Le plus important pour moi, c'est ce trophée*, dit-il. *Vous demandiez des titres, voilà, j'en ai un. Ce qui compte, c'est que je sente que je joue bien et que je sois en forme. Quand c'est le cas, l'expérience prouve que, tôt ou tard, je vais me battre pour des titres. Je devais retrouver mon niveau, je savais que les résultats suivraient. Depuis quelques semaines, chaque jour a été meilleur que le précédent. Je suis plus heureux d'avoir remporté le titre que d'avoir battu Novak.* »

Sa méthode n'a pas changé : « *Tu travailles mentalement en allant sur le court tous les jours. Tu ne te plains pas quand tu joues mal, quand tu as des douleurs. Tu adoptes la bonne attitude, le bon visage. Tu n'es pas négatif malgré les soucis. Tu vas sur le court tous les jours avec passion. C'est ça, le travail mental. Je le fait depuis toujours. C'est grâce à ça que j'ai toujours pu revenir.* »

SUR TERRE, SON ANNÉE AVAIT MAL COMMENCÉ

Avant de remporter le tournoi de Rome, Rafael Nadal avait connu un début de saison difficile sur terre battue, éliminé en demi-finales de trois tournois d'affilée.

- **Monte Carlo** : éliminé par Fabio Fognini (ITA, 4-6, 2-6)
- **Barcelone** : éliminé par Dominic Thiem (AUT, 4-6, 4-6)
- **Madrid** : éliminé par Stefano Tsitsipas (GRE, 4-6, 6-2, 3-6)

L'ASVELLES couronné

Dix ans après leur accession dans l'élite, les joueuses de Lyon-ASVEL ont décroché leur premier titre de championnes de France. Une équipe ambitieuse, construite pour durer.

L'ÉQUIPE DU 24 MAI 2019
PHILIPPE PAILHORIES

Il va plus vite que tout le monde, depuis le Centre Fédéral, chez les Spurs, bien sûr, en équipe de France aussi. International à dix-huit ans, champion NBA à vingt et un, MVP des finales à vingt-cinq. Tony Parker n'avait pas encore vingt-sept ans lorsqu'il est devenu actionnaire de l'ASVEL. Et tout juste trente-deux lorsqu'il a enfilé le costume de président et actionnaire majoritaire, en 2016. Deux ans plus tard, il était champion de France, après une finale que son équipe avait renversée contre Strasbourg. Même scénario avec la section féminine. Rachat en mars 2017. Champion en mai 2019 au bout de cinq manches haletantes.

Étouffante en défense, l'ASVEL, portée par la rudesse de Clarissa Dos Santos, n'a cette fois laissé aucune chance aux Gazelles. Les Lionnes avaient subi sans réagir il y a dix jours (61-72). Elles étaient à nouveau féroces, le surlendemain et Julie Allemand avait même loupé l'occasion de s'afficher dans le chaudron des bords du Lez.... Elles étaient tout simplement impériales. Elles ont compté jusqu'à dix-sept points d'avance en première période. Et même si le BLMA s'est approché plusieurs fois à neuf points en seconde, il n'était pas vraiment de taille cette fois, acculé, abandonné par sa réussite, sans suffisamment d'énergie.

> **"Quand je pense qu'il y a deux ans, on jouait notre maintien"**
> MARIE-SOPHIE OBAMA, LA PRÉSIDENTE DÉLÉGUÉE DE LYON-ASVEL

Elles sont championnes de France, le premier titre de leur jeune histoire. Le club a à peine dix-neuf ans, il ne fréquente l'élite que depuis dix saisons. *« On n'avait pas programmé le titre cette année*, sourit Valéry Demory, l'architecte. *On s'était donné trois saisons, et j'avoue que je ne m'attendais pas à ce que ça aille aussi vite. »*

C'est le titre de l'harmonie, le titre de l'équilibre. Un rugissement, la promesse de lendemains joyeux. À la pause de cette manche ultime, les Espoirs ont exhibé leur titre de Championnes de France. Les moins de 18 ans n'ont été battues qu'en finale du Championnat et de la Coupe par Mondeville. La plupart des filles, Plouffe, Salagnac (2020), Dos Santos, Allemand (2021), Tanqueray (2023) sont engagées sur le long terme. Marine Johannès (2022) et Héléna Ciak (2023) seront des renforts de choix. Seule Fati Sacko quittera le groupe. *« Quand je pense qu'il y a deux ans, on jouait notre maintien »*, sourit Marie-Sophie Obama, la présidente déléguée...

Un moment que les fervents de Mado-Bonnet ont goûté sans modération. Il restait à peine trente secondes lorsque Marie-Sophie Obama et Tony Parker ont fendu la foule pour rallier le parquet. La première était émue. Le second serrait toutes les pognes. Demory s'est précipité dans ses bras. *« Il m'a fait confiance, c'était la moindre des choses de la lui rendre »*, justifie ce dernier. Il a ensuite étreint Alysha Clark, puis Julie Allemand. D'abord respectueux, il a fini par s'emballer à son tour, pendant que là-bas, au fond du gymnase, on a vu Marcel, le mari de feu Mado Bonnet, âme de l'ancien FC Lyon, les larmes aux yeux.

Les footeuses de l'OL, championnes de France et championnes d'Europe à Barcelone *(voir pages 76-77)*, ne sont plus tout à fait seules. Elles ont des grandes sœurs, décidées à durer, à vampiriser la scène européenne. Ce Lyon/ASVEL n'est pas un feu de paille, il a le désir de vivre. *« C'est l'émotion la plus forte que j'ai jamais vécue, en tant que joueur ou coach*, murmure Valéry Demory. *Ces filles sont des guerrières. Elles ont un cœur incroyable. »*

La série victorieuse

Lyon ASVEL - Lattes-Montpellier : 71-60
Lyon ASVEL - Lattes-Montpellier : 77-69
Lattes-Montpellier - **Lyon ASVEL** : 72-61
Lattes-Montpellier - **Lyon ASVEL** : 91-85
Lyon ASVEL - Lattes-Montpellier : 75-61

Les dix derniers vainqueurs

2019 Lyon ASVEL
2018 Bourges
2017 Villeneuve d'Ascq
2016 Lattes-Montpellier
2015 Bourges
2014 Lattes-Montpellier
2013 Bourges
2012 Bourges
2011 Bourges
2010 Tarbes

Le tenant tient tête

Deuxième derrière Ott Tänak après avoir résisté au retour de Sébastien Loeb, Sébastien Ogier reprend les rênes du Championnat.

L'ÉQUIPE DU 13 MAI 2019

JÉRÔME BOURRET

Avec cinq secondes d'écart entre les deux Seb au départ de la dernière étape, avec une deuxième place et trois points plus importants pour l'un que pour l'autre en jeu, on s'attendait à ce que le final soit chaud. Et il l'a été au cœur de l'habitacle de la Citroën d'Ogier et Ingrassia. *« L'extincteur automatique s'est déclenché de manière inopinée à quatre ou cinq kilomètres de l'arrivée de la dernière spéciale et l'odeur était tellement désagréable qu'elle m'a fait tourner la tête »*, racontait le pilote haut-alpin. Dans la première spéciale du jour, très humide, l'aîné des deux Seb avait mis un bon coup de pression sur son cadet en revenant à 1''1. Mais ce dernier répliquait dès le chrono suivant et se redonnait suffisamment d'air pour envisager une issue favorable. *« Je n'ai pas pris plus de risques qu'avant, mais le profil ultra rapide de cette spéciale était favorable à notre voiture »*, expliquait Ogier.

La dernière fois que les deux Seb s'étaient frottés de près, c'était en Catalogne, en 2018, et Loeb, alors au volant de la C3 WRC, s'était imposé sur le fil face à celui qui était à l'époque chez Ford. Au Chili, cette fois, le sextuple champion du monde a résisté au retour de « l'ancien », décroché son cinquième podium en six courses et repris la tête du Championnat devant l'Estonien Ott Tänak, le vainqueur du jour, et le Belge Thierry Neuville, le cabossé de la veille. *« C'est un très bon début de saison, très régulier, et c'est très important car c'est comme cela qu'on remporte un Championnat,* appréciait le Français. *On n'est toujours clairement pas au niveau dans les conditions à faible grip, mais une fois de plus on a tiré le maximum de la situation en prenant vingt-deux points. » « Il a plus besoin de points que moi ! »*, s'amusait l'intermittent du spectacle Sébastien Loeb à l'arrivée. Au-delà de son cas personnel sans enjeu, l'Alsacien aurait pourtant aimé rapporter trois points de plus à Hyundai, qui conserve grâce à lui une belle avance au Championnat constructeurs, et également faire le jeu de son équipier Neuville en diminuant le butin d'Ogier. Mais cette troisième place restait époustouflante tant le nonuple champion du monde (2004 à 2012) partait de loin.

118
Le nombre de podiums accumulés par Sébastien Loeb durant sa carrière.
C'est le premier sur lequel il se hisse depuis qu'il court pour l'écurie Hyundai. Son dernier podium en date était une victoire, en octobre 2018, au rallye de Catalogne.

“Ça fait du bien de pouvoir rouler libéré”
SÉBASTIEN LOEB

La première boucle de spéciales, dans laquelle il avait concédé 38'' à Tänak, n'avait pas non plus été très encourageante. Mais ces soixante-dix premiers kilomètres de course avaient suffi à l'Alsacien pour trouver le mode d'emploi de sa Hyundai. Sur les treize spéciales suivantes, il signait quatre scratchs et six deuxièmes temps pour monter sur le podium. *« Je me suis adapté à la voiture, j'ai pris confiance avec le train arrière et désormais je la jette dans les virages, limite à tirer un coup de frein à main pour la placer et ressortir en accélération,* détaillait-il. *Ça fait du bien d'être à l'aise, de pouvoir rouler libéré, c'est cool. »* Après deux rallyes compliqués en Suède et en Corse, ce compétiteur hors norme appréciait ce retour au premier plan : *« C'est agréable d'être à nouveau dans le coup, car être tout le temps derrière n'était pas ce qu'il y avait de plus amusant ! »*

Chez Hyundai, on appréciait autant l'apport comptable que l'attitude de la recrue, pas venue pour se contenter de dépanner. *« Le mec est impressionnant par son investissement*, saluait Andrea Adamo, le directeur de Hyundai Motorsport. *Il n'a cessé de regarder les vidéos pour progresser. Pour une équipe comme la nôtre qui n'a encore rien gagné, c'est un sacré exemple, une source d'inspiration énorme. »* Des compliments que l'on retrouvait évidemment à l'adresse d'Ogier du côté de Citroën. Parce que c'est la marque des grands. Et que ces deux-là sont des géants.

Ce champagne chilien a le goût d'un succès pour Sébastien Ogier (à gauche) et Julien Ingrassia (à droite), qui récupèrent leur place de leader au classement dans leur mano a mano avec Tänak.

Pagenaud, la victoire du siècle

Premier Français à remporter l'épreuve depuis plus de cent ans, Simon Pagenaud était persuadé qu'il allait s'imposer. Une conviction née de son expérience, qui s'est renforcée au fil des jours et des tours à Indianapolis.

L'ÉQUIPE DU 28 MAI 2019

MAXIME MALET

Plus les heures passent depuis le sacre de Simon Pagenaud aux 500 Miles d'Indianapolis et plus une évidence se dessine. Rien ne pouvait arrêter le pilote Penske dans sa quête de devenir le premier Français vainqueur sur l'ovale depuis 1914 (*). *« Sur cette course-là, je n'allais pas finir deuxième*, a-t-il affirmé. *J'avais une meilleure voiture, il fallait que je gagne. »* Cette certitude était déjà ancrée le matin de la course quand il s'est réveillé dans son motor-home. *« J'ai dit à Hailey* (sa compagne) : "Prépare le drapeau français, parce qu'on va la gagner, celle-là", a-t-il avoué avec un sourire canaille. *Je suis très concentré sur moi-même, sur mon ressenti. Ce mois-ci, je me suis senti très bien. Je savais que rien ne pouvait nous déranger. Je ne sais pas pourquoi. C'est comme ça... »* Ce succès pour sa huitième participation aux 500 Miles était-il écrit ? *« Ça se ressentait un peu comme ça ! Je ne vais pas entrer dans les détails parce que ce serait un peu flou »*, a conclu le Frenchy de trente-cinq ans en riant.

> **"Maintenant, j'arrive à un niveau de perfection qui se rapproche de ce que je peux atteindre sur circuit routier"**
> SIMON PAGENAUD

Un tel état d'esprit pourrait surprendre de la part d'un pilote qui n'avait plus gagné depuis un an et demi avant d'arriver à Indianapolis début mai. Mais, il avait remporté l'Indy Grand Prix, sur le circuit routier, le 11 mai, et cette victoire aux 500 Miles n'est que le résultat logique de sept années d'expérience sur ovale et de deux semaines exceptionnelles sur la piste comme dans le garage du Team Penske.

Maîtriser toutes les subtilités sur ovale, face à des pilotes nord-américains qui ont grandi dessus, demande du temps. *« Mon premier départ sur ovale* (à Indianapolis en 2012) *n'avait pas été joyeux*, s'est-il souvenu dans une grimace. *Je me suis retrouvé presque dernier... À l'époque, j'ignorais comment régler ma voiture. »* Alors, il a écouté. *« J'ai appris beaucoup au contact de mes coéquipiers*, a-t-il dévoilé. *Quand tu as Juan Pablo Montoya* (deux victoires aux 500 Miles), *Helio Castroneves* (trois victoires) *qui t'expliquent des choses, te donnent leurs réglages, que tu vois Will Power* (vainqueur l'an dernier) *ou encore Josef Newgarden qui y est excellent... Tu ne peux que progresser. »*

Trop impatient en 2015, trop attentiste l'an passé, Pagenaud a trouvé l'équilibre pour gérer ces virages si simples en apparence et si compliqués à enchaîner.

Le circuit d'Indianapolis offre la plus importante période d'essais libres (neuf séances durant parfois six heures) avant la course et, jour après jour, le pilote de Montmorillon (Vienne) a installé son numéro 22 en haut de la feuille de temps. Pagenaud a pu constater le résultat au fil des deux heures cinquante de course. Dès le 20e tour, il avait la confirmation de disposer d'une *« voiture sensationnelle »*, capable de garder la tête. Chaque péripétie – ces drapeaux jaunes et ce drapeau rouge qui a interrompu les débats à vingt tours de l'arrivée – n'a fait que renforcer cette impression. *« Au 140e tour, pour économiser de l'essence, j'ai laissé passer Newgarden* (pour profiter de l'aspiration), raconte-t-il. *Et là encore, la voiture était parfaite. »*

Tout était donc en place pour produire le chef-d'œuvre des dix derniers tours. Ce duel épique où il était « in the zone », cette sensation unique où tout semble si calculé et si naturel à la fois. *« C'était de la concentration extrême, des réglages de la voiture aussi à l'extrême. Mais les trois derniers tours, je ne m'en rappelle même pas. Ce sont des moments où il faut courir à l'instinct. »* Et laisser l'histoire s'écrire.

(*) Le dernier Français vainqueur de l'épreuve était René Thomas en 1914, à bord d'une Delage.

Simon Pagenaud et le trophée Borg-Warner, remis depuis 1936 au vainqueur des 500 Miles.

le podium

1. **Pagenaud** (Penske), les 200 tours en 2 h 50'39"2797 (moyenne : 282,91 km/h)
2. Rossi (USA, Andretti), à 0"2086
3. Sato (JAP, Rahal Letterman), à 0"3413

Un scénario fiévreux

Simon Pagenaud a dû livrer, en fin de course, un duel étouffant avec Alexander Rossi, le vainqueur 2016. Les deux hommes se sont dépassés à cinq reprises lors de douze derniers tours fiévreux, avec des manœuvres à donner le frisson. Le Français a réalisé celle décisive, à l'extérieur du virage 3, à un peu plus d'un tour de l'arrivée et n'a, ensuite, plus laissé la moindre opportunité à son adversaire dans la dernière boucle. Heureux coup du sort, alors qu'il avait consommé plus d'essence que ses concurrents, Sébastien Bourdais et Graham Rahal s'étaient accrochés à vingt-deux tours du but, entraînant une interruption de course et plusieurs tours avec voiture de sécurité : sa consommation n'était plus un problème, lui et Rossi pouvaient s'expliquer.

FOOTBALL PARIS CHAMPION

GRAND HUIT

Ce huitième titre de Champion de France de l'histoire du Paris-SG met sans doute un peu de baume au cœur des joueurs de Thomas Tuchel. La saison 2018-2019, durant laquelle ils seront passés par toutes les émotions, aura été plus douloureuse que prévu. L'Hexagoal brandi par Thiago Silva sera le seul trophée majeur remporté – avec tout de même quinze points d'avance sur Lille – par une formation bâtie pour aller loin en Ligue des champions. Même les Coupes nationales lui auront échappé.

La saison de la foudre

Le Parisien de vingt ans et ses trente-trois buts en Championnat resteront l'image forte de la saison de Ligue 1 2018-2019.

L'ÉQUIPE DU 26 MAI 2019

VINCENT VILLA

Toute la saison de Kylian Mbappé est sans doute synthétisée par ce match contre Lyon (5-0), pendant lequel le pire s'est frotté au meilleur. Le 7 octobre, après avoir gâché plusieurs occasions franches, le champion du monde a réalisé un quadruplé express, en treize minutes, brusque éruption de buts lors du sommet de la Ligue 1. Alors, son titre de meilleur réalisateur du Championnat, à vingt ans, s'accompagne autant de louanges que de promesses vertigineuses. Car le jour où l'attaquant du PSG connaîtra une réussite encore plus clinique dans le dernier geste, il pourra aspirer aux totaux monumentaux atteints lors de cette décennie par Lionel Messi ou Cristiano Ronaldo. Les modèles absolus sont là, pour l'ancien Monégasque, qui a réussi la prouesse de frapper à trente-trois reprises en seulement vingt-neuf rencontres de L 1, dont vingt-quatre titularisations.

Ce temps de jeu réduit par les suspensions et les mises au repos donne encore plus de relief à sa performance : il a inscrit un but toutes les soixante et onze minutes de jeu. La rentabilisation très élevée de son temps de présence sur les terrains s'accompagne d'une voracité près des cages : il est le joueur de L 1 qui a touché le plus de ballons dans la surface adverse (239 soit 8,2 par match) et qui a le plus tiré au but (125). S'il domine aussi le total de frappes cadrées (71), il n'occupe que le quatrième rang en termes de pourcentage (67 %), ce qui souligne, en creux, sa marge de progression en matière d'adresse.

Son évolution sera donc scrutée la saison prochaine, de même que son positionnement, car il a bénéficié de son recentrage en cours d'exercice et des absences pour blessure d'Edinson Cavani. L'insatiable prodige français aimerait se fixer dans l'axe et ne s'embarrasse pas de détours pour le dire, comme quand il file vers le but.

Tout près de Just Fontaine

Meilleurs buteurs français sur une saison de L 1 depuis 1945

	Saison	Buts
1. P. Gondet (Nantes)	1965-1966	36
2. S. Masnaghetti (US Valenciennes-Anzin)	1962-1963	35
3. J. Fontaine (Reims) (*)	1957-1958	34
4. K. Mbappé (Paris-SG)	2018-2019	33
- P. Sinibaldi (Reims)	1946-1947	33
- T. Cisowski (RC Paris) (*)	1956-1957	33
7 H. Revelli (Saint-Étienne)	1966-1967	31
- J. Baratte (Lille) (*)	1948-1949	31
9 J.-P. Papin (Marseille)	1989-1990	30

(*) La D 1 se disputait avec 18 équipes.

Le meilleur à vingt ans

Meilleur buteur à vingt ans sur une saison en L1 depuis 1973-1974

	Saison	Buts
1. K. Mbappé (PSG)	2018-2019	33
2. M. Berdoll (Angers) (*)	1973-1974	29
3 D. Cissé (Auxerre)	2001-2002	22
- M. Platini (Nancy)	1975-1976	22
5 K. Benzema (Lyon)	2007-2008	20
- E. Hazard (BEL, Lille) (*)	2011-2012	20

(*) Berdoll a eu vingt et un ans en avril 1974 et Hazard en janvier 2012.

Le top

38 Paris est la première équipe à avoir marqué à tous ses matches sur un exercice à vingt clubs dans l'histoire de la Ligue 1. Le seul précédent – hors saisons à 38 matches - date de 1937-1938, où Marseille avait marqué lors de chacune de ses trente rencontres de Division 1.

Le flop

5 Le PSG a perdu cinq rencontres cette saison. C'est la troisième fois que cela lui arrive depuis l'arrivée de QSI à la tête du club en 2011. En 2011-2012 puis en 2016-2017, les Parisiens s'étaient déjà autant inclinés, ce qui leur avait coûté le titre, au profit respectivement de Montpellier et de Monaco.

Le coup de frein du champion

Ce devait être la saison de tous les records pour le Paris-SG. En tout cas, c'était bien parti pour, après les 14 victoires d'affilée obtenues d'entrée. Mais la belle dynamique parisienne a été stoppée net, le 6 mars, avec l'élimination en huitièmes de finale de la Ligue des champions par Manchester United (1-3, aller 2-0). Plus rien ne sera ensuite comme avant, en témoigne la moyenne de points remportés en Ligue 1 avant et après cet échec. Après un quasi sans-faute (23 victoires, 2 nuls et 1 défaite, en 26 matches, pour une moyenne de 2,7 points par match), son rythme infernal a sérieusement chuté (6 victoires, 2 matches nuls et 4 défaites en 12 matches, pour une moyenne de 1,6 point par match). Durant cette période, il a quand même été sacré à cinq journées de la fin. Sur ses onze derniers matches, Paris ne se classe qu'à la 6e place. **H.S.**

LE MEILLEUR PASSEUR

Savanier, milieu multicarte

Teji Savanier, l'une des révélations de la saison, cartonne dans tous les domaines. Premier joueur de L1 au nombre de duels gagnés avec Benjamin André (311) et leader au nombre de ballons récupérés (325 soit 10,2/match), le milieu nîmois est aussi le meilleur passeur du Championnat avec treize offrandes, ce qui le place au quatrième rang des joueurs les plus décisifs dans ce domaine dans les cinq grands Championnats européens (Hazard, 15 ; Sancho, 14 ; Fraser, 14). Vous avez dit complet ? Ce n'est pas tout, car il a aussi marqué six buts, dont quatre sur penalty. C'est le milieu le plus en réussite dans l'exercice derrière les meilleurs spécialistes du Championnat, tous des attaquants (Pépé, Fekir, Neymar et Cavani). **H.S.**

DISCIPLINE

Gradel, l'accrocheur accroché

Quatrième joueur de L1 au nombre global de fautes subies (94), Max-Alain Gradel occupe la même place au classement de ceux qui en commettent le plus (71). Une caractéristique partagée avec Delort (1er, 92) et Falcao (5e, 70).

LE RECORD

Nice minimaliste

L'OGC Nice a remporté neuf matches sur le score de 1-0 en L1 cette saison, plus que toute autre équipe des cinq grands Championnats européens. Plus fort, le Gym (7e) est la première équipe de l'histoire de la L1 à achever une saison en première partie de tableau tout en ayant inscrit 30 buts ou moins. Encore plus fort, avec 56 points glanés pour 30 buts marqués, l'OGCN possède le meilleur ratio points par but inscrit sur une saison dans l'histoire du Championnat (1.87) !

Saint-Maximin, dribbleur malin

Dribbles réussis

1 St-Maximim (Nice)	143
2 B. Arfa (Rennes)	116
3 Pépé (Lille)	102
4 Atal (Nice)	101
- Thuram (Guingamp)	101

Les Lyonnais prêts pour Juninho

Buts sur coup franc

1 Lyon	4
2 PSG	3
- Montpellier	3
4 St-Étienne	2
- Nîmes	2
- Rennes	2
- Toulouse	2

Le pilier Dante

Nombre de passes

1 Dante (Nice)	2 397
2 Marcelo (OL)	2 383
3 M'vila (St-Étienne)	2 290
4 Marquinhos (PSG)	2 257
5 Lopez (OM)	2 219

Les quadras étaient là

Joueurs les plus âgés (à la 38e j.)

1 Hilton (Montpellier)	41 ans et 8 mois
2 Buffon (PSG)	41 ans et 3 mois
3 Balmont (Dijon)	39 ans et 3 mois
4 Plasil (Bordeaux)	37 ans et 4 mois
5 Naldo (Monaco)	36 ans et 8 mois

Monaco, principauté surpeuplée

Nombre de joueurs utilisés

1 Monaco	42
2 Bordeaux	33
- Nantes	33
4 Guingamp	30
- Nice	30
- Paris-SG	30

Pépé leur a tout fait

Nombre de matches avec au moins 1 but et 1 passe décisive en L1.

1 Pépé (Lille)	6
2 Neymar (PSG)	5
- Mbappé (PSG)	5
4 Thauvin (OM)	4
- Di Maria (PSG)	4

26e minute : devant Kamil Glick (n° 25, au fond), Radamel Falcao exulte après avoir ouvert le score sur une passe décisive d'Alexandre Golovine (à droite), l'auteur du deuxième but monégasque.

Monaco s'est sauvé

C'est devant Amiens, après l'avant-dernière journée, que Monaco a sauvé sa place en Ligue 1. Il ne lui restait plus qu'à assurer lors de la dernière mais le plus dur était fait.

L'ÉQUIPE DU 19 MAI 2019

RÉGIS TESTELIN

Il a fallu attendre la 82e minute et ce but en solitaire d'Alexandre Golovine pour voir enfin se décrisper les visages monégasques et apercevoir, là-haut, dans les tribunes, Dimitri Rybolovlev, le président du club, et le Prince Albert II se tomber quasiment dans les bras. Le soulagement a été à la hauteur de la tension accumulée ces dernières semaines et il fallait voir les partenaires de Radamel Falcao se jeter sur leur copain, après le but du break, comme pour célébrer un titre de Champion.

Ils ont évité la catastrophe, l'humiliation suprême, ils sont passés tout près, ont tremblé jusqu'à la fin et n'ont pas fait un grand match, à l'image d'une saison ratée. Mais ils ont répondu, comme ils ont pu, sur le gong, au moment de sauver le club et cette joie-là en vaut bien d'autres. Mathématiquement, l'AS Monaco n'est pas encore sauvée mais il faudrait un cataclysme et de multiples concours de circonstances. On n'y croit pas beaucoup, les Monégasques semblent avoir fait le plus dur. C'est un ouf de soulagement immense pour un club qui aura passé toute la semaine dans la peur et le stress, depuis la défaite à Nîmes (1-0), le week-end précédent.

Le cadeau de Gurtner

Pour inverser la dynamique, Leonardo Jardim avait emmené ses joueurs au vert pendant deux jours, ce qu'il fait rarement, et il avait dessiné un onze de départ différent, avec Henrichs arrière droit, Sidibé devant lui en position de piston, Golovine en milieu récupérateur et le duo d'attaquants Falcao-Vinicius en 4-4-2. Ça n'a pas changé grand-chose à l'histoire, l'ASM a fait le match d'une équipe de fin de tableau et s'en est sortie grâce à un but chanceux de Radamel Falcao (26e) et contesté par Amiens.

Il y avait sans doute une faute du Colombien sur Adenon, sur lequel il s'est appuyé dans leur duel aérien, mais le VAR n'est pas intervenu. Régis Gurtner, le gardien picard, non plus, et son immense faute de main sur la tête du « Tigre » a offert l'ouverture du score à l'ASM. Un cadeau inattendu pour une équipe qui n'attendait que cela.

Dès lors qu'ils se sont retrouvés devant, les Monégasques n'en ont pas fait beaucoup plus. Ils auraient pu se libérer, mais ils se sont crispés. Ils ont reculé et se sont fait des frayeurs. Konaté a raté le cadre alors que Benaglio était à terre. Falcao a été proche de marquer contre son camp en déviant de la tête une reprise d'Adenon (41e). Benaglio a sorti une belle frappe de Pieters (48e).

Les plus belles occasions ont été picardes mais l'équipe de Pelissier a tout raté et, cette fois, Monaco a tenu. Et marquer en contre, comme il l'espérait, grâce à une déviation de Sidibé pour Golovine, auteur d'une chevauchée déterminée et pleine d'adresse, dans sa finition (82e).

Voilà, c'est pratiquement fait. Il reste désormais au Champion de France de 2017 un dernier derby à jouer, à l'Allianz « Rivieira » pour verrouiller ce fameux maintien. *« C'est une très bonne réponse de l'équipe*, a dit Jardim. *On a eu une bonne attitude et on a respecté le plan de jeu. Je vais considérer que le maintien n'est pas acquis. On a fait un pas important mais dans le foot tout peut arriver. Il reste un point pour se sauver, vous savez, le foot est toujours une petite boîte à surprises... »*

103

Le nombre de jours, soit un peu plus de trois mois, qu'aura duré - du 13 octobre 2018 au 24 janvier 2019 - le court règne de Thierry Henry sur le banc de l'AS Monaco. Pour un bilan de 4 victoires, 5 nuls et 11 défaites toutes compétitions confondues. Il a été remplacé par Leonardo Jardim, à qui il avait succédé.

Sans panache

L'ASM a bien fait d'assurer le plus gros de ses chances de maintien face à Amiens à l'avant-dernière journée car les hommes de Jardim ont terminé la saison sur un note bien grise : une défaite à Nice (0-2), qui bloque le compteur du club de la Principauté à 36 points (17e), soit le deuxième pire total de son histoire sur une saison de Ligue 1 à vingt clubs.

La loi du plus fort

Une fois encore, c'est le club de L1 qui a remporté les barrages : Dijon a conservé sa place dans l'élite en dominant logiquement Lens (3-1), trahi par deux énormes erreurs de son gardien remplaçant Jérémy Vachoux.

L'ÉQUIPE DU 3 JUIN 2019

JOËL DOMENIGHETTI

Soulagé puis euphorique en toute fin de rencontre, le Stade Gaston-Gérard a longuement célébré la quatrième victoire d'affilée de son équipe face à Lens (3-1). De loin la plus importante de l'année, car elle offre tout simplement une nouvelle saison en L 1 aux joueurs de Kombouaré. Miraculés, les Dijonnais s'étaient donné le droit de participer aux barrages lors de la dernière journée (victoire 2-1 face à Toulouse). Ils ont conservé cet allant pour rester dans l'élite grâce à la supériorité de leurs individualités offensives et leur esprit de combat.

Alors que les deux équipes auraient pu se diriger vers une prolongation, le succès dijonnais est venu de deux énormes fautes de Jérémy Vachoux. Le gardien remplaçant rêvait sûrement d'une autre fin après cinq saisons en Artois. Le public bourguignon ne l'a d'ailleurs pas épargné, le remerciant dans le temps additionnel de manière très ironique : *« Merci Vachoux, merci Vachoux ! »* Cruel et lapidaire.

La suspension de Jean-Louis Leca prend ici toute son importance. Elle a contribué indirectement à mettre fin à une longue aventure sang et or en barrages. Les Lensois ont tout donné. Ils étaient tout simplement trop limités offensivement pour espérer beaucoup mieux. Ils seront armés mentalement pour tenter de monter la saison prochaine avec un surplus d'expérience et un effectif renforcé. À condition de digérer cette désillusion.

Prébarrages

Paris-FC – **Lens** : 1-1 (4-5 aux t.a.b.)
Troyes - **Lens** : 1-2 a.p.

Barrages

Lens – Dijon : 1-1
Dijon – **Lens** : 3-1

Un plan de jeu simple et efficace

Ce succès est une victoire personnelle pour Antoine Kombouaré. L'entraîneur du DFCO, arrivé au chevet de son équipe pour la sauver, y est parvenu sur le fil. Il est vrai qu'il avait annoncé la couleur à la fin du match aller (1-1). Son plan de jeu était simple : sécuriser son camp en faisant bloc avec deux lignes de quatre et Lautoa au milieu des deux. Ce dernier devait libérer très vite le ballon vers l'avant dès sa récupération, en direction de Kaba ou de Saïd, capables à eux deux d'étirer la défense nordiste. Dans un registre où Jeannot n'avait pas existé à l'aller, les deux ont fait le job. Après quinze premières minutes lensoises intenses où l'équipe de L 2 est partie très fort, le schéma a fonctionné à merveille. Car c'est Lautoa qui trouvait Sliti sur le flanc droit abandonné par Duverne. L'international tunisien fixait Tahrat et trompait Vachoux en ouvrant son plat du pied droit (1-0, 28e).

Malgré leur bonne volonté, on ne croyait pas les Artésiens, gagnés par un certain agacement, capables de revenir au score dans le jeu. Ambrose faisait peu de différences malgré un contrôle orienté rattrapé par Coulibaly ; Bellegarde, à l'origine du but encaissé, multipliait les pertes de balle. Mais, sur le coup franc du milieu lensois, Duverne s'élevait plus haut que Lautoa pour inscrire, au deuxième poteau, son premier but chez les pros (1-1, 39e).

Le scénario de la deuxième période, avec les entrées de Marié et de Mesloub, n'a pas vraiment modifié les dispositifs respectifs. Ni fait évoluer le rapport de force. Parce que le trident offensif dijonnais continuait de menacer les buts lensois à chaque contre. Les Artésiens n'ont réellement été dangereux que sur un coup franc direct de Chouiar détourné par Allain (73e). Bien sûr, sans les erreurs de son gardien, Lens peut imaginer qu'il n'était pas si loin de pousser Dijon dans ses derniers retranchements. Mais les Bourguignons avaient déjà pris l'avantage du but à l'extérieur à l'aller…

« C'était une soirée de malade. On est fiers d'avoir réussi cette mission. Alors clairement, ce fut dans la douleur. On a douté, on a eu peur et parfois même on a perdu confiance. Au final, c'est réussi et on efface tout, on oublie tous les sentiments négatifs. Un miracle ? Je déteste ce mot mais, oui, on est passés par un trou de souris. »

ANTOINE KOMBOUARÉ, ENTRAÎNEUR DE DIJON ET ANCIEN ENTRAÎNEUR DE LENS

La joie des Dijonnais, soulagés : Jordan Marié et Wesley Saïd, bras dessus bras dessous, Frédéric Sammaritano (n°7) et Bobby Allain (à droite).

Liverpool **4-0 (aller 0-3)** FC Barcelone

Red dingues

Portés par un public incandescent, les Reds ont signé un exploit inouï en renversant le FC Barcelone malgré leur défaite de l'aller (0-3). Les voilà de nouveau en finale.

L'ÉQUIPE DU 8 MAI 2019

PIERRE-ÉTIENNE MINONZIO

Les mots manquent, vraiment, pour décrire l'ambiance qui régnait à Anfield. C'était « frappadingue », majestueux, surréel. Au coup de sifflet final, on a vu des stewards perdre le sens commun et se jeter dans les bras des supporters. On a vu Jamie Carragher, un ancien de la maison reconverti consultant, effectuer des sauts de cabri au milieu de la tribune de presse. Et Jürgen Klopp, extatique, se diriger vers le kop pour partager un bonheur difficile à concevoir.

Auparavant, pendant une heure et demie, les fans de Liverpool avaient hurlé pour pousser leurs joueurs, contribuant à l'un des plus grands exploits de la pourtant très riche histoire européenne du club : éliminer le Barcelone de Lionel Messi en les écrasant 4-0, après que l'Argentin eut régné sur l'aller (3-0) !

Une 3e finale européenne pour Klopp avec les Reds

Luiz Suarez, qui espérait un accueil chaleureux d'Anfield, eu égard à ses glorieux états de service pour les Reds, a vite compris, aux sifflets venus des tribunes, que le kop ferait tout pour le déstabiliser. Chaque attaque du Barça s'accompagnait de huées hystériques et celles-ci ont fait leur effet : au fil du match, les joueurs de Valverde ont montré des signes criants de lassitude. En face, les Reds se sont nourris eux des chants à leur gloire et de la folie environnante. Signe que celle-ci a fini par contaminer le terrain, les deux buteurs, Divock Origi le roublard (7e et 79e) et Georginio Wijnaldum le revanchard (54e et 56e), étaient parfaitement inattendus : le premier n'a quasiment pas été titulaire cette saison et le second avait réalisé un match aller très terne. Mais il serait injuste de réduire cette fabuleuse victoire à la magie d'Anfield et à l'état de grâce des deux joueurs. Non, elle doit aussi beaucoup au pressing ahurissant des Reds au début de chaque période. Il faut aussi saluer le talent de Virgil Van Dijk, encore monstrueux pour éteindre les velléités offensives adverses, et le brio des deux latéraux des Reds, Trent Alexander-Arnold et Andrew Robertson, qui n'ont cessé de réclamer des ballons. Enfin, on notera que les Reds ont eu beaucoup de réussite, vu la ribambelle d'occasions manquées par le Barça, à l'image de Messi qui a vu ses tentatives arrêtées par un Alisson bouillant (14e, 68e) ou passer de peu à côté (45e + 3). Mais ce n'était pas le soir de l'Argentin, qui connaît donc une nouvelle cruelle désillusion après celle de l'an dernier à Rome, en quarts de finale (4-1, 0-3). Les Parisiens ne sont plus les seuls à subir des remontadas en série. Klopp, lui, connaît une réussite fascinante, en envoyant son équipe pour la troisième fois en finale d'une Coupe d'Europe. Vu la confiance que va susciter cette impensable qualification, l'histoire pourrait se terminer différemment face à Tottenham.

Ajax Amsterdam **2-3 (aller 1-0)** Tottenham

Tottenham, encore un miracle

Qualifiés de justesse face à Manchester City, en quarts, les Londoniens sont de nouveau allés au bout du suspense et du vertige.

L'ÉQUIPE DU 9 MAI 2019

MÉLISANDE GOMEZ

On n'avait pas vraiment envie d'être le chewing-gum de Mauricio Pochettino, lorsque l'Argentin arpentait son carré de pelouse et calmait ses nerfs par mastication. Il avait de quoi être crispé, c'est vrai, lorsque les minutes défilaient et que ses joueurs butaient sur la marche la plus cruelle, à un but de la qualification.

L'entraîneur y croyait forcément, Tottenham étant revenu de nulle part en quatre minutes (55e, 59e), grâce à un doublé de Lucas, après une première période où l'Ajax semblait avoir fait le plus difficile.

Trois semaines après une soirée incroyable et magnifique sur le terrain de Manchester City (2-4, 1-0 à l'aller), les Spurs ont refait le coup, renversant leur destin et faisant taire un stade entier. Ils étaient parvenus à faire tomber City, ils n'allaient pas se résigner face à la jeunesse de l'Ajax.

Ils étaient mal embarqués, donc, battus chez eux à l'aller, menés à la pause au retour (0-2), contraints de marquer trois fois en quarante-cinq minutes, après trois mitemps stériles. Mais le parcours des Spurs est fait de toutes petites portes par lesquelles ils se faufilent, portés par une force particulière, comme s'il ne pourrait rien leur arriver, même dans les pires difficultés.

En larmes au coup de sifflet final, passant de bras en bras, Pochettino n'est pas pour rien dans ce parcours sinueux. « *On a montré notre caractère, comme notre entraîneur* », résumait Hugo Lloris. L'entraîneur argentin a joint le geste à la parole. Et tenté le coaching audacieux : un attaquant pour un milieu (Llorente pour Wanyama, 46e), un attaquant pour un défenseur (Lamela pour Trippier, 80e). Et quand, sur le dernier corner, Lloris s'est retourné vers son banc pour savoir s'il devait monter, l'entraîneur l'a immédiatement envoyé au front. « *À la mi-temps, il nous a dit que c'était le match de notre vie* », racontait Lucas, auteur d'un troisième but dans le temps additionnel (90e + 6). Le match de sa vie.

5

Lucas est le cinquième joueur à inscrire un triplé en demi-finale de la Ligue des champions, après Alessandro Del Piero, Ivica Olic, Robert Lewandowski et Cristiano Ronaldo.

Le Brésilien Lucas, auteur d'un triplé

L'ÉQUIPE DU 2 JUIN 2019

VINCENT DULUC

Enfin sacrés

La finale a certes été fermée mais les Reds, malheureux lors de la finale 2018, ont remporté leur sixième C 1 face à Tottenham. Ils éteignent la malédiction européenne qui poursuivait Jürgen Klopp.

Il n'est pas si facile de surmonter le regret que toute l'émotion d'une telle saison européenne se soit évaporée après les demi-finales, ni que cette finale ait été l'un des plus mauvais matches anglais de la saison. On aimerait suggérer que le sacre de Liverpool face à Tottenham (2-0) a été magnifique, mais la réalité est que la finale a été désertée par la grandeur et la grâce, peut-être éteinte par un penalty dès la vingt-sixième seconde, qui posera encore la question de la main dans la surface, de son intentionnalité et de l'utilisation du VAR, un des poisons les plus profonds de la saison écoulée.

La magie de la Ligue des champions, au printemps, aura tenu à ses bouleversements de dernière seconde, du dernier souffle, pas à une affaire gravée dans le marbre dès la première minute, encourageant le calcul et les restrictions de l'un, révélant les impuissances de l'autre.

En revanche, il est infiniment plus aisé de saluer le sacre de Liverpool, d'applaudir à la première finale gagnée de Jürgen Klopp, et d'apprécier le couronnement d'une patience, d'une méthode, et l'immense bonheur d'une ville amoureuse des Reds et du foot. La sixième victoire de Liverpool en C1 rappellera à Tottenham qu'il faut peut-être avoir gagné avant pour être à la hauteur d'un événement pareil. Et il n'y a nul hasard dans le constat que les six derniers novices, en finale de C 1, ont perdu.

Le fantôme de Kane

Raconter cette finale ne prend pas un temps fou. Après vingt-six secondes, Moussa Sissoko a montré à Trippier où il devait se placer, sur une attaque de Liverpool, le ballon a touché sa poitrine puis son bras, M. Skomina a accordé le penalty, et le VAR n'a pas décelé d'erreur manifeste. C'était, pourtant, la main la plus involontaire de la saison, et le penalty sera apparu à beaucoup comme une faute contre le foot et son esprit. La leçon éventuelle sera qu'il ne faut pas montrer du doigt, mais ce penalty a surtout fait mal à Tottenham et à la finale. Toute la première période, Tottenham n'a eu ni temps ni espace, et ne risquait pas de trouver le fantôme de Harry Kane, incapable de gagner un ballon aérien ou d'effectuer un appel décisif. Incapable, athlétiquement, de jouer une finale, sans doute.

Les dix derniers vainqueurs

2019	Liverpool (ANG)
2018	Real Madrid (ESP)
2017	Real Madrid (ESP)
2016	Real Madrid (ESP)
2015	FC Barcelone (ESP)
2014	Real Madrid (ESP)
2013	Bayern Munich (ALL)
2012	Chelsea (ANG)
2011	FC Barcelone (ESP)
2010	Inter Milan (ITA)

En seconde période, les Spurs ont bien mieux poussé, Liverpool n'a presque plus joué, mais Tottenham n'avait plus ce qu'il fallait. Il a manqué d'un peu de folie, d'efficacité, et il a été mal récompensé, avec une série de tirs cadrés plus ou moins dangereux (Son, 80e, Eriksen, 86e). Pour finir, Origi a inscrit un second but superbe (87e), du gauche, anecdotique mais qui éclaire une fin de saison de rêve pour le Belge.

Les Spurs ont payé cher le choix de Mauricio Pochettino de s'accrocher absolument à Kane, laissant sur le banc Lucas, le héros absolu des demies *(voir page 88)*, ainsi que Llorente. En dix minutes, l'Espagnol a gagné plus de duels que Kane sur l'ensemble du match, et l'Anglais aura donné l'impression de couper l'élan de l'équipe qui avait arraché le miracle d'Amsterdam. Avec lui, Tottenham joue autrement, mais lui n'était pas capable de jouer comme d'habitude, handicap double.

Ces paris-là fonctionnent rarement, en finale. L'un des managers les plus fascinants du foot moderne, Jürgen Klopp, a donc fini par triompher en Europe, avec ses idées, avec son remarquable management des hommes et de leur motivation, avec sa culture de l'intensité. Car Liverpool aura été admirable et magnifique, mais en amont de cette conquête, beaucoup plus froide et raisonnable. C'est comme ça que l'on gagne une finale, parfois, et si c'est ainsi qu'elle sera oubliée, il faut songer au bonheur de Liverpool, à la parade le long de la Mersey, et à la fierté d'une équipe qui a toujours su qu'elle représentait plus qu'elle-même.

> **"C'était une grande bataille. Ces gars ont joué leur meilleur football, et on a eu un gardien *(Alisson)* qui a fait des parades exceptionnelles. Ce sont MES joueurs et j'en suis très heureux, c'est la meilleure soirée de ma vie."**
>
> **JÜRGEN KLOPP, ENTRAÎNEUR DE LIVERPOOL**

11
MAI

RUGBY **COUPE D'EUROPE.** La joie des Saracens, vainqueurs, à l'issue d'un combat d'une intensité ahurissante, de la Coupe d'Europe face aux Irlandais du Leinster (20-10, deux essais contre un), les tenants du titre. Le club anglais avait déjà empoché le trophée en 2016 et 2017.

29 MAI *FOOTBALL* **LIGUE EUROPA.** À la 49e minute, Olivier Giroud échappe au marquage de Laurent Koscielny et ouvre le score de la tête. Comme en Ligue des champions, la finale de la Ligue Europa était 100 % anglaise et ce sont les Blues de Chelsea qui l'emportent, à Bakou (Azerbaïdjan), devant les Gunners d'Arsenal (4-1).

25 MAI *ATHLÉTISME* **MEETING DE GÖTZIS.** Jamais on n'était allé aussi vite sur 100 m dans le cadre d'un décathlon. Le Canadien Damian Warner a parcouru la distance en 10''12 (+0,9 m/s) lors de ce meeting autrichien d'épreuves combinées, qu'il a déjà remporté cinq fois. Le médaillé de bronze des Jeux de Rio a réalisé un total de 8 711 points.

19 MAI *BASKET* **EUROLIGUE.** Douche de champagne méritée pour Nando De Colo, vainqueur de l'Euroligue avec le CSKA Moscou, face à l'Efes Istanbul (91-83). C'est la seconde fois, après l'édition 2016, qu'il soulève le trophée avec son club. Il est le deuxième Français, après Antoine Rigaudeau (Virtus Bologne, 1998, 2001) à réaliser ce doublé.

Folie douze

Bousculé pendant deux heures, Rafael Nadal a inexorablement pris le dessus sur Dominic Thiem pour remporter son douzième Roland-Garros. Soit deux fois plus que Björn Borg. Hallucinant.

Thiem	3	7	1	1
Nadal	6	5	6	6

L'ÉQUIPE DU 10 JUIN 2019

QUENTIN MOYNET et VINCENT COGNET

De la terre, la sienne, plein le dos. Des larmes aux coins des yeux, au moment de déposer un premier regard vers son clan. Des dents blanches, qui croquent l'une des oreilles de la Coupe. Et un sourire, enfantin, timide, puis gêné pour féliciter son adversaire valeureux mais vaincu, qui mériterait lui aussi de gagner un Roland, pense-t-il, mais qu'il vient pourtant de concasser plus ou moins comme tous les autres, sauf deux (Söderling en 2009 et Djokovic en 2015), depuis 2005 qu'il marche sur Roland. Ses cheveux sont plus fins, son corps plus cabossé, votre écran de télévision sans doute plus plat, le Chatrier transformé, mais l'image, elle, est toujours la même. Rafael Nadal allongé sur le dos, les mains sur son visage. Rafael Nadal seul au milieu du court, les bras levés vers le ciel. Rafael Nadal vainqueur, inévitablement, pour la douzième fois en quinze participations Porte d'Auteuil.

On peine aujourd'hui à imaginer ce que représentaient à l'époque les six titres conquis par Björn Borg, à Roland-Garros, entre 1974 et 1981. Six titres en huit participations. Le genre de stat qui vous posait son surhomme. Eh bien Rafa a fait deux fois mieux ce qui paraissait déjà simplement impossible à accomplir.

« Un rêve », a-t-il lancé au public en français. L'Espagnol comprend bien la langue de Molière mais n'ose, d'habitude, pas la parler, par peur de faire des fautes. Il ne les a jamais aimées et s'est toujours efforcé d'en commettre moins que les autres. Ce fut à nouveau le cas contre Dominic Thiem.

L'Autrichien se présentait pourtant sur le court torse bombé au lendemain de son succès face au numéro 1 mondial Novak Djokovic, certain de faire mieux que ses neuf petits jeux de l'année passée, en finale déjà. Cette fois, il ne serait pas paralysé par l'événement. Cette fois, il utiliserait mieux ses armes, sa puissance du fond du court, sa vitesse de déplacement, son slice de revers, et transpercerait le cuirassé espagnol, comme il sut le faire à quatre reprises sur terre battue depuis 2016. Mais l'ocre parisien n'a pas tout à fait la même odeur que les autres et ne s'apprivoise pas en deux sets gagnants. L'élève de Nicolas Massu a réussi cent dix minutes d'un niveau qui lui permettra certainement de remporter un Grand Chelem un jour. Face à Nadal, elles lui ont tout juste suffi à revenir à un set partout.

Le 4ᵉ mondial ne pouvait pas frapper plus fort ni courir plus vite que lors d'une première manche fantastique d'intensité cinquante-trois minutes durant. Il l'a perdue 6-3. Il ne pouvait pas être plus agressif qu'au deuxième set, où il a refusé le combat physique et raccourci les échanges au maximum. Il l'a remporté 7-5, mais venait de vider son dernier bidon d'essence. Fatigué, physiquement et nerveusement, par un quatrième jour d'affilée sur le court, Thiem a baissé d'un cran quand Nadal est monté de deux. Le Majorquin, exceptionnel à la volée (23 sur 27 au filet), ultra agressif au retour et plus tranchant que jamais en revers, a inscrit seize des dix-sept points suivants, gagné ses trois engagements blancs et remporté le troisième set en à peine trente minutes. Le public, soudainement moins bouillant, ne s'y trompait pas : la folie douze se préparait.

Les quinze derniers vainqueurs

2019 Rafael Nadal (ESP)
2018 Rafael Nadal
2017 Rafael Nadal
2016 Novak Djokovic (SER)
2015 Stanislas Wawrinka (SUI)
2014 Rafael Nadal
2013 Rafael Nadal
2012 Rafael Nadal
2011 Rafael Nadal
2010 Rafael Nadal
2009 Roger Federer (SUI)
2008 Rafael Nadal
2007 Rafael Nadal
2006 Rafael Nadal
2005 Rafael Nadal

Nadal ne cesse jamais de renaître

La passation de pouvoir, envisagée depuis plusieurs années, entraperçue l'espace d'un set, attendra donc. C'est peut-être là, caché derrière les titres et les records accumulés sur son ocre chéri, que Nadal a réalisé son plus grand exploit : ne jamais cesser de renaître et continuer, à trente-trois ans, de repousser l'inévitable. Il y a moins de deux mois, pourtant, le roi, atteint moralement par une énième blessure au genou droit à Indian Wells en mars, vacillait. Comment oublier cette image, si rare, à 5-0 contre lui dans le second set, d'un champion en perdition sur sa chaise, regard hagard, jambes immobiles, perdu au milieu des doutes sur lesquels Fabio Fognini appuyait comme sur une plaie ouverte, en demi-finales à Monte-Carlo. Pour l'une des premières fois de sa carrière, alors lesté de quelques kilos superflus, l'Espagnol avait retiré sa cape de super combattant.

Le sourcil n'était pas plus froncé, cinq jours plus tard à Barcelone face à Leonardo Mayer. *« Un désastre »*, dira-t-il malgré la victoire, alors que son entraîneur, Carlos Moya, avouera plus tard ne l'avoir jamais vu si abattu sur un court. Mais le soir du 24 avril, après ce match sans âme, Nadal resta seul dans sa chambre d'hôtel, à réfléchir à ce qui ne fonctionnait plus. Le lendemain matin à l'entraînement, l'étincelle était réapparue dans ses yeux.

"Si je savais comment battre Nadal, je serais un petit plus heureux en ce moment. Personne ne sait. Il a été en finale douze fois et douze fois son adversaire n'a pas trouvé la solution. J'étais bien dans les deux premières manches. Après, j'ai flanché, et Rafa m'a marché dessus."
DOMINIC THIEM, BATTU EN FINALE PAR RAFAEL NADAL

118/12

L'Espagnol disputait hier le 120ᵉ match de sa carrière sur terre battue au meilleur des cinq sets. Il y a remporté sa 118ᵉ victoire. Seuls Robin Söderling et Novak Djokovic (à Roland-Garros, en 2009 et en 2015) l'ont battu sur ce format et cette surface.

"Pourquoi Rafa a-t-il tout raflé depuis des années ? Pas grâce à son coup droit, ni grâce à son revers, ni grâce à son jeu de jambes. Non, il amène sur le court les trois choses qui comptent : un cerveau, un cœur et des « cojones ». Les « cojones », c'est sa capacité à tenter des coups plus risqués que d'habitude. C'est comme s'il avait dit à Thiem : « Je vais me jeter sur toi parce que c'est toi qui dictes le point et je n'aime pas ça du tout. » Sur terre, il a 10/10 pour le cerveau, 10/10 pour le cœur et 10 /10 pour les « cojones ». "

MATS WILANDER, VAINQUEUR DE ROLAND-GARROS EN 1982, 1985 ET 1988

Ashleigh Barty
Un boomerang revient sur terre

Brillante junior, Barty avait tout quitté pour mieux rebondir après une parenthèse cricket. Facile contre la Tchèque Marketa Vondrousova, elle est la première Australienne à s'imposer à Roland-Garros depuis Margaret Court en 1973.

Barty	6	6
Vondrousova	1	3

L'ÉQUIPE DU 9 JUIN 2019
CLÉMENTINE BLONDET

Depuis qu'elle avait touché une raquette pour la première fois à cinq ans et était « *tombée amoureuse* » du tennis, tous ceux qui croisaient son chemin savaient bien qu'Ashleigh Barty avait quelque chose de spécial. « *Un QI tennis que j'ai vu chez peu de joueuses, surtout à quatorze ans*, décrit sa compatriote Samantha Stosur, gagnante de l'US Open 2011. *Elle avait une grande faculté à lire le jeu, observer les autres pour ensuite intégrer ce qu'elle avait vu et progresser.* » La gamine d'Ipswich, près de Brisbane, d'origine aborigène par son père, n'était déjà pas la plus grande. Mais elle avait ce jeu si complet, ce magnifique revers slicé qui la différenciait de nombre de ses concurrentes. Et qui la distingua précocement : championne de Wimbledon junior à quinze ans, en 2011. « *La pire et la meilleure chose qui me soit arrivée* », analysa-t-elle plus tard. « *Ça lui a fait du mal*, confirme son entraîneur, Craig Tyzzer. *Ça mis les projecteurs sur elle alors qu'elle n'était pas prête.* »

> **“Quand j'ai lu qu'elle avait gagné un gros tournoi cette année (Miami) en servant, je crois, trois aces pour finir, je me suis dit : Pas possible, ça doit être une erreur.”**
>
> ROD LAVER

Étiquetée future championne, l'adolescente se perd dans le grand barnum du circuit WTA, loin des siens, de cette famille qui compte tant, ses parents et ses grandes sœurs Ali et Sara, qui sacrifièrent leurs propres activités pour lui permettre d'être à fond dans le tennis. « *Je suis très casanière. Je voulais dormir dans mon lit à la maison, passer du temps avec mes amis* », décrit-elle. Alors, en août 2014, la 186e joueuse mondiale rentre chez elle. Plus question de raquette, même si elle coache quelques gamines pour le plaisir avec l'entraîneur de son enfance. À dix-huit ans, elle décide d'apprendre un nouveau sport. La voilà joueuse de cricket du Brisbane Heat, en Première Division féminine, semi-professionnelle, presque aussi à l'aise avec la batte que la raquette. Plus que les résultats, Barty apprécie l'ambiance collective, le regard rafraîchissant de ses coéquipières. « *Qui j'étais n'avait pas d'importance pour elles* », explique-t-elle. Le temps passe et lui dit qui elle est. Une joueuse de tennis.

Une conversation lors d'un barbecue chez sa compatriote Casey Dellacqua, avec qui elle a partagé trois finales de double en Grand Chelem avant l'éclipse, achève de convaincre « *Ash* » de renaître de ses cendres. Lors de l'Open d'Australie 2016, elle va voir Craig Tyzzer, qu'elle a croisé pendant sa première carrière, pour lui demander de l'entraîner. Pas du genre à s'affoler, il accepte la mission, même si Barty n'est plus ce qu'elle était. « *Elle ne s'était pas entraînée pen-*

dant deux ans, se souvient-il. *En cricket, elle jouait les matches mais ses coéquipières avaient toutes un travail à côté. Elle avait un peu perdu de son tennis, mais il ne lui a pas fallu longtemps pour que ça revienne. Le plus grand chantier était physique.* » Fin mai 2016, elle fait son retour en qualifications au tournoi d'Eastbourne (Angleterre). « *On pensait qu'elle allait jouer un ou deux matches... Elle est allée jusqu'en demi-finales* », raconte malicieusement Tyzzer. Suit un quart de finale à Nottingham. Le tennis est revenu avant les jambes et les bras endoloris, Barty n'arrive pas à honorer la wild-card pour les qualifications offerte par les organisateurs de Wimbledon. L'Australienne retourne à l'entraînement, où elle passera les trois quarts de l'année 2016 à se refaire un physique et améliorer son service (remarquable pour ses 1,66 m) et à « *faire de son coup droit une arme* », dixit son coach. Elle se réadapte aux interminables déplacements, la présence, de temps en temps, de l'un des membres de sa famille sur le circuit lui fait paraître le temps moins long. Sur le terrain, la métamorphose saute aux yeux de la légende Rod Laver. « *Parfois, avant, quand elle avait raté un coup droit, elle baissait la tête. Maintenant, elle a la confiance. Quand j'ai lu qu'elle avait gagné un gros tournoi cette année* (Miami) *en servant, je crois, trois aces pour finir, je me suis dit : "Pas possible, ça doit être une erreur."* » Pas du tout. Mark Philippoussis, ancien numéro 8 mondial, suit aussi sa compatriote avec admiration : « *Quand je la regarde jouer, j'ai l'impression qu'elle a gagné en confiance et en sécurité.* » Marketa Vondrousova peut en témoigner, elle n'a tenu qu'une heure dix sur le Philippe-Chatrier.

Les dix dernières vainqueurs

2019 Ashleigh Barty (AUS)
2018 Simona Halep (ROU)
2017 Jelena Ostapenko (LET)
2016 Garbine Muguruza (ESP)
2015 Serena Williams (USA)
2014 Maria Sharapova (RUS)
2013 Serena Williams (USA)
2012 Maria Sharapova (RUS)
2011 Li Na (CHN)
2010 Francesca Schiavone (ITA)

Mladenovic double la mise

Associée à la Hongroise Timea Babos, la Française a décroché son troisième titre du Grand Chelem en double, le deuxième à Paris.

T. Babos (HON) - K. Mladenovic	6	6
Y. Duan - S. Zheng (CHN)	2	3

L'ÉQUIPE DU 10 JUIN 2019

JEAN-BAPTISTE BARETTA

On peut ne jamais s'entraîner en double avec sa coéquipière et soulever tout de même le trophée du double femmes de Roland-Garros. Depuis leur élimination en simple, Kristina Mladenovic (battue au deuxième tour par la Croate Petra Martic, 6-1, 6-2) et Timea Babos (sortie au premier tour par l'Australienne Priscilla Hon, 6-3, 2-6, 1-6) s'entraînaient dur sur la terre battue parisienne. Mais chacune de son côté. Ce qui ne les a pas empêchées, sur un court Philippe-Chatrier loin d'être plein, de remporter leur deuxième titre du Grand Chelem commun – après l'Open d'Australie en 2018 – face aux Chinoises Yingying Duan et Saisai Zheng (6-2, 6-3).

« *On ne s'entraîne jamais en double, on veut vraiment progresser dans notre jeu de simple*, a confirmé la Nordiste, impatiente de voir figurer pour la deuxième fois son nom sur la coupe Simonne-Mathieu, après son succès avec Caroline Garcia en 2016. *Savoir qu'il y a deux fois mon nom sur cette coupe, c'est très spécial. Parfois on s'amuse à regarder le palmarès des anciens sur Wikipédia et, sur cette coupe, il n'y a que des noms de grands champions. C'est très prestigieux.* »

« Kiki » et « Timea », c'est une histoire qui dure et qui marche. « *Merci à ma partenaire, ma meilleure amie, ma sœur Kiki. Je t'aime tellement* », a déclaré, en français, la Hongroise lors de la remise des trophées. « *En dehors du terrain, nous sommes deux opposées. Mais sur le court, nos jeux se complètent bien. On est deux acharnées du travail, on est ambitieuses* », a ajouté Mladenovic. En 2014, les deux amies d'enfance (toutes les deux 26 ans) avaient déjà atteint la finale de Wimbledon (battues par les Italiennes Errani et Vinci, 1-6, 3-6).

Nouvelle numéro 1 mondiale

Après son intermède avec Garcia, l'ancienne top 10 (en simple) a reformé en 2018 son duo avec la Hongroise. Avec, à la clé, un succès à Melbourne et au Masters de Singapour, ainsi que deux autres finales en Grand Chelem (US Open 2018 et Open d'Australie 2019).

Une série de bons résultats qui ont permis à la Française de pointer pour la première fois tout en haut de la hiérarchie mondiale du double dames. « *Un truc de fou*, déclarait-elle après le match sans parvenir à vraiment le réaliser. *C'est juste dingue de se dire que, quand je raccrocherai les raquettes, il y aura cela à mon palmarès. Cela restera dans les archives. Cela ne peut qu'être positif et me donner encore plus de motivation et de force pour la suite.* » Quelques minutes après avoir prononcé ces mots, installée en tribune du central, elle n'a pas manqué de force et de motivation pour soutenir son petit ami Dominic Thiem. En vain cette fois...

Chardy et Martin, eux, s'inclinent

La veille de la victoire de Kristina Mladenovic en double, la paire Jérémy Chardy - Fabrice Martin n'a pu l'emporter et succéder au duo Nicolas Mahut - Pierre-Hugues Herbert, vainqueur Porte d'Auteuil en 2018. Les deux hommes ont plié en deux sets (2-6, 6-7) face aux Allemands Kevin Kravietz et Andreas Mies.

La Française Kristina Mladenovic (à gauche) et la Hongroise Timea Babos, si différentes en dehors du court mais si complémentaires sur la terre battue de Roland-Garros.

Ronaldo a plané sur les demies

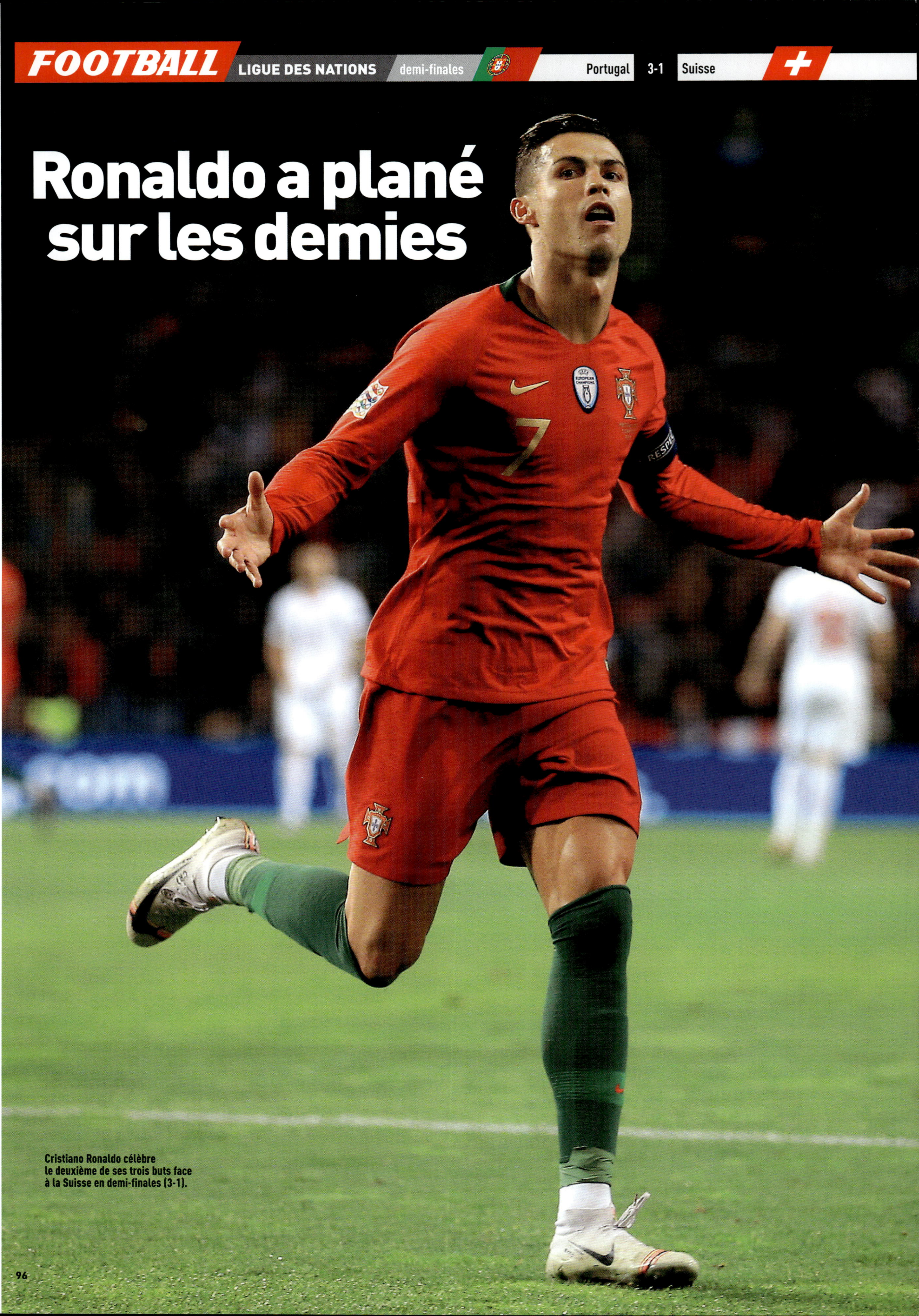

Cristiano Ronaldo célèbre le deuxième de ses trois buts face à la Suisse en demi-finales (3-1).

Un triplé du quintuple Ballon d'Or face à la Suisse a permis au Portugal de se qualifier pour la finale de la première Ligue des nations. Les Pays-Bas, eux, ont bien profité des erreurs anglaises.

L'ÉQUIPE DU 6 JUIN 2019

FRANCK LE DORZE et JOHAN RIGAUD

On voulait voir l'attaquant portugais Joao Félix, jeune (19 ans) prodige de Benfica, qui fêtait sa première sélection, ou revoir le Suisse Haris Seferovic, son coéquipier à Lisbonne, meilleur buteur du Championnat (23 buts). On a vu, comme toujours ou presque, Cristiano Ronaldo : il a envoyé à lui seul, la Seleçao en finale de la première Ligue des nations, à Porto. Le quintuple Ballon d'Or, trente-quatre ans, a tout fait. Il aurait pu être passeur décisif si Felix avait mieux maîtrisé son enchaînement sur son ouverture (45e) mais il a surtout inscrit un triplé... sur les trois tirs cadrés des Portugais. D'abord sur un coup franc direct (25e). Après l'égalisation de la Nati (Rodriguez, 57e). Seulement, il lui aurait fallu davantage d'efficacité pour le faire fructifier, ce que possède Ronaldo. Pas décidé à disputer une prolongation, il pliait la rencontre en deux minutes : en reprenant, d'une demi-volée, le centre de Silva (88e) puis en bonifiant un passement de jambes d'une frappe enroulée, encore du droit (90e). Voilà comment CR7, qui n'avait plus marqué en sélection depuis près d'un an, totalisait 88 buts en 157 capes.

Les boulettes de Stones

Le lendemain, les Pays-Bas infligèrent aux Anglais la même punition, mais plus laborieusement (en prolongation) et avec le concours de leurs adversaires, coupables de deux énormes erreurs. Après l'ouverture du score de Rashford, les hommes de Koeman égalisaient à un peu plus d'un quart d'heure de la fin (De Ligt, 73e). Si le Néerlandais avait remis les choses à l'endroit, Stones mit l'Angleterre à l'envers. On jouait la 97e minute de la prolongation et le défenseur de Manchester City perdait inexplicablement le ballon à l'entrée de la surface, ne sachant qu'en faire sous la menace de Depay. L'attaquant lyonnais devait conclure mais sa frappe fut repoussée par Pickford. Promes avait suivi, et son tir non cadré de près fut poussé par Walker dans le but anglais. Puis, ultime bévue : sur une touche anglaise, une relance faiblarde de Stones, décidément, mettait Barkley en difficulté, et la passe en retrait de ce dernier était interceptée par Depay, qui offrait le troisième but à Promes (114e).

Le Portugais Gonçalo Guedes (à gauche), auteur du seul but de la finale (60e), suivi de près par le Néerlandais Steven Bergwijn.

Le Portugal aime tant l'Europe

Trois ans après avoir gagné l'Euro, en France, la Seleçao a remporté la première édition de la Ligue des nations.

L'ÉQUIPE DU 10 JUIN 2019

FRANCK LE DORZE

Il faudra encore attendre un peu pour que la Ligue des nations revête, un jour, le même prestige que l'Euro. L'histoire retiendra déjà que le Portugal a remporté cette nouvelle compétition continentale, trois ans après avoir triomphé, en France, au Championnat d'Europe.

Comme face aux Bleus en 2016, il ne lui aura fallu qu'un seul but en finale. Il fut l'œuvre de Gonçalo Guedes, préféré en attaque à Joao Felix, la jeune pépite (19 ans) qui avait fêté sa première sélection en demi-finales, contre la Suisse *(3-1, voir ci-contre)*. Sa frappe des dix-huit mètres, après un décalage de Bernardo Silva, fut seulement déviée par Jasper Cillessen (60e).

Et même sans un grand Cristiano Ronaldo, la Seleçao a mérité ce trophée, se montrant plus dangereuse, notamment grâce aux nombreuses tentatives de Bruno Fernandes (9e, 12e, 30e, 36e, 38e, 80e).

Les Néerlandais sont apparus émoussés, eux qui auront eu, durant cette phase finale, une journée de repos en moins et une prolongation en plus. C'était contre l'Angleterre (3-1), trois jours avant. Plutôt dominateurs, pourtant, ils n'auront jamais réussi à déséquilibrer des Portugais plus prompts à profiter des espaces.

Ce ne sont pas les têtes de Memphis Depay (65e) et de Luuk de Jong (82e) qui ont réellement inquiété Rui Patricio. Aussi, dans la foulée de son capitaine, le gardien portugais pouvait soulever ce premier trophée de la Ligue des nations dans le ciel de Porto, en rêvant de l'Euro 2020. On se souviendra aussi que le Portugal, à l'instar des trois autres demi-finalistes (*), est assuré de disputer, dans le pire des scénarios, les barrages de ce prochain Euro, en mars 2020, s'il ne parvenait pas à se classer à l'une des deux premières places de son groupe en qualifications.

(*) L'Angleterre s'est classée 3e aux dépens de la Suisse (0-0, 6-5 aux tirs au but).

L'image de la joie des Portugais, Ronaldo en tête, devient habituelle : après l'Euro 2016, ils remportent, chez eux à Porto, la première Ligue des nations.

Alaphilippe s'est mis à la planche

Le numéro un mondial, vainqueur de la sixième étape après une échappée de plus de deux cents kilomètres, a été à l'attaque tout au long de la course, afin de se tester sur tous les terrains avant le Tour.

L'ÉQUIPE DU 17 JUIN 2019

JEAN-LUC GATELLIER

Les visages en disent parfois plus que les grandes déclarations. Les joues de Julian Alaphilippe étaient creusées à l'arrivée du Critérium du Dauphiné. L'épreuve avait été mouvementée et durcie par une météo souvent arrosée. Quelque part, il était passé à travers les gouttes, car sa santé est bonne, contrairement à près d'un tiers du peloton qui a renoncé à aller jusque dans le Valais suisse. Alaphilippe ne s'est pas ménagé lors de l'ultime étape, sans doute son dernier jour de course avant le départ du Tour. La figure de Deceuninck-Quick Step a besoin de souffler après cette période importante de travail en vue de juillet : un stage d'altitude en Sierra Nevada, la montagne andalouse, sa reprise de la compétition au Dauphiné, où il était à l'attaque presque chaque jour, et des reconnaissances d'étapes à venir.

Dans les Alpes et à la Planche des Belles Filles

« J'ai beaucoup donné. Je suis content de ce que j'ai fait. Le Dauphiné, c'est toujours dur mais, là, je tenais à finir épuisé pour, plus tard, surcompenser et améliorer ma condition », expliquait-il.

Cette année, encore, il a été le seul Français à enlever une étape (la 6e, à Saint-Michel-de-Maurienne, Savoie). Au lieu de demeurer au chaud dans le peloton, il s'était imposé une échappée de 217 bornes (à trois coureurs), la plus longue de sa carrière, pour obtenir la plus courte de ses victoires. En accord avec cette volonté de chercher le plus souvent possible l'ouverture. *« Un numéro 1 mondial qui se lance dans une échappée marathon, c'est faire honneur au vélo »*, souligna Romain Bardet.

Le maillot du meilleur grimpeur (bleu à pois blancs) est un *« petit bonus »*. Comme il s'y est vite attaché, Alaphilippe a chassé presque toutes les bonifications en points sur les montées du week-end. *« C'était mon fil conducteur, et j'ai payé mes efforts en fin d'étape* (l'avant-dernière, puis la dernière), commentait-il. *Quand j'ai essayé de revenir, j'ai compris que je ne pouvais pas boucher 30 secondes. J'étais à la rupture. »*

D'où ce mot d'ordre : *« Récupération »*. Deux ou trois jours de repos, avant la seconde partie de sa reconnaissance des cols du Tour. Les Pyrénées (12e, 14e et 15e étapes), c'est fait. Puis, les Alpes (18e, 19e et 20e). *« L'an dernier ça m'avait bien aidé »*, se souvient-il. Alaphilippe complétera son séjour avec, bien sûr, la Planche des Belles Filles (5e et 6e). Aujourd'hui, il est déjà dans la phase finale.

Jakob Fuglsang en jaune dans l'étape finale. Il a conquis la tunique la veille de l'arrivée.

Fuglsang redouble de confiance

Le discret leader d'Astana a décroché son deuxième Dauphiné, après celui de 2017, et ses ambitions sont élevées…

L'ÉQUIPE DU 17 JUIN 2019

PHILIPPE LE GARS

Jakob Fuglsang faisait partie, jusqu'alors, de ces coureurs talentueux mais discrets. Habitué à s'effacer, parfois. Le Danois ne s'en est jamais offusqué.

Le début de son émancipation date de sa signature Astana, en 2012. Avec l'idée de devenir un jour un vrai leader. Mais, à l'image de l'impression qu'il dégage sur le vélo, lymphatique mais puissante, il n'est pas du genre à vraiment annoncer la couleur.

Pourtant, après sa victoire sur ce même Critérium du Dauphiné il y a deux ans, la direction d'Astana lui avait confié un rôle de coleader pour le Tour de France, à partager avec Aru. Las, il s'était fracturé le poignet et le coude gauches à mi-course. L'an dernier, il était censé tenir seul les rênes, mais le poids de la responsabilité avait semblé trop lourd pour lui. Et un an plus tard ? Fuglsang a de nouveau gagné le Dauphiné. Qu'en déduire ?

« Évidemment, tous les outsiders du prochain Tour n'étaient pas là cette semaine », admet-il. Cela dit, elle l'a tout de même confirmé dans son rôle de leader. *« Désormais, tout est programmé en fonction de moi seul et non plus en fonction des Italiens* (Nibali et Aru) », expliquait-il avant le départ d'Aurillac. Et lors de cette dernière étape, où son avance au général était encore fragile, le Danois a été surpris par la passivité de ses adversaires. Mais, sans doute, la force collective des Astana avait-elle freiné leurs velléités. *« On l'a vu avec Sky, le cyclisme moderne ne permet plus à des coureurs de briller individuellement*, analysait-il après coup. *Il faut une équipe très forte pour atteindre ses objectifs. On n'est pas encore au niveau des Ineos, mais on s'en approche. »*

Le classement final

1. J. Fuglsang (DAN, Astana)	en 30 h 44'27''
2. T. Van Garderen (USA, EF Education First)	à 20''
3. E. Buchmann (ALL, Bora-Hansgrohe)	à 21''
4. W. Poels (HOL, Ineos)	à 28''
5. **T. Pinot** (Groupama-FDJ)	à 33''
...10. **R. Bardet** (AG2R La Mondiale)	à 1'38''
...13. **W. Barguil** (Arkea Samsic)	à 5'28''
...17. **G. Martin** (Wanty-Gobert)	à 8'23''
... 35. **J. Alaphilippe** (Deceuninck-Quick-Step),	à 28'48''.

Froome, adieu le Tour

Le Britannique, victime d'une lourde chute à l'échauffement avant le contre-la-montre, souffre de fractures de la hanche, du coude et des côtes et surtout d'une autre, ouverte, du fémur. Pour lui, le Tour est terminé avant d'avoir commencé.

L'ÉQUIPE DU 13 JUIN 2019

PHILIPPE LE GARS

Tout va encore bien pour Christopher Froome lors de la 1re étape entre Aurillac et Jussac.

Chez Ineos, on réfute toute idée de malédiction, du genre de celle qui avait déjà frappé Chris Froome juste avant le départ du Tour d'Italie l'an passé. Le Britannique avait en effet chuté dans les rues de Jérusalem alors qu'il s'échauffait avant la première étape, un contre-la-montre… comme cette année à Roanne. Mais s'il avait finalement rétabli la situation et remporté le Giro, la situation est bien plus grave cette fois-ci. *« C'est une blessure très sérieuse*, a vite annoncé Dave Brailsford, le manager. *On n'en sait pas davantage pour l'instant, mais Chris est visiblement touché à la jambe. C'est très grave. »*

L'accident s'est produit après le passage de la côte de Saint-André-d'Apchon. Le quadruple vainqueur du Tour de France, accompagné de son coéquipier Wout Poels, avait relancé l'allure pour se tester sur cette partie descendante très roulante, juste avant le panneau des dix derniers kilomètres. Les spectateurs déjà en place avaient vu le duo d'Ineos déboucher à environ 60 km/h. *« Ils allaient très vite*, confirma l'un des témoins, Lucien Bialic, présent à une dizaine de mètres de l'accident. *On a vu Froome mettre la main à son nez comme pour se moucher et là, tout d'un coup, sa roue avant a vrillé, comme si elle se désolidarisait du vélo. Il y avait du vent, c'est sans doute ce qui l'a déséquilibré. Sa tête n'a pas cogné contre le muret, il s'est écrasé de tout son long. »*

Des fractures « très impressionnantes »

Dave Brailsford assurera plus tard que son leader n'a jamais perdu connaissance, ce que confirme le témoin. *« Froome a tout de suite parlé, il n'arrêtait pas de demander* : "What happened ? What happened ?" (Qu'est-ce qui s'est passé ?) *Mais il ne pouvait pas bouger. Le coureur qui était derrière* (Wout Poels) *s'est arrêté à ses côtés, la voiture de son équipe a pilé net également pour venir aux nouvelles. Les secours, qui étaient postés juste à côté, sont vite intervenus. »*

Des pompiers du Samu étaient stationnés à quelques mètres de l'endroit de la chute, rejoints ensuite par une ambulance. Ils ont vite déplacé Froome à l'intérieur du véhicule pour les premiers soins sur les fractures ouvertes au niveau du fémur droit et au coude. Le coureur se plaignait aussi de douleurs au niveau des côtes, ce que confirma plus tard le diagnostic officiel. Il était alors 13 h 15, les premiers concurrents s'élançaient un peu plus bas à Roanne, plus d'une centaine d'entre eux s'apprêtaient à passer devant cette ambulance garée sur le bord de la route sans se douter qu'à l'intérieur se trouvait le grand favori du jour. Pendant deux heures, Froome est resté sur une civière, caché par des draps blancs pour éviter les photos des curieux. Il était, en effet, impossible de le déplacer à cause de la fracture ouverte du fémur droit. Le visage pâle, Froome savait déjà que le Tour venait, pour lui, de s'envoler.

« Ça ne fait aucun doute, maintenant, que Chris ne sera pas au départ du Tour, c'est très dur pour lui, affirmait Dave Brailsford, qui refusait d'anticiper sur sa nouvelle stratégie, alors que se pose désormais l'inévitable question du leadership au sein d'Ineos. *C'est encore trop tôt pour définir les rôles de Geraint* (Thomas) *et Egan* (Bernal), *on doit d'abord gérer cette expérience qui peut être traumatisante pour tout le groupe. »*

Derrière cette marque de respect pour son leader charismatique, il a pourtant déjà dû cogiter à ce que sera son nouvel organigramme au départ de Bruxelles. Sans Chris Froome qui *« n'avait pas été aussi bien depuis très longtemps à l'approche du Tour »* dixit Brailsford, Geraint Thomas va se retrouver dans une situation inédite. Le vainqueur sortant du Tour va jouer cette fois à découvert avec, à l'affût et sous le même maillot, un certain Egan Bernal. Le jeune prodige (22 ans), forfait pour le Giro en raison d'une fracture de la clavicule, a eu le temps de bien préparer le Tour au calme, chez lui, en Colombie.

Dumoulin aussi jette l'éponge

Un peu plus d'un semaine après Chris Froome, le Néerlandais Tom Dumoulin, deuxième du Tour en 2018, mais blessé à un genou depuis le Giro, a préféré renoncer à la Grande Boucle. À vrai dire, le forfait du leader de l'équipe Sunweb n'est pas véritablement une surprise. Il avait abandonné le Dauphiné au matin de la 7e étape, afin de préserver son genou. *« Je dois écouter mon corps et ne pas chercher à poursuivre un but qui n'est pas réaliste »*, a fait savoir Dumoulin.

Plus de trois heures après son accident, le Britannique est héliporté vers Saint-Étienne.

Le séisme RUIZ

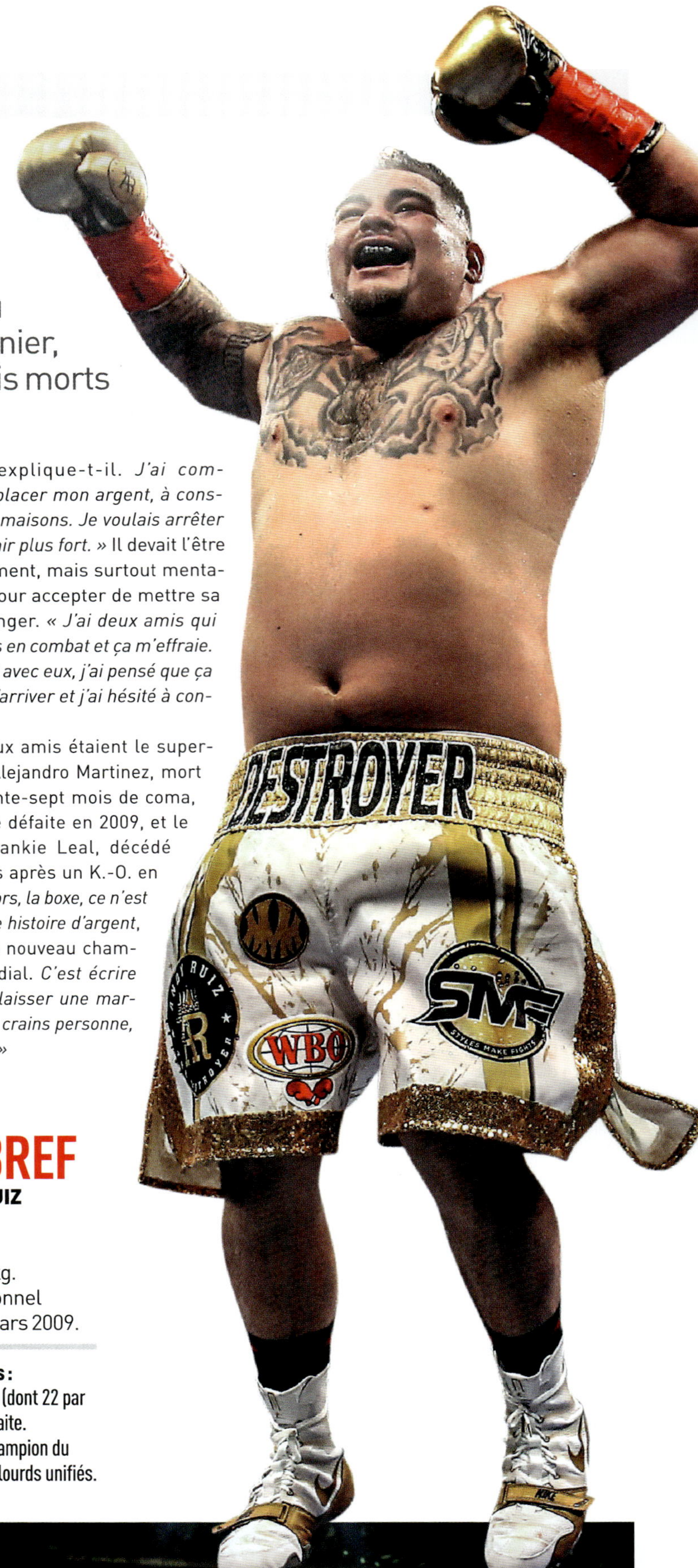

Auparavant invaincu, Anthony Joshua a été battu après arrêt au septième round par Andy Ruiz. Ce dernier, dont la vie a été marquée par son embonpoint et ses amis morts sur le ring, a surpris le monde de la boxe.

L'ÉQUIPE DU 3 JUIN 2019

ANDRÉ-ARNAUD FOURNY

Le Madison Square Garden, qui avait fait le plein de ses 20 201 places, ne doutait pas du résultat. La seule question concernait le nombre de rounds que tiendrait le grassouillet Andy Ruiz face à l'élégant Britannique Anthony Joshua. Appelé pour remplacer le challenger initialement prévu (mais suspendu), Ruiz n'était pris aux sérieux que par quelques spécialistes qui connaissaient ses qualités de technique et de vitesse. Mais, pour le grand public, c'était un personnage de dessin animé avec moustache, gros bide et sourire sympathique. Après deux premiers rounds peu animés, le champion en titre envoyait Ruiz à terre. « *Je n'ai pas perdu mes moyens*, avouera ce dernier plus tard. *J'étais prêt pour la guerre.* »

Pensant que la plaisanterie avait assez duré, Joshua accéléra, au grand bonheur de l'Américano-Mexicain qui, excellant de près, contra Joshua et l'expédia au sol ! Et juste avant le gong, le Londonien y retourna. Puis le combat s'équilibra, les deux hommes récupéraient de leurs efforts. Au début du septième, Ruiz accéléra et envoya à nouveau Joshua à terre. Ce dernier repartit au combat, mais l'Américain ne le laissa pas respirer et Joshua posa un ultime genou à terre. L'arbitre comprit qu'il n'avait pas envie de continuer et l'arrêta. « *L'arbitre savait ce qu'il faisait*, souligne Ruiz. *S'il l'avait laissé continuer, c'est moi qui l'aurais arrêté de façon bien plus dramatique.* »

En conférence de presse, Ruiz raconta : « *Je continue à me pincer pour voir si c'est vrai. Je savais que je pouvais lui poser des problèmes avec ma vitesse. Même si j'aurais pu bouger ma tête un peu plus, être plus offensif.* » Joshua, lui, réfuta l'idée selon laquelle il aurait sous-estimé son adversaire : « *Je ne sous-estime jamais personne. Quand quelqu'un m'affronte, il est 15 à 20 % meilleur qu'à son habitude. C'est facile de sous-estimer Andy à cause de son physique, mais je savais qu'il était là pour gagner et il l'a bien fait.* »

> **“À sept ans, je combattais des gars de douze ans car il n'y en avait pas d'autres de mon âge aussi lourds que moi”**
>
> ANDY RUIZ

Son physique, justement, c'est en partie ce qui l'a forgé. Premier Mexicain (naturalisé américain, il met souvent ses origines en avant) à s'emparer d'un titre mondial des lourds, ce n'est pas un petit voyou devenu champion. Il est surtout le "chubby boy" (garçon potelé) qui s'est imposé au haut niveau. « *À six ans, j'étais hyperactif*, nous confiait-il. *Je cassais tout, je m'attirais plein d'ennuis. Alors, mon père m'a emmené au gymnase. Au début, je prenais plein de coups. Il m'a promis qu'un jour, c'est moi qui leur casserais la gueule.* »

À seulement sept ans, il dispute son premier combat à San Diego. « *J'ai perdu. Comme j'étais gros, je devais affronter des adversaires plus âgés. À cet âge-là, je combattais des gars de douze ans, car il n'y en avait pas d'autres de mon âge aussi lourds que moi...* »

Pro en 2009, il remporte ses vingt-neuf combats, avant d'être battu aux points, en 2016, pour le titre WBO vacant. Quinze mois plus tard, il remonte sur un ring. « *Je voulais faire une coupure, être avec ma famille*, explique-t-il. *J'ai commencé à placer mon argent, à construire des maisons. Je voulais arrêter pour revenir plus fort.* » Il devait l'être physiquement, mais surtout mentalement, pour accepter de mettre sa vie en danger. « *J'ai deux amis qui sont morts en combat et ça m'effraie. J'ai grandi avec eux, j'ai pensé que ça pouvait m'arriver et j'ai hésité à continuer.* »

Ses deux amis étaient le super-mouche Alejandro Martinez, mort après trente-sept mois de coma, après une défaite en 2009, et le plume Frankie Leal, décédé trois jours après un K.-O. en 2013. « *Alors, la boxe, ce n'est pas qu'une histoire d'argent*, affirme le nouveau champion mondial. *C'est écrire l'histoire, laisser une marque. Je ne crains personne, sauf Dieu.* »

EN BREF

ANDY RUIZ

30 ans.
1,88 m.
121,500 kg.
Professionnel depuis mars 2009.

- **Palmarès :** 33 victoires (dont 22 par K.-O), 1 défaite.
- **2019 :** champion du monde des lourds unifiés.

Toronto enfin en pleine lumière

Après des années de doute et de désillusions, les Raptors ont enlevé leur premier titre en renversant l'une des plus grandes dynasties de la NBA.

L'ÉQUIPE DU 15 JUIN 2019

MAXIME MALET

Soixante-treize ans après le premier match NBA (appelée BAA à l'époque) accueilli par les Toronto Huskies, opposés aux New York Knicks, la boucle est bouclée. Le trophée Larry O'Brien, qui récompense le champion, va enfin se rendre au Canada – également pays d'origine de l'inventeur du basket-ball, James Naismith – dans les valises des Toronto Raptors. De cette épopée, finie dans les effluves de champagne d'un vestiaire détrempé à l'Oracle Arena, l'histoire retiendra que les Raptors ont mis un terme à la domination des Golden State Warriors.

« Toronto est un vrai champion, très bon défensivement, qui partage le ballon et joue un beau basket », a détaillé Steve Kerr toujours aussi classe dans la défaite. Après cet hommage, l'entraîneur des Warriors a bien entendu parlé des graves blessures qui ont frappé son groupe pendant les finales (Kevin Durant lors du match 5, Klay Thompson lors du match 6). Serviette « champions » sur le dos, Nick Nurse, le coach des Raptors, a sobrement reconnu : *« Les Warriors ont été très malchanceux en finale, soyons honnête. C'était très dur pour eux, mais ils ont continué à jouer. »*

Ce cœur montré par les doubles champions déchus ne donne que plus de relief au titre de Toronto. Après cinq saisons de désillusions en play-offs, ils rejoignent les Dallas Mavericks de 2011, le Miami Heat de 2006 et les Detroit Pistons de 2004 parmi les récents champions inattendus. *« Ça a été douze mois dingues »*, a soufflé Nurse.

Pour la franchise canadienne, le tournant se situe le 18 juillet 2018 avec l'arrivée de Kawhi Leonard (et Danny Green, échangés contre DeMar DeRozan, ainsi que Jakob Poeltl et un choix de draft) en provenance de San Antonio. Malgré une saison blanche, l'ailier est arrivé en confiance au Canada. Le lendemain, Leonard envoie un texto à Kyle Lowry, leader de l'équipe et grand ami de DeRozan. *« Je lui ai dit : "Je sais que ton meilleur pote est parti et que tu es en colère mais faisons en sorte que cela fonctionne et réalisons quelque chose de spécial" »*, a dévoilé Leonard.

> **"Les gens ne nous voient pas comme une super équipe parce qu'on s'est construits de manière non traditionnelle. On n'a pas de star glamour"**
>
> FRED VANVLEET

Le début de saison (vingt victoires en vingt-quatre matches) confirme que Leonard n'est plus blessé. La montée en puissance de Pascal Siakam se dessine. Puis, après un hiver poussif, la franchise frappe à nouveau côté transferts. Exit Jonas Valanciunas, bienvenue à Marc Gasol. L'arrivée de l'Espagnol alerte la Ligue. L'effectif est d'une densité exceptionnelle, taillé pour la défense et les batailles des play-offs, Orlando (4-1), Philadelphie (4-3) et Milwaukee (4-2) peuvent en témoigner. *« Quand l'échange a eu lieu, on voyait les possibilités juste en regardant l'effectif*, a reconnu le pivot qui forme avec Pau (2009 et 2010 avec les Lakers) la première fratrie titrée en NBA. *On s'est tous investis, entraidés pour devenir une équipe digne du titre. »* Fred VanVleet, très bon en sortie de banc avec 22 points dont 12 dans le dernier quart-temps, a son idée sur la raison pour laquelle Toronto a continué à avancer dans l'ombre, même armé. *« Les gens ne nous voient pas comme une super équipe car on est construits de manière inhabituelle*, a analysé le meneur remplaçant. *On n'a pas de star glamour. À part Kawhi, aucun de nous ne fait partie du "club" des joueurs adulés des fans. »*

Au-delà de son origine canadienne, Toronto est le champion le plus international de l'histoire : un président nigérian (Ujiri), un entraîneur adjoint italien (Sergio Scariolo), un autre congolais (Patrick Mutombo), deux joueurs espagnols (Gasol et Serge Ibaka, né en RD Congo), un Camerounais (Pascal Siakam) et un Britannique (OG Anunoby). *« Ça nous a rapprochés*, estime Siakam, drapeau de son pays sur les épaules. *On développe des amitiés particulières avec ceux qui parlent la même langue, l'espagnol, le français ou l'anglais. Ces cultures représentent bien Toronto. »* Et sa force que plus personne ne peut désormais ignorer.

La série des Raptors

Toronto Raptors	118-109	Golden State
Toronto Raptors	104-109	Golden State
Golden State	109-123	Toronto Raptors
Golden State	92-105	Toronto Raptors
Toronto Raptors	105-106	Golden State
Golden State	110-114	Toronto Raptors

Les dix derniers vainqueurs

2019 Toronto
2018 Golden State
2017 Golden State
2016 Cleveland
2015 Golden State
2014 San Antonio
2013 Miami
2012 Miami
2011 Dallas
2010 LA Lakers

Le « raptor » Kahwi Leonard prend le dessus sur Andre Iguodala (Golden State) lors du match 6.

RUGBY TOP 14 finale Toulouse 24-18 Clermont

Yohann Huget inscrit son deuxième essai (55e), qui offre neuf points d'avance aux Toulousains.

Un grand 20 de sept ans d'âge

Plus précis et plus conquérants, les Toulousains ont su contenir les Clermontois pour hisser leur vingtième bouclier de Brennus, sept ans après leur dernier.

L'ÉQUIPE DU 16 JUIN 2019

PIERRE MICHEL BONNOT

En décrochant son premier titre depuis 2012 après une saison qu'il aura dominée de bout en bout, le Stade Toulousain a fait respecter une forme de logique et même de justice. Mieux, avec ce troisième titre depuis 2010, il devient, devant Clermont et Castres (deux titres) le champion d'une décennie à éclipses.

Il y aura mis tout le cœur qui sembla, par moments, manquer à des Clermontois émoussés mais, surtout, il aura su faire preuve, en dépit de la jeunesse de sa charnière, d'une lucidité et d'un réalisme épatants. Car cette finale ne donna pas lieu, bien entendu, à l'orgie de jeu de relances imaginée par les plus optimistes. C'est que, comme on pouvait le redouter, cette finale entre les deux formations les plus séduisantes de la saison s'était engagée sur un mode mineur, pour ne pas dire barbant.

Il n'y a qu'un pas de la prudence à la crispation. Et après que le Stade de France, garni jusqu'au toit de supporters particulièrement remontés, eut hué le trio présidentiel Macron-Laporte-Goze sans qu'on puisse déterminer lequel des trois l'emportait au sifflomètre, le festival des bourdes débuta.

C'est sur les fondamentaux, le combat au sol, la conquête et la discipline que Toulouse allait se recentrer pour forcer son destin

Oh ! il y avait bien eu un échange de politesses au pied pour récompenser une volonté de faire bouger le ballon, et un essai de Yoann Huget pour permettre à Toulouse de prendre l'avantage à la demi-heure de jeu. Mais le spectacle respirait la nervosité. On était loin de la finale de rêve rêvée par les rêveurs.

Curieusement, c'est la plus expérimentée des deux formations qui était la plus fébrile. Et dans la foulée d'un renvoi directement expédié en touche par Ramos, Clermont alignait : mêlée écroulée, chandelle pourrie de Laidlaw pour mettre toute son équipe hors jeu (18e), passage à vide sur combinaison et passe en avant de Laidlaw sur relance, le tout entrecoupé de mêlées à refaire, pour qu'un faux rythme s'impose peu à peu.

À la mi-temps, Toulouse, pourtant gêné en touche malgré le forfait de fin d'échauffement d'Arthur Iturria (blessure aux ischio-jambiers gauches) et pas franchement dominateur en mêlée fermée, menait de deux maigres points (11-9) pour s'être montré un poil plus entreprenant et un rien moins fébrile.

Si cette finale était demeurée plutôt « recroquevillée », c'était autant parce que Clermont avait semblé retrouver un peu des états d'âme de l'ASM de toujours que parce que la jeunesse toulousaine semblait soudain avoir perdu sa fraîcheur et son insouciance de l'hiver. C'est donc sur la présence dans le combat au sol, la conquête et la discipline que Toulouse allait se recentrer en début de deuxième mi-temps. Sur son premier ballon volé en touche, il allait accumuler les temps de jeu dans l'axe avant d'envoyer Huget inscrire son deuxième essai de la soirée d'un bon pas. Et comme dans le même temps, Clermont, moins précis qu'à l'ordinaire sur ses lancements de jeu et moins agressif dans le combat, accumulait les scories et les fautes au sol, Toulouse put maintenir la concurrence à distance grâce à la régularité de Thomas Ramos.

Revenu à cinq points à dix minutes de la fin et enfin constant en conquête, Clermont ne parvint pas, cependant, à se lancer franchement ni même à procurer ne serait-ce qu'un ballon d'attaque potable à Damian Penaud ou Isaia Toeava qui piaffaient d'impatience. Et comme un symbole d'une finale ou le don de soi et la cohésion collective avaient tenu lieu de talent princeps à des Toulousains morts de faim, c'est le minuscule et immense Cheslin Kolbe qui gratta au sol la dernière munition clermontoise pour donner aux siens leur premier Brennus depuis sept ans.

Les dix derniers vainqueurs

2019 Toulouse
2018 Castres
2017 Clermont
2016 Racing 92
2015 Stade Français
2014 Toulon
2013 Castres
2012 Toulouse
2011 Toulouse
2010 Clermont

Jérôme Kaino brandit, devant le public toulousain, le bouclier de Brennus, entouré par ses partenaires Sofiane Guitoune (à gauche) et Cheslin Kolbe.

> « Quand je disais, il y a trois ans, que cette génération gagnerait avant 2020, tout le monde me riait au nez. Mais je savais que ça arriverait. »
>
> **UGO MOLA, ENTRAÎNEUR DE TOULOUSE**

Alonso n'en demandait pas tant

La Toyota de Conway-Kobayashi-Lopez avait course gagnée quand une crevaison mal détectée l'a obligée, dans la dernière heure, à laisser la victoire à la voiture sœur d'Alonso, Buemi et Nakajima.

L'ÉQUIPE DU 17 JUIN 2019
STÉPHANE BARBÉ

Leur passage sur la ligne d'arrivée, sous cette horloge 385 fois effacée, dans le même tour que la voiture gagnante, aurait pu être triomphal. Il fut quasi anonyme. Une simple deuxième place concrétisée au milieu d'un peloton de GT et de LMP2. Quelques minutes et un podium plus tard, Mike Conway, Kamui Kobayashi et Jose Maria Lopez se retrouvaient dans cette petite salle d'interviews, au dernier étage du bâtiment des stands. Ils y attendaient un autre trio. Fernando Alonso, Sébastien Buemi et Kazuki Nakajima. Juste des vainqueurs (*), pas des héros.

Kobayashi avait encore les yeux dans le vague. Lopez, la pupille hallucinée, et Conway, le regard interrogatif. Comme s'ils se demandaient toujours ce qui avait bien pu leur tomber sur la tête. Une sorte de coma émotionnel depuis le 377e tour, une heure plus tôt, quand leur Toyota numéro 7 à qui la victoire devait revenir, s'était retrouvée au ralenti, roue arrière droit crevée. Une histoire de fous !

Au 376e tour, José Maria Lopez compte plus de deux minutes d'avance sur la voiture sœur, la numéro 8 de Alonso-Buemi-Nakajima, déjà bien contents de terminer l'épreuve sur un titre de champions du monde des pilotes – le deuxième pour Buemi (2014), le premier pour Alonso et Nakajima (et pour un pilote japonais). Le team soupçonne une crevaison lente sur la roue avant droit de la Toyota numéro 7 – perte de pression relevée par un capteur. On change la roue au stand. Le proto repart. Horreur ! La crevaison est toujours là. Mais sur la roue... arrière droit.

> **"Des applaudissements, s'il vous plaît, pour la numéro 7. J'espère qu'ils gagneront l'an prochain"**
> FERNANDO ALONSO

La machine s'est enrayée, l'électronique a bafouillé, le capteur s'est embrouillé dans ses transmissions. Il faut rentrer doucement, ne pas risquer de tout arracher : suspension, veaux, vaches et cochons. Repasser par les stands et laisser filer Nakajima sur la numero 8. Ravaler ses espoirs de victoire patiemment bâtie depuis vingt-trois heures. « *On ne mérite pas tellement de gagner*, estime Sébastien Buemi devant les micros. *On a du mal à en profiter. Ce n'est pas juste pour la numéro 7, qui avait fait une très belle course. Depuis le coup du sort de 2016* (panne à l'amorce du dernier tour), *je sais ce que c'est que perdre brutalement tout près de l'arrivée !* » Nakajima aussi compatit sincèrement : « *C'est une fin si triste.* » Sur le podium, Alonso réclamera, en français, des *« applaudissements, s'il vous plaît, pour la numéro 7. J'espère qu'ils gagneront l'an prochain »*.

(*) L'équipage déjà victorieux l'an passé.

le classement

1. Buemi-Nakajima-Alonso (SUI-JAP-ESP, Toyota TS050 Hybrid), 385 tours en 24 h 0'10''574
2. Conway-Kobayashi-Lopez (GBR-JAP-ARG, Toyota TS050 Hybrid), à 16''972
3. Petrov-Alechine-Vandoorne (RUS-RUS-BEL, SMP Racing-BR Engineering BR1-AER) à 6 tours

...5. **Laurent-Berthon**-Menezes (USA, Rebellion R13-Gibson) à 9 tours.

« On était moins rapides »

Après la course, le champion espagnol (37 ans) était presque gêné de commenter sa victoire, conscient de ne l'avoir pas totalement méritée.

L'ÉQUIPE DU 17 JUIN 2019
STÉFAN L'HERMITTE

« Deux participations au Mans (2018, 2019), deux victoires, ça fait du cent pour cent...

C'est incroyable et inattendu. Je sais que, souvent, les 24 Heures du Mans choisissent leur vainqueur. Mais là, on n'était pas dedans. On ne trouvait pas le rythme, on était clairement moins rapides, et on avait renoncé à la victoire. Et puis, à une heure de la fin, on a eu ce coup de chance. Ça arrive. Je n'étais pas encore là, mais j'avais été marqué en 2016, par la panne de Toyota, à l'amorce du dernier tour. Que faire contre la fatalité ? C'est triste, car mes coéquipiers sont aussi des amis. Plusieurs fois, on est revenus dans le sillage de la n° 7, grâce à la safety-car, mais intrinsèquement leur voiture allait plus vite que la nôtre.

Vous aurez fait un passage éclair en Endurance...

J'ai besoin d'être libre. Je vais très vite recourir, dans d'autres disciplines. Mais je reviendrai au Mans. Cette course a vraiment quelque chose de particulier. Et elle te donne la chance de pouvoir courir longtemps, même à quarante-cinq ans, même plus vieux.

Au contraire des 24 Heures du Mans, votre expérience aux 500 Miles d'Indianapolis a été un échec (non qualifié). Comment le vivez-vous ?

On n'était pas prêts, on a eu le résultat qu'on méritait. Prends le résultat, apprends, et essaie encore. Mais c'est encore plus compliqué que Le Mans. Il faut le bon package technique, mais aussi de la chance : un drapeau jaune, une mauvaise décision, et c'est fini. »

RUGBY MONDIAL MOINS DE 20 ANS finale Australie 23-24 France

La joie du trois-quarts centre de Montpellier Arthur Vincent (13) et du talonneur Rayne Barka (au premier plan).

Vingt ans et déjà spécialistes

Pour la deuxième année consécutive, les Bleuets ont été sacrés champions du monde, cette fois contre l'Australie. Le succès d'une génération talentueuse, à quatre ans de la Coupe du monde en France.

L'ÉQUIPE DU 23 JUIN 2019

ADRIEN CORÉE

L'histoire retiendra que l'équipe de France des moins de 20 ans est allée chercher son deuxième sacre mondial d'affilée à Rosario, de l'autre côté de l'océan Atlantique, en Argentine, au bout d'un combat de tous les instants. Un match d'hommes pour ces gamins, qu ont gagné cette finale au mental. Combien de fois auraient-ils pu craquer face à ses Wallabies plus bondissants que jamais ? Dès la première minute, déjà, l'ailier australien Mark Nawaqanitawase, au nom aussi imprononçable que ses appuis déroutent, bonifiait la percée de son arrière Lucas et plongeait dans l'en-but (0-5). Entrée en matière cauchemardesque, vite corrigée par Léo Coly qui servait le talonneur Théo Lachaud (7-5, 7e).

Puis ce fut un long chassé-croisé : à l'essai trop facilement inscrit par le talonneur aussie Lonergan, les Bleuets répondaient par la force de leur pack pour faire marquer Alex Burin. Le début du second acte fut un deuxième supplice : une séquence en copier-coller de la deuxième période contre l'Afrique du Sud en demi-finales, où les Bleuets l'avaient emporté grâce à leurs plaquages. Cette fois, l'Australie marquait d'abord en force par son flanker Wilson (18-20, 48e) et il fallut tout le punch d'Arthur Vincent, les pattes de Matthis Lebel et le coffre de Killian Geraci pour que les Bleuets s'installent de nouveau dans le camp adverse. Enfin, le pied de Carbonel (14 points) et une mêlée dominatrice rapprochaient la France d'un nouveau titre (24-23, 66e), et sur une nouvelle démonstration d'agressivité défensive, les jeunots tricolores faisaient tomber le ballon des mains australiennes. L'en-avant de la délivrance.

Les Bleuets levaient les bras et couraient en tous sens, laissant éclater une joie démultipliée par la saveur du travail accompli. *« On a su se remettre la tête à l'endroit,* souriait Louis Carbonel. *Cette Coupe du monde a été une aventure humaine exceptionnelle ! »* Les Français, emportés par l'enivrante euphorie de la victoire, se fendirent même d'une dernière mêlée foutraque autour de leur capitaine Arthur Vincent et du trophée, tenu à bout de bras vers le ciel nuageux d'Argentine. Ce doublé ne garantit certes rien, notamment pour le Mondial 2023 à domicile, mais il offre aux Bleuets un très joli passeport pour l'avenir.

trois sacres trois histoires

2006 Les Pionniers

Le premier sacre des jeunes tricolores. À domicile, les moins de 21 ans (la catégorie moins de 20 ans sera créée en 2008) décrochent le titre face à l'Afrique du Sud (24-13) à Clermont. La victoire d'une génération qui s'apprête à prendre le pouvoir chez les "A" peu après. Guirado, Domingo, Ouedraogo, Chouly, Beauxis, Mermoz, Médard... Les entraîneurs Didier Retière et Émile Ntamack deviendront, eux, adjoints de Marc Lièvremont chez les Bleus, à partir de 2008.

2018 La génération « Abdoul »

Douze ans après, les Bleuets sont à nouveau couronnés chez eux. Après un parcours en poules compliqué, la France enchaîne un beau triptyque face à l'Afrique du Sud (46-29), la Nouvelle-Zélande (16-7) et l'Angleterre (33-25), en finale à Béziers. Soudés autour de leur mascotte, « Abdoul », un Playmobil pirate géant, les Bleuets du capitaine Arthur Coville font souffler un vent de fraîcheur. Demba Bamba et Romain Ntamack seront sélectionnés pour le Mondial au Japon.

2019 Héros à Rosario

Les Bleuets réalisent l'exploit de conserver leur titre mondial, une première pour le rugby français. Avec huit « jeunes anciens » de 2018 (Gros, Beria, Geraci, Zegueur, Joseph, Carbonel, Lebel, Vincent), l'équipe managée par Sébastien Piqueronies a su relever la tête après son échec en phase de poules contre l'Argentine (26-47) et vient à bout des Sud-Africains en demi-finales (20-7) puis des Australiens en finale à Rosario (24-23).

L'Asvel s'envole

Villeurbanne a éteint Monaco dans les deux derniers quart-temps du match 5 et décroché son dix-neuvième titre de champion de France. Le deuxième, déjà, depuis la prise de contrôle de Tony Parker en 2014.

L'ÉQUIPE DU 26 JUIN 2019

YANN OHNONA

Quand les confettis ont commencé à envahir l'Astroballe, que Charles Kahudi, le capitaine de l'Asvel, submergé par l'émotion, s'est mis à hurler sa joie et sa rage, haranguant le public, la lèvre encore ensanglantée après l'ultime bataille, le thermomètre approchait les 37 degrés.

En tribune, Tony Parker, pas une goutte de sueur sur le front, a pris dans ses bras son ami d'enfance Gaëtan Muller, président délégué avec qui il a repris Villeurbanne en 2014. Puis il a descendu les gradins, grimpé sur le podium entouré de ses soldats, casquette de champion sur la tête. Image habituelle, finalement, pour le « Kid de Fécamp », qui a remercié le public avant de se noyer dans la masse des 5 800 spectateurs en nage et de lancer un « I Will Survive » de circonstance.

Son Asvel a en effet survécu au couperet du match décisif et étouffé Monaco lors d'une deuxième mi-temps redoutable d'intensité (20 points seulement marqués par la Roca Team, 6 dans le troisième quart, 66-55 au final), symbolisée par l'abnégation de DeMarcus Nelson, commandant en chef de sa défense et MVP de la finale.

Le meneur Theo Maledon, entouré de ses dirigeants, Gaëtan Muller (à gauche) et Tony Parker.

Après la Coupe de France et le titre féminin, le club déjà le plus titré de France a décroché sa dix-neuvième étoile. Il aura fallu moins de cinq ans à Parker pour décrocher sa deuxième bague, cette fois en tant que dirigeant. Mais, même sans short, l'ex-meneur des Bleus a pesé. Son équipe, à la peine dans le deuxième quart-temps, avait dévissé (8-18). À la mi-temps, « TP » était dans le vestiaire, et comme à la mi-temps de la Coupe de France, quand son équipe était menée par Le Mans, a distillé des mots bien sentis pour renverser le momentum.

> **“Les planètes semblent alignées. Je suis impatient de voir la suite ”**
>
> TONY PARKER, PRÉSIDENT DE L'ASVEL

« Je n'aime pas parler de ce que je dis à la mi-temps, éludait l'intéressé. *Mais, oui, cela ressemblait à la finale de la Coupe. La réaction m'a plu. On gagne le troisième quart de dix-huit points (24-6), notre défense se réveille. Je ne pensais pas qu'on pourrait tenir Monaco. »*

A. J. Slaughter, fantomatique, était revenu à la vie. Mantas Kalnietis, transparent, avait retrouvé son costume de leader de la Lituanie. Villeurbanne faisait pleuvoir les 3 points et, à court de rotations, Monaco, avec qui le malheureux Paul Lacombe a vécu une sixième défaite d'affilée en finale, rendait les armes.

« Je suis fier et heureux pour mes joueurs et moi, mais je pense que je me rendrai compte quand je serai au bord de la mer, au Monténégro, glissait dans un sourire Zvezdan Mitrovic, vaincu avec Monaco l'an passé, qui célèbre son premier titre avec l'Asvel. Ce succès, logique après une saison dominée du début à la fin (avec des quarts en Eurocoupe), marque un changement d'ère. Villeurbanne va changer de dimension. L'abandon du vert pour de nouvelles teintes noires et blanches ont permis d'accueillir l'OL. « *C'est un sentiment incroyable*, soufflait encore TP. *Gagner deux titres en quatre ans, c'est difficile. Les planètes semblent alignées pour nous. Je suis impatient de voir la suite. »*

Le Villeurbannais Adreian Payne est contré irrégulièrement par le Monégasque Georgi Joseph. Insuffisant pour stopper l'élan de l'Asvel.

56

Il faut remonte à la saison 1962-1963, il y a 56 ans, pour retrouver un club sacré champion de France chez les hommes et chez les femmes. Il s'agissait du Paris Université Club (PUC).

les dix derniers vainqueurs

2019 Asvel
2018 Le Mans
2017 Chalon
2016 Asvel
2015 Limoges
2014 Limoges
2013 Nanterre
2012 Chalon
2011 Nancy
2010 Cholet

la série de l'Asvel

Asvel	81-71	Monaco
Asvel	73-67	Monaco
Monaco	97-62	Asvel
Monaco	89-81	Asvel
Asvel	66-55	Monaco

21 JUIN

NATATION **MEETING DES SEPT COLLINES.** À Rome, Florent Manaudou s'élance pour la première fois après deux ans et demi d'arrêt. Sur 50 m, concentré « comme pour une finale olympique », il réalise 21''72 en finale, après 21''73 en série. Seul le Brésilien Bruno Fratus l'a devancé (21''42). De quoi être rassuré sur son potentiel.

16 JUIN

MOTOGP **CHAMPIONNAT DU MONDE.** Au Grand Prix de Catalogne, à Montmelo, Fabio Quartararo, deuxième derrière l'Espagnol Marc Marquez, s'est offert son premier podium. À 20 ans et 57 jours, il est le cinquième plus jeune pilote à monter « sur la boîte ». Un exploit, d'autant qu'il disputait là sa septième course dans la catégorie reine.

26 JUIN

VOILE **SOLITAIRE DU FIGARO.** Yoann Richomme a mené de bout en bout et remporté sa deuxième Solitaire du Figaro, à Dieppe. Vainqueur de la première étape à Kinsale (Irlande), il n'a pas lâché la tête jusqu'à l'arrivée malgré la présence, dans la course, de plusieurs vétérans comme Michel Desjoyeaux, Loïc Peyron ou Alain Gautier.

14 JUIN

BOXE WORLD BOXING TOUR – IBO – POIDS LÉGERS. À Cherbourg, Estelle Mossely a conquis, face à la Suédoise Lucy Wildheart, aux points, le titre IBO de sa catégorie. Si cette ceinture n'est qu'une étape, elle récompense une boxeuse qui poursuit sa marche en avant ininterrompue depuis son titre olympique à Rio en 2016.

2 JUIN

AVIRON CHAMPIONNATS D'EUROPE. Sur le Rotsee de Lucerne, Claire Bové (à gauche) et Laura Tarantola terminent deuxièmes du deux de couple poids légers, seulement devancées par la paire biélorusse. Elles ont apporté aux Bleus leur unique médaille en catégorie olympique dans ces Championnats d'Europe.

30 JUIN

ATHLÉTISME MEETING DE STANFORD. Christian Coleman (au centre) devance Justin Gatlin (à dr.) et réalise, en 9''81 (-0,1 m/s), le meilleur chrono de l'année sur 100 m. Dans le même meeting, Sifan Hassan fait de même sur 3 000 m : 8'18''49. Et non loin de là, à Long Beach, Christian Taylor triple-saute à 18,14 m ! Énorme week-end.

Les Bleues accueillent le monde

La huitième Coupe du monde féminine de football a démarré en fanfare. Le grand rendez-vous mondial s'invitait en France et les Bleues, premières en scène dans un Parc des Princes plein à rabord, assomment les Sud-Coréennes (4-0) dès le match d'ouverture.

Ce sera un mois de fête, des stades pleins, des audiences télé remarquables, une couverture médiatique encore inédite. L'équipe de France, emmenée par sa capitaine Amandine Henry et victorieuse du Brésil en huitièmes de finale, s'arrêtera néanmoins en quarts de finale, battue par les Américaines. Celles-ci comptent dans leurs rangs LA star incontestée de ce Mondial : Megan Rapinoe. À la fois excellente technicienne et militante anti-Trump très écoutée, l'attaquante offrira à son équipe, en finale, face aux Néerlandaises (2-0), une quatrième couronne.

Kadidiatou Diani, secondée par Amandine Henry (n°6), fausse compagnie à deux Sud-Coréennes.

La fanfare bleue

Irrésistibles en première période, les Bleues ont réussi une magnifique entrée en compétition face à la Corée du Sud, portées par les taulières, Henry et Renard.

L'ÉQUIPE DU 8 JUIN 2019
VINCENT DULUC

On n'est donc pas obligé de faire son entrée dans le grand monde en regardant le bout de ses pieds. En démontant complètement la Corée du Sud (4-0), les Bleues ont été largement à la hauteur d'un match attendu depuis deux ans, depuis toujours. Elles ont frappé fort d'entrée, au fil d'une première période impressionnante, par le mouvement, l'impact et la variété offensive. La seconde période, c'est entendu, a été plus décevante et sauvée par un but magnifique d'Amandine Henry (85e). Mais on peut commencer par féliciter cette équipe d'avoir été aussi ponctuelle au rendez-vous, au cœur d'une médiatisation soudaine et d'une popularité qui pouvait la déstabiliser.

La victoire et ses reliefs amortiront la mise à l'écart de Valérie Gauvin, punie par Corinne Diacre pour retard à l'entraînement. Et avec Delphine Cascarino côté droit, les Bleues n'auront mis que neuf minutes à entrer dans leur Coupe du monde et à rendre le Parc joyeux, avec une action initiée par Henry et finie par Le Sommer. Passé l'intermède du VAR, toujours aussi tue-l'amour, sur un deuxième but refusé à Mbock, les Bleues ont salé la note par deux corners repris par la tête de Wendie Renard (35e, 45 + 2e), inaccessible aux Sud-Coréennes à ces altitudes et dans un timing aussi juste.

À la mi-temps, ces dernières n'avaient pas tiré une fois au but. Dans un rapport de forces aussi déséquilibré, alors que la Corée est l'une des quinze meilleures nations du monde, ce premier match peut laisser penser que la France aura un peu de marge, peut-être. Le but est à la fois le prochain match et beaucoup plus. C'est pour ça qu'on a jugé le tour d'honneur un poil démonstratif. Ce n'était que le premier jour, mais c'était vraiment bien.

1
C'est la première fois de son histoire que l'équipe de France remporte ses trois matches de phase de groupes en Coupe du monde féminine.

La conquête en souffrant

Les Bleues ont eu plus de mal face aux Norvégiennes, et Wendie Renard a marqué contre son camp. Mais les huitièmes sont en vue.

L'ÉQUIPE DU 13 JUIN 2019

VINCENT DULUC

Le premier match pour la fête, le deuxième pour souffrir, le troisième pour souffler, peut-être. L'équipe de France traverse son premier tour en cochant les cases attendues, dans les temps de passage espérés, semant le bonheur un jour, la joie d'une victoire en souffrant un autre jour. Après la Corée du Sud (4-0), les Bleues sont vraiment entrées dans la compétition avec un vrai match, qu'elles n'ont pas toujours maîtrisé, notamment dans les vingt premières minutes. Ensuite, elles ont su installer des temps forts, rééquilibrant le rapport de forces et le danger. Les Bleues ont fait ce qu'il fallait pour monter en régime, percutées par les contres de Reiten et Graham Hansen, mais capables de recouvrer leurs esprits et leur agressivité, pour défendre en avançant.

Le match a décollé en seconde période sur fond d'histoires fortes, et d'histoires individuelles. Celle de Valérie Gauvin, qui n'avait pas pesé, en première période, mais a marqué sur son premier ballon après la pause (46e) et qui a enchaîné sur une demi-heure de haut niveau.

L'autre histoire est celle de Wendie Renard, qui a ouvert son pied pour prolonger un ballon venu de la gauche, mais qui a marqué contre son camp, semblant hésiter sur le geste adéquat (54e). Il a fallu que les autres lui offrent oubli et rédemption, et lorsque Le Sommer a transformé le penalty du 2-1 (72e), celui de la victoire, Renard l'a soulevée de terre, et de soulagement. Elle sait, comme tout le monde, qu'il y a les erreurs qui se comptent en points perdus, et celles qui comptent moins. Mais ce penalty est encore une autre histoire, celle du VAR et des zones grises, des jugements incertains et des situations réversibles : Engen avait touché le ballon avant de frapper la cuisse de Torrent, qui était venue au contact, mais la Norvégienne n'avait sans doute pas assez contrôlé son geste aux yeux de Bibiana Steinhaus. C'est sur cette décision que la soirée a basculé, pendant que le public niçois accompagnait les Bleues jusqu'au bout. Elles auront su entretenir l'élan populaire. Jusque-là, tout va bien, mais le chemin sera long. Mais beau. Mais long

Aparté, dans un match tendu, entre Corinne Diacre (à droite), la sélectionneuse des Bleues, et sa capitaine Amandine Henry, durant un arrêt de jeu.

Nigeria 0-1 France

Merci le VAR

Les Bleues sont qualifiées pour les huitièmes, mais cette troisième victoire en trois matches leur a été offerte par l'arbitre du VAR qui avait aidé les Bleus en finale de la Coupe du monde 2018.

L'ÉQUIPE DU 18 JUIN 2019

VINCENT DULUC

Il suffit d'aimer le foot, au fond, pour n'avoir aimé ni la manière dont l'équipe de France a joué, ni la manière dont elle a gagné. Voici une victoire honteuse, dans plusieurs sens du terme, car la décision qui l'a rendue possible se dresse contre l'esprit et l'histoire de ce jeu, car les Bleues ne peuvent pas être fières de cette rumeur rampante d'un arbitrage à domicile et parce que presque tout le reste de leur match a été médiocre et anémique, surtout dans une première période terrifiante de faiblesse et d'ennui.

C'est ainsi que l'on réalise un carton plein au premier tour, avec une troisième victoire face au Nigeria (1-0), mais ce n'est pas ainsi que l'on entretient un élan, ni une affection. Ce n'est pas la peine de vouloir faire entrer la Coupe du monde féminine dans le salon si c'est pour l'accompagner de décisions arbitrales qui la décrédibilisent et jettent une ombre sur le début de parcours des Bleues, déjà favorisées face à la Norvège (2-1).

Le retour de Danny Makkelie

Le VAR était fondé à signaler le penalty pour une faute de Ebere sur Asseyi, mais Mme Borjas n'aurait jamais dû le faire retirer, après le premier échec de Wendie Renard, sous prétexte que la gardienne Nnadozie avait un pied devant la ligne. 99 % des penalties de l'histoire ont été inscrits alors que les gardiens avaient anticipé, choisi un côté, et le foot féminin ne mérite pas que quelques psychorigides de la loi 14 mènent ce combat en son nom, et surtout pas en faveur du pays organisateur. Renard a retiré son penalty, a marqué, et le Roazhon Park a fêté joyeusement cette victoire.

Mais il y avait de quoi, sur ce coup-là, être désolé d'avoir gagné et, au-delà de l'histoire de ce troisième match raté, il y aura eu un lien incroyable entre la finale de la Coupe du monde à Moscou (4-2 face à la Croatie) et la soirée du Roazhon Park : le Néerlandais Danny Makkelie, arbitre principal du VAR à Rennes, était le troisième assistant du VAR en finale à Moscou, ce qui suffit largement à faire de lui un ami des Français (*), voire un citoyen d'honneur de la Grande-Motte. Et à part ça ? Les Américaines, qui regardaient le match en dînant ont peut-être repris deux fois du dessert, parce que les Bleues ont manqué leur première période, avec quatre changements qui n'ont rien donné, des difficultés à gérer les transitions du Nigeria et une animation offensive inexistante. Techniquement, collectivement, cela aura été une bouillie, le premier tir cadré venant de Majri à la 65e minute…

Le plus ennuyeux, c'est que les Bleues auront seulement vraiment réussi leur première période de la compétition, face à la Corée du Sud (4-0). Ce dernier match de poules a surtout suscité l'envie, globalement, de passer très vite à la suite.

(*) Il avait signalé une main de Perisic dans la surface.

> **“Je pensais que l'équipe de France allait être meilleure. La dernière fois, elle nous avait battues 8-0. (À propos du penalty retiré) Je suis énervée. Normalement, ils doivent nous montrer un ralenti. C'est une décision très dure qui change le match. C'est très injuste. Je me suis mise derrière la ligne avant le tir, justement pour éviter ça.”**
>
> **CHIAMAKA NNADOZIE, GARDIENNE DU NIGERIA**

L'ÉQUIPE DU 24 JUIN 2019

VINCENT DULUC

Juste une lueur dans la nuit

Au bout d'un match d'abord raté, et longtemps irrespirable, les Bleues ont arraché leur qualification pour les quarts de finale grâce à un but d'Amandine Henry en prolongation.

C'est déjà ça, et c'est même déjà beau, parce que l'aventure continue. Mais l'espérance se lève doucement, un peu cabossée par sa soirée, un peu tremblante face à la perspective d'avoir à retrouver les États-Unis, meilleure équipe du monde. Avoir vu l'équipe de France éliminer le Brésil (2-1, a.p.) était tout ce qu'il fallait espérer, mais rien de ce que l'on a vu ne peut faire espérer quoi que ce soit, à première vue, tant il y avait mieux à faire pour être à la hauteur de l'événement et de l'adversaire, vieillissant et agréablement surpris de n'être pas plus bousculé. Il y avait mieux à faire que ce match longtemps sans rythme, sans qualité technique, que les Bleues ont été incapables d'emballer, qu'elles ont traversé dans l'impuissance d'un système en échec.

Mais elles l'ont gagné, ce match à moitié raté qu'elles n'ont jamais maîtrisé. Elles ont joué sur un fil, mais avec une générosité qui les a portées, finalement, lorsque tout est devenu tendu et incertain, au cours de deux minutes qui ont bouleversé leur destin. L'enchaînement du sauvetage incroyable de Griedge Mbock sur le tir de Debinha (105e + 1), alors que Bouhaddi était battue, et du but d'Amandine Henry reprenant le coup franc d'Amel Majri (106e), juste après la mi-temps de la prolongation, dit tout ce qui se joue dans ces minutes irrespirables, et à quoi cela se joue : à trois fois rien. Mais, comme d'habitude, en Coupe du monde, le Brésil a perdu face à la France sur un but d'Henry à la réception d'un coup franc.

Les Bleues n'ont pas joué ce match comme un pays organisateur en conquête

Les Bleues méritaient autant que les Brésiliennes de passer, et peut-être même plus, mais pour en être persuadé, il faut essayer d'oublier les quatre-vingts premières minutes, à peu près. Figées dans les stéréotypes de leur jeu (on donne le ballon à Diani si on y arrive, sinon jeu long des centrales vers le côté opposé), elles n'ont pas joué ce huitième de finale comme elles se l'étaient promis, ne se comportant jamais comme un pays organisateur en conquête, mais comme une équipe rejointe par la pression et par l'impuissance.

Le VAR a été au cœur de la soirée, et cette fois il n'a pas été l'ami des Bleues, annulant le but de Gauvin après la sortie de Barbara qui avait les mains sur le ballon mais ne le contrôlait pas forcément quand la Française l'a repris (23e), et accordant à Thaisa une égalisation après un hors-jeu signalé puis annulé (63e). Audelà, on a guetté en vain la flamme qui doit accompagner pareille soirée, et ces langueurs ont participé à éteindre l'ambiance : longtemps, on a seulement entendu le bruit que fait la trouille quand les minutes défilent. Les choix de Corinne Diacre n'ont pas beaucoup aidé, non plus, cette équipe à trouver des solutions offensives. On ne peut pas lui reprocher d'avoir essayé, plutôt de n'avoir pas trouvé, et de s'être arc-boutée trop longtemps à son choix de départ, à ce 4-4-2 qui n'a rien donné de bon, et qui a enfermé Diani dans une zone où elle ne pouvait jamais prendre de vitesse.

Les seuls bons mouvements sont venus lorsque la Parisienne s'est retrouvée sur le côté droit, qu'Asseyi a arpenté avec beaucoup trop de transparence offensive. Le coaching de la sélectionneuse a été si tardif qu'il a pu laisser croire qu'elle avait subi les événements, mais il a été intéressant, avec le retour du 4-2-3-1, et des circuits de jeu soudain plus clairs, plus rapides.

Mais il faudra faire beaucoup plus contre les États-Unis. Sans quoi les Bleues n'auront à peu près aucune chance.

Le Mur de l'Atlantique

Dépassées en première période, magnifiques ensuite mais battues, les Bleues n'iront ni en demi-finales ni aux JO à Tokyo. Elles ont été privées d'un penalty qui, peut-être, aurait poussé les États-Unis à une prolongation.

L'ÉQUIPE DU 29 JUIN 2019

VINCENT DULUC ET RÉGIS DUPONT

Il faudra commencer par dire que c'était bien, vraiment bien, que ces jours de France laisseront un héritage, que ces Bleues ne seront plus jamais regardées de la même manière, et que l'ambiance du Parc des Princes a été la plus incroyable que l'on ait vue en ces lieux depuis vingt ans. Malgré la déception d'une aventure fracassée.

L'équipe de France s'est inclinée face aux championnes du monde (1-2), ce qui la prive des demi-finales de Lyon et des JO de Tokyo, double cruauté qui aurait pu facilement s'expliquer par la seule supériorité américaine, mais qui a une autre explication, malheureusement.

Souvent surclassées en première période, les Bleues auront su survivre au naufrage qui menaçait de les engloutir, pour revenir à 1-2 sur une tête de Wendie Renard (81e), quatre minutes avant l'action qui aurait pu et dû tout changer.

Rien de pire que de prendre un but d'entrée

L'arbitrage a été alternativement faible et scandaleux, dans cette Coupe du monde, on l'a dit. Au nom de la FIFA, M. Collina plastronne en conférence de presse devant les prouesses des arbitres et de la technologie, mais on serait curieux de l'entendre justifier le penalty flagrant refusé aux Bleues à la 85e minute, lorsque le bras de O'Hara a repoussé un centre de Majri. C'était une balle de 2-2, la possibilité d'un exploit monumental, mais l'Ukrainienne Kateryna Monzul n'a pas été interpellée par le VAR.

Difficile d'oublier cette action dans une soirée qui aura montré les limites des Bleues, et justifié leur absence en demi-finales, mais aussi leur capacité à se transcender, dans une seconde période formidable. Quand l'émotion retombera, il faudra aussi se souvenir de tout ce qui n'a pas fonctionné. Tout ce qui passait en phase de groupes n'est pas passé, cette fois. Et la première période a été un tourment, parce qu'il n'y avait rien de pire que de prendre un but d'entrée (5e), sur un coup franc de Rapinoe après une faute de Mbock sur Morgan. Les USA n'ont pas eu besoin de miracle pour faire souffrir les Bleues, par la vitesse de leurs transitions, leur sûreté technique et leur impact. Il faut des joueuses capables de faire une différence individuelle, et c'est ce dont les Bleues ont manqué.

Mais les Françaises, qui ont trouvé le moyen d'être menées 0-2 sur une action mal défendue par Renard, au départ (65e), alors qu'elles dominaient depuis un quart d'heure, ont mis une intensité et une qualité que l'on n'avait pas encore vues d'elles. Avant le but de Renard coupant le coup franc de Thiney et ranimant le fol espoir d'un Parc en fusion, les Bleues ont eu leur chance. Notamment lorsque l'arbitre a sifflé un hors-jeu, refusant un but aux Américaines (75e) qui aurait donné trois buts d'avance à ces dernières.

La fin de l'histoire est brutale et prévisible. Mais, jusque-là, quand la France organisait une épreuve de cette envergure, elle ne s'absentait jamais aussi tôt.

"Il y a énormément de déception. On n'a jamais autant dominé les États-Unis. Mais on a fait une faute d'inattention sur le premier but. On voulait contrer et ç'a changé tous nos plans. Et le deuxième nous a mis un coup derrière la tête."
AMANDINE HENRY, CAPITAINE DE L'ÉQUIPE DE FRANCE

"On a su exploiter le peu d'occasions qu'on a eues. Alex (Morgan) a dégagé des espaces. Mais les Françaises ont été bien meilleures que nous, dans la circulation et l'utilisation du ballon, plus dangereuses offensivement. Fantastiques."
MEGAN RAPINOE, CAPITAINE DES ÉTATS-UNIS

Eugénie Le Sommer

Wendie Renard s'élève, reprend de la tête un coup franc de Gaëtane Thiney et réduit le score (2-1, 81e).

Bixente Lizarazu

« Les footballeurs ne sont pas des manchots »

L'ancien latéral international, consultant de *L'Équipe*, s'insurge, en tant que défenseur, contre l'interprétation des mains qui est faite par l'arbitrage et le VAR. Notamment durant la Coupe du monde.

L'ÉQUIPE DU 1er JUILLET 2019
LIONEL DANGOUMAU

« Quelle est votre opinion sur l'utilisation du VAR depuis le début de la Coupe du monde ?
Ce qui me dérange en particulier, c'est l'application du VAR sur les mains ou les bras. Au lieu de faire la distinction entre main volontaire et involontaire, on en est arrivés, durant cette Coupe du monde, à distinguer main décollée du corps ou collée au corps. On siffle penalty systématiquement quand la main ou le bras sont décollés. Du coup, pour être cohérent, la main de O'Hara contre les Bleues aurait dû être sifflée, comme l'avait été celle de Kumagai lors de Pays-Bas-Japon (2-1, en huitièmes). Mais dans l'esprit, en tant que défenseur, cet arbitrage ne me va pas du tout, pour une raison simple : il ne respecte les principes de base de la biomécanique du corps humain et de son mouvement naturel. Dans le foot et dans le sport en général, les bras nous aident à sauter, à courir et à nous équilibrer. C'est donc normal que nos bras soient souvent écartés du corps. Nous ne sommes pas des manchots... En revanche, quand les bras sont au-dessus de la ligne des épaules, je suis d'accord pour qualifier ce mouvement de "pas naturel". Mais en dessous, non. Sinon, qu'est-ce qu'il faut faire ? Attacher les bras des défenseurs ? Rester les bras toujours collés ? C'est ridicule et c'est impossible.
Comment le VAR devrait-il arbitrer cette situation selon vous ?
À mon sens, l'intentionnalité est primordiale. Ce qu'il faut regarder, c'est le mouvement du bras vers le ballon et la distance entre le bras et le ballon. À deux où trois mètres par exemple, tu n'as pas le temps d'enlever ton bras. À vouloir préciser l'arbitrage des mains (*), j'ai l'impression qu'on l'a complexifié et surtout qu'on a occulté le mouvement naturel du corps. Il faut revenir à plus de bon sens et répondre déjà à la question suivante : le défenseur s'est-il servi de sa main volontairement ?
Est-ce votre seule critique du VAR ?
C'est la principale. Ensuite, je suis aussi gêné par le temps que ça prend et son utilisation trop fréquente. Le rythme du match est cassé. C'est préjudiciable au spectacle, mais aussi à l'équipe qui domine ou qui pousse pour revenir au score. Le VAR devait servir à corriger les erreurs manifestes, les grosses injustices, mais durant ce Mondial elle est intervenue pour regarder dans le détail, parfois au centimètre près... On doit revenir à cette notion d'erreur manifeste et ne pas utiliser le VAR aussi fréquemment. En revanche, sur les hors-jeu, globalement, je trouve que le VAR apporte une avancée, il y a moins d'erreurs. »

(*) Depuis le 1er juin, les règles redéfinies par l'IFAB, l'organe en charge des lois du jeu, prévoient notamment qu'une main doit être sanctionnée si le joueur *« a augmenté la surface de son corps en écartant son bras/sa main du corps et ainsi injustement fait obstacle au ballon de manière plus importante »*.

Le bel été de Frappart

L'année 2019 aura changé beaucoup de choses pour Stéphanie Frappart. L'arbitre française (35 ans) a été très présente, et dans des circonstances exceptionnelles et diverses. Déjà première femme à arbitrer un match de football professionnel masculin en 2014 (en Ligue 2), elle a participé à sa deuxième Coupe du monde, après l'édition 2015 disputée au Canada. Le 28 avril, elle était aussi au sifflet lors de la rencontre Amiens-Strasbourg (34e journée de Ligue 1), devenant la première femme arbitre centrale chez les hommes dans l'élite. Et l'été sera à l'avenant avec la finale de la Coupe du monde (États-Unis - Pays-Bas, 2-0) pour laquelle elle est désignée le 5 juillet, et la Supercoupe d'Europe, opposant Liverpool à Chelsea (2-2, 5-4 aux t.a.b.), le 14 août à Istanbul, avant d'entamer la saison de Ligue 1.

Un bonheur orange

Tombeuses des Suédoises en prolongation, les Néerlandaises défieront l'ogre américain pour leur toute première finale mondiale.

L'ÉQUIPE DU 4 JUILLET 2019
ROMAIN LAFONT

C'est une fin en eau de boudin qui a momentanément retardé leur bonheur. La pauvre Suédoise Kosovare Asllani est mal retombée dans le temps additionnel de la prolongation et a été évacuée sur civière, K.-O. Les Néerlandaises ont donc dû attendre quelques minutes avant de s'écrouler de bonheur et former une joyeuse mêlée autour de leur gardienne, Sari van Veenendaal.

Les Lionnes orange allaient ensuite saluer leurs supporters, qui leur ont donné l'impression de jouer à la maison durant toute la compétition. Les Néerlandaises disputent seulement leur deuxième Coupe du monde mais elles apprennent vite. Quatre ans après leur baptême mondial, deux ans après leur premier titre européen, les voilà face au défi colossal de se mesurer aux ogresses américaines, que tout le monde croit approcher mais qui finissent toujours par vous gober tout cru. Si les Lionnes faisaient partie des outsiders, il était très culotté de les imaginer au rendez-vous final. Surtout quand votre star est à peine en état de jouer.

Lieke Martens figurait bien dans le onze de départ contre la Suède, touchée à un orteil, elle ne pouvait régaler le public de ses dribbles foudroyants et la douleur s'est accentuée après son doublé en huitièmes contre le Japon (2-1). En quarts, elle avait joué sous antidouleurs mais juste une mi-temps.

Alors, pour atteindre la finale, ses partenaires s'en sont remises aux exploits de leur gardienne Van Veenendaal. La Gunner s'est notamment interposée sur une frappe de Jakobsson (36e) avant de dévier sur son poteau, du bout des doigts, un tir de Fischer (54e). Et elles ont pu compter sur Jackie Groenen, l'ex-judoka devenue milieu à tout faire. D'abord timide, elle a mis un ippon à Hedvig Lindahl d'une frappe fusante (99e). Les Néerlandaises auront donc joué trente minutes de plus que les Américaines et bénéficié d'un jour de repos en moins. Pas le meilleur moyen de se préparer pour un exploit.

Pour fêter la qualification en finale, Danielle van de Donk grimpe sur les épaules de Shanice van de Sanden sous le regard amusé de Desiree van Lunteren.

Angleterre 1-2 États-Unis

La force de l'habitude

Les Américaines vont jouer leur troisième finale mondiale de suite, un record. Les choix de Jill Ellis ont payé dans ce match d'un niveau exceptionnel.

L'ÉQUIPE DU 3 JUILLET 2019
YANN SOUDÉ

Les pleurs de Lucy Bronze n'y ont rien changé : les Américaines joueront leur troisième finale de Coupe du monde d'affilée (un record). Cette demie contre l'Angleterre était dingue, électrique, plus intense et spectaculaire que tout ce qu'on a vu depuis trois semaines. Et on a l'impression que cette équipe a déjà fait le plus dur. Même si elle était diminuée, il fallait pourtant être culotté pour se passer de Megan Rapinoe. Mais c'est bien sur le banc que l'héroïne américaine s'est assise. Le fait qu'elle ne s'échauffe pas avait donné du corps à l'hypothèse d'une blessure, confirmée après le match. En tout cas, les Anglaises ont vécu l'enfer dans un premier quart d'heure marqué par le génie technique de Rose Lavelle et le coup de tête victorieux de Christen Press (10e, 1-0), la remplaçante de « Pinoe ».

Si elle avait été décisive aux deux tours précédents, la co-capitaine n'aurait pas eu les jambes pour tenir la comparaison avec l'infatigable Lucy Bronze côté gauche. Tout le contraire de Press, insaisissable dribbleuse et surtout décisive à la réception d'un centre de Kelley O'Hara. Le début de la fin pour les joueuses de Phil Neville ? Absolument pas. Il aura suffi d'un ballon à Ellen White pour remettre les deux équipes à égalité avec l'aide du poteau (19e, 1-1).

À peine douze minutes après, Morgan redonnait l'avantage aux Stars and Stripes de la tête sur un centre de la revenante Lindsey Horan, étrangement libre au marquage. À bien y réfléchir, les Américaines n'avaient plus été si séduisantes depuis leur entrée contre la Thaïlande (13-0), et les mots de Press, qui rappelait la veille que *« cette équipe se met toujours à la hauteur de l'événement »*, revenaient en mémoire à la pause. La chance était encore du côté des championnes du monde, qui chancelèrent de nouveau au retour des vestiaires et virent le VAR priver White de l'égalisation (68e). Ce n'était qu'un pied, quelques centimètres, et la décision d'annuler le but était bonne. Le destin d'une équipe tient à si peu de choses. Comme à la main d'Alyssa Naeher, ferme, sur un penalty de l'Anglaise Houghton (84e). *« Elle nous sauvé les fesses »*, lançait Morgan après le match. Aucune gardienne américaine n'avait jamais arrêté un penalty en Coupe du monde. Ce qu'il fallait pour que ses coéquipières aient l'occasion de défendre leur titre.

Alex Morgan, les bras en croix, vient d'inscrire le second but des États-Unis (2-1). La gardienne anglaise Carly Telford ne peut que constater les dégâts.

La manière étoilée

Intouchables, les Américaines ont remporté, dans leur style implacable, un quatrième titre mondial, le deuxième d'affilée. Même si c'est encore le VAR qui a fait basculer le match.

L'ÉQUIPE DU 8 JUILLET 2019

VINCENT DULUC

Ainsi gagnent les Américaines, sans doute ni tremblement, sans séduction ni enchantement, sans personne pour les empêcher de jouer, ou de ne pas jouer, puisque l'écart entre elles et les autres les autorise à toutes les humeurs, toutes les attitudes. Elles sont à la fois le foot d'aujourd'hui et de demain, et elles ont remporté leur quatrième titre mondial (1991, 1999, 2015, 2019), au Groupama Stadium, face aux championnes d'Europe néerlandaises (2-0) qui étaient arrivées là en surrégime, qui ont survécu grâce aux miracles de leur gardienne Sari van Veenendaal, mais n'ont pas eu une occasion nette de toute la finale.

Il y avait un monde d'écart, mais presque la même possession, le même nombre de passes, parce que les Américaines vont culturellement à l'essentiel, dans le désintérêt de l'esthétisme et l'obsession de la victoire : elles ont seulement des matches à gagner et une Coupe du monde à ramener à la maison. Mais sans doute pas à la Maison-Blanche, ou alors pas au complet, en tout cas sans Megan Rapinoe, celle qui refuse de chanter l'hymne américain et de poser la main sur son cœur, meilleure joueuse du tournoi et personnage majeur du sport mondial.

Puisqu'il y a un monde entre les Américaines et les autres, puisque leur victoire est programmée, il est fatal qu'elles soient jugées sur la manière plutôt que sur la conquête, et donc moins aimées qu'il siérait à des reines du monde. Elles sont les plus fortes, les mieux arbitrées, les plus arrogantes, acceptant qu'il passe dans leur jeu plus de calcul que de générosité. Elles ont quelques batailles d'avance, et ont déjà rejoint le football masculin dans la gestion de l'arbitre, du temps et de tout ce qui épargnerait le football féminin aux yeux de ceux qui viennent de le découvrir. Elles sont les seules qui aient, dans leur pays, un statut comparable aux footballeurs, et c'est aussi à cette pression qu'elles ont répondu tout au long du tournoi.

palmarès

2019 États-Unis
2015 États-Unis
2011 Japon
2007 Allemagne
2003 Allemagne
1999 États-Unis
1995 Norvège
1991 États-Unis

26

Les Américaines ont inscrit vingt-six buts au cours de cette Coupe du monde. Aucune équipe n'en avait marqué autant lors des précédentes éditions. À noter que les États-Unis avaient déjà fait la moitié du chemin dès leur premier match, face à la Thaïlande (13-0) !

Rapinoe, l'icône

On a le droit, peut-être, de regretter que cette finale ait basculé sur l'intervention du VAR, après une situation que Stéphanie Frappart avait tranchée en signalant un corner (59e). De fait, l'arbitre française a interprété l'action une première fois, puis a refusé de l'interpréter, laissant le VAR estimer qu'elle avait commis une erreur manifeste lorsque le pied haut de Van der Gragt a effectivement touché Morgan. Alex Morgan est une petite sœur de Neymar avec les penalties – elle aurait dû être avertie en première période pour une énorme simulation – mais cette faute-là existait. Dans une Coupe du monde dont les émotions ont été souvent gâchées par le VAR, interprété inégalement d'un match à l'autre, on a presque rêvé d'une jurisprudence réjouissante, qui aurait vu l'arbitre française assumer une autre logique et estimer que son erreur n'était pas manifeste.

Ensuite, Rapinoe a marqué ce penalty (61e), les espaces se sont ouverts, la frêle Rose Lavelle a inscrit un but formidable (69e) et les Américaines auraient pu en ajouter deux ou trois sans se fatiguer beaucoup plus. Elles étaient très au-dessus et s'approchaient de l'heure de jeu et de la frustration, quand le penalty les a ramenées dans leur zone de confort, sous les cris de joie de 25 000 supporters, au moins. Un public qui a réclamé « Equal Pay » à Gianni Infantino avant la remise de la Coupe, accompagnant le président de la FIFA de sifflets. Un public, aussi, qui a fait de Megan Rapinoe une icône absolue, en récompense de son jeu et de ses combats.

Voilà, c'est fini, et il faut dire combien cette Coupe du monde en France a été une réussite remarquable, repoussant les frontières et essaimant les promesses du foot féminin de demain, celui qui se vit et se joue aux États-Unis, à Lyon et dans les grands clubs européens émergents, quand le discours français, frileux et engoncé, traduit plutôt la nostalgie d'un ancien monde. Mais, en France au moins, ce monde a changé et il faudra s'en souvenir.

buteuses

1. White (Angleterre), Morgan et Rapinoe (États-Unis), 6 buts ;
4. Kerr (Australie), 5 ;
5. Cristiane (Brésil), **Renard** 4 ;
7. Däbritz (Allemagne), Hermoso (Espagne), Lavelle, Lloyd (États-Unis), Galli et Girelli (Italie), Miedema (Pays-Bas), Asllani (Suède), 3.

Rapinoe superstar

La meilleure joueuse de la Coupe du monde a prolongé la fête bien au delà de la victoire. Elle a été la vedette des célébrations du titre aux États-Unis et a mis les conservateurs en rage.

L'ÉQUIPE DU 12 JUILLET 2019
LOÏC PIALAT

C'est sa mère qui ne va pas être contente. Évidemment que Denise Rapinoe est fière de sa double championne du monde de fille. Mais avant cette quatrième étoile sur le maillot américain, elle demandait déjà à Megan : *« Pourquoi faut-il toujours que ce soit toi qui montes au créneau ? »* Alors que maintenant l'attaquante est une star dont toute l'Amérique parle…

« Je suis naturellement à l'aise dans ce rôle », confiait déjà Megan Rapinoe en avril. Ça se voit. Égalité salariale, injustice raciale, football, Donald Trump, la joueuse déroule.

Malgré les heures de sommeil abandonnées dans une fête perpétuelle, elle a régalé les plateaux télé, drôle et posée. *« La nouvelle icône du sport »*, s'emballe l'édition américaine du magazine *Elle*. *« C'est probablement la femme la plus cool d'Amérique aujourd'hui »*, résume le journaliste Charlie Sykes sur la chaîne MSNBC. Commentaire lâché après la parade en l'honneur de l'équipe américaine dans les rues de New York. La Californienne de trente-quatre ans a, là aussi, rayonné, coupes du monde et de champagne dans les mains.

Même grisée par les bulles, elle a délivré un discours impeccable au public après quelques pas de danse. Aussi éloquente devant un micro que tueuse face au but. *« On a des cheveux roses et des cheveux violets, des tatouages et des dreadlocks. On a des filles blanches et des filles noires et tout ce qu'il y a entre les deux. Je ne voudrais pas être ailleurs qu'avec cette équipe, même pas dans la course à la Maison-Blanche. Je suis occupée, désolée ! »*, a plaisanté la bête de scène. La veille, un sondage l'avait placée devant Donald Trump pour l'élection présidentielle de 2020.

“Je ne voudrais pas être ailleurs qu'avec cette équipe, même pas dans la course à la Maison-Blanche. Je suis occupée, désolée ! ”
MEGAN RAPINOE LORS DE LA PARADE DES CHAMPIONNES DU MONDE AMÉRICAINES

Le pays est sous le charme, même les profanes du ballon rond. Sauf que dans l'Amérique polarisée de 2019, personne ne fait l'unanimité. Des posters d'elle ont été recouverts d'insultes homophobes dans le métro new-yorkais et son exposition exaspère les conservateurs. Après Colin Kaepernick protestant contre le racisme et les violences policières, la droite a trouvé une autre cible. À défaut de s'agenouiller pendant l'hymne national lors de la Coupe du monde, comme le joueur de football américain, Megan Rapinoe ne l'a pas chanté.

Elle n'ira pas à la Maison-Blanche, comme le veut la tradition, pour rencontrer le président. Sur CNN, dans une vidéo devenue virale, elle a prévenu Trump que son message excluait les gens comme elle. Des coéquipières, comme la défenseuse Ali Krieger (34 ans), ont déjà annoncé qu'elles ne souhaitaient pas non plus répondre à une éventuelle invitation du président. Mais c'est Rapinoe qui cristallise les critiques. *« Elle capte l'essentiel de l'attention. J'aimerais savoir ce que pensent les autres »*, s'est interrogé un journaliste de Fox News, pro-Trump. D'autres commentateurs font preuve de moins de nuance. *« Tu n'es pas une héroïne, tu es une donneuse de leçons avec un problème d'attitude »*, s'agace sur Twitter Tomi Lahren, commentatrice conservatrice. Le président américain se retrouve, lui, en position délicate. Pendant le tournoi, il avait conseillé à Rapinoe de gagner avant de parler. *« J'ai rempli ma part du contrat »*, a souri la star.

Des larmes d'argent

Face à une Espagne qui l'a dominée outrageusement, l'équipe de France a pu mesurer le chemin qui la sépare d'un titre européen.

L'ÉQUIPE DU 8 JUILLET 2019
LILIANE TREVISAN

C'est rude, c'est violent, mais c'est ainsi que se construit l'histoire. L'Espagne est reine d'Europe, un titre légitime, et la première nation, depuis l'Union Soviétique en 1991, à gagner un deuxième titre de suite. Ça, oui, c'est historique. L'histoire française, elle, se contentera, même si cela paraît réducteur, d'une quatrième médaille d'argent d'affilée. La France est sans aucun doute un modèle unique dans sa capacité à assurer ainsi, compétition après compétition, une présence au plus haut niveau européen.

Mais, au sortir de cette finale, disputée devant quatre mille personnes après que l'essentiel du public eut déserté l'arène de Belgrade à la suite de la médaille de bronze des Serbes remportée contre les Britanniques (81-55), c'est un énorme sentiment d'inachevé, qui, encore une fois, emporte la prestation des Bleues. Car l'excellence d'une nation se nourrit de titres. Et dans cette troisième finale perdue face aux Espagnoles (après celles de 2013 et 2017), les Françaises ont pu mesurer à quel point elles étaient encore loin du compte. Alors la médaille… *« C'est la déception qui l'emporte*, soulignait d'ailleurs Sandrine Gruda (18 points, 6 rebonds, 4 passes). *Je ne vais pas me réjouir d'avoir perdu, vous rigolez ou quoi ? C'est une énorme déception. »* Oui, cette équipe avait surmonté bien des aléas et des blessures (Michel, Tchatchouang, Ciak) avant la compétition. Oui, sa jeune génération était bienvenue, et on a pris du plaisir à la voir se jeter dans le temps de jeu qui lui était dévolu. Et on se dit que l'expérience devait être tentée en vue des JO 2020 à Tokyo et 2024 à Paris.

Mais aujourd'hui, quelle que soit leur équipe, les Bleues butent encore et toujours sur l'Espagne, à qui il manquait pourtant Alba Torrens. Et pendant que les Espagnoles trépignaient de joie au milieu du terrain, après une victoire si facile (+ 20), le regard dans le vague de Sarah Chevaugeon en disait long sur les tourments des Françaises.

Valériane Ayayi et Sandrine Gruda

6

L'équipe de France a glané sa sixième médaille européenne d'affilée depuis son titre en 2009.
Sa collection, unique à l'échelle européenne durant cette décennie, se décompose ainsi :
Or : 1 (2009)
Argent : 4 (2013, 2015, 2017, 2019)
Bronze : 1 (2011)

les dix derniers vainqueurs
2019 Espagne
2017 Espagne
2015 Serbie
2013 Espagne
2011 Russie
2009 France
2007 Russie
2005 République tchèque
2003 Russie
2001 France

Une défaillance récurrente au rebond

Car dans cette finale, elles avaient laissé resurgir leurs défauts : un début de match catastrophique, avec une défense étrangement en panne, qui a laissé le champ libre aux tireuses espagnoles, les mettant déjà en danger après quatre minutes de jeu (17-8). Et les cinquante points encaissés à la pause (50-36) étaient une hérésie pour cette équipe à vocation défensive. Le début de la fin. Carrées, si solides mentalement, plus intenses et mieux organisées, les filles de Lucas Mondelo faisaient des ravages dans tous les secteurs, bien aidées par les pertes de balles françaises, et cette défaillance récurrente au rebond. Les Bleues avaient-elles trébuché mentalement ?

« Difficile à dire parce qu'au bout d'un moment… Franchement, à chaque fois on a une équipe différente, et… je ne saurais l'expliquer. Mais effectivement, il y a quelque chose », évaluait Gruda. *« Il y a forcément un truc. Dans les têtes ? Est-ce que ce n'est pas une question d'expérience ? Ces filles ont-elles déjà gagné suffisamment ? »* interrogeait-elle. Car même un sursaut de rébellion (52-44, 23ᵉ) emmené par Bria Hartley (10 points dans le troisième quart) n'avait rien changé.

La présence de la Franco-Américaine, parfaite dans son intégration et ses attitudes, était un choix censé aider la France à franchir ce palier. Il faudra aussi que Marine Johannès apprenne à se désinhiber sous le maillot bleu, comme elle l'est en Championnat et en Euroligue. Que les cadres de cette équipe soient productives ensemble. *« On n'a pas fait preuve de constance du tout*, admettait Sandrine Gruda. *Et quand on tombe sur de grosses nations comme l'Espagne, ça ne passe pas. On peut dire tout ce qu'on veut, leur expérience a parlé. »*

Le monde à sa botte

Enzo Lefort a offert à la France l'or mondial au fleuret qu'elle attendait depuis vingt-neuf ans. Une consécration après laquelle il courait depuis longtemps, après des débuts difficiles.

L'ÉQUIPE DU 21 JUILLET 2019

PATRICK ISSERT

Il y a parfois des moments d'éternité. « *Cela faisait cinq ans que j'attendais ce titre*, savoure Enzo Lefort, le front encore en sueur et sa coupe mondiale à la main. *En 2014, aux Championnats du monde, j'avais été médaillé de bronze. Depuis, j'avais traversé des hauts et des bas. Mais cette médaille d'or, elle me manquait. Désormais, elle est là. Pour toujours.* »

Et pourtant, succéder à Philippe Omnès, le dernier fleurettiste français sacré champion du monde en 1990 à Lyon, n'avait rien d'évident au départ. « *Tu peux le dire*, rigole Émeric Clos, l'entraîneur des fleurettistes français. *En fait, sa venue au CREPS de Châtenay-Malabry en 2007, c'était un pari de Franck Boidin et moi.* » Les deux coaches recrutaient. Ils recherchaient six jeunes tireurs. « *Clairement, Enzo était le moins bon de tous*, poursuit Clos. *On nous en avait parlé. On l'a pris. Il arrivait de Basse-Terre (Guadeloupe). Aujourd'hui, c'est un félin. Mais à l'époque, il était fou. À l'entraînement, il prenait des roustes monstrueuses. Il s'énervait. Son fleuret traînait un peu n'importe où, c'est tout juste s'il ne touchait pas le plafond de la salle. Il n'arrivait pas à tirer comme les autres. On a donc beaucoup travaillé.* »

À cette évocation, Lefort sourit. « *J'étais cadet 2 quand je suis arrivé en métropole. Les premiers mois ont été terribles. Mais Franck et Émeric m'ont donné ma chance. Et puis, j'ai été sélectionné en seniors pour la première fois en 2011. Ensuite, il y a eu les Championnats d'Europe 2012 à Legnano, puis les Jeux de Londres. J'étais fou fou. On dit que l'escrime est un sport de maturité. Moi, il m'a fallu douze ans, de 2007 à 2019, pour m'assagir.* »

> **“J'avais même presque trop d'énergie”**
>
> ENZO LEFORT

Avec, comme il le dit, « *des hauts et des bas* ». Champion du monde par équipes en 2014, vice-champion olympique par équipes en 2016, bronzé mondial individuel en 2014 et, le mois dernier, champion d'Europe par équipe (3e en individuel). Mais, avant d'atteindre le Graal, le tireur de Melun s'est parfois un peu perdu. « *En fait, je dirais qu'il a changé, vraiment gagné en maturité depuis l'étape de Coupe du monde de Shanghai, en mai* », reprend Clos. « *C'est sans doute* l'âge (il a 27 ans) », plaisante l'intéressé. Peut-être aussi le fait de devenir père prochainement.

Toujours est-il qu'hier le garçon a su mener sa barque. « *C'est une journée qui m'a demandé beaucoup d'efforts*, raconte-t-il. *Au début, je n'avais pas beaucoup de sensations. Mais la concentration, c'est le maître mot dans ce genre de situation. Depuis quelque temps, je fais un gros travail sur moi. Je me suis mis à rajouter des éléments à mon approche : préparation mentale, physique, yoga...* »

Au terme d'une journée superbe, avec notamment deux derniers matches magnifiquement maîtrisés – demi-finale sur le champion du monde russe 2017 Dimitri Zherebchenko, battu 15-7, puis finale face au Britannique Marcus Mepstead, écarté sur le score de 15-6 –, Lefort a donc succédé à Omnès, malgré un petit souci aux adducteurs juste avant les Mondiaux.

« *Rien de grave, il fallait juste être patient. Mais regarder les autres s'entraîner n'est pas très amusant. Du coup, Enzo a fait du jus* », rigole Lionel Plumenail, entraîneur adjoint des fleurettistes. *J'avais même presque trop d'énergie* », sourit Lefort...

fleuret / femmes

Ranvier, mental d'argent

La fleurettiste Pauline Ranvier, à l'escrime peu orthodoxe, a décroché la deuxième place, après avoir notamment battu l'Italienne Errigo, octuple championne du monde.

L'ÉQUIPE DU 20 JUILLET 2019

PATRICK ISSERT

Ce n'est pas lui faire injure que de dire qu'elle n'a sans doute pas l'escrime la plus orthodoxe au monde. Sa force est moins dans sa main, son bras ou son jeu de jambes que dans sa tête. Pauline Ranvier (25 ans) « *a une force mentale hors norme* », assure l'entraîneur national Émeric Clos. « *Disons que j'ai une escrime à risques, osée, généreuse*, résume-t-elle. *Ça peut parfois me jouer des tours. En mal comme en bien. Mais effectivement, j'ai surtout une vraie force mentale. Je suis une combattante, je ne lâche jamais rien.* »

« *Elle est étonnante*, reprend Clos. *Par exemple, elle n'a pas fait une bonne saison, avec un seul quart de finale en Coupe du monde. Mais elle est arrivée sans douter de rien.* » La preuve, avec cette médaille d'argent remportée.

Certes, il y a parfois du déchet dans son jeu. Mais dans le même temps, la 33e tireuse mondiale, est capable de fulgurances. « *On peut tout lui demander*, reprend l'entraîneur. *C'est une bosseuse. À l'entraînement, il faut parfois l'arrêter pour éviter qu'elle se blesse. Elle est dure à la tâche.* »

Sauf que, pour aller en finale des Mondiaux, il en faut plus encore. Un petit grain de folie est nécessaire. Comme, par exemple, pendant sa demi-finale gagnée contre toute attente face à l'Italienne Arianna Errigo, octuple championne du monde. Un match fou, disputé à toute vitesse. Avec une Ranvier menant treize touches à sept avant de se faire rejoindre par son adversaire à treize partout. Et, là, coup d'orgueil de la Française qui parvient à aligner les deux dernières touches, synonyme de victoire et, donc, de place en finale. « *C'était chaud, mais j'y ai pris énormément de plaisir*, savoure Ranvier. *Je lui ai tendu des pièges. Je ne voulais rien regretter de mon match. À treize partout, elle a dû se dire que c'était bon pour elle. Elle n'a juste pas pensé que je tirais pour gagner.* »

Scénario différent en finale face à Inna Deriglazova, championne olympique 2016 et du monde 2015 et 2017. La Russe mène, même si Ranvier, là encore, ne la lâche pas, mais sans parvenir à prendre le dessus. « *Je suis un peu déçue*, reconnaît-elle. *On ne dispute pas une finale mondiale tous les jours. En même temps, je mesure ce que cette médaille d'argent signifie et je l'apprécie. Clairement, Deriglazova est plus forte que moi. Mais Errigo l'était aussi...* »

Cinquième trophée de Wimbledon pour Novak Djokovic. Autant que le Suédois Björn Borg.

Le mal-aimé vous salue bien

Avec ce seizième Majeur, Novak Djokovic se rapproche de ses deux grands rivaux, Rafael Nadal et Roger Federer, malgré une cote d'amour encore inférieure à ses aînés.

Djokovic	7	1	7	4	13
Federer	6	6	6	6	12

L'ÉQUIPE DU 15 JUILLET 2019

SOPHIE DORGAN

Maurice Pialat n'aurait pas renié la célébration de Novak Djokovic. Si le cinéaste avait choisi la phrase coup de poing en recevant la Palme d'Or en 1987 en lançant au public hostile : *« si vous ne m'aimez pas, sachez que je ne vous aime pas non plus »*, le tennisman a opté pour une version plus policée mais d'une sobriété parlante. Il n'a pas levé les bras ni donné son *« cœur »* au public, sa célébration habituelle. Il a juste grignoté son brin d'herbe *« meilleure que jamais »*, s'est frappé la poitrine et a désigné le ciel et son clan.

> **"Ces deux gars (Federer et Nadal) sont une des raisons pour lesquelles je suis encore compétitif. "**
>
> NOVAK DJOKOVIC

Le mal-aimé vous salue bien. Comme dans le jeu, le numéro 1 mondial a joué juste. Il s'était conditionné pour ça. *« Avant le match, je m'étais dit que j'allais essayer de mettre sur off ce qu'il y avait autour et de me concentrer*, a-t-il expliqué, insistant sur l'importance de la visualisation. *J'essaie de jouer le match dans ma tête avant d'entrer. Mais de là à imaginer un tel scénario... »* « Djoko » s'est programmé. Dans sa banque de données, il n'a pas oublié cette finale contre « RF » à l'US Open 2015 face à un public hostile. À Wimbledon, c'est plus feutré mais tout aussi partisan. Il a donc trouvé l'astuce. Quand la foule criait *« Roger »*, lui entendait *« Novak »*. *« Ça paraît stupide mais j'essaie de me convaincre que c'est comme ça. C'est un peu pareil "Roger" et "Novak" »*, a-t-il plaisanté. Il n'a presque pas cillé pendant cinq heures.

Djokovic n'a pas cherché l'amour, juste la victoire. Avec orgueil mais sans morgue. Dans son entourage, même simplicité. Pas de bouchons de champagne qui sautent dans une ambiance bruyante. Ils ont fêté ce seizième Grand Chelem dans le vestiaire. Il a compris que seul le palmarès pouvait plaider sa cause. Au panthéon du tennis, cette finale et celle de l'Open d'Australie en 2012, de 5 h 53 contre Nadal, prennent une belle place. À Melbourne, il avait dépassé les limites physiques. À Londres, il a dépassé les limites mentales, devenant le premier joueur à gagner Wimbledon en sauvant deux balles de match depuis soixante et onze ans. Si sa cote d'amour n'est toujours pas au niveau de « Fedal », il souffle dans le cou du Suisse et de l'Espagnol en termes de palmarès.

« Il y a tant d'amour pour Roger que c'est difficile. Le public avait choisi son camp, constate Sébastien Grosjean, qui a commentait pour beIN Sports. *Mais quelle force mentale ! Il a joué un grand Roger qui jouait vite, prenait la balle tôt, l'a agressé. »* Mis à part sa « crise » post-Roland-Garros 2016 qui dura presque deux ans, Djokovic (32 ans) cavale depuis 2011 à un rythme de GOAT (greatest of all time, meilleur de tous les temps) et n'est plus qu'à quatre unités de Federer (20 avec six ans de plus). Il apparaît même de plus en plus crédible dans le premier rôle. Le Serbe ne cache pas son envie de le rejoindre, lui et Nadal : *« C'est une des raisons pour lesquelles je suis encore compétitif. Ils font l'histoire du tennis et ça me motive et m'inspire de faire ce qu'ils font et même plus. »* Mauvaise nouvelle pour eux, il s'inspire même de leur longévité. *« Roger vient de dire qu'il espérait avoir donné espoir à des gens sur leur capacité à réaliser de grandes choses à trente-sept ans* (38, le 8 août). *J'en fais partie »*, a-t-il lancé en riant. Et pas pour le bon mot.

Le premier tie-break à 12-12

Décidée en octobre 2018, l'instauration du tie-break à 12-12 au cinquième set à Wimbledon a trouvé son application dès la première finale disputée selon ce règlement. Remporté 7-3 par Novak Djokovic au bout de 4h 57' de jeu. Hors finale, il avait été appliqué pour la toute première fois au 3e tour du double messieurs, offrant la victoire à la paire Kontinen-Peers face à Ram-Salisbury (7-6, 6-4, 3-6, 4-6, 13-12).

Quatre temps pour un Majeur

1 Djokovic chute

Novak Djokovic a empoché le premier set au tie-break, 7-5, tenant tête à un Federer étourdissant, qui l'agresse, et a remonté un handicap de 3-5 dans le jeu décisif. Pourtant, le Serbe laisse filer les quatre premiers jeux du deuxième set en moins de quinze minutes. Dès le premier jeu, à 15-30, il chute lourdement, subissant une grosse flexion de la jambe droite. « Djoko » s'est fait peur et met un set à s'en remettre.

2 Federer abandonné par son revers

Troisième set. À 6-5 en sa faveur, sur le premier point de service de Djokovic, Federer remporte un très long échange (26 coups), lâchant un superbe revers long de ligne. Mais c'est ce coup qui l'abandonne au début du tie-break qui suit. Dès le premier point, bois ; sur le troisième, faute encore en revers ; sur le cinquième, faute directe. En moins de trois minutes, Djokovic se détache 4-1. Federer ne le reverra plus (7 points à 4).

3 Deux aces pour deux balles de match

Sur l'ensemble du match, Federer affiche 63% de premières balles (73% dans le troisième set). Il servira 25 aces, contre le meilleur relanceur de la planète, variant parfaitement. Ce sont deux de ces aces, les numéros 22 et 23, qui vont lui offrir, à 8-7, 40-15 dans le cinquième set, deux balles de match. Il ne les convertit pas ; sa chance est passée.

4 Djokovic passe en coup droit

Le revers a toujours été l'arme majeure de Djokovic. S'il présentait, jadis, une faiblesse côté droit, le Serbe a peu à peu gommé cette lacune. Et c'est grâce à un impeccable passing de coup droit croisé qu'il a sauvé, à 8-7, 40-30, la deuxième balle de match de Federer. Et écarté la plus grosse embûche sur le chemin de son cinquième titre à Wimbledon.

V.C.

« Une incroyable opportunité manquée »

Roger Federer avait du mal à décrire ses sentiments après être passé à un point d'un vingt-et-unième Grand Chelem.

L'ÉQUIPE DU 15 JUILLET 2019

CLÉMENTINE BLONDET (avec V. C.)

C'est aussi pour ça qu'ils l'idolâtrent. Pour cet humour assez british en toutes circonstances. Cela faisait quelques minutes que Roger Federer avait perdu ce vingt et unième Majeur, effleuré puis envolé comme ses deux balles de match. L'ancienne joueuse Sue Barker vint l'interroger, évoquant un « *match inoubliable* ». « *Je vais essayer de l'oublier* », répondit du tac au tac le vaincu, provoquant l'hilarité et une énième ovation d'un public qui avait inlassablement poussé son champion. Puis l'octuple vainqueur dans le Temple fit une dernière boutade avant que ses supporters quittent le stade et, surtout, qu'il rejoigne ses enfants. « *Je ne crois pas qu'ils vont être super contents de ce plateau* », sourit Federer.

> **"Ça a dû se jouer à un coup, je ne sais pas lequel, choisissez, vous. Je ne sais pas où je perds le match, sur un service ou sur un coup droit, je n'ai même pas envie de prendre ce virage-là"**
> ROGER FEDERER

En conférence de presse, il ne voulait pas décider si c'était dans un des tie-breaks, sur les balles de match ou ailleurs qu'il avait perdu. « *C'est différent de jouer le tie-break par rapport aux jeux de service, le momentum est différent*, expliquait-il à propos de ces trois jeux décisifs perdus. *Peut-être que j'étais un petit peu passif, ou trop agressif ? Je ne sais plus. Ça a dû se jouer à un coup, je ne sais pas lequel, choisissez, vous.* » Federer a gagné plus de points que Djokovic (218 contre 204). « *Cela n'a pas d'importance*, réagissait-il. *Je sais à quel point j'étais proche. Je pense que je peux être heureux de ma performance.* » Plus que s'il avait perdu en trois sets secs ? « *Difficile à dire. Je ne sais pas si je me sentirais mieux en ayant perdu 6-2, 6-2, 6-2. J'ai juste le sentiment que c'est une incroyable opportunité manquée. J'ai du mal à y croire.* »

Il y a du dépit dans cette attitude de Roger Federer, battu alors qu'un neuvième titre à Wimbledon lui tendait les bras.

Personne ne peut savoir si le plus grand joueur de l'histoire aura d'autres occasions d'avoir un Grand Chelem de plus. Et si un jour Federer battra à la suite Nadal et Djokovic dans un tournoi majeur. « *À presque trente-huit ans, physiquement il est monstrueux*, soupirait Marc Rosset, son compatriote. *Il n'y a pas que du talent. Il aurait vingt-cinq ans, bon... Mais là, avec ce que ça a dû lui demander dans la tête, dans les jambes, ça fait mal. Je suis sûr qu'il peut encore aller en chercher un vingt-et-unième. Tu ne peux pas dire que c'est fini quand tu as deux balles de match pour gagner Wim'.* »

« *C'est comme quand j'ai été breaké en servant pour le match*, explique le Suisse. *Encaisser, et continuer. Vous essayez d'oublier, de prendre les bonnes choses. Il y en avait des tonnes. Un peu comme la finale de 2008. Peut-être que quand j'y repenserai, je me dirai : ce n'est pas si mal après tout. Maintenant ça fait mal, comme chaque défaite ici. Mais je suis fort pour rebondir, parce que je ne veux pas être déprimé à cause d'un match de tennis incroyable.* » Il a déjà survécu à dix autres finales de Grand Chelem perdues, dont cet inoubliable Wimbledon 2008 face à Nadal. « *Il doit y avoir d'autres similitudes entre ces deux finales, mais la seule que je vois, c'est que j'ai perdu les deux fois* », glissait-il dans un sourire.

Halep, la tête la première

La Roumaine a surclassé Serena Williams pour emporter son premier titre à Wimbledon. Grâce à une nouvelle force de caractère.

Halep	6	6
S. Williams	2	2

L'ÉQUIPE DU 14 JUILLET 2019

CLÉMENTINE BLONDET

Même Ion Tiriac n'imaginait pas ça. Le grand manitou du tennis roumain, qui avait appelé Simona Halep un jour de 2014 pour lui proposer son aide, avait fait le déplacement pour la finale. « *Aujourd'hui, 6-2, 6-2, je ne m'y attendais pas. Mais elle le mérite* », lâchait-il avant de féliciter sa compatriote, première Roumaine sacrée à Wimbledon. « *Il m'a prise dans ses bras, ça n'arrive jamais* », s'amusait ensuite la nouvelle « club member ».

Rayonnante, la désormais double lauréate de Grand Chelem était encore incrédule. « *Au début du tournoi, j'avais dit aux gens dans le vestiaire que c'était mon rêve de devenir membre ici. Mais avant aujourd'hui, je ne pensais pas que j'arriverais à gagner sur gazon, avec toutes ces grandes joueuses au service puissant.* » Comme son adversaire en finale, par exemple. Pourtant, la championne de Roland-Garros 2018 s'est persuadée, au fil du tournoi, qu'elle pouvait briller, ici aussi, malgré son mètre soixante-huit, et avec un jeu plus offensif.

> **"J'ai toujours été un peu intimidée contre Serena, c'est un tel modèle. Mais là, je me suis concentrée sur moi"**

À vingt-sept ans, elle a utilisé son expérience des défaites, face à Serena (elle était menée 9-1), et en finale de Grand Chelem (elle avait perdu les trois premières). « *Vas-y pour gagner* », avait conseillé « Maître » Federer. L'ex-n° 1 mondiale (en 2017) n'a pas essayé de faire autre chose, et n'a jamais semblé friable mentalement, elle qui a pourtant tendance à vite se frustrer. « *On a parlé, avant le match, du fait qu'il fallait qu'elle fasse son jeu, pas qu'elle détruise le jeu de Serena*, explique son entraîneur, Daniel Dobre. *Il y avait beaucoup de nervosité mais ce qu'elle a très bien fait, c'est qu'elle a cru dans son jeu.* » La nervosité était intérieure. « *Mais une petite voix en moi me répétait que j'avais ma chance*, décrit Halep. *Avant le match, je n'ai pas du tout pensé à mon adversaire. J'ai toujours été un peu intimidée quand je jouais contre Serena, c'est un tel modèle. Mais là, je me suis concentrée sur moi. C'est ce qui m'a permis d'être positive et confiante face à elle.* » Un état d'esprit qu'elle est parvenue à maintenir même au moment de servir pour le match. « *À un moment, j'ai vu le panneau d'affichage, et je me suis dit : "O.K., il y a vraiment 5-2". Et puis, j'ai joué chaque balle sans penser au score. Mes finales perdues m'ont appris à ne plus être intimidée par le moment.* »

Championne de la régularité (elle n'a quitté le top 5 que treize semaines depuis qu'elle l'a intégré en mars 2014), la Roumaine pense avoir joué « *le match de sa vie* » (trois fautes directes seulement) avant de rencontrer la princesse Kate Middleton, comme elle en rêvait. Il n'y a plus grand-chose qui puisse l'intimider.

ILS ONT JOUÉ UN SI BEAU TOUR

Pas une seconde de répit. Du grand départ de Bruxelles, le 7 juillet, à l'arrivée sur les Champs-Élysées, le 28, le peloton a offert trois semaines de grand spectacle, de suspense, de rebondissements, de démonstrations de force et d'émotions. On a fini par croire que Julian Alaphilippe, quatorze jours en jaune, était inusable, on a cru aux chances de Thibaut Pinot de l'emporter. Les deux Français ont été obligés de céder dans l'une des dernières ascensions et c'est le tout jeune Egan Bernal, premier Colombien vainqueur à Paris, qui a raflé la mise à deux jours de l'arrivée pour parcourir les rues de la capitale en jaune et achever en vainqueur l'un des plus beaux Tours de France de ces dernières décennies.

WINDOWS
FLOORS

Bernal sans égal

Egan Bernal a remporté le Tour de France dès sa deuxième participation. Premier Colombien à s'imposer sur la Grande Boucle, le jeune champion n'a réalisé qu'une fois sur le podium. Et il sait déjà qu'il reviendra.

L'ÉQUIPE DU 28 JUILLET

PHILIPPE LE GARS

À quelque deux cents mètres au-dessus du centre de presse où Egan Bernal s'était présenté devant les médias pour la traditionnelle conférence de presse du vainqueur (la veille de l'arrivée sur les Champs-Élysées), l'hôtel des Ineos baignait dans une ambiance feutrée. Loin encore de l'effervescence du podium, des chants de supporters colombiens en l'honneur de leur héros national, de ses embrassades interminables avec Xiomy, sa fiancée, et de ses étreintes émouvantes avec son père German.

Au bar de l'hôtel, quelques membres du staff encore présents (les autres étaient déjà sur la route de Paris) étaient attablés, connectés sur leurs smartphones, sans un mot.

Egan Bernal, habituellement très ponctuel, était excusé pour le coup, les sollicitations dues à son nouveau statut l'avaient bien occupé. « *Je ne me suis pas encore rendu compte de l'impact de ce maillot jaune*, avoua le jeune Colombien. *Sur le Tour de France, tout est tellement réglé et minuté. Entre le massage, les repas, les briefings, la course, on n'a pas le temps de faire autre chose. J'ai eu à peine le temps de parler avec mes proches, je ne peux donc pas comprendre encore ce qui m'arrive.* »

Cette bulle presque hermétique dans laquelle il est plongé depuis le départ de Bruxelles est près d'exploser mais c'est sans doute ce qui l'a le plus aidé durant ces trois semaines. « *Je me suis toujours senti bien depuis le début du Tour. Et puis il y a eu cette étape de vendredi...* (à l'arrivée de laquelle il a pris le Maillot Jaune) *Tout est arrivé si vite. Honnêtement, je ne m'en rends pas compte.* »

Il avoua en conférence de presse qu'après sa première journée en jaune, il ne rêvait que d'une chose, *« rentrer à l'hô-*

tel et prendre une bonne douche pour me poser et réfléchir à tout ça ». Il imagine bien qu'à 9 000 kilomètres de là, de l'autre côté de l'Atlantique, tout un pays est en ébullition. Il a bien reçu des dizaines de messages d'amis et de proches qui lui racontaient l'ambiance, mais il ne les a pas tous ouverts.

Sa mère, Floresita, venue à Paris en provenance de Bogota, pourra lui raconter un peu de cette folie qui s'est emparée du pays. *« J'ai tellement hâte de rapporter le maillot jaune en Colombie, de partager cette joie avec mes compatriotes. Je n'ai jamais compris pourquoi un Colombien n'avait jamais gagné le Tour. C'est ce qui nous manquait. On a toujours eu de bons coureurs, et aujourd'hui encore avec Rigo* (Rigoberto Uran), *Nairo* (Quintana), *Esteban* (Chaves) *et Fernando* (Gaviria), *on donne une belle image de notre pays. »*

La chute qui a tout changé

Il ne cherchait pas à se mettre en avant, se présentant plutôt comme un maillon de l'histoire du cyclisme colombien. *« La vie est parfois étrange, j'avais programmé le Giro cette année. Je me l'étais mis vraiment en tête mais j'ai dû y renoncer à cause d'une chute* (qui lui causa une fracture d'une clavicule). *Je me souviens d'avoir vu mon entraîneur pleurer de déception car tout s'effondrait pour nous. Et là, je me retrouve avec le maillot jaune. Sans cette chute, j'aurais couru le Giro mais je n'aurais certainement pas gagné le Tour car, à vingt-deux ans, on ne peut pas enchaîner deux grands Tours dans les mêmes conditions. Je ne sais pas si on peut parler de destin, mais l'histoire est tout de même incroyable. »*

Très loquace face aux journalistes, très respectueux après chaque question, Egan Bernal a déjà apporté un nouveau souffle sur le Tour de France. *« Je ne veux me comparer à personne,* lâcha-t-il poliment. *Je n'aime pas ça. »* Son image de jeune prodige suffit à attiser la curiosité sur ce nouveau personnage du cyclisme. Lui-même ne sait pas encore quel sens il donnera à sa carrière : *« Avant aujourd'hui, je me disais que gagner rien qu'un Tour de France serait déjà merveilleux. Mais je peux comprendre maintenant que cette course est comme une drogue. Si on la gagne une fois, on en redemande. Je sais déjà que je voudrai revenir pour la gagner encore. »*

Eaux, rage, ô désespoir

Les conditions météo épouvantables ont chamboulé la 19e étape et le scénario d'une journée que le Tour n'est pas près d'oublier.

L'ÉQUIPE DU 27 JUILLET 2019

GAÉTAN SCHERRER (avec A. CL.)

13 h 25 Le peloton quitte Saint-Jean-de-Maurienne sous le soleil et plus de 30 degrés. Des orages sont annoncés près de Val-d'Isère entre 16 heures et 18 heures, mais les organisateurs ne peuvent en anticiper l'endroit exact.

15 h 50 Thibaut Pinot a abandonné depuis un peu moins d'une heure *(voir page 128)* Les échappées sortent de Bonneval-sur-Arc (km 75) et s'attaquent aux premières pentes du col de l'Iseran (2 770 m). Avec l'altitude, il fait bien plus frais et le ciel est gris. Mais rien ne laisse suggérer que la situation va se dégrader violemment de l'autre côté.

16 heures Pas une goutte dans la montée de l'Iseran. Dans la vallée, en revanche, il fait moins de dix degrés et l'orage éclate. Une pluie très forte et d'énormes grelons recouvrent la route.

16 h 05 À Val-d'Isère, les cailloux tombant des falaises se mêlent à la grêle et rendent la route impraticable, à une quinzaine de kilomètres de l'arrivée. Des voitures s'y mettent en travers. Les premières infos météo inquiétantes parviennent aux organisateurs.

16 h 15 L'orage, violent, dure un quart d'heure. À la sortie de Val-d'Isère, sur une dizaine de kilomètres, la route est blanche. Des véhicules partis en amont doivent s'arrêter avant la montée vers Tignes : une coulée de boue et de rochers vient de couvrir la route, suivie d'autres qui la rendent infranchissable.

16 h 24 Alors que Bernal accélère en tête du groupe des favoris dans l'Iseran, plus bas, des balayeuses sont envoyées pour repousser les grêlons, et un bulldozer tente d'évacuer la boue sur la route.

16 h 30 Christian Prudhomme, le directeur du Tour de France, et Thierry Gouvenou, son bras droit, ainsi que le président du jury, envisagent d'interrompre l'étape. Dans la course, à ce moment-là, Julian Alaphilippe, distancé, a virtuellement perdu son maillot jaune.

16 h 40 Quelques secondes après que Julian Alaphilippe a fait la bascule sur le toit du Tour, la décision d'arrêter l'étape est communiquée. Côté directeurs sportifs, c'est d'abord la stupeur. *« Quand la nature se déchaîne, c'est plus fort que tout,* regrette Prudhomme. *Il n'y avait pas d'autre solution. »* Les temps au sommet sont pris *« à la main »*.

16 h 45 Il est communiqué aux coureurs, dans l'oreillette, que l'étape est stoppée, mais dans l'effort, ces derniers ne peuvent s'y résoudre : ils n'ont, eux, toujours pas vu la moindre goutte !

16 h 47 Des motos sont envoyées à l'avant pour hurler aux leaders, alors à 100 km/h dans la descente, de s'arrêter. Manœuvre périlleuse, des véhicules de l'organisation s'y mêlent en klaxonnant sans discontinuer. Moment de flottement :

Thibaut Pinot, effondré après son abandon.

Bernal continue de courir (*« je ne comprenais rien, j'ai demandé qu'on m'explique en espagnol »*), Yates s'énerve, Uran est hors de lui et Alaphilippe fait de grands gestes de dépit.

16 h 50 Les retardataires continuent leur ascension du col, sans comprendre ce qui se passe. *« Il me restait un kilomètre à monter quand on m'a dit que l'étape était annulée,* raconte Pierre-Luc Périchon (Cofidis). *J'ai compris qu'il fallait rejoindre le sommet, sauf qu'au sommet, personne ne m'a dit de m'arrêter. C'était la cohue. L'ambiance était bizarre : le cortège de la course savait, pas le public. Du coup, les gens étaient en transe comme si l'étape était maintenue. Et nous, on montait cool... »*

17 heures Les coureurs s'arrêtent peu à peu et gagnent les voitures des directeurs sportifs à Val-d'Isère. Prudhomme, pour clarifier sa décision, montre sur son téléphone des photos de la route couverte de grêle à Geraint Thomas.

17 h 25 Dans la montée vers Tignes, les spectateurs désabusés apprennent que les coureurs ne passeront pas, et redescendent à pied. Le podium, en revanche, est maintenu. N'y passeront que le Maillot Jaune Egan Bernal, le maillot à pois Romain Bardet et le maillot vert Peter Sagan. Il n'y a pas de vainqueur d'étape.

18 heures Sur sa table de massage, à l'hôtel, Richie Porte devise : *« Il a fallu qu'une moto insiste et me dise : "Non, non, c'est annulé", pour que je m'arrête. C'est une des journées les plus étranges de ma carrière. »*

18 h 30 En zone mixte, Bardet résume : *« Une étape folle, marquée par des circonstances exceptionnelles ».* Derrière lui, Bernal, en jaune, fond en larmes.

TOUR DE FRANCE 106e ÉDITION du 6 au 28 juillet 2019

3 365,3 KM parcourus

samedi 6	dimanche 7	lundi 8	mardi 9	mercredi 10	jeudi 11	vendredi 12	samedi 13	dimanche 14	lundi 15
Bruxelles ▶ Bruxelles	Bruxelles Palais Royal ▶ Bruxelles Atomium	Binche ▶ Épernay	Reims ▶ Nancy	Saint-Dié-des-Vosges ▶ Colmar	Mulhouse ▶ La Planche des Belles Filles	Belfort ▶ Chalon-sur-Saône	Mâcon ▶ Saint-Étienne	Saint-Étienne ▶ Brioude	Saint-Flour ▶ Albi
1re étape (194,5 km) **M. Teunissen** (HOL, TJV)	c.l.m. par équipes (27,6 km) **TJV**	3e étape (215 km) **J. Alaphilippe** (FRA, DQT)	4e étape (213,5 km) **E. Viviani** (ITA, DQT)	5e étape (175,5 km) **P. Sagan** (SLQ, BOH)	6e étape (160,5 km) **D. Teuns** (BEL, TBM)	7e étape (230 km) **D. Groenewegen** (HOL, TJV)	8e étape (200 km) **T. De Gendt** (BEL, LTS)	9e étape (170,5 km) **D. Impey** (AFS, MTS)	10e étape (217,5 km) **W. Van Aert** (BEL, TJV)
M. Teunissen (HOL, TJV)	M. Teunissen (HOL, TJV)	J. Alaphilippe (FRA, DQT)	J. Alaphilippe (FRA, DQT)	J. Alaphilippe (FRA, DQT)	G. Ciccone (ITA, TFS)	G. Ciccone (ITA, TFS)	J. Alaphilippe (FRA, DQT)	J. Alaphilippe (FRA, DQT)	J. Alaphilippe (FRA, DQT)

mardi 16 – repos

ercredi 17	jeudi 18	vendredi 19	samedi 20	dimanche 21	lundi 22 – repos	mardi 23	mercredi 24	jeudi 25	vendredi 26	samedi 27	hier
bi ▶ Toulouse	Toulouse ▶ Bagnères-de-Bigorre	Pau ▶ Pau c.l.m. indiv.	Tarbes ▶ Tourmalet-Barèges	Limoux ▶ Foix-Prat d'Albis		Nîmes ▶ Nîmes	Pont du Gard ▶ Gap	Embrun ▶ Valloire	Saint-Jean-de-Maurienne ▶ Tignes	Albertville ▶ Val Thorens	Rambouillet ▶ Paris Champs-Élysées
étape (167 km) Ewan (…S, …)	12e étape (209,5 km) **S. Yates** (GBR, MTS)	13e étape (27,2 km) **J. Alaphilippe** (FRA, DQT)	14e étape (111 km) **T. Pinot** (FRA, GFC)	15e étape (185 km) **S. Yates** (GBR, MTS)		16e étape (177 km) **C. Ewan** (AUS, LTS)	17e étape (200 km) **M. Trentin** (ITA, MTS)	18e étape (208 km) **N.Quintana** (COL, MOV)	19e étape (126,5 km) **Étape arrêtée** (route impraticable). Temps retenus au sommet de l'Iseran, soit au km 89, où Bernal est passé en tête.	20e étape (59 km) **V. Nibali** (ITA, TBM)	21e étape (128 km) **C. Ewan** (AUS, LTS)
J. Alaphilippe (FRA, DQT)	J. Alaphilippe (FRA, DQT)	J. Alaphilippe (FRA, DQT)	J. Alaphilippe (FRA, DQT)	J. Alaphilippe (FRA, DQT)		J. Alaphilippe (FRA, DQT)	J. Alaphilippe (FRA, DQT)	J. Alaphilippe (FRA, DQT)	E. Bernal (COL, INS)	E. Bernal (COL, INS)	E. Bernal (COL, INS)

Julian Alaphilippe

« J'ai laissé ma peau sur la route »

Le Français évoque ses trois semaines de folie sur le Tour de France, dont deux avec le maillot jaune, sa fierté d'avoir été au bout de lui-même, son bonheur d'avoir rendu les gens heureux, même s'il a glissé du podium à la sortie des Alpes.

L'ÉQUIPE DU 28 JUILLET 2019

JEAN-LUC GATELLIER

Après ce final alpin, si court et si dur, où il a reculé de la 2e à la 5e place au classement général, Alaphilippe a longuement étreint son équipier espagnol Enric Mas, sa bouée de sauvetage dans la montée vers Val Thorens. En arrivant à son hôtel dans la station, il est tombé dans les bras de Dan Martin (ils ont couru ensemble en 2016 et 2017 chez Quick Step). L'Irlandais de l'équipe UAE Emirates l'a félicité pour sa bravoure. *« Tu me connais »*, lui a répondu le Français. Il marchait péniblement. Chaque pas lui arrachait une grimace comme s'il n'était pas tout à fait descendu de son vélo. *« Une douche et je reviens... Si vous pouvez attendre »*, ajoutait-il, bienveillant. Promesse tenue.

« La montagne est finie. Le Tour est fini. Que ressentez-vous ?

Ah, la dernière étape n'est pas si simple. Tout le monde pense que c'est la parade sur les Champs-Élysées, mais il faut se faire mal jusqu'au dernier passage. Ce qui ressort, c'est la satisfaction de ces trois semaines de folie, qui vont marquer ma carrière et les gens aussi, je pense. C'est une expérience incroyable, inoubliable. C'était très fort de ma part de m'être battu comme ça, car je n'ai pas l'habitude de jouer le classement général, ce n'était pas du tout dans ma tête. Cette 5e place me rend fier, c'est un moyen aussi de récompenser le travail de mes coéquipiers pour défendre le maillot.

"Même le président de la République m'a appelé pour m'encourager... "

Vous n'avez pu sauver le podium. Qu'est-ce qui vous rend le plus heureux ?

D'avoir couru avec mon cœur, mes tripes. J'ai tout mis, j'ai laissé ma peau sur la route et je finis au bout du rouleau. Les gens s'en rendent compte. Ils aiment le panache, le courage. Ma façon de courir avec le maillot jaune les a rendus heureux de suivre le Tour. J'ai puisé au fond de moi-même.

Qu'est-ce qui vous a permis d'aller au bout du bout ?

Sans mes coéquipiers, je me serais relevé vers Val Thorens (avant-dernière étape), car j'étais épuisé. Je me suis accroché le plus longtemps possible dans la dernière montée. Après que j'ai craqué, Enric Mas est resté avec moi durant de nombreux kilomètres, cela m'a permis de rester cinquième. Quand je repense aux discours dans le car, au départ de cette étape, les paroles de mon directeur sportif, la motivation de mes coéquipiers, le public, ma famille : ça me touche. Même le président de la République m'a appelé la veille pour m'encourager... Tu peux rester toi-même, attaquer, faire des coups de folie, mais après tant de soutien, tu te dois d'aller jusqu'au bout. C'est un Tour qui restera toujours gravé en moi.

Vous nous avez dit un jour que vous étiez heureux de voir les gens heureux. Vous êtes comblés ?

Je n'ai pas de mots pour remercier tout le monde. Ça me touche énormément. Dans les derniers kilomètres, j'ai entendu : *"Merci Julian, merci Julian."* Je ne l'ai pas fait pour être remercié. Les gens ont vu que j'ai tout donné, l'ont ressenti. Oui, les gens sont contents, l'équipe est contente, alors je suis content.

Ce maillot jaune était devenu comme votre seconde peau...

J'y ai pris goût jour après jour. Pour l'avenir, je n'y pense pas. Ce classement est inespéré, ces quatorze jours en jaune aussi. Mon discours n'a pas changé, je ne me vois pas changer tous les plans de ma carrière (*) car j'ai été quatorze jours en jaune et que je finis cinquième du Tour. Je retiens autant mes deux victoires acquises au panache, pas des victoires anodines (3e étape, Binche-Épernay, et le contre-la-montre de Pau, 13e étape).

"J'ai une telle faculté d'adaptation que je peux me surprendre "

Vous ne pensiez pas au général, mais vous vous êtes préparé comme un coureur du général avec un stage en altitude, une reconnaissance minutieuse des Vosges, des Pyrénées, des Alpes.

Ma préparation a été plus ou moins la même que l'an passé. À force de travail, mon niveau s'est élevé. Je n'ai pas fait ces sacrifices pour régresser. Ce résultat est la récompense de cet investissement.

Vous aviez même repéré le contre-la-montre de Pau...

Le chrono faisait partie de mon programme de reconnaissance. Je n'imaginais pas le faire en jaune, mais j'ai une telle faculté d'adaptation que je peux me surprendre. Je savais ce chrono taillé pour moi : le parcours, le maillot, le public. Je me suis surpassé. Mais de là à le gagner...

On a devant nous un homme fatigué. Un homme nouveau aussi ?

Surtout un homme fatigué. Nouveau ? Non. Pas pour moi. Pour les gens, oui, sans doute. Moi, je reste le même quoi qu'il arrive. Je suis heureux de rouler sur mon vélo mais je n'ai pas du tout changé parce que j'ai fait ce Tour de France.

Et maintenant, vous aspirez à souffler, à vous reposer...

J'ai besoin de calme, du silence. De profiter de ma famille. J'ai fait une croix sur les critériums. Il y a un an (il en avait couru une demi-douzaine avec le maillot à pois), ç'avait été beaucoup de moments de partage, j'avais rencontré des personnes formidables, profité de l'amour du public, mais cela m'avait beaucoup épuisé. Cette fois, je vais penser à moi, à ma famille que je n'ai pas beaucoup vue ces derniers mois car j'étais très souvent parti. »

(*) Il veut épaissir son palmarès dans les classiques et découvrir les « flandriennes ».

De feu et de détresse

Thibaut Pinot, abattu après son abandon en raison d'une blessure musculaire à la cuisse gauche, avouait sa frustration alors qu'une victoire finale lui tendait les bras.

L'ÉQUIPE DU 27 JUILLET 2019

YOHANN HAUTBOIS et MANUEL MARTINEZ

C'est donc ça, le Tour, le vrai, sa grandeur et sa décadence. Un grand huit émotionnel qui vous balance dans les barrières sans prévenir, après deux semaines de canicule. La soirée passée dans l'hôtel de la Groupama-FDJ en a remué plus d'un et les cœurs de guimauve étaient invités à passer leur chemin devant les scènes poignantes et les silences.

Terrible de voir Régis, le papa de Thibaut, petit bonhomme jovial rejoindre le car de l'équipe, cherchant du réconfort, sûrement, qu'il trouva dans les bras d'Arnaud, un des mécanos, à qui il glissa : *« Pendant trois semaines, on a prié pour qu'il ne chope pas la crève... Pourquoi lui, si près ? Il ne mérite pas ça... »* Son fils venait de bâcher quelques heures plus tôt, fauché par une blessure au quadriceps gauche, planquée depuis quelques jours sans que le staff médical ni le coureur sachent en déterminer l'origine.

Le flou régnait encore. On a parlé d'un coup contre le guidon de son vélo pour éviter une chute en allant vers Gap (17e étape) : *« Il a donné zéro signe de douleur*, assure Samuel Roces, son kiné et confident. *C'est surtout après l'étape de Valloire* (le lendemain) *qu'on s'est aperçus que ça n'allait pas. Il ne pouvait plus plier la jambe. »*

Le matin de la première étape alpestre, rien ne laissait présager le pire, et tout a basculé dans l'ascension du col de Vars : *« Il avait une petite gêne et dans la première montée, il nous a dit : "Je n'arrive pas à pédaler" »*, soufflait son coéquipier Matthieu Ladagnous. Pinot avait pourtant serré les dents et, s'il avait laissé partir Bernal dans le Galibier, il avait répondu à l'attaque furtive de Thomas dans le dernier kilomètre. Mais il ne pouvait plus masquer la douleur. Le staff médical s'activa dans le plus grand secret au coucher, puis au petit-déjeuner, malgré les sourires de circonstances et la détermination de Pinot. *« J'ai des jambes de feu, aujourd'hui, j'ai réussi à suivre sur une jambe »*, leur avait assuré le coureur.

Au départ de Saint-Jean-de-Maurienne, son visage crispé et sombre disait plus sa détresse que sa concentration. Quarante kilomètres plus loin, tout se brisait, et on ne parle plus d'une petite bordure dans la campagne d'Albi. Il commença à vaciller, la tête dodelina, il essaya, en larmes, de poursuivre, porté par une foule sonnée. *« Il fallait se rendre à l'évidence. Thibaut voulait continuer, je lui ai dit une première fois d'abréger. William Bonnet est venu ensuite à son niveau »*, expliquait Bricaud . Autre scène déchirante, son compagnon de route lui a posé le bras autour du cou, a glissé des mots simples, les mêmes que le directeur sportif : *« Abrège. »*

> **"C'est la plus grosse déception de ma carrière. Je sentais que j'étais capable de gagner (le Tour). J'en étais convaincu et rien ne pouvait m'arriver"**
> THIBAUT PINOT

Il est monté dans la voiture de Thierry Bricaud, sans un mot, en larmes. *« Cela fait deux fois que je le récupère sur le Tour. »* Le directeur sportif ne s'y habitue pas : *« Il est en détresse complet et tu n'as rien à lui dire. Tu as envie de le prendre dans tes bras et puis tu entends Radio Tour, la course continue. »* Le regard dans le vide, tête sur la vitre, Pinot entendit sûrement Bernal mettre à l'amende les favoris, il a pensé à ce qu'il aurait pu faire face au Colombien, aller le chercher, le devancer pour défiler sur les Champs en jaune, objectif avoué et assumé.

Cette histoire, le Franc-Comtois était persuadé de l'écrire et, rongé par l'émotion, ne réalisait peut-être pas encore qu'il ne repartirait pas : *« J'espérais avoir cette petite part de chance pour que ça passe et ce n'est pas passé. C'est la plus grosse déception de ma carrière. Depuis les Pyrénées, je sentais que j'étais capable de le faire* (gagner le Tour). *Sans ce pépin, je suis sûr que je l'aurais fait. Convaincu. On ne le saura jamais. »* Oui, on ne saura jamais si ses jambes de feu dans les Pyrénées, son envolée onirique dans le Tourmalet, le tir qu'il mit au groupe de favoris au Prat d'Albis, son panache à Saint-Étienne, l'auraient porté jusqu'à Paris en jaune. Et, finalement, c'est sans importance.

Marc Madiot, entré plus tard dans l'hôtel comme une tornade, alors que chacun arpentait l'escalier en bois à pas feutrés, tonna de sa voix de Stentor, devant les Pinot attablés : *« Allez, ça va aller, ça va venir bordel ! On va y arriver, il y a une justice, elle met du temps mais elle va venir. »*

> **"Après notre mésaventure, j'avais dit aux copains : « On va rouler samedi. » J'avais ça en tête depuis le début."**
> THIBAUT PINOT APRÈS SA VICTOIRE AU TOURMALET, FAISANT ALLUSION AU « COUP DE BORDURE » DONT IL AVAIT ÉTÉ VICTIME LORS DE LA 10e ÉTAPE À ALBI.

Bardet, le pois des maux

Le Français a donné un sens à son Tour en ramenant le maillot à pois sur les Champs-Élysées.

L'ÉQUIPE DU 28 JUILLET 2019

GAÉTAN SCHERRER

Romain Bardet était sur le point de quitter la zone d'arrivée de Val-Thorens quand son père, Philippe, l'a pris dans ses bras avec une émotion simple, sans emphase, avant de lui tendre son téléphone. Sur l'écran, une photo. À gauche, Luc Leblanc et Richard Virenque en plein effort dans la montée de Super-Besse, pendant le Tour 1996. À droite, un petit garçon de cinq ans, maillot à pois et cuissard noir, hurle son admiration à leur passage. Bardet s'est immédiatement reconnu. *« C'est génial »*, a murmuré l'Auvergnat en fixant l'écran, comme s'il venait d'en sortir, vingt-trois ans plus tard, tenue du meilleur grimpeur du Tour toujours collée à la peau. *« Ce maillot nous a tous fait rêver quand on était gosse »*, s'enchante Mikaël Cherel, son coéquipier, heureux pour deux.

Une nuance, toutefois : pour dominer le classement de la montagne du Tour 2019, Bardet n'a eu besoin de passer qu'une seule longue journée à l'avant, dans l'étape reine vers Valloire (2e). C'est là l'étrange paradoxe de ce maillot, qui récompense un coureur n'ayant pas passé le moindre col en tête. Qu'importe : *« On voulait une victoire d'étape, un podium au général, on n'a pas pu le réaliser*, rappelle Vincent Lavenu, le manager d'AG2R La Mondiale. *Ce maillot nous rend le bonheur qu'on venait chercher sur ce Tour. »*

Après avoir touché le fond en deuxième semaine dans l'étape du Tourmalet, Bardet s'est réinventé dans ce Tour, où ses espoirs au général se sont vite fragilisés. *« Rien n'a été facile, mais je suis fier de n'avoir jamais courbé l'échine, baissé les bras*, note-t-il. *Ce n'était pas une grande année, mais c'était une école de la vie. Je dirais que ce maillot est celui de l'espoir, du non-renoncement. »*

3

Romain Bardet est le troisième Français d'affilée à terminer le Tour avec le maillot à pois.
En 2018, c'est Julian Alaphilippe qui l'avait remporté. En 2017, c'était Warren Barguil. Richard Virenque, le recordman, l'a lui revêtu sur les Champs-Élysées à sept reprises (de 1994 à 1997, en 1999, 2003 et 2004).

Une fois distancé dans l'interminable montée vers Val Thorens, les pois n'étaient même plus sous son contrôle, mais ni Egan Bernal, ni Nairo Quintana ne lui ont grillé la politesse. *« C'était un peu poteau rentrant, il y a eu de la réussite »*, concède-t-il. Mais il lui en fallait bien pour appliquer du baume à cette saison frustrante, qui le poussera à revoir ses priorités. Et s'il s'est peut-être menti en visant la gagne sur ce Tour, personne ne lui enlèvera son septième top 15 d'affilée au général.

Peter Sagan (à gauche) et Romain Bardet encadrent le vainqueur du général (et meilleur jeune) Egan Bernal.

Sagan en vert et contre tous

Le Slovaque a décroché son septième maillot vert, un record absolu, à l'économie. Une victoire d'étape, certes, mais aussi une gestion savante des points distribués.

L'ÉQUIPE DU 29 JUILLET 2019

GILLES SIMON

La Slovaquie va bientôt compter autant de victoires que la France au classement par points : sept contre neuf aux Tricolores. Mais elle ne doit ce total qu'à un seul coureur, Peter Sagan, alors que les Français s'y sont mis à six. Le triple champion du monde est désormais le seul détenteur du plus grand nombre de maillots verts, laissant l'Allemand Erik Zabel (6 succès) sur son porte-bagage. *« Ça me plairait vraiment de détenir ce record*, nous disait-il il y a quelques semaines. *Sinon, qu'est-ce que je vais faire au Tour de France ? »* La facilité avec laquelle Sagan s'est acquitté de sa mission laisse pourtant une pointe d'amertume en bouche. Le Slovaque a encore étalé toute sa science du maillot vert en maîtrisant les échappées vers les sprints intermédiaires et en étant toujours présent dans les sprints massifs. Il ne s'est pas loupé à Colmar, où il avait profité des Vosges pour se débarrasser des grands sprinteurs, mais il a manqué l'ouverture dans deux autres étapes taillées pour lui, à Épernay et Saint-Étienne.

C'est aussi la première fois que le Slovaque remporte le classement par points avec un total aussi faible : 316 points. *« Je crois que je n'ai plus rien à prouver à qui que ce soit »*, prévenait-il avant de prendre le départ, à Bruxelles. N'empêche : il n'était jamais descendu en-dessous des 400 points malgré la réforme du barème en 2015, qui récompense davantage les vainqueurs d'étape. Il n'a pas non plus progressé dans les sprints massifs, où on attendait d'un Sagan en grande forme qu'il mate au moins une fois ses collègues à grosses cuisses. En dépit d'une énorme présence (il a toujours fini dans le top 5, sauf à Paris : 1 fois 2e, 1 fois 3e, 3 fois 4e, 1 fois 5e), il n'a jamais levé les bras.

Il a davantage levé sa roue avant, faisant le pitre devant le public à défaut de faire la roue sur la première marche du podium. On l'a même vu réussir quelques acrobaties en pleine course : il a roulé sur la roue avant, la roue arrière suspendue en l'air, sur l'étape Toulouse – Bagnères-de-Bigorre, et a dédicacé son autobiographie sur le vélo, en freinant à peine, entre Tarbes et le Tourmalet. Ses clowneries ont parfois agacé en interne, certains, dans le peloton, y voyant une forme de chambrage un peu irrespectueuse. Les fans, eux, adorent, et c'est sans doute l'essentiel.

Tombé malade au début de la saison, Peter Sagan n'a jamais réussi à combler ce trou dans sa préparation. Il a mené une campagne de classiques en demi-teinte et est arrivé au Tour avec un déficit de confiance et une valise de victoires bien plus légère qu'à l'habitude (trois succès seulement). Mais, au moins, lui restait-il un peu de place peut y ranger ses sept maillots verts, ce qui comptait le plus pour lui.

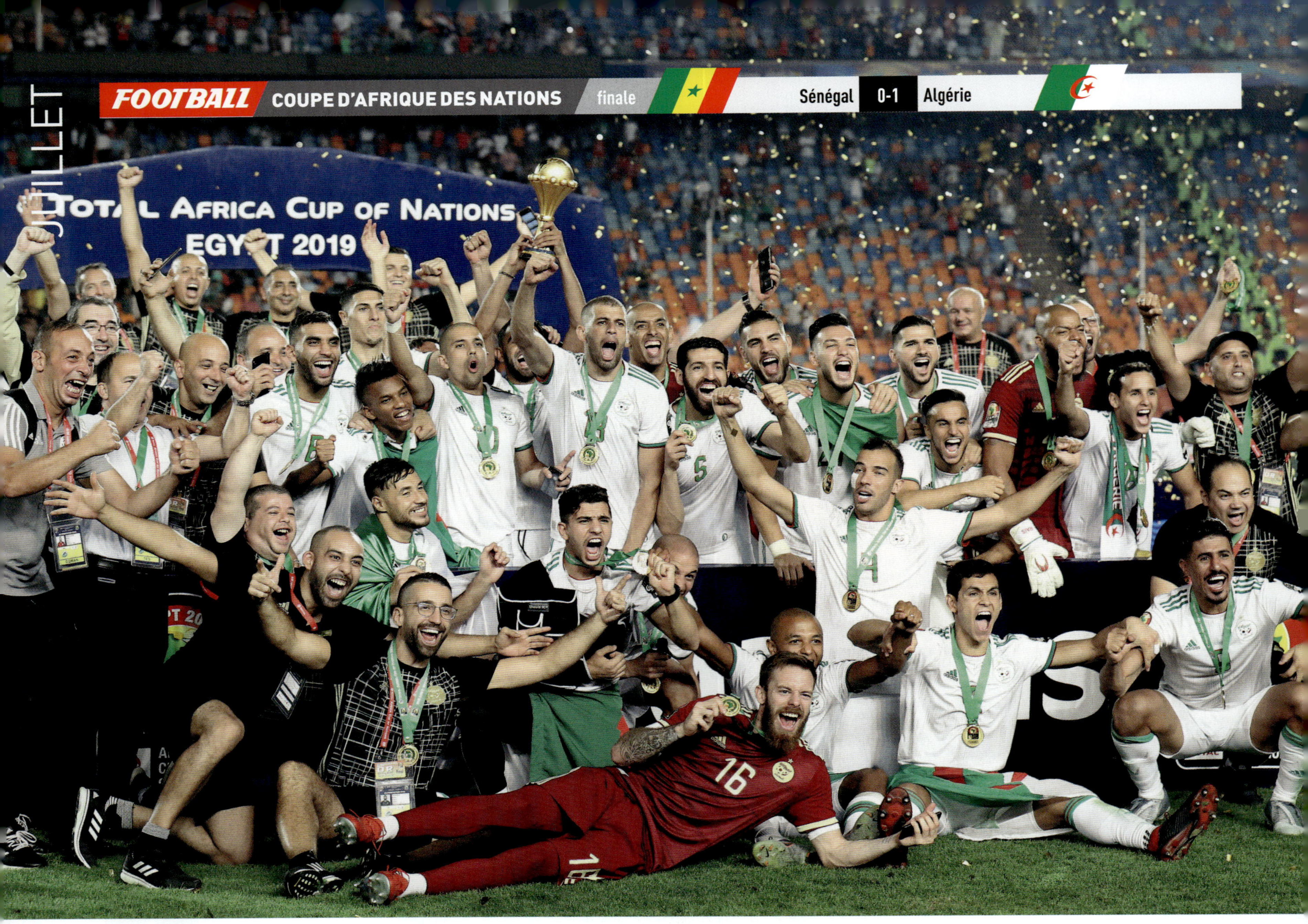

Comme des lions

Les Algériens, pourtant dominés par les Sénégalais devant plus de 20 000 supporters, ont réussi à décrocher leur deuxième CAN, vingt-neuf ans après.

L'ÉQUIPE DU 20 JUILLET 2019
HERVÉ PENOT

Et soudain, ils se sont précipités dans un élan de folie vers leur tribune où se massaient environ 20 000 fans, drapés des couleurs de leur terre, accourus en Égypte de partout. D'Alger, bien sûr, de France, d'Italie, d'Europe, peut-être même de plus loin encore. Combien d'équipes sur le continent sont capables de drainer une telle ferveur ?

Pour la première fois depuis 1990, l'Algérie décroche le trophée continental, en battant le Sénégal (1-0) après tant de désillusions, tant de larmes, tant de certitudes fracassées. Il y a deux ans, les Fennecs avaient abandonné le Gabon dès la phase de groupes, éliminés par le Sénégal, notamment. La chronique du foot africain se nourrissait de ces échecs en série, de ces garçons talentueux oublieux trop souvent des tâches défensives. Mais c'était avant.

Dans ces instants de bonheur, les joueurs ne se trompent pas : ils soulèvent Djamel Belmadi, l'envoient dans les airs, le balancent comme une plume. L'immense bonhomme de ce retour au sommet n'était pas sur le terrain, il a passé son temps à gesticuler près de son banc de touche, à donner des conseils, à replacer ses élèves, à leur inculquer le sens du devoir. Et ils l'ont écouté. L'Algérie n'a certainement pas offert sa meilleure performance de la compétition. Décevante, elle s'est imposée quasiment sans aucune occasion, le but venant d'une frappe de Baghdad Bounedjah déviée par Sané dès l'entame de la rencontre (2e).

Ensuite, fin du show, fermeture des couloirs et de l'axe. Ce groupe qu'on avait connu enthousiasmant s'est replié, a souffert comme jamais, notamment lors d'une seconde période étouffante, bien gérée toutefois par une défense solide et un M'Bolhi impeccable sur une frappe de Sabaly (69e), ou intelligent pour excentrer Niang venu à sa rencontre (66e). Les Fennecs ont montré un état d'esprit remarquable et il est certain que cette équipe n'aurait pas été capable de s'en sortir ainsi il y a peu. Les Algériens voient aussi dans cette équipe comme le prolongement du mouvement qui touche la capitale depuis des mois et qui a mené à la démission de l'ancien président Abdelaziz Bouteflika début avril.

Les dix derniers vainqueurs

2019 Algérie
2017 Cameroun
2015 Côte d'Ivoire
2013 Nigeria
2012 Zambie
2010 Égypte
2008 Égypte
2006 Égypte
2004 Tunisie
2002 Cameroun

80
C'est le nombre de secondes qu'il a fallu à Baghdad Bounedjah pour ouvrir le score et sceller cette finale. Il s'agit du but le plus rapide de cette édition de la CAN.

La révélation Bennacer

Cette force de la jeunesse doit profiter à toute la société. Ces modèles ont porté sur leurs épaules une partie de cette révolution, n'hésitant jamais à glisser un mot pour ce peuple en mouvement. Le héros de la rue, au-delà des acteurs, se nomme aussi Belmadi. L'ovation à l'évocation de son nom a même dépassé le bruit provoqué par celui de Mahrez. C'est dire. En plus de son travail, de sa vision, la chance ne l'a pas abandonné.

On a découvert, pendant ces quatre semaines, des garçons quasi inconnus comme Ismaël Bennacer, formidable accélérateur de particules, élu meilleur joueur du tournoi, ou Bounedjah, sorte de bison n'ayant jamais peur de se frotter aux défenses adverses. Les Sénégalais n'ont pas su trouver de réponses. D'abord obnubilée par des ballons longs inutiles, l'équipe s'est reprise après la pause en posant le ballon à terre, en passant par le milieu et cela aurait pu payer. Mais, une nouvelle fois, les Lions, avec un Mané combatif, se sont brisés sur une finale de CAN, comme en 2002 *(face au Cameroun, 0-0, 2-3 aux t.a.b.)*. Aliou Cissé s'était promis de ramener le titre pour son peuple, après son échec, à l'époque, comme capitaine de la sélection. Il n'a pas été aidé par les défaillances individuelles, comme celle de M'Baye Niang, totalement absent. Mais cette équipe peut encore grandir et pourra toujours se demander si les absences de Kalidou Koulibaly, suspendu, voire d'Édouard Mendy, blessé à un doigt ici n'ont pas tout modifié.

Avant de monter sur le podium, les Lions, qui n'ont jamais rien gagné en Afrique, se sont réunis en cercle, se sont parlé pour ne pas oublier qu'une finale, la première depuis 2002, n'est pas un mince exploit. Cette génération a les moyens de briser la malédiction. L'Algérie lui a montré la voie.

La razzia Dressel

Déjà vainqueur sur trois distances, l'Américain a doublé son capital or en 1 h 40. Son bilan final : six médailles d'or et deux d'argent. C'est lui la star des Mondiaux.

L'ÉQUIPE DU 28 JUILLET 2019

JEAN-PIERRE BIDET

Comme il y a deux ans à Budapest, Caeleb Dressel a remporté trois titres en une seule soirée, le 50 m, le 100 m papillon et le relais 4 × 100 m mixte. Un nouvel exploit immense agrémenté, cette fois-ci, de hautes performances chronométriques. À un an des JO à Tokyo, l'Américain (22 ans) a fait plus que marquer les esprits, à Gwangju (Corée du Sud). Il domine son sujet avec insolence, mais sans en rajouter. Et il n'a pas encore tout montré. Retour, montre en main, sur une journée triplement dorée.

Après sa victoire sur 100 m, Dressel compte déjà dix titres mondiaux. Et c'est loin d'être fini.

20 h 11

Dressel pénètre dans la piscine sous les vivats d'une foule déjà conquise. Visage clos. Il lève un bras pour saluer. Et entame son cérémonial bien huilé. Serviette blanche posée au sol, prière à genoux, une main serre le bandana de son ancienne professeure de mathématiques, Claire McCool, décédée d'un cancer en 2017 : « *C'est l'objet qui compte le plus pour moi*, raconte-t-il. *Elle s'est battue jusqu'au bout et est à mes côtés à chacune de mes courses, et cela durera jusqu'à la fin de ma carrière.* » Les lunettes réajustées, le saut de cabri. Il est prêt. Le Floridien jaillit comme d'habitude, comme un diablotin bodybuildé. Son départ sur le 50 m, premier de ses trois travaux du jour, est limpide. Il sort de l'eau loin devant ses rivaux et conserve une avance abyssale. 21"04, meilleur temps de l'histoire hors combinaisons et onze centièmes grattés à son ancien record.

20 h 15

Dressel ne s'attarde pas, salue la foule en trottinant vers la fosse à plongeon où il va, pendant une dizaine de minutes, enchaîner les longueurs de récupération dans les quatre nages. Il termine en papillon, sort de l'eau, sèche ses lunettes et son bonnet, puis se dirige vers la chambre d'appel du 100 m papillon, suivi par un chaperon du contrôle antidopage.

20 h 43

En quittant la chambre d'appel, il checke le Russe Andrei Minakov, dix-sept ans, son dauphin en demi-finales. Re-serviette blanche, re-prière, re-bandana, re-saut de cabri. Et re-rouleau compresseur. En 49"66, il décroche son deuxième titre, un brin moins vite que la veille quand il avait rayé sans scrupules Michael Phelps des tablettes (49"50). Et, encore une fois, une avance indécente (1"17 sur Minakov !). Cette fois, il se hisse sur sa ligne d'eau pour savourer, souffle avant de frapper dans l'eau avec ses deux poings. Sa sortie du bassin semble plus difficile, son salut au public plus emprunté.

20 h 56

Mèche en bataille, main sur le cœur, jambes écartées, bandana noué autour de la médaille d'or du 50 m, Dressel écoute l'hymne américain, impassible. Fratus ose un selfie mais le gaillard a déjà tourné les talons. Direction la fosse à plongeon, où il marque une pause au milieu de sa deuxième séance de récup' pour suivre la finale du 200 m dos, avec sa compatriote Regan Smith. Puis il replonge pour barboter quelques minutes, s'extrait de l'eau et part se changer dans une pièce attenante, toujours suivi par le zélé chaperon.

21 h 19

Deuxième podium, deuxième Star-Spangled Banner. Cette fois, ses yeux se ferment un peu, comme s'il commençait enfin à goûter l'instant et prendre conscience de ses exploits. Mais le boulot n'est pas fini. Il reste un relais à gagner avec Zach Apple, nouvelle pépite du sprint US, Mallory Comerford et la double championne du monde du 100 m Simone Manuel.

21 h 47

Cette fois, pas de prière. Dressel monte directement sur le plot et lance les siens idéalement vers l'or (47"34) même s'il sent, dans les derniers mètres, le souffle de l'Australien Kyle Chalmers (47"37). Les Américains s'imposent, record du monde en prime (3'19"40) devant les Aussies et des Français aux anges. Contrat rempli. Reste une cérémonie, une médaille, cette fois partagée.

22 h 15

Caeleb Dressel est désormais l'heureux propriétaire de quinze médailles mondiales dont treize en or, à vingt-deux ans. Au même âge, Michael Phelps en comptait vingt, dont dix-sept en or. « *Ça n'était pas facile en 2017, et ça ne l'a pas été ici non plus*, avoue-t-il sans émotion au cœur de la zone mixte. *Je savais parfaitement ce qui m'attendait. Je suis content que cette journée soit finie et je vous jure que je n'ai plus envie de nager quoi que soit ce soir.* »

2

C'est le nombre de médailles gagnées par les Français durant ces Mondiaux.

Deux de bronze pour David Aubry sur 800 m et pour le 4 × 100 m mixte (Clément Mignon, Mehdy Metella, Charlotte Bonnet, Marie Wattel, non-olympique).

“C'est incroyable, je n'y crois toujours pas. Ce 800 m était une course fabuleuse. Il y a deux ans, je regardais les Mondiaux à la télé. Pour moi, les gars qui m'entouraient étaient presque inaccessibles. Je suis prêt, mentalement et physiquement à aller chercher aux Jeux des trucs en bassin et sur le 10 km.”

DAVID AUBRY, BRONZE SUR 800 M ET QUALIFIÉ AUX JO SUR 10 KM

Le malaise Sun

On le pressentait, la présence en Corée de Sun Yang, accusé d'avoir empêché violemment un contrôle antidopage en septembre 2018 mais autorisé à nager par la fédération internationale, a créé un gros malaise. Titré sur 400 m et 200 m, le Chinois a, à chaque remise de médailles, fait face à la révolte de ses adversaires. L'Australien Mack Horton a refusé de monter sur le podium et le Britannique Duncan Scott de lui serrer la main. « *Cela ne me gêne pas qu'on s'attaque à moi mais je ne peux accepter que l'on manque de respect à mon pays* », a-t-il déclaré entre deux provocations verbales et gestuelles.

8 JUILLET

JUDO **GRAND PRIX DE MONTREAL.** Cela faisait vingt mois que Teddy Riner n'était plus réapparu en compétition. Au Québec, en quatre combats, il a montré qu'il était bien toujours le patron de sa discipline, même en finale face au Japonais Harasawa, son dauphin des Jeux de Rio. Et son invincibilité se poursuit : 148 combats.

29 JUILLET

ATHLÉTISME **CHAMPIONNAT DES ÉTATS-UNIS.** Malgré l'émergence de la jeune Sydney McLaughlin (à gauche, 2e), dix-neuf ans, la championne olympique du 400 m haies, Dalilah Muhammad, a établi un nouveau record du monde de la distance en 52''20, effaçant les 52''34 de la Russe Pechonkina, qui dataient de 2003.

01 JUILLET

FOOTBALL **CHAMPIONNAT D'ITALIE.** Pouces levés pour Adrien Rabiot, vingt-cinq ans, qui vient de signer à la Juventus Turin après plusieurs mois passés à l'écart au Paris-SG. Le milieu de terrain international a signé pour cinq ans avec le club italien et met fin, du même coup, à un long feuilleton qui aura agité la Ligue 1.

7 JUILLET

FOOTBALL **COPA AMERICA.** Gabriel Jesus (deuxième en partant de la droite) vient d'inscrire le deuxième but brésilien, en finale de la Copa America au stade Maracana de Rio face au Pérou (3-1). Privés de Neymar, blessé, les auriverde avaient battu l'Argentine en demi-finales et s'adjugent le trophée pour la neuvième fois.

21 JUILLET

VOILE **TOUR VOILE.** Beijaflore, le bateau victorieux, à son arrivée à Nice. Un succès qui efface la deuxième place de l'édition 2018. Pour le skipper, Valentin Bellet (à gauche) et son équipage, le dernier acte a été de toute beauté : une remontée fulgurante dans le dernier bord pour arracher la deuxième place synonyme de victoire finale.

27 JUILLET

ATHLÉTISME **CHAMPIONNAT DES ÉTATS-UNIS.** Le champion du monde de la perche, Sam Kendricks, efface 6,06 m à Des Moines (Iowa), une hauteur qui fait de lui le deuxième performeur de tous les temps en plein air après Sergueï Bubka et ses 6,14 m de 1994 (le record du monde absolu de Lavillenie, 6,16 m, a été établi en salle).

Géante Agbegnenou

Clarisse Agbegnenou (26 ans) a conquis un quatrième titre mondial au terme d'une finale d'une intensité rare. Un sacre historique à un an des Jeux.

L'ÉQUIPE DU 29 AOÛT 2019

CÉLINE NONY

Elles s'écroulent enfin. Côte à côte. Vidées, lessivées. L'une pleure d'une joie infinie, l'autre de détresse. Comme l'an dernier, Clarisse Agbegnenou a maté la Japonaise Miku Tashiro en finale des Mondiaux. Mais ce constat ne vaut rien face à l'intensité du combat que ces deux jeunes femmes se sont livré au cœur du Nippon Budokan. Il ne reflète pas l'émotion qui a traversé les actrices de cet improbable scénario, qui a bouleversé leur clan, tenu en haleine pendant onze minutes et onze secondes, avant la délivrance sur waza-ari. « *Ces sept minutes* (au golden score) *avec Tashiro, je m'en souviendrai toute ma vie* », promet la Française. L'étreinte qu'elle a d'ailleurs donnée à sa rivale à genoux a scellé le partage de ce moment suspendu.

Pour la reine Clarisse, il s'agit d'un quatrième sacre historique, qui lui permet de dépasser la pionnière Brigitte Deydier, et ses anciennes coéquipières Lucie Décosse et Gévrise Emane. Justement, alors qu'elle s'exprimait devant la presse, ayant enfin refoulé ses larmes, Agbegnenou a de nouveau fondu. Une poignée d'irréductibles Gaulois venaient de débarquer, heureux que le compteur soit débloqué pour l'équipe de France. Et parmi eux, Décosse irradiait. Au « *Bravo !* » de l'aînée, désormais dans le staff des filles, l'héroïne du jour rétorquait un « *Merci, sensei* » (merci, maître) attestant de leur respect mutuel. « *Quatre titres, c'est plus que Lucie et Gévrise alors que, moi, je les voyais incroyablement haut...* »

Décidément, Clarisse Agbegnenou n'en revient pas. Remercie à tour de paroles. Le public qui l'a encouragée pour moitié au pays du judo, l'armée qui la soutient, ses parents présents au Japon avec Joris, son jeune frère qui intégrera le dojo de l'INSEP à la rentrée, son club de Champigny-sur-Marne aussi. Obsédée par l'or olympique qui lui a échappé à Rio (elle a planqué sa médaille d'argent chez elle, pour ne plus l'apercevoir), elle s'éreinte depuis dans une unique perspective : devenir championne olympique à Tokyo l'été prochain.

Elle est sauvagement déterminée, n'a plus perdu depuis vingt mois et cette demi-finale du Masters face à... Tashiro. « *Je l'avais déjà prise en demi-finales des Jeux, je n'avais gagné que shido à l'époque*, rappelle-t-elle. *Elle bétonne tout le temps, cette Japonaise. Pour moi, c'est la plus dure. C'est un jeu d'échecs. On l'a bien vu, au moindre moment d'inattention, c'est raté pour moi, je me mets en danger.* »

> **"J'y suis allée avec mes tripes, au bout du bout..."**
> CLARISSE AGBEGNENOU

Jusque-là, ça n'avait pas été le cas. Dans la matinée, la Française avait géré. Trois ippons, deux combats en moins de quinze secondes. Sereine, elle a pu « *réserver un peu d'essence pour la finale* ». Efficace, elle a réussi à marquer avec trois techniques différentes, capable de s'adapter aux profils qui se présentaient. En demi-finales, la numéro 1 mondiale a haussé le ton. La Néerlandaise Franssen ne l'avait jamais battue mais la désormais double médaillée de bronze mondiale est coriace. « *Libère ta manche !* » Dans les gradins, Barbara Harel s'est époumonée. La championne d'Europe 2000 et 2006 (–57 kg), entraîneure dans le club d'Agbegnenou, a l'habitude de hurler ses conseils. Et de rassurer au passage la maman qui tremble à ses côtés : « *Clarisse est précise, elle construit sans prendre de risque.* » Elle a fini par trouver la faille, à prendre l'initiative d'une attaque alors qu'elle était sous l'adversaire et frôlé le ippon dans une immobilisation au sol. Restait donc cette finale. Tout à faire. « *Tout le monde m'attend pour me hacher la tête. Là, j'y suis allée avec mes tripes, au bout du bout...* » Au terme d'un combat dantesque, d'une agression permanente des deux côtés, Agbegnenou peut exulter. Certains pourraient se rassurer en estimant que la patronne a peiné à dominer cette fois ; tous devraient considérer son acharnement. « *Je ne lâche pas, même quand c'est dur. Cette quatrième étoile, je ne l'ai pas volée. Je suis fière de moi* », martèle-t-elle. À ce niveau d'expression, les témoins le savent, ils ont côtoyé le beau et une championne d'exception.

Le signe « quatre » et un sourire pour la Française. Mais cette dernière médaille d'or n'aura pas été la plus facile à obtenir.

Parmi les plus grandes

7 titres
Yoko Tani (JAP)

6 titres
Ingrid Berghmans (BEL), Wen Tong (CHN)

4 titres
Clarisse Agbegnenou, Karen Briggs (GBR), Gao Fenglian (CHN), Noriko Anno (JAP)

EN BREF

CLARISSE AGBEGNENOU
26 ans, – 63 kg

- **JO : 2e** (2016).
- **CM : 1re** (2014, 2017, 2018, 2019) ; **2e** (2013, 2015).

6

En plus des titres d'Agbegnenou, Gahié et Malonga, l'équipe de France a empoché trois autres médailles : l'argent par équipes (mixte), le bronze pour **Margaux Pinot** (– 70 kg) et **Axel Clerget** (– 90kg), la seule breloque masculine en l'absence de Teddy Riner.

Gahié a trouvé le chemin

Un an après avoir gagné la médaille d'argent, Marie-Ève Gahié est sacrée championne du monde des – 70 kg. Tout en maîtrise.

L'ÉQUIPE DU 30 AOÛT 2019
CÉLINE NONY

Quarante-six secondes, pas une de plus, et Marie-Ève Gahié a pu exulter. Elle qui avait tant pleuré, en 2018, d'avoir mené face à la Japonaise Chizuru Arai mais de lui avoir abandonné le titre, n'a pas répété l'erreur. À vingt-deux ans, elle a balayé en finale la Portugaise Barbara Timo d'un ippon magistral, le quatrième en cinq combats, pour s'offrir la médaille d'or. « *Ce qu'elle a montré, c'est magnifique ! Je suis tellement fière...* » Dans les gradins du Nippon Budokan, Clarisse Agbegnenou est en pleurs. Encore. Comme la veille *(voir page 134)*.

« *Clarisse, c'est comme en athlétisme, elle m'a passé le relais. C'est un modèle. On est différentes dans le judo, mais sa détermination, la façon dont elle combat... Dans la vie, c'est comme une grande sœur* », assume la nouvelle reine des – 70 kg. Les deux partagent la même chambre à Tokyo, s'étaient promises d'en ramener deux médailles. Pas étonnant qu'en apercevant son aînée, Gahié se soit précipitée pour la soulever de terre.

Le poster de Décosse

« *J'ai repensé à l'année dernière mais ce n'était pas une vengeance ou quoi. Il fallait juste que je le fasse* », sourit l'héroïne du jour. « *Ce matin, j'avais vu l'ippon, je prophétise* », glisse sa maman. Laurentine est aussi sa meilleure amie, sa meilleure alliée, qui l'accompagne dans ses régimes, fut la première à la convaincre que le judo était un don. « *Quand j'avais sept ou huit ans, j'étais bavarde, dissipée. Une amie de ma mère lui a conseillé le sport pour me canaliser. Ça a été le judo* », raconte Gahié. Avant chaque cours, la gamine admire pourtant les filles de la GRS, au-dessus du dojo. « *J'en rêvais. Avant d'enfiler mon kimono et de retourner à la réalité.* »

La jeune femme rigole. C'est une drôle qui aime faire rire. Mais combattre, faire chuter, lui a toujours plu. Formée à Paris par Éric Rouiller, son « *papa judo* », elle intègre un pôle à treize ans, l'INSEP à dix-sept. Rencontre Lucie Décosse, dont elle avait un poster, s'inspire d'Emane, de Tcheuméo et Agbegnenou, bien sûr. Précoce, elle s'illustre en devenant championne du monde cadette en 2013 puis peine à confirmer. Trop souvent, elle se laisse emporter par sa fougue ou se crispe devant l'enjeu. « *Au volant ou quand j'ai faim, je ne suis pas patiente du tout ! Au judo, j'y travaille* », promet-elle.

Victorieuse du Grand Slam de Iekaterinbourg en mars, elle connaît ensuite une saison mitigée. Et termine cinquième des Championnats d'Europe à Minsk. « *Marie-Ève est généreuse mais elle a pris une claque. En voyant Margaux* (Pinot)*, une des plus tacticiennes, remporter le titre, elle a pris conscience qu'elle devait travailler cet aspect* », observe Séverine Vandenhende, son entraîneure. Son sérieux l'a réjouie : « *Elle a été rigoureuse, concentrée, efficace. Tout l'été, on a travaillé les retournements au sol avec une partenaire de choc, Clarisse, qui défend super bien.* » Et Marie-Ève a su utiliser le mouvement à l'instinct quand l'occasion s'est présentée. « *Ce titre représente un pied sur la route de Tokyo 2020* », dit-elle. Rendez-vous est pris.

EN BREF
MARIE-ÈVE GAHIER
22 ans, – 70 kg
- **2019 : championne du monde (– 70 kg)**
- **2018 : vice-championne du monde (– 70 kg)**

“On préfère arriver aux Jeux avec trois championnes du monde, ambiance « c'est nous que voilà », plutôt qu'avec des outsiders !”

LARBI BENBOUDAOUD, RESPONSABLE DE L'ÉQUIPE DE FRANCE FÉMININE ET CHAMPION DU MONDE 1999

–78 kg femmes

Malongagnifique

Sacrée en – 78 kg, Madeleine Malonga a offert un troisième titre mondial à la France. Grâce à leurs femmes, les Bleus rivalisent avec leurs hôtes japonais.

L'ÉQUIPE DU 31 AOÛT 2019
CÉLINE NONY

Et soudain, la même scène. Comme si, depuis trois jours, on rembobinait le film pour le savourer de nouveau. Les actrices changent mais se succèdent avec la même détermination, le même résultat, en jouant leur propre partition. Après Agbegnenou et Marie-Ève Gahié, au tour de Madeleine Malonga de se parer d'or, en – 78 kg.

« *On a une team de feu*, souriait-elle. *C'est cool quand les copines rentrent, qu'elles ont gagné, que c'est un peu la folie. Ça fait du bien. Tout ça, c'est le fruit de notre travail. On n'a pas menti, on n'a pas triché.* »

“Jeune, elle était irrégulière, fragile”
ALAIN SCHMITT, SON ENTRAÎNEUR

À croire que ces Mondiaux ont lieu à Paris ! Qui aurait parié que la belle Madeleine balaierait toutes ses adversaires sur ippon ? Y compris la Brésilienne Mayra Aguiar, numéro 1 mondiale, puis la tenante du titre japonaise, Shori Hamada, en finale. « *La demie a boosté sa confiance*, appréciait Larbi Benboudaoud, le patron des Françaises. *Et Mado n'est pas un profil qui arrange la Japonaise, car elle a un bras droit qui pèse très lourd. À partir du moment où elle s'impose à la saisie... On lui avait juste donné des consignes précises au sol, où la Japonaise est copieuse. D'ailleurs, elle a eu une opportunité et elle a failli la saisir.* »

Mais la sculpturale Malonga, qui toise sa rivale du haut de son 1,82 m (1,67 m pour Hamada), est sortie du piège avant de la faucher en o-soto-gari.

Éberluée, la jeune femme de vingt-cinq ans n'en revenait pas. Championne d'Europe en 2018, elle avait été étranglée lors de ses premiers Mondiaux, avait même perdu connaissance. Trop d'envie et de fougue. Elle y a repensé, s'est souvenue qu'elle ne devait pas attaquer précipitamment. « *Quand je l'ai récupérée il y a trois ans, Mado était une jeune très prometteuse*, rappelait Alain Schmitt, qui l'entraîne au Blanc-Mesnil. *Mais elle était irrégulière, fragile. Euphorique un instant, se trouvant nulle deux secondes plus tard.* » Lui et le staff national lui ont forgé un mental, ont gommé les défauts techniques ou ses problèmes de coordination.

Malonga avait huit ans quand elle a débuté le judo, pour suivre sa voisine. Elle a vite adopté la discipline, ravie de battre les garçons. Elle a sacrifié beaucoup en quittant sa famille dès l'âge de treize ans. N'a pu retenir ses larmes en y songeant.

Elle a, surtout, réalisé l'un de ses deux rêves d'enfant en devenant championne du monde. L'autre, sa vocation, sera de terminer ses études d'infirmière, sans doute en néonatalogie. « *C'est difficile de combiner les deux*, glisse-t-elle. *En même temps, enfiler un kimono et me battre, puis m'occuper de petits bébés, c'est une forme d'équilibre. Des extrêmes qui me plaisent et dans lesquels je m'épanouis.* » Calme, généreuse, Malonga doit se nourrir de sa victoire pour se projeter sur les JO où, désormais, on attendra beaucoup des Bleues.

EN BREF
MADELEINE MALONGA
25 ans, – 78 kg
- **2019 : championne du monde (– 78 kg)**
- **2018 : championne d'Europe (– 78 kg)**

31 AOÛT

TRIATHLON **WORLD SERIES.** Le Français Vincent Luis craque à l'arrivée du triathlon de Lausanne, grande finale des Worlds Series. S'il n'est que cinquième en Suisse, cette place lui suffit à décrocher son premier titre de champion du monde. Une première depuis l'an 2000, à une époque où la couronne se jouait sur une course d'un jour.

31 AOÛT

VTT **CHAMPIONNATS DU MONDE.** Pauline Ferrand-Prevot, déjà couronnée en 2015, est en pleine ascension, à Mont-Saint-Anne (Canada), vers son deuxième titre mondial. Partie éloignée des meilleures, elle les a rattrapées une à une à la pédale. Sept mois avant, elle se faisait opérer d'une endofibrose iliaque.

21 AOÛT

FOOTBALL CHAMPIONNAT D'ITALIE. Premiers jonglages au son de *Eye of the Tiger* pour Franck Ribéry sous le maillot de la Fiorentina, au stade Artemio-Franchi, devant plus de dix mille spectateurs. Le Français, trente-six ans, a quitté le Bayern Munich, avec qui, en douze saisons, il a remporté vingt-quatre titres dont neuf en Bundesliga.

25 AOÛT

CANOE-KAYAK CHAMPIONNATS DU MONDE. Cyrille Carré et Étienne Hubert ont décroché, à Szeged (Hongrie), la médaille de bronze en K2 1000 m. Juste après, le même jour, Adrien Bart a obtenu le même métal en C1 1000m. Deux médailles qui signifient deux quotas olympiques supplémentaires pour la France aux JO 2020.

29 AOÛT

ATHLETISME MEETING DE ZURICH. Le Norvégien Karsten Warholm (à gauche) et l'Américain Rai Benjamin font le show sur 400 m haies. Le premier l'emporte en 46''92, le second finit en 46''98. Jamais deux hommes n'avaient couru en même temps sous les 47''. Le record du monde de Kevin Young (46''78 en 1992) paraît près de tomber.

Sa première pour Anthoine...

Très affecté par le décès de son copain Anthoine Hubert, la veille en F2, Charles Leclerc a trouvé les ressources pour gagner, à Spa, son tout premier Grand Prix. Jamais un pilote Ferrari n'avait ouvert son compteur aussi jeune.

L'ÉQUIPE DU 2 SEPTEMBRE 2019

STÉPHANE BARBÉ

Charles Leclerc avait tant de raisons de se réjouir de son premier succès en F1, le premier pour un Monégasque. Un résultat obtenu sur l'un des circuits les plus exigeants, où Michael Schumacher lui-même a bâti une part de sa légende. Leclerc partage seulement avec Schumi, Jim Clark et Peter Collins la grandeur d'un premier triomphe en F1 sur le toboggan des Ardennes. Une victoire arrachée pour moins d'une seconde (0''981) devant le quintuple champion du monde Lewis Hamilton, lancé dans une folle remontée à dix tours de l'arrivée. Au dernier Grand Prix en Hongrie, Max Verstappen avait fini par céder devant la Mercedes. Pas Charles Leclerc ! Plus jeune vainqueur de l'histoire de Ferrari en F1 : vingt et un ans, dix mois et six jours ; Jacky Ickx avait deux ans de plus lors du Grand Prix de France 1968.

Tant de raisons d'exploser de joie et une seule, par-dessus toutes, pour accueillir finalement ce succès non pas avec tristesse – Anthoine Hubert, mort la veille dans la course de Formule 2, ne l'aurait pas voulu ainsi –, mais avec délicatesse et satisfaction contenue.

Pas de libération criarde dans la radio de bord au passage de la ligne, seulement des mots attendus, d'une voix aussi posée que son pilotage durant 44 tours : *« Celle-là est pour Anthoine ! Elle fait du bien mais il est difficile de l'apprécier. Bravo les gars, vous êtes les meilleurs »*, adressa-t-il à toute son équipe. Pour lui-même, il répéta sur le podium ce doigt victorieux pointé vers le ciel, comme il l'avait fait lors de sa double victoire de F 2 à Bakou en 2017, moins de cinq jours après la disparition brutale de son père. Et il eut encore cette juste mesure pour, tout de même, offrir à ses hommes en rouge qui le saluaient, le minimum de communion qu'ils méritaient.

> **"Fermer la visière et passer à la même vitesse que la veille, à l'endroit où Anthoine s'est tué, c'est le boulot..."**
>
> CHARLES LECLERC

En d'autres circonstances, il aurait sans doute repris avec enthousiasme ce bel hymne italien, allant peut-être jusqu'à battre la mesure, comme Vettel et Schumacher avant lui ont aimé le faire. Un doux sourire aux lèvres, Leclerc participa malgré tout à la joie de la Scuderia, privée de victoire depuis exactement un an. Il fredonna.

« Cette victoire me renvoie à 2005, rappela-t-il ensuite, *ma toute première compétition en karting, c'était avec Anthoine. Puis sont arrivés Pierre* (Gasly) *et Esteban* (Ocon). *Nous avons grandi ensemble, nous rêvions tous de F 1. »* Sur la grille de départ de la course de GP3 Series, tous les pilotes et techniciens de la F 2 se sont joints à la maman et au frère d'Anthoine Hubert pour un hommage. Leclerc, champion des deux disciplines en 2016 et 2017, était déjà parmi eux. Et avec tous les pilotes de F 1, bien sûr, pour un recueillement quelques instants avant le départ. Cela forçait d'ailleurs un peu l'admiration du quadruple champion du monde français, Alain Prost : *« Faire une minute de silence, puis monter dans l'auto et passer le raidillon de l'Eau rouge à fond dès le premier tour... »*

« C'est la première fois de ma vie que j'ai été confronté à ce genre de situation sur une course où je me trouvais, expliquait Leclerc. *Mais fermer la visière et passer à la même vitesse que la veille, à l'endroit où Anthoine s'est tué, c'est le boulot... »* Mené à la perfection. Le Monégasque n'eut pas, cette fois, à batailler avec Verstappen, sorti en bas de l'Eau rouge dès le premier tour. Les neuf dixièmes de ses milliers de fans néerlandais ne l'ont jamais vu passer en course. Sa Red Bull-Honda ne lui aurait pas, de toute façon, permis de lutter contre la Ferrari.

Leclerc n'eut pas non plus à craindre de consignes de course au profit de Vettel, au contraire. C'est à l'Allemand que la Scuderia demanda de ne pas le ralentir tant son jeune équipier fut dominateur tout le week-end. Mais il a battu Hamilton et reçu ses compliments. Au moment de refaire sa course, l'Anglais s'est dit qu'il lui a *« manqué un ou deux tours, peut-être. Mais même avec une stratégie différente de ma part, Charles était probablement imbattable. »*

Un champion très précoce

Une première victoire à l'âge de 21 ans, c'est très rare parmi les dix plus grands champions de l'histoire, c'est même presque une... première.

Sebastian Vettel (ALL), 21 ans et deux mois
Charles Leclerc (MCO), 21 ans et dix mois
Lewis Hamilton (GBR), 22 ans
Fernando Alonso (ESP), 22 ans
Michael Schumacher (ALL), 23 ans
Ayrton Senna (BRE), 25 ans
Niki Lauda (AUT), 25 ans
Jim Clark (GBR), 25 ans
Alain Prost, 26 ans
Jackie Stewart (GBR), 26 ans
Juan Manuel Fangio (ARG), 38 ans.

Les larmes De Ricciardo, le vœu de Gasly

Avant le Grand Prix, tous les pilotes de F1 ont observé une minute de silence *(notre photo, ci-dessus)*, unis en demi-cercle, à la mémoire d'Anthoine Hubert. *« La meilleure manière de rendre hommage à un pilote, c'est de courir mais aucun de nous n'avait envie d'y aller »*, lâcha Daniel Ricciardo (Renault), les yeux rougis par les larmes. *« Je suis allé voir Charles avant la course et je lui ai dit : "S'il te plaît, gagne-là pour Anthoine" »*, a confié Pierre Gasly, ami d'enfance à la fois de Leclerc et d'Hubert. Exaucé.

... sa deuxième au cœur de Ferrari

Une semaine après son premier succès en Grand Prix, le Monégasque a brillamment doublé la mise, offrant à la Scuderia sa première victoire à Monza depuis 2010.

L'ÉQUIPE DU 9 SEPTEMBRE 2019

FRÉDÉRIC FERRET

Un Grand Prix se gagne parfois par hasard. Deux Grands Prix, jamais. Surtout s'ils se suivent. Cette victoire de Charles Leclerc, devant des dizaines de milliers de tifosi, l'installe dans une galaxie que peu ont touché ou même effleuré. Ce qu'il a réussi est grand. Très grand. Pour mesurer l'ampleur de l'exploit, il suffit de se souvenir du dernier à avoir réussi cette improbable performance. Il s'appelait Lewis Hamilton et, en 2007, pour sa première saison en F 1, avait conquis un continent, devenu en dix jours roi des Amériques, gagnant à la suite au Canada et aux États-Unis.

Deux Grands Prix ne se gagnent jamais par hasard, surtout lorsque le second est à domicile et que vous roulez en Ferrari. Beaucoup de pilotes se sont cassé les dents sur cette piste. Sur les cent huit qui ont roulé en rouge, seuls dix ont réussi à y triompher. Le nombre dit tout de l'incessante pression que les tifosi imposent. Leclerc n'a rien donné. Jamais failli, jouant à la limite, refusant tout espace à la Mercedes de l'Anglais.

Vettel n'a jamais réussi à grimper sur la plus haute marche de l'Autodrome au volant d'une Ferrari. Pas plus que Räikkönen, ni Lauca. L'Allemand y a sans doute perdu ses dernières plumes. Ses nerfs l'ont lâché dès le sixième tour, lorsqu'il s'est embarqué dans un très dérangeant tête-à-queue à la Variante Ascari, avant que sa colère ne le fasse harponner la F 1 de Stroll en revenant trop brutalement sur la piste. Nouvelle erreur, terrible pour l'image du champion, un an après déjà avoir tout perdu dans l'accrochage avec Hamilton.

Leclerc, lui, n'a pas flanché. Malgré une pression infernale d'Hamilton durant plus de quarante tours, le Monégasque a fait plus que résister, a montré à tous les agnostiques que son talent n'était pas feint, qu'il était de la race des grands, de ceux qui peuvent se mesurer à Hamilton, lui tenir tête et même le battre. Cette fois, l'image du gendre idéal en a pris un sérieux coup.

4

Charles Leclerc a succédé à Fernando Alonso, dernier pilote Ferrari à s'être imposé à Monza, en 2010.

Depuis près d'un quart de siècle, seuls quatre pilotes ont réussi à faire triompher la Scuderia à domicile : Charles Leclerc (MCO, 2019), Fernando Alonso (ESP, 2010), Rubens Barrichello (BRE, 2002, 2004) et Michael Schumacher (ALL, 1996, 1998, 2000, 2003 et 2006).

Avec cette victoire, il sera à tout jamais porté par les tifosi

Leclerc est un guerrier. On le savait dur au mal, après avoir traversé toutes les épreuves et les décès qui jalonnent déjà sa courte vie. On l'a découvert rude au combat, sans pitié ni tremblements. Il fallait cette armure, et une certaine clémence des commissaires, pour ne pas craquer sous les coups portés par l'Anglais, tapi dans son sillage depuis le tour 10, guettant la première erreur pour croquer le communiant trop tendre, comme Verstappen l'avait fait il y a deux mois en Autriche. *« J'ai appris de Spielberg* (le circuit autrichien), expliquait-il pour justifier ses manœuvres. *J'aime cette lutte et je suis heureux de courir ainsi. »* Comprenez virilement. Il a, depuis, été baptisé au combat. Alors, plus question de lâcher.

Leclerc n'a rien donné. Jamais failli, jouant à la limite avec la Mercedes, contrainte de rouler dans l'herbe et de tirer tout droit à la chicane. Il héritera d'un modeste carton jaune, ce drapeau noir et blanc sorti depuis la semaine dernière de la naphtaline pour condamner toute *« conduite antisportive »*. Les adversaires de Leclerc trouveront peut-être la sanction douce, oubliant par exemple tous ces méchants freinages que Verstappen imposa à ses adversaires en 2016 et 2017 sans être pénalisé.

Leclerc, là non plus, n'a pas tremblé, venant recueillir, lentement et en rock star, ces merveilleux lauriers que seule Monza sait offrir sur ce podium qui domine la foule. Plus que le champagne, cette ambiance hallucinante d'une piste noire de monde, hurlant l'hymne italien, clamant son nom, « Carletto ». Il avouera même avoir trouvé le temps d'y penser en résistant aux assauts de la Mercedes, preuve supplémentaire de cette incroyable confiance. Hamilton l'a compris. Désormais, Leclerc est devenu grand. Avec cette victoire, il sera, à tout jamais, porté par un pays, celui des tifosi, celui de Ferrari.

"Sur la fin, j'ai regardé vers les tribunes, j'ai vu qu'il commençait à y avoir de l'agitation. J'ai pensé à ce que cette victoire signifiait... Alors, je me suis dit : « Charles, regarde la piste devant toi, arrête de tourner la tête vers les tribunes ! » Je n'ai jamais connu, de ma vie, un podium pareil, une telle foule qui criait !"

CHARLES LECLERC, APRÈS SA VICTOIRE À MONZA

Magie bleue

En battant les États-Unis de dix points en Coupe du monde, l'équipe de France a marqué l'histoire et décroché sa place pour les Jeux de Tokyo. Puis, le rêve est passé.

L'ÉQUIPE DU 12 SEPTEMBRE

YANN OHNONA, AMAURY PERDRIAU et GAÉTAN SCHERRER

C'est le capharnaüm sur le parquet. Frank Ntilikina s'accroche au ballon comme si sa vie en dépendait. Les bras armés de l'équipe de France Nando De Colo (18 points, 11 dans le money time) et Evan Fournier (22) se tombent dans les bras. Vincent Collet, le sélectionneur, embrasse son adjoint sur le crâne.

La France vient de réussir un des plus beaux exploits de son histoire : faire tomber de l'autel les États-Unis (89-79). Démonstration tactique et bijou d'abnégation collective, alors que les Américains avaient un moment repris le contrôle (72-65, 34e). Une équipe décimée, mais invaincue jusque-là, et qui ne s'était *« pas non plus présentée avec des pipes »*, soulignait Fournier depuis le début de la campagne.

> **"Je me trouve replongé en cadets. On fait les cons, on a nos délires. Il y a de l'insouciance, de l'arrogance, mais aussi l'expérience et le potentiel"**
> NICOLAS BATUM

Une mêlée s'est formée au milieu du terrain. Nicolas Batum secoue l'index et fait les gros yeux. *« Ce n'est pas fini. Pas fini. »* Il y a cinq ans, en 2014, le capitaine a payé pour savoir. Un exploit en quarts contre la grande Espagne sur son sol (65-52), puis un camouflet contre la Serbie (85-90) et une médaille de bronze amère. *« Ça fait cinq ans que j'attends ça »*, souffle l'ailier de Charlotte, absent du fiasco de l'Euro 2017 *(élimination en huitièmes)*. Avant sa défaite contre les Français, les Américains régnaient depuis 2008, doubles champions olympiques et mondiaux, plus renversés en compétition depuis 2006.

Cette équipe n'a visiblement jamais douté de sa capacité à renverser la montagne. Quarante-huit heures plus tôt, pour avoir cafouillé une fin de match contre l'Australie (98-100) et raté une remise en jeu à quatre secondes du buzzer, on lui promettait l'enfer. Dans le vestiaire, De Colo et Collet jouent les rassembleurs. *« J'ai mal comme vous*, dit l'entraîneur. *Ce n'est pas le chemin qu'on avait imaginé. Le déplacement* (1231 km pour le quart de finale) *est merdique, c'est un handicap en plus, mais pas quand la tête est prête. Il faut avoir encore plus la rage. On est venus pour étonner le monde. »*

« L'ambiance est restée détendue, raconte un joueur. *Sur le groupe WhatsApp de l'équipe, dès minuit, les leaders y sont allés de leur message. Chacun a fait son auto-critique. On est vite passés à la suite. »* Le lendemain, à la montée dans l'avion, Nicolas Batum intercepte un tweet provocateur de Myles Turner, qui chambre Rudy Gobert. *« Le meilleur défenseur de NBA, selon certains »*, écrit le pivot américain, qui s'est ensuite fait concasser (2 points, 2 balles perdues, contre 21 points, 16 rebonds, 3 contres au Français).

Les coaches ont pris un autre vol, à 6 heures du matin et se sont infusé trois matches des États-Unis. Les joueurs ont eu droit à une séance vidéo carabinée sur le thème de la défense évaporée contre les Australiens. Pendant deux jours, un mot : *« Rebond. Rebond. Rebond. »* Les Bleus sont déficients dans l'exercice, les Américains sont les meilleurs. Mais les Français gagnent la bataille 44 à 28.

La mise en place, à la salle, est cruciale. Boris Diaw, le néo manager général adjoint, prend les joueurs un par un pour un débriefing vidéo. *« Il y a deux ans*, raconte un membre de la délégation. *Il y en avait qui n'en faisaient qu'à leur tête, pensaient pouvoir gagner seuls ou étaient obsédés par la succession de Parker. Cette année, ils écoutent. » « Je me trouve replongé en cadets*, raconte Batum. *On fait les cons, on a nos délires. Un leadership s'est construit autour d'Evan* (Fournier), *Rudy* (Gobert), *Nando* (De Colo) *et moi. Mais on est ensemble. Il y a de l'insouciance, de l'arrogance, mais aussi l'expérience et le potentiel. »* Cocktail explosif. L'heure H approche. Dans le vestiaire, quelqu'un lance : *« Les gars, ce sont les Américains, on est le 11 septembre. Ils vont être chauds... »* Devant le sas qui mène au terrain, le groupe entame une danse. Fournier prend la parole, De Colo enchaîne. Puis le capitaine lève le poing, et crie : *« Bleu Blanc Rouge ! »* L'équipe, d'une voix, lui répond : *« France ! »* et s'engouffre dans la lumière.

21

Le nombre de points du pivot Rudy Gobert face aux États-Unis, son record en bleu. Le joueur des Jazz a également pris 16 rebonds (7 offensifs), la priorité du coach Vincent Collet avant le match. Evan Fournier et Nando de Colo ont, eux, inscrit 22 et 18 points.

8

La note de Frank Ntilikina, capital dans le money time, notamment sur deux paniers : un trois points qui ramène la Fance à égalité 76-76 et un tir à mi-distance qui permet aux Bleus de faire le break définitif à 82-76.

Deux des vingt-deux points d'Evan Fournier face aux Américains. L'arrière d'Orlando a été très présent sous l'arceau.

Une fin en bronze, et en montagnes russes

La dernière semaine des Bleus en Coupe du monde aura été en dents de scie, une vraie lessiveuse mentale : après le mémorable succès face aux États-Unis, ils n'ont pu trouver la clé, en demi-finales, face à une équipe argentine précise et implacable (80-66). L'auraient-ils trouvé en finale contre l'Espagne, qui a écrasé ces mêmes Argentins (95-75) ? Les Bleus, en tout cas, se sont offert un final plus réconfortant, battant l'Australie avec, notamment, un capitaine, Nicolas Batum, retrouvé (67-59) pour décrocher la médaille de bronze. Celle-ci n'empêchera pas, pourtant, Evan Fournier, meilleur scoreur français du tournoi (19,8 pts de moyenne), de verser quelques larmes de dépit. Cette demi-finale ne sera pas digérée avant Tokyo, en juillet 2020.

Un mur à la maison

Après un parcours sans faute et impressionnant à domicile, les Bleus se sont progressivement éteints face à la Serbie, futur vainqueur de l'épreuve (face à la Slovénie). Ils avaient rêvé trop fort de la finale.

L'ÉQUIPE DU 29 SEPTEMBRE 2019

GUILLAUME DEGOULET

Earvin Ngapeth a constamment cherché à percer la muraille serbe, mais malgré ses 29 points, les Bleus s'inclinent à un match de la finale.

Tout l'AccorHotels Arena rêvait d'un nouveau coup des génies. D'une folle nuit qui aurait ouvert en grand les portes de la finale du Championnat d'Europe, le premier organisé en France depuis quarante ans. Mais les Bleus, absolument irrésistibles depuis quinze jours et le match d'ouverture à Montpellier face à la Roumanie (3-0), sont tombés sur un os serbe et un démon au sourire d'ange, l'attaquant Aleksandar Atanasijevic, 27 points. La finale de l'Eurovolley, Serbie-Slovénie exhalera un parfum 100 % balkanique comme en 2017.

En face, la star Earvin Ngapeth s'est pourtant démultipliée, signant la meilleure prestation de sa carrière en bleu (29 points), entamée il y a maintenant dix ans. Mais cela n'a pas suffi. Pas cette fois en dépit du soutien d'un public qui n'avait plus répondu aussi présent pour du volley dans l'enceinte de la capitale depuis... 1986.

La France a joué face à son miroir

Car l'équipe de France - finalement privée de Kevin Tillie qui s'était re-blessé à la cuisse gauche lors du décrassage - malgré une entame agressive et virevoltante dans le premier set (25-23), a progressivement perdu de sa superbe. Elle a moins bien servi et moins bien défendu, mais elle a aussi joué face à un miroir. Depuis quinze ans et la première médaille mondiale décrochée en Argentine face à ce qui était encore la Yougoslavie (3-0), tous les France-Serbie se ressemblent : il y a une part d'intox et beaucoup de coups fourrés de chaque côté.

Dans un soir finalement ordinaire, Stéphen Boyer n'avait pas neuf aces à sortir de sa besace, comme à Nantes face à l'Italie en quarts de finale (3-0). Dans un ciel moins étoilé que prévu, Julien Lyneel a alterné le magique et le moyen, sortant avant de revenir plus fort. La flamme, il aurait pu la rallumer, en toute fin de deuxième manche quand, sur ses mises en jeu, les Bleus effacèrent cinq balles de set pour revenir sur les talons des Serbes (18-24). L'AccorHotels Arena était sur le point d'exploser mais le pied du réceptionneur-attaquant effleura la ligne du fond, ce qui est interdit (23-25).

Tout comme il est interdit, quand on prétend à être sacré roi d'Europe chez soi quatre ans après l'avoir été en Bulgarie, d'entamer un tie-break à l'envers de cette manière. 0-5 en entrée, autant se tirer une balle dans le pied. « *Je ne comprends pas*, lâche le sélectionneur Laurent Tillie, qui s'efforçait de garder un sourire de façade. *On s'est désunis au pire moment. J'y croyais pourtant, tant on avait remis le contact, collectivement, dans le quatrième set.* »

Un tie-break catastrophique

Des attaques qui filent dehors, des nez qui plongent dans les chaussettes et aucune solution qui ne jaillit du banc. Certains, pourtant, dans le carré dévolu aux remplaçants, piaffaient. Mais le rêve s'est brisé. Voilà pourquoi, quelques instants plus tard, Benjamin Toniutti, passeur et capitaine malheureux, se retrouvait assis sous une grue de télé, le regard perdu dans le vide, au bord des larmes, une feuille de statistiques à la main.

Cruelle, la feuille de stats. Les Bleus ont dominé en réception mais ils n'en ont pas profité pour varier leur jeu. En cumulé, les centraux, Nicolas Le Goff, Kevin Le Roux et Barthélémy Chinenyeze ont attaqué quinze ballons, une misère sur cinq sets. « *En face, leur deux contreurs, Podrascanin et Lisinac, nous ont imprimé une pression permanente* », soufflait Toniutti.

Un sans-faute jusqu'en demies

Tour préliminaire
France-Roumanie 3-0 ; Grèce-France 0-3 ; Portugal-France 0-3 ; France-Bulgarie 3-0 ; France-Italie 3-1.

Huitièmes de finale
France-Finlande
3-0 (25-16, 25-23, 25-21)

Quarts de finale
France-Italie
3-0 (25-16, 27-25, 25-14)

Demi-finales
France-Serbie
2-3 (25-23, 23-25, 21-25, 25-17, 7-15)

Troisième place
France-Pologne
0-3 (24-26, 22-25, 21-25)

« L'une des pires défaites de ma vie »

Benjamin Toniutti, le capitaine des Bleus, dresse le bilan de l'Euro après l'élimination en demies et la défaite dans le match pour la troisième place face à la Pologne (0-3). Il n'a pas digéré.

L'ÉQUIPE DU 29 SEPTEMBRE 2019

JÉRÔME LE FAUCONNIER (avec G.De.)

« Que vous inspire cette quatrième place ?

C'est dur. On voulait tellement remporter un titre à la maison ! On ne l'a pas fait et, en plus, on repart sans médaille. C'est dur. Cela fait un mois qu'on bosse comme des oufs, qu'on donne tant. Et à la fin, nous ne sommes pas récompensés.

C'est surtout face à la Serbie en demi-finales que vous avez laissé passer votre chance.

Sans doute. C'est l'une des pires défaites de ma vie. Il y avait vraiment quelque chose à faire. Pour moi, cet Euro ressemble à notre Championnat du monde 2014 *(4e également)*. Même s'il n'y a pas eu de médaille au bout, cela reste l'un des tournois les plus forts d'un point de vue émotionnel. C'est peut-être dur à dire, car il n'y a pas de résultat à la fin, mais en termes d'émotion c'était aussi fort.

Que vous a-t-il manqué face à la Pologne ?

Peut-être un peu d'énergie et un peu de service. Le premier set nous fait mal car nous étions devant. Après, quand les Polonais se remettent à servir et à mettre la pression, cela devient compliqué. Nous sommes morts, épuisés. Trévor *(Clévenot)* s'est encore fait mal. À un moment, je me suis même demandé avec qui nous allions finir sur le terrain. Il n'y avait quasiment plus de joueurs. C'était vraiment dur. »

L'émotion toujours intacte de Rafael Nadal, même après un dix-neuvième Grand Chelem.

Nadal en est à 19 !

Déboussolé par un diabolique Medvedev, l'Espagnol, à bout de forces, a conquis son deuxième Majeur de l'année, le dix-neuvième de sa carrière. Il talonne Federer et ses vingt titres.

Nadal	7	6	5	4	6
Medvedev	5	3	7	6	4

L'ÉQUIPE DU 10 SEPTEMBRE 2019

JULIEN REBOULLET

Il vient d'en terminer avec un direct sur Eurosport. Il fait nuit, la finale est terminée depuis une heure, mais il y a encore du monde à Flushing Meadows pour crier son nom. Encadré par six membres de la sécurité, qui l'aident à fendre la foule, il prend maintenant la direction du centre médias. Il emprunte un escalier. Et là, le visage de Rafael Nadal se crispe brusquement. La crampe vient de refermer ses mâchoires sur sa cuisse droite et ne lâche pas sa proie. Rictus de douleur. Il continue en boitant. Pas de blessure, mais une fatigue extrême pour celui qui vient de rejoindre John McEnroe himself avec quatre US Open au compteur. Vous avez dit terrien ?

> **"Incroyable qu'à ce stade de sa carrière il joue encore comme s'il était fauché"**
> JIMMY CONNORS

Si vidé, le numéro 2 mondial, qu'il en a pleuré. D'abord juste après sa victoire, quand il a subrepticement quitté l'arène avant la cérémonie de clôture, puis pendant celle-ci, quand l'écran géant du court Arthur-Ashe a dévoilé des images de chacun de ses dix-neuf titres du Grand Chelem, de Roland 2005 à New York 2019. À cet instant, les yeux du Majorquin (33 ans) se noyaient dans ses souvenirs : *« J'ai été rattrapé par l'émotion. Tout ce chemin effectué, ça en fait des années ! La fatigue a fait tomber mes défenses, c'était dur de résister. »*

« Dur de résister », en Nadal, ça veut dire irrésistible dans n'importe quelle autre langue. L'effort physique et la faculté de l'Espagnol à surpasser à la fois le génie de Medvedev et son propre épuisement ont encore scotché le monde du tennis. *« Ça m'a éreinté rien qu'en regardant »*, a avoué Boris Becker. *« Incroyable qu'à ce stade de sa carrière il joue encore comme s'il était fauché »*, a glissé Jimmy Connors en guise de compliment ultime, à quelques journalistes américains.

4

Le nombre d'US Open remportés par Rafael Nadal (2010, 2013, 2017, 2019).
Il est à égalité avec McEnroe, à une unité du record détenu par Connors, Sampras et Federer.

Nadal résiste à tout. À des dizaines de blessures, à des centaines d'adversaires mais aussi à lui-même. 2019 a enrichi sa collection de Majeurs de deux trophées : inimaginable il y a cinq mois quand il se morfondait dans sa chambre d'hôtel à Barcelone, à deux doigts de clore sa saison. *« C'était extrêmement dur de le voir dans cet état ce jour-là »*, se souvenait son entraîneur Carlos Moya. *« C'est un moment qu'on n'oubliera pas ; avec sa force mentale et son attitude, il a inversé tout ça ! »*

Plus fort que sa déprime au printemps, il a encore su se sublimer en finale, quand son adversaire filait avec maestria vers l'exploit. *« Daniil s'est mis à jouer incroyablement bien à partir du milieu du troisième set »*, racontait-il. *« Il est totalement sorti de sa zone de confort en montant davantage, en jouant plus le long de la ligne. Et physiquement, je ne sais pas où il a trouvé tout ça, parce qu'il avait déjà beaucoup couru et qu'il est allé chercher des balles que je ne m'attendais pas à revoir. Ma seule obsession était de tenir le score au début du cinquième set, quand la dynamique m'était clairement défavorable. J'étais persuadé que, grâce à l'expérience, des occasions se présenteraient. » « Il a encore prouvé que, dans les moments difficiles, il avait une capacité à lutter hors norme*, admirait Roig. *Son envie est intacte. » « Je peux me rater techniquement ou tennistiquement*, reconnut Nadal, *mais mentalement, je ne m'autorise pas à échouer. »*

C'est pour ça qu'il s'est réveillé, le lendemain, à un titre du Grand Chelem de Federer. Forcément, la planète tennis ne pense déjà plus qu'à la suite de ce concours mythique. *« Je comprends qu'il y ait débat puisque coexistent trois joueurs qui réussissent des choses jamais accomplies auparavant*, analyse l'Espagnol, *mais je me tromperais si je me focalisais là-dessus. Je créerais les conditions d'une tension quasi permanente. L'ambition démesurée, non merci. Je ne pense pas à écrire l'histoire du jeu, je me contente d'écrire la mienne. Et si je continue, c'est avant tout parce que jouer au tennis me rend heureux. »*

> **"Medvedev n'a pas gagné, cette fois, mais je suis convaincu qu'il gagnera plusieurs tournois du Grand Chelem. On a découvert deux nouvelles stars pendant cet US Open, parce que Bianca Andreescu aussi, c'est énorme ! Elle, elle va en gagner un sacré paquet."**
> **MATS WILANDER, CONSULTANT DE L'ÉQUIPE**

Graine de patronne

Sacrée en Grand Chelem à dix-neuf ans, la Canadienne Bianca Andreescu a les moyens de s'installer au sommet d'un circuit qui se cherche une reine depuis plusieurs années.

S. Williams	3	5
Andreescu	6	7

L'ÉQUIPE DU 9 SEPTEMBRE 2019

QUENTIN MOYNET

Dans la foulée de sa conférence de presse, Bianca Andreescu posa pour les photographes accompagnée de son entraîneur, Sylvain Bruneau, qui tenait son trophée de coach dans le mauvais sens. *« Désolé, je ne suis pas habitué »*, glissa-t-il. Sa joueuse répondit du tac au tac : *« Bah, va falloir t'y faire. »*

Derrière la blague, une ambition non dissimulée, claironnée depuis de longs mois, intériorisée depuis des années. La Canadienne de dix-neuf ans rêvait déjà de remporter l'US Open quand elle observait la Belge Kim Clijsters s'imposer à New York en 2009 ! *« Je l'idolâtrais, mais je ne pensais pas, à ce moment-là, être capable de faire comme elle*, explique-t-elle. *C'est venu après, quand j'ai gagné l'Orange Bowl en 2015. Depuis, je me suis visualisée presque tous les jours en finale de l'US Open contre Serena Williams. »*

À la même époque, elle rédigea un chèque à son nom, avec le montant exact du prize money attribué à la gagnante du Majeur new-yorkais. *« Chaque année, j'effaçais la somme que je remplaçais par le nouveau prize money »*, raconte-t-elle. Quatre ans après l'avoir imaginé une première fois, la voilà titrée à Flushing face à Serena Williams (6-3, 7-5), un chèque de 3,85 millions de dollars en poche (environ 3,45 M€). *« Je faisais ça juste pour l'US Open, je ne sais pas pourquoi. Peut-être qu'il est temps de remplir des chèques pour les autres Grands Chelems... »*

6/8
Serena Williams a perdu six des huit finales de Grand Chelem auxquelles elle a participé depuis quatre ans. Et elle n'en a plus remporté une depuis l'Open d'Australie 2017.

Une palette technique large, une main exceptionnelle

La Canadienne d'origine roumaine, hors du top 200 il y a encore un an et cinquième au lendemain de ce tournoi, peut viser plus haut. Et vite. *« Elle sera numéro 1 mondiale bientôt »*, pense Patrick Mouratoglou, entraîneur de la finaliste. *« On peut rêver un peu, elle a seulement dix-neuf ans »*, indique Sylvain Bruneau, très ému.

D'autres avant elle, comme Sloane Stephens, Naomi Osaka ou Ashleigh Barty, toutes gagnantes d'un ou plusieurs Majeurs depuis deux ans, semblaient avoir les moyens de s'installer durablement au sommet du tennis féminin, qui se cherche une patronne depuis la grossesse de Serena Williams, en 2017. Mais Andreescu a peut-être un petit quelque chose en plus, ce jeu différent des autres, moins en force, plus en rondeurs et en angles grâce à une palette technique large et une main exceptionnelle.

Ce mental *« de guerrière »* inné, aussi, selon Bruneau, qui se souvient être resté *« estomaqué »* plus d'une fois lorsqu'il n'était pas encore son entraîneur mais son capitaine de Fed Cup : *« Sa manière de négocier certains points... Je me demandais si elle était naïve ou inconsciente, mais non, c'est dans sa mentalité de foncer. Elle élève son niveau dans les moments cruciaux, elle n'a pas peur, elle y va. »*

Ce fut à nouveau le cas contre Williams, lorsqu'elle se retrouva à 5-5 au deuxième set, après avoir mené 5-1 et manqué une balle de match. *« Je joue mon meilleur tennis quand je suis dos au mur »*, confirme celle qui possède un bilan hallucinant face au top 10 : huit victoires en huit matches. Bianca Andreescu va désormais devoir prendre soin de son corps, déjà traumatisé plusieurs fois, du pied droit à l'épaule droite, en passant par la cuisse droite, le genou gauche et le dos. *« On va être beaucoup plus prudents à l'avenir »*, assure Bruneau, pas inquiet sur la capacité de sa joueuse à digérer l'événement : *« Elle va avoir l'approche qu'il faut pour rester les pieds sur terre et ne pas se prendre trop au sérieux. »*

« Après mon titre à Indian Wells, (en mars), *j'avais eu besoin de quelques semaines pour réaliser. Après Toronto* (en août), *de quelques jours. Donc là normalement... »*, sourit la Canadienne, qui a célébré son sacre au son de *Started from the Bottom*, de son compatriote Drake. En français *« Parti de rien »*, comme ses parents qui quittèrent la Roumanie pour le Canada en 1994 munis de deux valises.

L'énergie, la puissance et l'équilibre de la Canadienne Bianca Andreescu, appelée à asseoir sa domination sur le circuit féminin.

Pedersen, arc-en-ciel et waterproof

Le jeune Danois a remporté une course disputée dans des conditions dantesques, que ni Julian Alaphilippe ni le Néerlandais Mathieu Van der Poel n'ont supportées.

L'ÉQUIPE DU 30 SEPTEMBRE 2019
JEAN-LUC GATELLIER

C'était le risque, un 29 septembre dans le nord du Yorkshire, cette pluie sans fin. C'était le Championnat du monde des manchettes, des parapluies et du thé brûlant. Sans doute le plus éprouvant (*« Le temps était le même à Florence en 2013, mais ça roulait moins vite qu'ici »*, faisait observer Thomas Voeckler) que les conditions météo aient imposé au XXIe siècle. Rogner le grand parcours (261 km, à la place des 280 prévus) où des routes entières étaient emplies d'eau comme des baignoires, avec la suppression des collines de Buttertubs et de Grinton Moor, envahies par les fans lors du mémorable grand départ du Tour de France en 2014, permit d'éviter l'invention d'un nouveau sport, le water-vélo.

Sur la chaussée tapissée de feuilles mortes, il y eut pourtant peu de chutes, car les coureurs restaient prudents pour apprivoiser les virages. Celle qui élimina Philippe Gilbert semblait même anodine, mais le vétéran belge tomba méchamment à l'entrée du circuit d'Harrogate, à 125 bornes du but. Il se releva péniblement, en grimaçant. Son compatriote Remco Evenepoel avait évité l'accident et se tenait près de lui. Mécaniquement, Gilbert retira son compteur pour le placer sur la potence de son vélo de rechange, mais sa volonté était restée sur sa première machine. Puis Alejandro Valverde, 58 kg tout mouillé, décréta que cette journée pourrie n'était pas la sienne. À 90 km de la fin, l'un des grands favoris et le tenant du titre avaient déjà disparu. La suite proposa un cyclisme épique, convoquant des moments d'épopée. C'était le dimanche des guerriers, et on a presque envie de dire que l'identité du vainqueur importe peu, sinon que la victoire de Mads Pedersen, à vingt-trois ans, récompense la formation danoise, performante dans les jeunes catégories avec des résultats constants aux Championnats du monde et au Tour de l'Avenir. Beaucoup moins attendu que Mathieu Van der Poel, son grand rival de la saison 2013 en juniors, Pedersen était celui dont le réservoir énergétique n'était pas encore tout à fait vide lorsqu'il se présenta sur Parliament Street, le visage aussi rouge que le maillot du Danemark.

le classement

1. M. Pedersen (DAN), les 261,8 km en 6 h 27'28'' ;
2. M. Trentin (ITA), m.t. ;
3. S. Küng (SUI), à 2'' ;
4. G. Moscon (ITA), à 17'' ;
5. P. Sagan (SLQ), à 43'' ;

...23. **T. Gallopin**, à 1'50''
...28. **J. Alaphilippe**, à 2'26''.

Van der Poel littéralement arrêté

Matteo Trentin, le scélérat, ne prenait pas de relais. Mais plus rien ne répondait chez l'Italien, tétanisé par les éléments, impuissant au sprint, comprenant que l'occasion de sa vie lui passait sous le nez sans qu'il puisse rien y changer.

On espérait Julian Alaphilippe. Lui craignait plus que tout cette pluie glaciale qui le transperça pendant six heures. Il suffisait d'apercevoir cette silhouette qui semblait avoir rapetissé, ses paupières boursouflées après la douche (chaude celle-là), pour comprendre combien il avait morflé. Il était à dix mètres du monstre orange, mais il ne put rien faire, battu à la pédale, lorsque VDP déclencha la contre-attaque dans la côte principale de la boucle locale, à 33 km de la ligne, derrière le trio Pedersen-Küng-Moscon. Sa force bestiale impressionnait par ses longs et puissants relais. On tenait là le futur champion du monde, c'était couru d'avance. Mais à 12 km du sacre annoncé, Raymond Poulidor resta scotché dans le fauteuil de son séjour à Saint-Léonard-de-Noblat, à côté du portrait au sourire espiègle de son petit-fils. Van der Poel était littéralement arrêté, regardant ses chaussures, réservoir complètement vide. L'épouvantail n'avait pas échappé à la sauvagerie de ce Mondial anglais que Tao Geoghegan Hart, l'un des quarante-six rescapés, définissait avec un flegme tout britannique : *« C'était sérieusement dur. »*

La pluie était annoncée sur les routes du Yorkshire. Mais la quantité d'eau était telle qu'en haut de la côte de Cray, la route a été tranformée en un passage de gué. Julian Alaphilippe (en noir) est suivi, dans le torrent, par le Tchèque Sisr.

Roglic sans faille

Annoncé grandissime favori, le Slovène a logiquement remporté sa première Vuelta. Sans vraiment jamais avoir été mis en péril ni montré un signe de faiblesse.

L'ÉQUIPE DU 16 SEPTEMBRE 2019
MANUEL MARTINEZ

Jamais au cours de ces trois semaines de Vuelta, Primoz Roglic (29 ans) n'a, semble-t-il, douté de ses capacités à conquérir le premier grand Tour de sa carrière. Il avait même affirmé de longue date qu'il avait décidé de préparer comme il se doit cet événement qui lui semblait à sa portée. Pour cela, il avait été suffisamment convaincant auprès des dirigeants de Jumbo-Visma pour qu'ils lui donnent les armes nécessaires, en mettant à son service de dévoués serviteurs.

En présentant au départ de Torrevieja, le 24 août, une équipe composée de Steven Kruijswijk, George Bennett, Robert Gesink, Tony Martin ou encore du jeune Sepp Kuss, Jumbo-Visma faisait déjà savoir qu'elle n'était pas venue en Espagne pour rester en retrait. Pourtant, c'est de bien drôle manière que la formation néerlandaise débutait la Vuelta après une chute quasi collective lors du chrono par équipes inaugural, qui n'épargnait pas Kruijswijk, contraint à l'abandon quelques jours après. Pas de quoi perturber Roglic, sûr de lui et du reste de ses coéquipiers, qui attendait son heure.

Car, si lors des neuf premières étapes, le maillot rouge de leader est passé de Nicolas Roche à Miguel Angel Lopez, Dylan Teuns, à nouveau Lopez, Nicolas Edet, puis Nairo Quintana, Primoz Roglic a logiquement pris le pouvoir au lendemain de la première journée de repos, après avoir dominé le chrono individuel Jurançon-Pau, exercice dans lequel il excelle.

Depuis le 3 septembre, le chef de file des Jumbo-Visma a conservé son paletot rouge sans trembler. Alejandro Valverde, Nairo Quintana ou Miguel Angel Lopez, ses plus sérieux rivaux, ont bien essayé de le faire douter, mais de manière épisodique et désordonnée. *« À aucun moment, je n'ai pensé pouvoir perdre la Vuelta*, assurait Roglic. *Il y a eu juste quelques moments compliqués, mais on a toujours su gérer. C'est fantastique de gagner son premier grand Tour. Après ma troisième place sur le Giro, j'avais volontairement renoncé au Tour de France car je pensais que je n'avais pas suffisamment récupéré et que ce n'était pas la peine d'y aller pour faire de la figuration. Avec Tadej* (Pogacar) *sur le podium, c'est un grand jour pour le cyclisme slovène. »*

À vingt-neuf ans, Roglic vient de passer un cap. Mais c'est la sérénité avec laquelle il s'est imposé qui a marqué les esprits. *« On a fait ce que l'on a pu, mais on ne savait plus quoi faire pour le déstabiliser »*, se désolait Alejandro Valverde, son dauphin sur l'épreuve. *« Roglic s'est vraiment montré très fort et n'a pas laissé apparaître de faiblesses »*, confirmait Quintana.

Tout au long de la Vuelta, le Slovène a également intrigué par le peu d'enthousiasme qu'il montrait, par son détachement. *« Jusqu'à présent, j'ai toujours souri dans des endroits secrets, que je garde que pour moi*, affirmait le Slovène au sommet de la plateforme de Gredos, la veille de l'arrivée à Madrid. *Mais une fois l'arrivée finale, je pourrai alors sourire plus ouvertement. »* Un autre exploit.

le classement final

1. P. Roglic (SLV, TJV), 83 h 7'14" ;
2. A. Valverde (ESP, MOV), à 2'33" ;
3. T. Pogacar (SLV, UAD), à 2'55" ;
4. N. Quintana (COL, MOV), à 3'46" ;
5. M. A. Lopez (COL, AST), à 4'48" ;

...18. **N. Edet** (COF), à 46'24" ;
...24. **F. Bidard** (ALM), à 1 h 25'44" ;
...35. **P. Latour** (ALM), à 1 h 59'4" ;
...47. **G. Bouchard** (ALM), à 2 h 25'49" ;
...52. **R. Cavagna** (DQT), à 2 h 35'4".

19e étape **Avila - Tolède 165,2 km**

Cavagna s'éclate

Seul Français vainqueur d'étape, après un superbe effort solitaire, le jeune rouleur de Deceunink - Quick Step a impressionné par sa fraîcheur.

L'ÉQUIPE DU 14 SEPTEMBRE 2019
CORENTIN PARBAUD

Il s'est retourné une fois, a vu que le peloton pointait son nez au bout de l'ultime virage, et a su que sa résistance n'avait pas été vaine. Rémi Cavagna (24 ans) a alors brandi son poing gauche mais presque sans vigueur, comme si ses derniers kilomètres l'avaient vidé de ses forces. C'est la première fois depuis trois semaines qu'il montrait un vrai signe de fatigue, mais il tenait enfin sa victoire, la première d'un Français sur ce Tour d'Espagne.

À l'avant la veille, déjà, Cavagna s'est encore retrouvé dans le bon coup. Un groupe de dix coureurs, au sein duquel il n'a pas donné le moindre coup de pédale. *« Je n'ai pas eu à rouler car j'avais Philippe Gilbert, mon leader, derrière. J'ai juste appliqué les consignes »*, racontait-il après la course. Plus frais que ses compagnons, l'Auvergnat n'a tenté sa chance que lorsqu'il a été établi que l'échappée pouvait aller au bout, après une chute collective dans le peloton. Il s'est alors fait la malle, à vingt-six kilomètres du but. Parti avec 1'30" d'avance, le Français a tenu, malgré le fort vent de face, malgré les pavés de Tolède et l'ultime faux plat montant. *« J'ai une très bonne récupération, chaque jour je suis de plus en plus en forme. Je savais que c'était ma dernière chance car, après, c'est trop dur pour moi, alors j'ai tout essayé »*, expliquait-il. Car Cavagna a toujours affirmé vouloir à tout prix remporter une étape. Et il n'a jamais cessé d'essayer, finissant à deux remarquables troisièmes places sur le contre-la-montre de Pau et sur l'étape de Guadalajara. Jusqu'à cumuler, sur ce Tour d'Espagne, 594 km en tête !

15 SEPTEMBRE

MOTOGP **GRAND PRIX DE SAINT-MARIN.** Si Marc Marquez (à gauche) prendra à nouveau le meilleur sur Fabio Quartararo, le Français aura résisté à l'Espagnol, futur champion du monde, pendant vingt-trois tours, jusqu'à la dernière boucle. C'est la quatrième fois de la saison qu'il termine à la deuxième place.

7 SEPTEMBRE

PENTATHLON MODERNE **CHAMPIONNAT DU MONDE.** Déjà titré en 2016, Valentin Belaud décroche sa deuxième étoile, à Budapest. Un bon résultat en escrime, un record personnel en natation et un départ en tête dans le laser-run. Belle récompense pour celui qui s'entraîne avec sa compagne Élodie Clouvel (argent à Rio en 2016).

18 SEPTEMBRE

FOOTBALL **LIGUE DES CHAMPIONS.** Est-ce aux Madrilènes que Di Maria tire la langue après son deuxième but de la soirée ? En tout cas, l'attaquant argentin du Paris-SG a été l'acteur principal de cette victoire 3-0 face au Real de Zidane dès la première journée de la phase de groupes. Il est même à l'origine du troisième but.

21 SEPTEMBRE

LUTTE **CHAMPIONNAT DU MONDE.** Médaillé et qualifié, Zelimkhan Khadjiev a fait coup double. En décrochant la médaille de bronze des – 74 kg en lutte libre aux dépens du Kazakh Kaisanov, à Nur-Sultan (Kazakhstan), le Français d'origine tchétchène, vingt-cinq ans, s'est offert son billet pour les JO.

28 SEPTEMBRE

VOILE OLYMPIQUE **CHAMPIONNAT DU MONDE.** Le chiffre 3 pour le planchiste Pierre Lecoq, médaillé de bronze à la Torbole, sur le lac de Garde (Italie). Quelques mois avant les Jeux de Tokyo, le champion du monde 2015 estime avoir *« les armes pour rivaliser avec les Néerlandais »*, dominateurs dans la discipline.

28 SEPTEMBRE

CANOË-KAYAK **CHAMPIONNAT DU MONDE.** En canoë monoplace (C1), le Rennais Cédric Joly, espoir de vingt-quatre ans, décroche le titre mondial à La Seu d'Urgell (Espagne) après sa deuxième année seulement en équipe de France, là même où Tony Estanguet avait été lui-même couronné en 2009.

Bigot, l'argent du repenti

Revenu en 2016 après deux ans de suspension pour dopage, le Lorrain a apporté aux Bleus leur première médaille.

L'ÉQUIPE DU 3 OCTOBRE 2019

MARC VENTOUILLAC

Au premier rang dans la tribune, Pierre-Jean Vazel et Gilles Dupray se tiennent fermement la main. Les deux entraîneurs attendent le dernier essai de Nowicki, seul à pouvoir priver Quentin Bigot du podium.

Quand le marteau du Polonais retombe à 77,69 m, ils lèvent le poing. Le Lorrain apporte aux lancers masculins français leur première médaille mondiale, l'argent avec 78,19 m, et débloque le compteur des Bleus. « *Je ne réalise pas !* » leur crie Bigot. Chacun y va de sa petite larme, embrassades et félicitations affluent. Mais il n'en a pas toujours été ainsi autour de lui.

Champion d'Europe juniors, il lance déjà à 78,28 m à vingt ans, en 2012. Mais tout s'effondre en juillet 2014. Positif au stanozolol. Comme Ben Johnson à Séoul. « *Très tôt dans ma carrière*, racontait-il à *L'Équipe* en juin 2017, *j'ai entendu qu'au marteau, on ne peut dépasser 76 m sans produits. Même si je ne pensais pas me doper un jour, c'est arrivé. J'ai commencé en 2012 après une blessure : je voulais revenir pour les JO de Londres.* »

Contrairement à nombre de ses pairs, le lanceur de Gandrange reconnaît sa faute, ne demande pas de contre-expertise. Sa volonté de collaborer lui vaudra une suspension réduite : deux ans au lieu de quatre. Puis, après avoir un temps songé à arrêter, il continue, cherche un nouvel entraîneur et se tourne vers Pierre-Jean Vazel, ex-coach de Ronald Pognon et Christine Arron, parti travailler en Chine.

> **“J'avais du mal à aller manger au restau en bas par peur d'affronter des regards...”**
>
> QUENTIN BIGOT

Vazel est séduit par le bonhomme et son amour du marteau. Et sa volonté de repentir. Car Bigot se refuse à faire comme si rien ne s'était passé. Il aimerait rencontrer les gamins pour leur expliquer comme il est angoissant de voir son appartement perquisitionné ou de répondre aux gendarmes. « *Pour parler aux jeunes, le bon filon, ce sont des gens comme moi qui sont passés par là*, dit-il. *C'est aussi bien de faire témoigner des athlètes propres que des athlètes suspendus. Y compris ceux qui ne sont pas revenus. Eux ont vraiment gâché leur vie.* » Pareil avec la presse. Il répond aux questions. « *Ça le fait chier*, estime Vazel, *mais il en parle car il considère que c'est sa peine.* »

Un an après la fin de sa suspension, il est quatrième aux Mondiaux 2017. « *Cela valait presque une médaille* », estime Vazel. Cela aurait peut-être été trop tôt et il s'en serait toujours trouvé pour dire qu'il n'avait pas tourné la page. Il a attendu cette année pour (re)dépasser ces 78 m. « *En prenant énormément de recul*, conclut le vice-champion du monde, *je vois que le dopage ne mène à rien, sauf à des ennuis.* »

PML agrandit sa collection

Le 110 m haies français décroche une médaille mondiale grâce à Pascal Martinot-Lagarde (3e en 13''18). Sa dixième breloque en grand championnat.

L'ÉQUIPE DU 3 OCTOBRE 2019

CÉLINE NONY

Il hésite, trépigne, mains devant la bouche, devant le tableau. Quand, enfin, le nom de Pascal Martinot-Lagarde s'affiche à la troisième place, après ceux de l'Américain Holloway et du Russe Choubenkov, il explose. Une joie de gamin. Il se pare d'un drapeau, s'enroule et divague. À 28 ans, PML décroche sa première médaille mondiale sur 110 m haies, la première pour la France dans la discipline depuis Ladji Doucouré en 2005.

Il avait prévenu : « *Je me fous de la perf, ce sera un combat d'homme à homme.* » Il ne s'est pas désuni, a dominé ses obstacles quand McLeod, le Jamaïquain, a encore trébuché en fin de course, gênant l'Espagnol Ortega qui tenta de l'écarter de la main. « *C'était une boucherie. Tu ne peux pas agir sur le couloir d'à côté, alors occupe-toi du tien*, commente-t-il. *Je me suis arraché dans la maîtrise.* »

Cette médaille s'ajoute à sa collection de dix breloques (sept en salle) : « *Mon palmarès, c'est un marathon dont je suis fier.* » Un podium minimum chaque année. Une seule fois, son corps a soufflé, pour une fracture du pied en 2017.

Après une série sérieuse (13''45), une demie pour réveiller l'appétit et de vieilles sensations (13''12), PML s'est faufilé sur le podium en 13''18. Oubliées la blessure aux adducteurs et la mononucléose qui ont pourri son début d'été. Il est resté serein. Mais a gardé sa grande gueule. Celle du bon client qui ne se prend pas au sérieux : « *Dire des conneries n'était pas une manière de se cacher. J'aime la vie, rigoler. Mais les blagues et les bourdes, écrites noir sur blanc, ça ne passe pas.* » « *Plus jeune, je devais avoir un côté petit con. Mais le Pascal un peu foufou dans son monde tout rose, s'est éteint en finale européenne à Zurich* », dit-il. Une blessure pour ce garçon fondamentalement gentil, capable de signer un gros chèque pour son ancienne coach en rade, ou d'offrir une voiture à Crouzet, son entraîneur actuel, quand il multipliait les allers-retours entre Reims et l'Insep. « *On a considéré, à tort, que j'étais arrogant. Pourtant je suis le premier à serrer les mains de mes rivaux, à les encourager. La première impression est difficile à déconstruire.* » Ses médailles, certains les voyaient comme des coups de bluff ou de chance. Sa régularité lui a donné une légitimité.

Le DÉCAlvaire de Mayer…

Blessé aux ischios, le décathlonien a abandonné à la perche, laissant filer un deuxième titre qui lui était promis.

L'ÉQUIPE DU 4 OCTOBRE 2019
MARC VENTOUILLAC

Kevin Mayer vient d'allonger son élan à la perche. Il a interrompu sa première course avec une petite grimace. Douleur. Mais il s'entête : deuxième essai. Après quelques foulées, la douleur est trop forte, il laisse aller sa perche et se jette sur le tapis. C'est fini. Il se relève, il a pleuré. Fin d'un rêve et d'un calvaire. *« Je n'étais pas encore allé jusqu'ici dans la douleur et je suis fier d'y être allé*, dit-il. *J'ai vu de la fierté dans les regards de "Bébert", Romain et Jérôme. »*

Bertrand Valcin, l'entraîneur, Barras, le modèle de ses jeunes années, Simian, le préparateur physique. Deux jours à chercher des solutions. Des tribunes, la conclusion paraissait évidente depuis le 110 m haies, quand il s'est cabré, incapable de casser, et a boitillé, une fois la ligne franchie (13''87). Après la course, Mayer fait signe à son coach, resté près du départ, que c'est fini. Valcin n'a pas vu, mais il sait que son protégé est sur la corde raide. Depuis un mois, il se plaint de douleurs au tendon d'Achille gauche mais avait gardé le secret. *« Comment voulez-vous que je vous en parle ?*, dit-il. *À un moment donné, on se le cache à nous aussi ! »* Dès le départ, sur 100 m (record porté à 10''50), la douleur est réapparue. *« Elle est devenue insupportable avant le 400 m »*, explique le recordman du monde, qui avait pourtant limité la casse (48''99).

La perche, épreuve de vérité

Entre les deux journées, le Français passe six heures avec le staff médical et n'envisage pas l'abandon. Pourtant, à l'échauffement avant le 110 m haies, impossible de passer des haies ou de faire un départ. Sur la piste, il semble tout oublier, jusqu'à ce qu'il percute deux haies qui génèrent une douleur à l'ischio. Sursis. Au disque, il se bat et cherche conseil auprès de ses coaches ou de Serge Debié, celui de Mélina Robert-Michon.

Cheville gauche strappée, Mayer passe l'obstacle du disque : premier essai mordu, le deuxième à 48,34 m. Bras levés, Mayer paraît presque retrouvé. Il reprend la tête du décathlon, 6 310 pts contre 6 254 pts au Canadien Warner. Il quitte l'aire de lancer sans tenter le troisième, et part aux soins. La perche s'annonce, épreuve de vérité. Qu'il efface 4,60 m, la seule barre qu'il a prévu de demander, et il aura fait le plus dur, il sera en position de conserver son titre. *« Même à ce moment-là, je me disais que j'allais finir »*, insiste Mayer. Pas de saut d'échauffement, il réfléchit au type d'exercices qui le soulagerait. On lui suggère de demander aux juges d'être soigné sur la piste. Refus des officiels. Il peut juste sortir pour retrouver Simian et le kiné. De retour au sautoir, il s'interroge sur la dureté de sa perche, pas assez souple pour la hauteur demandée, discute avec les coaches. Il pense ne pas pouvoir courir. Pour eux, s'il s'engage, il surmontera la douleur… Mais elle sera la plus forte. Deux heures plus tard, les yeux toujours rouges, Mayer commente sa sale journée. *« Chaque décathlonien vit cela*, dit-il. *Il faut accepter qu'en dix épreuves, il se passe des choses. Mais ce scénario n'était pas dans ma tête. »* Le champion du monde sera l'Allemand Kaul, pas Mayer.

… et quatre autres Qatarstrophes

Les principales autres têtes d'affiche françaises, Lavillenie, Diniz, Vicaut et Bosse, n'ont pas été au rendez-vous.

1 Renaud LAVILLENIE — Perche hommes

Éliminé en qualifications, 5,60 m.

« Je n'étais pas si mal que ça, ça coince pour des trucs stupides. Il n'est pas dit que, dans ma chambre, je ne chiale pas comme un con, mais ça ne va pas durer. J'ai toujours réussi à rebondir. Je n'avais pas prévu d'arrêter ma carrière là-dessus. »

2 Yohann DINIZ — 50 km marche hommes

Abandon après seize kilomètres.

« On me dira que j'aurais dû venir sept mois avant pour me préparer à ces conditions. J'assume. Marcher pour marcher ne sert à rien. La tête n'y était pas, les jambes non plus. L'humidité et la chaleur de mon corps m'ont asphyxié. »

3 Jimmy VICAUT — 100 m hommes

Éliminé en demi-finales, 10''16 (+0,8 m/s).

« 10''11, le chrono du dernier repêché, c'est un temps que je sais faire. Mais j'ai raté mon départ et ma fin de course pour finir en cycle arrière. »

4 Pierre-Ambroise BOSSE — 800 m hommes

Éliminé en demi-finales, 1'47''60.

« Je me suis fait balader, ça m'a grillé mes cartes, j'étais en forme, sûr de passer, je regardais les gens que je connaissais dans le public avant le départ, j'ai un peu trop joué… Ça fait longtemps que je ne me suis pas fait promener comme ça, ça remet les idées en place. »

LE RECORD DE MUHAMMAD

Deux records du monde ont été battus durant ces Mondiaux. L'un n'a aucun poids historique (sur 4 x 400 m mixte), l'autre n'avait que quelques semaines (sur 400 m haies). Après avoir signé un chrono de 52"20, fin juillet, effaçant des tablettes la Russe Pechonkina (52"34 en 2003), Dalilah Muhammad a donc amélioré son record tout frais en s'imposant sur le 400 m haies en 52"16, devant la jeune Sydney McLaughlin (52"23). *« Je ne me concentre pas sur Sydney ou qui que ce soit, mais chacune pousse l'autre,* explique Muhammad, championne olympique en 2016. *J'adore ce genre de pression (...) Ce titre signifie tellement ! Mais battre à nouveau le record du monde, c'est fantastique. J'ai senti Sydney revenir sur moi à la neuvième haie, alors j'ai tout donné. »*

NASER, PLUS VITE QUE PÉREC

Cette performance-là a eu un écho dont beaucoup d'autres n'ont pu jouir. Vingt mille spectateurs ont en effet pu assister à la perf supersonique de Salwa Eid Naser : 48''14 sur 400 m. L'athlète bahreïnienne ne partait pourtant pas favorite, le costume était plutôt taillé pour la Bahaméenne Shaunae Miller (48''37), invaincue depuis deux ans. Mais l'épouse du décathlonien estonien Maicel Uibo, argenté le même soir, est tombée de haut, dépassée par l'irrésistible impression de vitesse sans déperdition terminale dégagée par Naser (21 ans). Cette dernière a signé un chrono hors norme, dans une finale où cinq athlètes sont passées sous les 50 secondes. 48''14, c'est près d'une seconde de mieux que son exrecord personnel (49" 09 en 2018) et la troisième perf tous temps. Elle passe même, dans les bilans, devant Marie-José Pérec (48" 25 aux Jeux d'Atlanta en 1996). Devant ? Deux noms qui appartiennent à une époque trouble : Marita Koch (47" 60) et Jarmila Kratochvilova (47" 99).

Très vide mais très fort

Au delà des performances des Français, des tribunes clairsemées et de la chaleur hors stade, ces Mondiaux de Doha ont été rythmés par des chronos de haut vol, des moments d'émotion et... l'ombre d'Alberto Salazar.

AUX PERCHISTES RÉUNIS

Il ne manquait bien que Renaud Lavillenie, qui n'avait pas réussi à se mêler à l'empoignade finale *(voir page 149)*. Ou plutôt à l'accolade. L'Américain Sam Kendricks ne tentera pas son troisième essai. L'échec de « Mondo » Duplantis à son ultime tentative à 6,02 m à peine consommé, l'Américain s'est rué vers son cadet pour l'enlacer. Après l'embrassade, les deux hommes se sont assis sur le tapis rouge pour taper la bavette comme deux vieux potes, vite rejoints par le Polonais Piotr Lisek, troisième (5,87 m), avec qui ils ont offert, au public, un joyeux salto arrière à trois. Belle image après un superbe concours où se retrouvaient, sur le podium, les trois hommes qui, avant les Mondiaux, avait réalisé 6 m ou plus durant la saison (Kendricks, 6,06 m, Lisek, 6,02 m, Duplantis, 6 m). Avec cette fois, sur la plus haute marche, Kendricks (5,97 m), vainqueur aux essais du Suédois Duplantis.

28

Le nombre d'abandons lors du marathon femmes (sur 68 participantes), remporté par la Kenyane Chepngetich (2h32'43") et disputé sous une chaleur de plus de 30°C et un taux d'humidité de plus de 70 %.

1

Le nombre de centimètres qui séparent les trois premiers du concours du poids hommes : l'Américain Joe Kovacs décroche l'or avec 22,91 m, l'argent revient à son compatriote Ryan Crouser avec 22,90 et le bronze va au Néo-Zélandais Tomas Walsh, 22,90 m également.

HASSAN, L'OMBRE DE SALAZAR

Double championne du monde sur 1 500 m et 10 000 m, perf inédite en grand championnat, avec une aisance déconcertante, la Néerlandaise Sifan Hassan (26 ans) a frappé très fort. Trop ? Elle s'est défendu bruyamment de toute tricherie, demandant à être contrôlée sans relâche. *« Je suis en colère contre le monde entier*, disait-elle après son deuxième titre, celui du 1500 m (en 3'51''95, après 30'17''62 sur 10 000 m). *Je suis propre. »* Comme l'Américain Donavan Brazier sacré sur 800 m (1'42''34), elle fait partie du groupe dirigé par Alberto Salazar, tout juste suspendu quatre ans pour incitation à la pratique dopante. *« On vit dans un monde où les grandes performances sont sans cesse remises en question*, a indiqué Sebastian Coe, président de l'IAAF. *L'Unité d'intégrité de l'athlétisme étudie la décision concernant Salazar, contrôle beaucoup et a toute latitude pour enquêter. »*

« Mommy Rocket » a vécu un rêve

Shelly-Ann Fraser a remporté son quatrième titre mondial sur 100 m et l'a fêté avec son fils de deux ans dans les bras.

L'ÉQUIPE DU 30 SEPTEMBRE 2019
STÉPHANE KOHLER

Shelly-Ann Fraser n'a pas ménagé le moindre suspense. Favorite, la Jamaïquaine, qui change de couleur de cheveux aussi vite qu'elle court, a écrasé de sa foulée ultra-rapide toute concurrence, en s'imposant en 10''71, meilleure performance mondiale de la saison. 2800 spectateurs seulement – quelle tristesse... – ont assisté à sa démonstration dans les tribunes. Mais le sourire et la joie de la quadruple championne du monde du 100 m (après 2009, 2013 et 2015), trente-deux ans, redonnait une tonalité plus sympathique à la soirée.

Après le jaune capillaire des séries, celle qui possède son salon de coiffure au pays et commercialise toute une gamme de produits de beauté avait opté pour un sympathique camaïeu rose-bleu-vert-jaune, pardon si l'on oublie quelques nuances. Sûre de sa force et de son look, la double championne olympique du 100 m (2008 et 2012) était devant sa télé il y a deux ans pendant les Mondiaux de Londres : elle a accouché le 7 août 2017 d'un petit garçon nommé Zyon, qu'elle portait dans ses bras pour son tour d'honneur : *« Ce rêve est devenu réalité ! Les dernières heures ont été longues, je n'ai pas réussi à dormir tant j'étais nerveuse. Mais Zyon et mon mari m'ont donné une telle force mentale ! »*

le podium
1. S.-A. Fraser-Pryce (JAM) 10''71
2. D. Asher-Smith (GBR) 10''83
3. Ta Lou (CIV) 10''90

Ses priorités ont changé, pas son appétit. *« La revoir à ce niveau après sa grossesse et la blessure au pied qui l'a handicapée à Rio* (2016, 3e du 100 m) *me rend vraiment fier d'elle,* disait Usain Bolt. *Elle est peut-être restée dans mon ombre tout au long de ces années mais on n'a pas le droit de la sous-estimer. Elle a tant prouvé depuis dix ans ! »*

Entraînée à Kingston par le célèbre Stephen Francis, Fraser (1,52 m) a construit pierre par pierre un destin hors du commun. Née à Waterhouse, un des quartiers les plus pauvres et dangereux de la capitale jamaïquaine, elle n'a jamais oublié son passé : *« Quand j'y retourne, c'est un rappel constant à la réalité : c'est là où j'étais et là d'où j'ai eu la chance de sortir. Je sais que les gens me regardent, là-bas, avec des yeux ronds. Ils sont fiers de ma réussite. Et je garde en tête qu'il faut travailler dur pour réussir. »* La naissance de Zyon aurait pu sonner la retraite après tant d'efforts et peu de polémique – hormis une suspension de six mois en 2010 pour usage d'un opioïde qu'elle dit avoir utilisé pour calmer une rage de dents. *« Quand je suis tombée enceinte, mon coach m'a dit :* "O.K, profites-en, ne prends pas trop de poids mais profite, et dis-moi quand tu seras prête à revenir, pour qu'on se remette au boulot", expliquait-elle cet été. *En 2018, je suis revenue et suis restée patiente. Cette pause m'a fait du bien, j'étais sur le circuit depuis une dizaine d'années, c'est usant. »*

Surnommée « Mommy Rocket » en Jamaïque, où sa statue trône devant le National Stadium, Fraser est donc revenue au top, avec un nouvel état d'esprit, même si l'organisation quotidienne tient parfois du défi : *« Courir en étant mère me donne une motivation très différente. On a parfois peur de fonder une famille. Je voulais montrer que ce n'était pas forcément synonyme de fin de carrière. »* Bientôt, Zyon comprendra mieux ce qui s'est passé ce soir de septembre, en se revoyant avec sa mère fêter un destin hors norme.

100 m hommes

Coleman, héritier discret

En 9''76, le nouveau champion du monde du 100 m a survolé la finale. Dans un style et un registre très différent d'Usain Bolt.

L'ÉQUIPE DU 29 SEPTEMBRE 2019
STÉPHANE KOHLER

Il faudra encore attendre pour savoir quelle trace Christian Coleman laissera dans l'histoire du sprint. Pas seulement parce que sa réputation a été entachée durant l'été par les accusations de l'Usaca (l'Agence américaine antidopage), qui auraient pu lui valoir deux ans de suspension pour manquements à ses obligations de localisation. Mais en devenant champion du monde du 100 m – devant 8 000 spectateurs, la plus faible assistance pour une finale de 100 m en grand championnat – l'Américain (1,76 m, 72 kg) étoffe un palmarès déjà fourni. Champion du monde du 60 m en salle en 2018, recordman du monde (6''34) la même année, il s'était vraiment révélé en 2017 en obtenant la médaille d'argent à Londres, derrière Gatlin et devant Bolt. Le premier est un mentor, le deuxième une légende, que le jeune Coleman avait donc réussi à battre pour sa dernière apparition sur scène. *« Usain a dominé pendant dix ans et changé notre sport comme personne,* rappelle le natif d'Atlanta, de son accent du sud, un peu traînant. *Mais à Londres, je ne pensais pas à tout ça. »*

le podium
1.C. Coleman (USA), 9''76
2. J. Gatlin (USA), 9''89
3. De Grasse (CAN), 9''80

Coleman aurait pu ne jamais croiser Bolt s'il avait suivi son initial. *« Au lycée, j'aimais bien l'athlé, mais je rêvais d'abord de NFL,* se souvient Coleman. *Les recruteurs appréciaient ma vitesse, moins ma taille ! Mark m'a alors convaincu d'opter pour l'athlétisme. »* Mark Tolcher : son coach au lycée Notre-Dame-de-la Miséricorde à Fayetteville, en banlieue d'Atlanta. *« Il me disait n'avoir jamais vu un talent pareil »,* raconte Coleman.

Puis, Coleman choisit, en 2015, de s'entraîner sous les ordres de Tim Hall. *« La première fois que je l'ai vu courir, je me suis demandé qui était ce gars au style peu orthodoxe,* sourit Hall. *Hanches en avant, le reste derrière. Je l'appelais "Chucky". Il courait bizarrement mais gagnait. Il peut remercier ses parents pour ce patrimoine génétique. C'était un diamant à polir. »*

En grimpant dans la hiérarchie mondiale, il aurait pu changer, attiré par les paillettes. Pas le genre. *« Ses parents ont fait un super boulot d'éducation,* rappelle Hall. *Christian a conservé son équilibre, il a tenu à terminer ses études. »* Et a gardé son tempérament : *« Je suis réservé avec les gens que je connais mal ou peu, mais sur la piste, il n'y a plus d'amis, de sourires. »* Son but ? *« Avoir été le meilleur dans mon sport, toutes époques confondues. »* Et ne plus croiser l'Usada.

BILES Le monde à ses pieds

À 22 ans, l'Américaine continue d'écrire l'histoire. Sans même utiliser tout son arsenal acrobatique, elle a décroché un cinquième titre mondial au concours général.

L'ÉQUIPE DU 11 OCTOBRE 2019

CÉLINE NONY

Elle papillonne d'un média à un autre, répond à une ou deux questions, s'éloigne très vite. Simone Biles ne joue pas les divas. Simplement, sa quête devant se poursuivre tout au long de ces Mondiaux avec les finales par agrès, elle doit se préserver. *« Elle était un peu fatiguée, c'était son troisième concours et la pression montait »*, l'excusera Laurent Landi, son entraîneur français. Sourire étincelant et regard de biche, l'Américaine résumait ainsi sa joie : *« C'est un monde ! Il a fallu finir fort et tout donner. Gagner un cinquième titre en autant de participations, c'était vraiment excitant. Du jamais-vu ! »*

Évidemment, la jeune femme a été sacrée à l'issue d'un concours général qu'elle a survolé. Jamais sa marge n'avait été si importante, sa dauphine Tang Xijing, qui a saisi sa chance dès lors que les autorités chinoises lui ont offert de remplacer Liu Tingting, n'émargeant qu'à 2,1 points. À 22 ans, Biles évolue décidément dans une dimension parallèle.

2,10

Jamais Simone Biles n'avait remporté de titre avec une telle marge (sur la Chinoise Tang Xijing). Aux Jeux de Rio (2016), elle avait 1,759 point d'avance sur sa dauphine Aly Raisman. Lors de ses quatre précédents sacres mondiaux, c'était beaucoup moins : 0,884 pt en 2013, 0,466 en 2014, 1,083 en 2015, 1,693 en 2018.

Vingt-deux médailles mondiales dont dix-sept d'or

À Stuttgart, après avoir brillé en qualifications et décroché un premier titre par équipes, elle a donc validé son cinquième sacre individuel et absolu. Elle n'est plus qu'à une unité du record du Japonais Koohei Uchimura, mais n'envisage pas l'égaler puisqu'elle a prévu de ranger ses maniques au lendemain des Jeux de Tokyo en 2020. *« On essaie de la convaincre du contraire, en lui rappelant qu'on est français, que disputer avec elle les Jeux à Paris, ce serait une belle perspective »*, glissait Cécile Canqueteau-Landi, qui l'entraîne aussi. Pour l'instant, cette requête n'a pas trouvé d'écho chez cette jeune femme qui aura 27 ans en 2024.

En revanche, puisqu'elle ne cesse d'écrire l'histoire de son sport, Simone Biles et ses désormais vingt-deux médailles mondiales, dont dix-sept d'or, n'en était plus, après ce concours général, qu'à une breloque du record du Biélorusse Vitali Scherbo. Inenvisageable qu'elle ne l'ait pas battu à l'issue de ces Championnats. *« En obtenir quatre, ce sera dur, il y a du monde aux barres »*, prévenait pourtant Laurent Landi. En 2018, sa protégée avait pourtant ravi l'argent dans cette discipline qui avait toujours représenté sa faiblesse relative. En revanche, sa victoire au saut ne faisait guère de doute. Voire à la poutre, où Cécile Canqueteau lui a concocté une variation qu'elle maîtrise sans ciller, et bien sûr au sol.

Lors de ce concours général, cependant, l'Américaine a pourtant été pénalisée de quatre dixièmes de point pour deux sorties de praticable. *« J'ai vu à l'échauffement qu'elle commençait à avoir les jambes plus lourdes. Dans ce cas, tu te dis que tu donnes un peu plus, mais elle n'a pas réussi à contrôler ses réceptions »*, constatait son coach. Notamment sur sa première ligne acrobatique et ce périlleux double salto arrière groupé avec triple vrille qui porte son nom. D'ailleurs, et c'est l'enseignement de la soirée, Biles n'a pas besoin d'utiliser tout son arsenal pour régenter les sommets : des quatre difficultés qu'elle a inventées, elle n'en a tenté qu'une, remisant l'envol au saut validé l'an dernier, escamotant son double salto arrière tendu avec une demi-vrille, puisqu'elle a avorté le saut qu'elle combine d'habitude, simplifiant la sortie en poutre que le comité technique de la Fédération internationale a choisi de ne pas vraiment valoriser. *« L'an dernier, elle avait effectué un come-back après une année sabbatique en gagnant malgré deux chutes ; cette fois, elle n'a commis aucune grosse erreur »*, soulignait son entraîneur. Dans ces conditions, personne ne peut ne serait-ce qu'inquiéter l'étoile de Columbus.

Elle a dépassé Scherbo

Au concours par agrès, l'Américaine a ajouté deux titres à sa collection (dix-neuf) et a porté à vingt-cinq le record absolu de médailles mondiales.

En clôture de ces formidables Mondiaux, l'Américaine a encore affolé les compteurs. D'abord à la poutre, où elle s'est imposée comme en 2014 et 2015, dépassant alors le record absolu de médailles mondiales qu'elle partageait encore la veille avec le Biélorusse Vitaly Scherbo ; mieux, en reléguant ses dauphines à un point au sol, elle le bloquait à vingt-cinq. Vingt-cinq médailles dont 19 d'or (dont 5 à Stuttgart).

Dès les qualifications, elle avait planté deux nouvelles acrobaties inédites pour une femme, lesquelles vont s'ajouter aux éléments qui portaient déjà son nom dans le code de la gym. Et elle a surtout réalisé une poutre exceptionnelle, créditée de 15,066 pts. *« Je pensais avoir 14,8 ou 14,9 ; voir 15, c'est assez dingue ! »* Aux Jeux de Rio, un gros déséquilibre l'avait privée d'un cinquième titre olympique (3e) et, après son année sabbatique, elle avait accumulé les erreurs. Et puis il y eut ce sol, remporté pour la cinquième fois, grâce notamment à cet hallucinant double salto arrière groupé avec une triple vrille, que même les hommes hésitent à lancer. Que préparera-t-elle pour les JO de Tokyo ? Forcément un défi à sa démesure. **C.N.**

Au nom du père

Samir Aït-Saïd a décroché aux anneaux sa première médaille mondiale, du bronze, synonyme de qualification olympique. Une promesse qu'il avait faite à son père, décédé en janvier.

L'ÉQUIPE DU 13 OCTOBRE 2019
CÉLINE NONY

Il roule des yeux. « *J'ai une vie qui n'est pas possible, elle me fatigue parfois ! Rien ne se passe normalement avec moi.* » À 29 ans, Samir Aït-Saïd ne se plaint pas. Il irradie. Enfin, il a décroché une médaille mondiale ! Du bronze et aux anneaux, quinze ans après cette même médaille obtenue aux Championnats d'Europe juniors de 2004. Une récompense qui ne doit rien au hasard mais qui s'était tellement souvent refusée. Avant, il avait connu cinq finales mondiales infructueuses, mais accumulé quatre podiums européens aux anneaux (il en a six en tout) dont l'or en 2013. À Stuttgart, il a frôlé le titre mais escamoté un double salto avant. Reste que cette médaille est d'autant plus belle qu'elle s'accompagne d'un quota olympique nominatif.

Si les Bleus, quatorzièmes, ont échoué collectivement, ils seront donc au moins trois à disputer les Jeux en 2020. Mais si Loris Frasca (18e du concours général) et Cyril Tommasone (6e des arçons) avaient pu aborder leur finale en ayant déjà leur billet en poche, Samir Aït-Saïd devait monter sur le podium pour le composter. « *J'avais la trouille. Le contraire aurait été de l'inconscience. Je savais que l'enjeu était énorme, qu'une bêtise pouvait me priver de mon rêve olympique* », avoue-t-il.

Un rêve qui s'était fracassé deux fois, en même temps que sa jambe, en 2012 (fracture du plateau tibial) et en 2016 à Rio (double fracture tibia-péroné). Cette image-là, glaçante, a offert à Samir Aït-Saïd une notoriété planétaire. Elle a heurté son père, alors présent dans les gradins brésiliens, et qui est mort d'un cancer en janvier. Son fils lui avait promis qu'il se couvrirait d'or à Tokyo.

> **“Rodolphe (son entraîneur) et moi on s'adore (...) Des fois il me saoule, mais je ne serais pas là sans lui ”**
>
> SAMIR AÏT-SAÏD

Quelques jours avant cette consécration allemande, la fédération a réuni ses gymnastes pour annoncer les sélectionnés pour les Jeux. N'entendant logiquement pas son nom, Aït-Saïd s'est échappé. Rodolphe Bouché, son entraîneur à Antibes, l'a suivi dans la rue : « *Il a lâché des trucs, je lui ai parlé sans filtre, et même de son père. Ç'a peut-être participé à ce qu'il se libère. Pour la première fois, il m'a parlé de sa peur. Je lui ai dit de ne gérer que ce qui dépendait de nous. En espérant qu'il n'y aurait pas d'injustice...* »

Depuis que le gymnaste l'a appelé, en mai 2015, pour l'accompagner, le technicien a découvert un garçon aussi dur qu'attachant. Il l'avait observé quand, gamin, débarquant de sa banlieue parisienne pour intégrer l'internat du pôle d'Antibes, il se battait avec ceux qui osaient se moquer de lui. Ça peut encore arriver, mais il se canalise, s'éclipse quand il est trop énervé.

« *C'est un animal* », sourit Bouché, qui poursuit : « *Avant Londres et Rio, il a eu la même façon de se libérer de la pression. Pour éviter de se focaliser sur les anneaux, il a ouvert son champ de vision. Il s'est rajouté un objectif* (en l'occurrence au saut), *comme une forme de protection : s'il réussissait, c'était Superman ; s'il ratait, il avait une excuse.* » Même chose dans la vie, il s'occupe de tout le monde, de sa famille, de ses amis. « *Il a le cœur sur la main*, prolonge Bouché. *C'est une belle personnalité, un samaritain. Mais je lui ai dit : "Pense à ta gueule."* »

Leur relation s'est nourrie de leurs caractères forts, de longs échanges sur la vie qui les bouscule. Lorsque son père était à l'hôpital, qu'il y dormait toutes les nuits, Samir Aït-Saïd pouvait se confier à son coach, qui avait vécu cela deux ans plus tôt. Sa mère est décédée un 18 janvier, comme le père de son protégé. « *Rodolphe et moi, on s'adore, on se chamaille beaucoup*, résume le jeune homme. *C'est plus que de l'amitié. Il y a eu des coups de gueule, il y en aura encore. Mais j'ai confiance en lui, et lui en moi. Des fois il me saoule, mais je ne serais pas là sans lui.* »

Ensemble, ils veulent aller au-delà de cette médaille-là, rêvent de décrocher une étoile à Tokyo, ont des idées folles de contenu technique, de préparation avec l'entraîneur de boxe thaïe de d'Aït-Saïd. « *Il faut aiguiser sa capacité à sortir loin de sa zone de confort pour assumer le mouvement qu'on envisage* », promet Bouché. Et son complice semble prêt à l'accepter.

La treizième médaille des hommes

Depuis la Seconde Guerre mondiale, les Français avaient déjà récolté douze médailles individuelles aux Championnats du monde.

OR

Thomas **BOUHAIL** (saut, 2010)

ARGENT

Philippe **VATUONE** (fixe, 1983)
Laurent **BARBIÉRI** (saut, 1985)
Éric **POUJADE** (arçons, 1994 et 1997)
Dimitri **KARBANENKO** (sol, 1997)
Yann **CUCHERAT** (fixe, 2005)
Cyril **TOMMASONE** (arçons, 2011)

BRONZE

Raymond **DOT** (sol et parallèles, 1950)
Yann **CUCHERAT** (parallèles, 2005)
Cyril **TOMMASONE** (arçons, 2014)
Samir **AÏT-SAÏD** (anneaux, 2019)

Marquez fond sur Rossi

L'Espagnol a coiffé sa huitième couronne mondiale, sa sixième en MotoGP. À seulement 26 ans, il n'est plus qu'à un titre de l'Italien Valentino Rossi.

L'ÉQUIPE DU 7 OCTOBRE 2019
MICHEL TURCO

Certains chiffres donnent le tournis. Comme ceux qu'affiche le tableau de marche de Marc Marquez. À 26 ans, le pilote espagnol peut en effet déjà se targuer de posséder l'un des plus beaux palmarès du MotoGP : 6 titres de champion du monde en sept ans, 53 victoires et 91 podiums. Ajoutons à cela 61 pole-positions et 54 records du tour. Le tout en 123 départs en classe reine.

Au même stade de la construction de leur palmarès, Giacomo Agostini et Valentino Rossi étaient tous les deux âgés de 29 ans. Les deux légendes italiennes sont désormais les seules à compter encore quelques étoiles de plus sur leur maillot de champion du monde, une pour Rossi, deux pour Agostini. Mais pour combien de temps encore ?

L'un comme l'autre sont d'ailleurs bien conscients que, à court terme, le prodige de Cervera devrait leur passer devant. D'ailleurs, Marquez ne s'en cache pas, cette quête lui sert de moteur. *« À la fin, c'est ce qui restera, ce dont tout le monde se souviendra*, dit-il. *Rien n'est plus fort qu'un titre de champion du monde. »* En attendant de s'attaquer à Agostini, l'Espagnol tient d'ores et déjà dans son viseur son meilleur ennemi : Rossi, 40 ans. Depuis 2013 et leur affrontement en MotoGP, les deux hommes n'ont eu de cesse de se chamailler, le pilote Yamaha ayant vite compris que le gamin allait marcher sans vergogne sur ses plates-bandes. Aujourd'hui, bien qu'il soit encore en activité, Rossi s'est fait à l'idée que Marquez allait petit à petit grignoter ses records. *« Dès qu'il est arrivé en MotoGP, on a tous vu qu'il avait la pointe de vitesse*, confie l'Italien. *Il a désormais la maturité et l'expérience, ce qui fait qu'il ne commet plus d'erreur. Quand il ne peut pas gagner, il termine deuxième. Le battre sur un Championnat est vraiment très compliqué. Et à 26 ans, il a de belles années devant lui. J'en sais quelque chose... »*

D'autant que le désormais sextuple champion du monde MotoGP l'assure, son rêve serait, à la fin de sa carrière, de laisser le souvenir d'un pilote qui a toujours eu envie d'en donner plus, pour les fans comme pour lui-même : *« J'en veux toujours plus, je ne suis jamais rassasié. »*

Il invente et se réinvente sans cesse

Au-delà des chiffres et des records, bien qu'encore loin de la popularité et du charisme de Valentino Rossi, Marquez pose sa marque. Chantre de la combativité et de l'engagement absolu, il tisse sa légende en multipliant exploits et prises de risque. Comme en leur temps Jarno Saarinen, Kenny Roberts ou encore Freddie Spencer, Marquez est aussi en train, avec son pilotage, de laisser son empreinte dans l'histoire des Grands Prix. En utilisant le coude comme troisième point d'appui pour éprouver les limites de l'adhérence de sa moto, le pilote Honda sert aujourd'hui de modèle. *« Quand j'ai débarqué en MotoGP, en 2013, personne n'utilisait les coudes pour se récupérer d'une glissade mal embarquée*, explique l'Espagnol. *Ça me fait plaisir de voir aujourd'hui des gamins apprendre à s'en servir lors de stages de pilotage. Rouler en dépassant la limite pour mieux la cerner, c'est vrai que ça peut être dangereux. Mais pour faire la différence, il faut être capable d'inventer de nouvelles choses. »*

Inventer et se réinventer. Comme Rossi, qui a su s'adapter à différentes motos et à de nouvelles technologies tout au long de sa carrière, l'Espagnol cherche toujours à faire évoluer son pilotage. *« Aujourd'hui, avec une machine un peu plus rapide en vitesse de pointe, il freine beaucoup plus tôt qu'avant en entrée de virage*, témoigne son compatriote Aleix Espargaro. *Il relâche ensuite la pression pour tourner en gardant de la vitesse, s'inspirant en cela de Lorenzo. »* Marquez a aussi bien observé le pilotage de Dovizioso. *« Il a compris qu'Andrea sollicitait moins ses pneus, ce qui l'aidait en fin de course*, note Davide Tardozzi, team manager Ducati. *On voit qu'il est désormais moins brutal sur la poignée de gaz quand il accélère. »* Et Emilio Alzamora, son manager, de conclure : *« Marc apprend tout le temps. Il cherche toujours ce qui va lui permettre d'être plus fort. Je suis certain qu'il peut encore repousser ses limites. »*

G. Agostini (ITA) (8 en 500, 7 en 350)	**15**
A. Nieto (ESP) (7 en 125, 6 en 50)	**13**
V. Rossi (ITA) (7 en 500/MotoGP, 1 en 250, 1 en 125)	**9**
M. Hailwood (GBR) (4 en 500, 2 en 350, 3 en 250)	**-**
C. Ubbiali (ITA) en 250, 6 en 125)	**-**
M. Marquez (ESP) (6 en MotoGP, 1 en Moto2, 1 en 125)	**8**

Le marathon a pris feu

En deux semaines, Kipchoge est devenu, officieusement, le premier homme sous les 2 heures, Bekele a échoué à deux secondes du « vrai » record du monde et la Kenyane Kosgei a démolli la barrière des 2 h 15'.

L'ÉQUIPE DU 13 OCTOBRE 2019

NICOLAS HERBELOT

Le long de la Hauptallee du parc du Prater, 120 000 Viennois conquis tapaient bruyamment sur les barrières, tandis que l'histoire s'écrivait devant eux. Tous tendus vers un rêve, même préfabriqué, expérimental, aux confins du sport le plus élémentaire et de la technologie. *« Aujourd'hui, en deux heures, on est tous allés sur la Lune et on est redescendus sur Terre »*, se réjouissait Eliud Kipchoge, le Kényan de 34 ans, champion olympique et détenteur du record du monde officiel en 2 h 1'39'' depuis 2018. Un « marathonaute », en somme. Le ballet viennois, ces grappes de sept lièvres se relayant autour de lui tous les 4,8 km comme autant de changements de pneumatiques en F1 avait quelque chose de fascinant.

En mai 2017, sur le circuit de Monza, sans public, Kipchoge avait posé les jalons de cet exploit, même s'il avait échoué dans l'entreprise de Nike pour 26 secondes (en 2 h 0'25''). Cette fois, c'est Ineos, le groupe pétrochimique britannique du milliardaire Jim Ratcliffe, qui s'y est collé, réunissant environ 20 M€ et fournissant son savoir-faire. En témoigne ce V inversé formé par ses lièvres. *« On a fait des tests en soufflerie et on a vu que c'était le plus efficace »*, explique Dave Brailsford, patron de l'équipe cycliste de Froome et Bernal. Et Kipchoge se cachait derrière. Parmi eux, des stars, les Américains Lagat et Centrowitz ou la fratrie norvégienne Ingebrigtsen. Après le 40e kilomètre, ils se sont écartés pour encourager un Kipchoge souriant, remerciant, de l'index, le ciel, le public, ses proches, et sprintant dans un ultime kilomètre couru en 2'42'' : 1 h 59'40'' ! *« Je suis content d'avoir délivré ce message qu'aucun être humain n'a de limites »*, lançait Kipchoge.

Là commence le débat abyssal. A-t-il repoussé les limites de l'homme ou les a-t-il contournées technologiquement ? En gros, la performance du marathonien tourne autour de trois données : sa VO2 max, le volume d'oxygène qu'il peut faire parvenir à ses muscles, la puissance de son moteur en somme ; son seuil lactique, sa capacité à courir proche de sa vitesse maximale sans se mettre dans le rouge ; et l'optimisation de ses capacités propres. Au-delà, il y a, dans l'évolution récente des performances, des interrogations quant à la révolution à l'œuvre dans les chaussures. Après des années de domination de l'UltraBoost d'Adidas (Gebreselassie, Kimetto), la Vaporfly de Nike a permis à Kipchoge de plonger sous les 2 h 2'. À Vienne, il portait une nouvelle évolution, l'Alphafly. Le sujet était aussi tabou que l'enjeu essentiel. Mais le règlement est poreux à ces innovations pourvu que tous puissent se procurer la même chaussure…

Tout cela relativise-t-il l'exploit ? *« Eliud a bien couru en 1 h 59' sur un parcours qui n'était pas en descente et sans l'aide du vent*, s'emportait Jos Hermens, son agent. *La chaussure est une bataille entre équipementiers. Les tests faits depuis 2016 prouvent qu'Eliud progresse physiologiquement. Ici, il sera aussi testé par l'antidopage, comme trente lièvres. Ceux qui critiquent ce type d'événement devraient regarder la réalité : l'athlétisme meurt, il n'y a plus d'argent, plein de sports le dépassent. On ferait mieux de soutenir ces courses qui passionnent les gens. »* À méditer. On parlera longtemps de cette facinante viennoiserie, et c'était le but.

Bekele, la barrière des deux… secondes

Beaucoup le croyaient en perte de vitesse, mais Kenenisa Bekele (37 ans), a réalisé, à Berlin, un exploit qu'on n'attendait presque plus de lui. Treize jours avant la tentative d'Eliud Kipchoge, l'Éthiopien a réalisé le chrono de 2 h 1'41'', soit à deux secondes seulement du « vrai » record du monde du Kényan. Alors qu'à mi-course, il était passé 1'' plus vite que Kipchoge (en 1 h 1'05''), difficile, encore, d'imaginer qu'il tiendrait la distance. De même quand, au 30e km, Birhanu Legese lui prit quelques longueurs… Mais Bekele n'était pas en perdition. Au 38e km, il avalait Legese. Au bout du sprint, Bekele abandonnera 4'' mais son sourire en disait long : *« Désolé s'il m'a manqué ces secondes. Je continue de penser qu'en bonne santé, je peux aller plus vite que n'importe qui au monde. »*

Kosgei atomise Radcliffe

Le marathon femmes a connu lui aussi, à Chicago, son tremblement de bitume automnal. En 2 h 14'4, le lendemain de l'exploit de Kipchoge, la Kenyane Kosgei a pulvérisé à la fois le record de Paula Radcliffe (2 h 15'25'' en 2003) et la barrière des 2 h 15'. Une performance doublement étourdissante : aucune femme n'avait couru en moins de 2 h 17' depuis seize ans et Kosgei elle-même, couvée par le sulfureux manager italien Federico Rosa, possédait un record à 2 h 18'20'' depuis moins de six mois.

SOLEIL OVALE

L'équipe de France a posé le pied dans l'Empire du Soleil Levant percluse de doutes, à la merci d'un échec dès son premier match face aux Argentins. Un revers et c'était fini. Mais son succès initial face aux Pumas (23-21) lui a ouvert les portes de la phase finale. Comme d'ailleurs à leurs hôtes japonais, qualifiés pour leurs premiers quarts de finale grâce à un jeu tout en vivacité et en inspiration.

Les Springboks de l'emblématique capitaine Siya Kolisi, eux, désormais triples vainqueurs comme les All Blacks, auront marqué leur temps. *« C'est plus fort que 1995*, a déclaré François Pienaar, capitaine à qui Nelson Mandela avait remis le trophée il y a 24 ans. *Des gens de toutes races se sont réveillés habillés de vert, ce qui n'était pas le cas à mon époque. »*

Damian Penaud (à gauche) et Charles Ollivon (masqué) disputent un ballon aérien aux Argentins Nicolas Sanchez (n°10) et Ramiro Moyano lors du premier match des Bleus.

Un tour d'honneur pour commencer

Si souvent battus sur le fil, les Bleus, qui menaient 20-3 à la pause face aux Argentins, ont savouré le scénario dingue de cette entrée en matière. Et vécu un après-match débridé.

L'ÉQUIPE DU 22 SEPTEMBRE 2019

ARNAUD REQUENNA

Romain Ntamack, Maxime Médard et Louis Picamoles (de gauche à droite), au premier rang du tour d'honneur de l'équipe de France, plus que soulagée après sa victoire face aux Pumas.

Soudain, à 18 h 13 (11 h 13 en France), Cyril Baille se retourne vers les Bleus : *« Allez, on saute. »* On se fout du protocole, le pil er toulousain franchit en tête les panneaux publicitaires, marche vers un virage de supporters français, tous ses coéquipiers derrière pour un clapping. *« On était tellement contents*, raconte Baille. *Et je reviens de si loin* (plus d'un an d'arrêt pour blessure entre 2017 et 2018), *je dispute mon premier match de Coupe du monde et on le gagne. Alors, on voulait fêter ça avec nos supporters. Ils ont fait 9 000 kilomètres pour nous soutenir. On était tellement sous tension... »*

Lors de ce long et lent tour d'honneur, ils oublient tout, sautent, applaudissent. Charles Ollivon, deux fractures de l'omoplate et quatre opérations en deux ans, rit, ceint d'un drapeau basque. Ce sont des copains venus pour lui qui le lui ont tendu. Ollivon, ivre de bonheur, plein de vie, quittera le Tokyo Stadium avec cet Ikurina dans son sac.

Le calme Maxime Machenaud, qui a piqué le dernier ballon dans un ruck, avoue avoir *« ressenti plus d'émotion que de soulagement, quand j'ai entendu le public hurler alors que j'étais encore avec "Vahaa"* (Vahaamahina) *par terre »*. On note qu'il a moins explosé que d'autres. Fabien Galthié, l'adjoint – quatre Coupes du monde disputées comme joueur – lui parle au bord du terrain. *« Fabien m'a dit de profiter de ces moments, de les vivre avec nos supporters*, raconte-t-il. *Avec son expérience, il sait de quoi il parle. »* Le Racingman, yeux brillants, s'anime : *« On vous le répète, mais on travaille tellement depuis deux mois et demi... Quand j'entre, je ne pense qu'une chose : on va le faire. »* Jusqu'à ce ballon volé. *« Si je l'attrape, c'est gagné. Je vais au sol, sous un amas de joueurs, et me répète : pourvu qu'il sorte du bon côté, pourvu qu'il sorte du bon côté. Sébastien Vahaamahina est avec moi, me protège. Ça sort. »* Du bon côté.

> **"Il y a cinq-six mois, on aurait perdu cette rencontre"**
> LOUIS PICAMOLES, TROISIÈME-LIGNE

« Je suis encore dans le ruck quand j'entends une clameur », témoigne le deuxième-ligne. Il boite, une poche de glace sur le genou gauche, pendant le tour d'honneur sur la piste d'athlétisme masquée par une moquette verte. En zone mixte, Louis Picamoles, se pointe : *« Je suis hyper heureux et fier. Il y a cinq-six mois, on aurait perdu cette rencontre. »* Le travail collectif, la solidarité reviennent souvent dans leur bouche. Peut-être même dans celle de Romain Ntamack, qu'on n'entend pas, mais qu'on voit passer un appel vidéo, assis contre un mur, en tenue de match. Si souvent privé de sourire, il laisse enfin paraître ses émotions.

Guilhem Guirado aussi, sans doute, est fier mais il n'en fait pas des caisses : *« Ça fait du bien. Ce qui nous attend maintenant est le plus dur. Il faut en prendre conscience. Vu notre passé, on ne va pas s'enflammer. »* Les deux pieds sur les freins, le capitaine appelle au calme.

Plus tard, peu après 21 heures, ils quitteront tous le Keio Plaza Hôtel en tenue civile pour rejoindre un restaurant en car. *« Pour le moment, on va profiter »*, avance Camille Lopez. Une heure après la rencontre et son drop de la victoire (70e, à 20-21 pour les Argentins), il entamerait presque un fandango. *« Ça va faire partie de ma vie. Je vis un rêve*, s'enthousiasme-t-il. *Aujourd'hui, c'est une belle histoire pour moi, mais c'est surtout un match gagné. »*

On le taquine : est-il le sauveur avec son drop ? *« Mais pas du tout ! C'est de la joie, surtout car l'équipe repasse devant. »* Ah, ce drop ! Des journalistes argentins l'interrogent : *« Raconte-nous ! »* Lopez se lance dans un exercice loufoque dans un genre d'espagnol... : *« El balon, corto, muy corto, Boffelli hace no comme ça* (il agite les mains). *El jefe... No, el arbitro dice si ! »* Tout le monde a pigé, les confrères s'esclaffent, ils tiennent leur son de la journée. Et les Bleus une victoire si précieuse.

Qualifiés en trois matches

Après leur succès initial face aux Argentins, les Bleus ont tout pour poursuivre leur premier tour l'esprit plus léger. Un large succès face aux États-Unis (33-9, bonus offensif), acquis surtout en fin de rencontre, leur permet de souffler avant de faire face aux Tonga (23-21, comme contre les Argentins), contre qui les Bleus, en tête en première période – il y avait encore 17-0 à la 39e minute –, perdent le fil du match et bafouillent à nouveau. Mais ils n'en sont pas moins mathématiquement qualifiés, avant d'apprendre que le dernier match de poules, sans autre enjeu que la première place, face à l'Angleterre sera annulé en raison des menaces du typhon Hagibis.

Les Japonais euphoriques

La joie des Braves Blossoms, l'équipe japonaise, qualifiée pour la première fois de son histoire en quarts de finale d'une Coupe du monde, après sa victoire face à l'Écosse (28-21) en poules.

À un coup près

Incapables de tuer le match et plombés par l'expulsion de Vahaamahina, les Bleus ont cédé face à des Gallois hyperréalistes. Comme d'habitude.

L'ÉQUIPE DU 21 OCTOBRE 2019

PIERRE MICHEL BONNOT

« On ne passera pas pour des pipes, on va jouer les matches pour les gagner, et en quarts, tout recommencera », avait promis Louis Picamoles, avant la Coupe du monde. Les Bleus ont joué les matches, en ont remporté trois vaille que vaille, et ne sont pas passés pour des pipes... Mais en quarts, tout a recommencé. La France a fait son meilleur match depuis sa victoire sur l'Angleterre dans le Tournoi 2018 (22-16), et pourtant rien n'a vraiment changé.

Face à une bête noire (neuf matches, huit défaites) qui semblait plus prenable que jamais, les Bleus sont encore tombés, victimes de leurs sautes de concentration, de leur manque de suivi dans le plan de jeu, de l'imprécision au pied et, surtout, de cette inaptitude à finir l'adversaire. Ah, oui ! Mais dites donc, vous oubliez l'expulsion de Vahaamahina (49e) ! Ça a tout changé !

On pourra, bien sûr, faire porter l'entière responsabilité sur les larges épaules du Clermontois. On pourra. Son coup de coude dans les mandibules d'Aaron Wainwright sur une touche aux dix mètres gallois, alors que la France menait de neuf points après la mi-temps, a plus changé la face du match que celle du malheureux flanker gallois.

Guilhem Guirado quitte à la fois la pelouse du Tokyo Stadium et le quinze de France. Déçu mais applaudi par ses coéquipiers et les joueurs gallois.

Mais la France était encore à quinze, juste avant, quand elle a présomptueusement imaginé qu'elle emporterait tout sur pénaltouche, au lieu de se donner trois points supplémentaires. À quinze, encore, quand elle a laissé, au bout d'un quart d'heure, le pays de Galles, pourtant privé de son centre Jonathan Davies (forfait), refaire dix points de retard en moins de dix minutes, sur un en-avant de Guirado vite exploité par Wainwright, puis une pénalité de Biggar pour un coup d'épaule de Vahaamahina. À quinze toujours, et même contre quatorze (carton jaune de Moriarty, 29e), quand, menant de neuf points peu avant la mi-temps, elle relâcha le merlin au moment d'estourbir la bête.

Ils sont là pour gagner. Bien moche s'il le faut

Et autant les trois essais respiraient la maîtrise (Vahaamahina), la vivacité (Ollivon, Vakatawa), autant ces minutes passées dans le camp gallois sans un point inscrit – échec au pied de Ntamack secoué juste avant et qui aurait dû sortir illico, pénaltouche avortée, Fickou et Vakatawa contrés – avaient des relents connus de gaspillage. On comparera ces prodigalités avec le calme, la conviction, la méticulosité avec laquelle les tâcherons gallois ont attendu leur heure, pour approcher la ligne d'essai et déglinguer la seule mêlée qui comptait vraiment, pour arracher le ballon de la victoire des mains d'Ollivon.

Alors, on dira que c'est rageant car les Bleus ont réalisé leur match le plus maîtrisé depuis longtemps ? Oui, sauf pendant deux fois dix minutes en première mi-temps, sur le coup de folie de Vahaamahina et dans les derniers instants. C'est encore beaucoup trop peu de maîtrise. On ajoutera aussi que ces Gallois n'ont rien montré. Exact, mais ils ne sont pas là pour ça, ils sont là pour gagner. Bien moche s'il le faut. Pour ce que ça vaut, on pourra toujours rappeler que si les sportifs ont la mémoire courte, le sport a la rancune tenace et que l'expulsion de ce grand bêta de Vahaamahina est cent fois plus méritée que celle de Warburton pour plaquage cathédrale sur Clerc, qui coûta la demi-finale 2011 aux Gallois (8-9). Ou considérer que la France, qui eut besoin d'un coup de bonneteau crapuleux de fin d'arrêts de jeu pour les dominer dans le Tournoi 2017 (20-18), « méritait » de voir l'épisode Brunel s'achever sur un essai contesté en sortie de mêlée. Mais on doute que ça suffise à la consoler.

« Tout le pain noir a été mangé »

Pour Guilhem Guirado, capitaine d'un quinze de France en échec durant quatre ans, des jours meilleurs attendent les Bleus.

L'ÉQUIPE DU 21 OCTOBRE 2019

MAXIME RAULIN ET ARNAUD REQUENNA

« C'était votre dernier match en bleu. Quand avez-vous pris votre décision ?
Progressivement. C'est difficile de rester performant en jouant sur trois tableaux. Je l'ai fait pendant six ou sept ans, j'ai donné, sans tricher. C'est du sacrifice.
Que vous manque-t-il avec cette équipe ?
Un titre ! Un Tournoi. C'est décevant. Mais j'ai dit aux joueurs de ne pas attendre les Coupes du monde. C'est une mauvaise idée. Il faut être dans l'instant présent. J'aurais tant aimé triompher avec les Bleus.
Vous réalisez que c'est fini ?
C'est dur... J'ai eu la chance d'avoir de nombreuses sélections, d'être capitaine alors que je n'étais pas forcément la personne idoine pour ces responsabilités. Mais je suis fier d'avoir été bienveillant, notamment vis-à-vis de la jeune garde. Je me suis servi de mon expérience. À mes débuts, j'ai galéré, attendu longtemps mon tour. J'ai donc été naturel, loyal, impartial.
Qule avenir attend cette équipe ?
Tout le pain noir a été mangé ces dernières années. Je leur ai dit, après le match, de puiser là-dedans pour se constituer en équipe. »

> **"Il faut aller plus loin. Le haut niveau, c'est de la précision et du détail. Les Anglo-Saxons sont comme ça. On apprend dans les défaites mais ça commence à bien faire. On doit être des tueurs !"**
>
> **CAMILLE LOPEZ, OUVREUR DES BLEUS**

Rossés par la Rose

Les doubles champions du monde néo-zélandais sont tombés de leur piédestal contre une Angleterre impressionnante de maîtrise.

L'ÉQUIPE DU 27 OCTOBRE 2019

PIERRE MICHEL BONNOT

C'est une image peu commune et, à entendre les fervents « All Blacks ! All Blacks ! » surgis de l'ensemble des poitrines qui ne portaient pas un maillot blanc dans les tribunes de Yokohama lorsque Savea inscrivit l'essai de l'espoir (57e), on se doute qu'elle n'a pas fait plaisir à l'ensemble de la planète ovale.

Des guerriers vêtus de noir éparpillés aux quatre coins du terrain, pauvres samouraïs sans armure, genoux à terre, groggy : il faut remonter douze ans et dix-huit victoires consécutives de Coupe du monde en arrière pour en retrouver trace.

C'était donc en 2007, au Millennium Stadium de Cardiff, et sans rien enlever à la victoire des hommes de Thierry Dusautoir (20-18), le triomphe de l'Angleterre est plus remarquable et significatif encore. Plus remarquable parce que tout le monde attendait ce sommet intermédiaire que les Kiwis ne risquaient pas d'aborder avec la suffisance qui leur fut fatale en 2007.

Plus significatif car les doubles champions du monde sortant promenaient une carapace de confiance et de conviction bien plus épaisse que celle de leurs aînés en quête d'un titre depuis vingt ans.

Eddie Jones avait eu beau fanfaronner que huit de ses titulaires, vainqueurs en Nouvelle-Zélande avec les Lions britanniques (24-21, en 2017), savaient que les All Blacks *« sont des humains, saignent, font tomber des ballons, ratent des plaquages comme tous les autres joueurs »*, encore fallait-il réussir à les faire douter. Puis à tenir sans faillir. Et à l'image de leur capitaine Kieran Read, arcade ouverte sur un plaquage tonitruant peu avant le dénouement, les Néo-Zélandais ont saigné, ont fait tomber des ballons. Beaucoup trop.

Cela dès la deuxième minute du match pour un essai de Tuilagi au relais de deux fulgurances de Daly et May, enluminées d'une remarquable passe après contact de Lawes pour Sinckler, qui permit à l'Angleterre de prendre le score. Préalable quasi indispensable face aux champions du monde du contre assassin. Et c'était comme une manière de poser qu'eux aussi savaient mettre de la vitesse au jeu.

L'Angleterre s'est tenue à son plan de jeu jusqu'à l'ultime seconde avec opiniâtreté

Du contre-haka transgressif mené par le débonnaire Joe Marler jusqu'à l'ultime montée d'une défense terminant en trombe pour mettre l'attaque noire sur les talons, en passant par une conquête impeccable, les Anglais ont beaucoup emprunté aux Bleus de Cardiff. Parce que ce sont, depuis toujours, les bases du rugby qui gagne.

Ils y ont ajouté une dimension physique moderne. Et si cette demie n'atteignit que par instants le degré de fureur athlétique du match d'ouverture entre All Blacks et Springboks (23-13), il fut de bout en bout d'une intensité renversante et, question bravoure, panache et sportivité, à la hauteur de ce qu'en attendaient les plus optimistes. Pas question de *« faire de la magie et de sortir des lapins d'un chapeau*, avait prévenu Farrell. *On va utiliser nos forces, les stratégies auxquelles on a pensé. »* Et l'Angleterre s'est tenue à son plan de jeu jusqu'à l'ultime seconde.

Ce match, c'est peut-être d'abord en touche qu'Eddie Jones l'a gagné. Là où Steve Hansen espérait dominer, avec l'apport de Scott Barrett en troisième ligne, là où le tentaculaire binôme Lawes-Itoje commença à déboulonner le trône des deuxième-ligne Whitelock et Retallick. La mêlée fermée suivit, puis le jeu au sol où, avec l'aide des hyperactifs Curry et Underhill, le pack anglais confisqua vingt ballons à l'appétit de mouvement adverse, et c'est toute la belle mécanique all black qui s'enraya inexorablement.

Relances sans suite, pénalités incongrues, imprécision coupable, en-avant à foison, spectacle rarissime, les zélateurs transis des longues années de domination néo-zélandaise jugeront sans doute que ceux-ci n'étaient pas dans leur assiette. Mais le mérite en revient entièrement au quinze de la Rose, ponctuel au rendez-vous qu'il s'était fixé après son élimination en poules, chez lui, en 2015. Et au rugby anglais tout entier qui a su l'y porter. On aimerait tellement pouvoir en dire autant du quinze de France…

3

En battant les Néo-Zélandais, le sélectionneur anglais Eddie Jones s'est offert une troisième finale de Coupe du monde avec une troisième équipe différente. Malheureux avec l'Australie en 2003 (défaite contre l'Angleterre), il avait triomphé comme « super consultant » avec l'Afrique du Sud de Jake White en 2007.

Les Springboks « à la Sudaf' »

La demi-finale pays de Galles - Afrique du Sud (16-19) n'a sans doute pas été aussi spectaculaire que la première *(ci-contre)*, mais elle aura donné un nouvel aperçu de la force des Springboks et de la réserve de résistance des Gallois après leur remontée au score face aux Français en quarts (20-19).
Malgré le formidable courage collectif de ces derniers, menés 9-16 à la 57e minute et revenus à 16-16 à un quart d'heure de la fin, les hommes de Warren Gatland ont fini par céder devant la robustesse du banc adverse. Et l'entraîneur gallois profita de l'après-match pour distiller un avertissement aux Anglais aux allures de pronostics : *« Je les ai trouvés fantastiques en demies. Mais on a déjà vu des équipes qui jouaient leur finale en demies. Ce sera intéressant. »*

Le deuxième-ligne anglais Tom Curry domine le Néo-Zélandais Samuel Whitelock à la touche.

Impossible de progresser pour le deuxième-ligne anglais Itoje, pris par Etzebeth (à gauche) et Koch.

L'ÉQUIPE DU 3 NOVEMBRE 2019

PIERRE MICHEL BONNOT

Les mal-aimés ont triomphé

Surpuissants et réalistes, les Springboks se sont également montré inspirés en égayant cette finale de deux essais limpides. Et pourtant, ils déplaisent.

On se doute qu'il faudra plus qu'un nouveau titre de champion du monde pour que les Springboks rejoignent, dans le cœur des foules, les All Blacks, parés de toutes les vertus du jeu et du cortège de valeurs fantômes qui les accompagnent.

Et pourtant, accoudez-vous au comptoir d'un pub d'Auckland, mettez votre tournée de Steinlager et demandez à tous les spécialistes du cru quel est le seul adversaire digne de lutter sérieusement avec les All Blacks. C'est à l'Afrique du Sud qu'iront tous les suffrages. Parce qu'ils ont été les seuls à rivaliser physiquement avec les rudes fermiers néo-zélandais, qu'ils ont remporté trois tests de plus que les Lions britanniques eux-mêmes en Nouvelle-Zélande (10 contre 7) et que, à chacune de leurs rencontres, se joue un peu de la suprématie sur l'empire du Sud.

On pourra se demander légitimement si la face du monde aurait été changée si, d'un coup de coude fatal, mais parfaitement involontaire celui-là, Maro Itoje n'avait expédié Kyle Sinckler au tapis dès la troisième minute et plongé la mêlée anglaise dans un brouillard fatal. Ou faire la fine bouche sur cette finale, sauvage et belle, et réduire le triomphe springbok à une sinistre entreprise de découpe du rosbif en tranches fines entrelardées de concassées de rucks à la sauce chandelles. On pourra.

La force d'Erasmus aura été de faire adhérer un groupe multi-ethnique à des valeurs de jeu typiquement boers

Reste que l'Afrique du Sud a été la seule à contre-attaquer franchement de son camp, qu'elle fut la seule à offrir à ses ailiers l'occasion de franchir la ligne d'en-but adverse et que sa finale fut plutôt ambitieuse. Mais s'ils ont désormais dépassé les All Blacks à l'indice de performance, avec trois titres pour deux participations de moins (à l'époque du boycott anti-apartheid en 1987 et 1991) ; si leur capitaine, symbole d'une mixité achevée, dégage un charme fou ; si Cheslin Kolbe est leur atout « joie de jouer », on ne peut pas dire qu'ils séduisent. Parce que leur rugby a toujours été direct, brutal, dominateur jusqu'au mépris, et qu'ils sont formidablement armés pour le jouer ? Sans doute. Ça n'a jamais fait plaisir de se faire marcher sur le ventre. Surtout par des types suffisamment sûrs d'eux pour vous laisser le ballon afin de mieux vous châtier. Au bout de vingt-cinq minutes, deux K.-O. de Sinckler et Mbonambi et une épaule démise de De Jager, la pelouse ressemblait plus à une scène de guerre qu'à une partie de cache-tampon au jardin d'enfants, et on n'est pas certain que cette finale extrême ait beaucoup fait pour la promotion du rugby auprès des ménagères de tous âges.

Jusqu'au Mondial 1995 et l'avènement du concept fugace de nation arc-en-ciel, ce rugby-là a été haï de la terre entière parce qu'il symbolisait la politique de l'apartheid et la volonté des Blancs d'étaler leur puissance physique à la face de la majorité noire. La force de Rassie Erasmus aura été de faire adhérer un groupe multi-ethnique à des valeurs de jeu typiquement boers et, pour ce faire, de lui donner le premier capitaine noir de l'histoire pour guide.

Mais si elle passe moins bien, c'est aussi que planent au-dessus du rugby sud-africain des soupçons de dopage vieux comme la déroute de la France en 1997 (52-10), au Parc des Princes, face à une équipe aux deux tiers asthmatique et soignée à la ventoline, au sein de laquelle évoluait Erasmus. La diffusion début septembre d'un impressionnant portrait de groupe en salle de musculation n'a fait que réveiller la rumeur.

Pour avoir fréquenté régulièrement l'Afrique du Sud depuis la tournée victorieuse de la France en 1993, on peut témoigner que les Boers sont, des plus jeunes aux plus anciens, d'une constitution hors du commun. On ajoutera que, dans l'état actuel des contrôles antidopages, ils ne sont ni plus ni moins suspects que les autres. Et qu'à l'heure de réceptionner le trophée Webb-Ellis, véhiculé dans un traîne-bûche incongru d'où émergeait Richie McCaw, ils méritaient surtout le respect pour avoir suivi leur étouffant plan de jeu sans la moindre saute de concentration et su, comme l'expliquait Kolisi, *« placer les Springboks au-dessus de tout »*. Si les jeunes Tricolores voient ce dont on veut parler...

palmarès

2019 Afrique du Sud
2015 Nouvelle-Zélande
2011 Nouvelle-Zélande
2007 Afrique du Sud
2003 Angleterre
1999 Australie
1995 Afrique du Sud
1991 Nouvelle-Zélande
1987 Nouvelle-Zélande

	Mi-temps	Score
Angleterre	6	12
Afrique du Sud	12	32

Arbitre : M. Garcès (FRA). Yokohama. 70 103 spectateurs.

Angleterre
Réalisations : 4 B, O. Farrell (22e, 35e, 52e, 59e)
Angleterre : Daly (3) - Watson (4), M. Tuilagi (5), O. Farrell (cap., 4), May (5) (Joseph, 70e) - G. Ford (4) (Slade, 50e), B. Youngs (4) (Spencer, 76e) - Underhill (6) (M. Wilson, 60e), B. Vunipola (4), T. Curry (5) - Lawes (3) (Kruis, 41e), Itoje (6) - Sinckler (non noté) (Cole, 3e), J. Georges (3) (Cowan-Dickie, 60e), M. Vunipola (3) (Marler, 46e).
Sélectionneur : E. Jones (AUS).
Cartons : aucun.

Afrique du Sud
Réalisations : 2 E, Mapimpi (66e), Kolbe (74e).
Afrique du Sud : Le Roux (7) (Steyn, 68e) - Kolbe (6), Am (7), De Allende (7), Mapimpi (8) - Pollard (6), De Klerk (6) (H. Jantjies, 77e) - Du Toit (8), Vermeulen (7), Kolisi (cap., 7) (Louw, 64e) - De Jager (non noté) (Mostert, 22e), Etzebeth (8) (Snyman, 60e) - Malherbe (7) (Koch, 44e), Mbonambi (non noté) (Marx, 22e), Mtawarira (8) (Kitshoff, 44e).
Sélectionneur : R. Erasmus.
Cartons : aucun.

Évolution du score : 0-3, 3-3, 3-6, 6-6, 6-9, 6-12 (mi-temps) ; 6-15, 9-15, 9-18, 12-18, 12-25, 12-32.

1

L'Afrique du Sud est la première équipe à être sacrée en ayant perdu un match : c'était en poules face à la Nouvelle-Zélande (13-23). C'est aussi la première fois que cette nation, deux fois titrée auparavant (1995, 2007), marque des essais en finale.

Kolisi capitaine arc en ciel

Issu des townships, le leader des Springboks porte l'image d'un pays qui veut croire en son avenir.

L'ÉQUIPE DU 3 NOVEMBRE 2019
AURÉLIEN BOUISSET

Posté au bord de la pelouse pour ses devoirs télévisuels, Bryan Habana a aperçu Siya Kolisi, un de ses enfants dans les bras, fatigué, heureux, saluant la foule. Soudain, les nouvelles fonctions de l'ancien joueur, devenu consultant, n'ont plus existé, il a retrouvé ses jambes d'ailier et sprinté vers le premier capitaine noir de l'histoire des Springboks, porté par l'envie irrépressible d'étreindre un champion du monde, d'embrasser, en fait, le visage d'une Afrique du Sud nouvelle ou, au moins, possible.

Cela peut paraître grandiloquent, on ne venait d'assister là qu'à un sacre sportif, mais Habana connaît trop l'histoire de son pays, et celle de Kolisi, pour ne pas le ressentir au-delà des limites ovales.

Un jour de mai dernier, il s'était enthousiasmé en évoquant son ex-coéquipier, qu'il avait vu débuter en 2013 : *« Quand il est devenu le premier capitaine noir des Springboks* (en 2018), *c'était historique. Il a dû surmonter tant de choses pour en arriver là ! On ne trouvera pas mieux comme inspiration. En 1995, on a eu Nelson Mandela qui portait le maillot n° 6. Là, c'est aussi symbolique... »*

« Surmonter » ? Euphémisme. En rejoignant Habana au micro, Kolisi a répondu sans détour : *« Rêviez-vous d'être champion du monde, enfant ? »*

– *« Non, je devais plutôt réfléchir à ce que je trouverais à manger... »*

Oui, c'était ça, les défis du gamin Kolisi à la fin des années 1990. Dans le township de Zwide où il a grandi, le rugby était un passe-temps précieux, on pouvait aller cavaler sur la pelouse défoncée du stade Dan QeQe, sans short ni chaussures. Mais la partie terminée, les préoccupations redevenaient primaires. Élevé par sa grand-mère, dans une de ces petites maisons mitoyennes à deux pièces, fréquentes dans ce township, Kolisi n'a pas souvent mangé à sa faim jusqu'à ses 12 ans. Il dormait par terre et ne pouvait pas toujours trouver le loisir d'aller à l'école. Elle était loin, la Coupe du monde.

> **"Siya, à un moment de sa vie, n'avait pas assez de nourriture. Aujourd'hui, il soulève la Coupe du monde"**
> RASSIE ERASMUS, SÉLECTIONNEUR

C'est pour cela que son ascension résonne comme un phénomène. Kolisi porte le poids de symboles qui le dépassent. Il a accueilli son président sur le podium. Cyril Ramaphosa, vêtu du maillot Springbok n° 6. Référence à tiroirs : c'est celui de Kolisi, mais aussi celui que Mandela enfila en 1995 pour remettre la Coupe à François Pienaar quand, tout juste libérée de l'apartheid, l'Afsud cherchait une première respiration, avec le rugby comme vecteur de réconciliation.

Quelle responsabilité en héritage ! À vous plomber au coup d'envoi. Mais, et ce fut leur force lors de cette Coupe du monde, les Springboks ont su transformer cette charge en une force phénoménale. Avaient-ils la pression d'une nation en plus de celle d'une finale ? *« La pression, en Afrique du Sud, c'est ne pas avoir de boulot, avoir un proche assassiné*, a rejeté Rassie Erasmus. *Le rugby, ce n'est pas de la pression. C'est un privilège. »*

Donner quelques heures, voire quelques semaines de sourires, sans l'illusion de résoudre les lourds problèmes sociétaux, c'est la mission que cette équipe a endossée, avec le parcours de son capitaine pour boussole. Kolisi l'a répété : il a profité de la discrimination positive, intégrant grâce à une bourse un lycée aisé, la Grey High School, où le rugby est obsession. À 12 ans, il a pu quitter le township, apprendre l'anglais, découvrir les chaussettes, manger trois fois par jour. Cette histoire, le pays se l'approprie. Comme Linda, retraitée rencontrée à Johannesbourg, narrant cette anecdote : un week-end, l'élève Kolisi ne peut résister à l'appel du township, y dispute en secret un match avec l'équipe locale, se tord la cheville, revient au lycée, cache sa blessure, joue à nouveau en serrant les dents. Parabole parfaite de l'attachement aux racines africaines et de la réussite dans un sport qui fut celui des oppresseurs. Il transcende et unit.

Et ces Springboks champions du monde font plus que jamais vibrer la corde multiculturelle. Avant la finale, Peter, enseignant moustachu et jovial, ancien élève de la Grey High School, philosophait sur cette équipe dont certains joueurs avaient faim de victoire car ils avaient connu *« la faim, la vraie »*. *« On a discuté la veille du match, en présentant le maillot de la 50e sélection de Siya*, indique Erasmus. *À force d'évoquer les histoires de nos joueurs, on n'y prêtait même plus attention. Et on s'est assis, on y a réfléchi. Siya, à un moment de sa vie, n'avait pas assez de nourriture. Aujourd'hui, il soulève la Coupe du monde. Voilà d'où vient Siya. »*

Siya Kolisi (au centre) brandit le trophée au-dessus de la tête de son demi de mêlée blondinet Faf De Klerk.

Les six étoiles du shérif

À Austin, Lewis Hamilton a conquis son sixième titre de champion du monde, à deux Grands Prix de la fin de la saison. L'Anglais a imposé sa loi pour dépasser Fangio et se rapprocher de la légende Schumacher.

L'ÉQUIPE DU 4 NOVEMBRE 2019

FRÉDÉRIC FERRET

À cinq tours près, le coup était parfait. À cinq tours près, Hamilton aurait remporté le Grand Prix des États-Unis. Il finira deuxième de la course, derrière son équipier Valtteri Bottas, son dernier rival pour le titre, mais après avoir tout tenté pour coiffer sa couronne avec style. Cette position lui assurait de toute façon son sixième sacre. La Sainte-Trinité de la F1 est maintenant clairement établie et Lewis Hamilton y occupe une belle place.

Derrière le père, Michael Schumacher, avec ses sept titres, voici le fils prodige, l'Anglais aux six couronnes, une de plus que le Saint-Esprit, Juan Manuel Fangio. Tout comme le Kaiser, qui avait la mauvaise habitude de souvent tuer tout suspense en étant couronné avant la fin de saison, Hamilton est sacré à deux courses du terme. Ce fut déjà le cas l'année précédente et celle d'avant. Il est l'Empereur et personne ne peut, pour l'instant, lui contester ce titre. Il impose sa loi. Pourtant, sa domination fut loin d'être si frappante cette année. Ce sixième titre, Hamilton est allé le chercher. Batailler, ferrailler, prouver sa valeur sur la piste sans se contenter de bénéficier d'une voiture ou d'un moteur au-dessus du lot. Cette année, l'Anglais a montré ce qu'était un quintuple champion du monde, grâce à d'impressionnantes démonstrations qui ont laissé ses adversaires pantois. Et battus.

Il n'est plus ce freluquet qui paniquait lors de sa première conquête, en 2008. D'erreurs en accrochages, il s'était condamné à une frayeur dans le dernier tour où il avait manqué perdre le titre face à Massa. Cette fois, il n'a pas tremblé en s'élançant. Cinquième sur la grille, il était déjà troisième à la fin du premier tour, déposant sans trembler les deux Ferrari.

Il n'est plus ce chien fou, capable d'exploser, en 2009, sa McLaren à Monza à plus de 300 km/h en cherchant, à tout prix, la victoire. À Austin, il a tenté de gagner mais a su lâcher face à Bottas.

Bien sûr, les démons continuent de l'habiter. Il lui a fallu, en maître, marquer son territoire et montrer à Bottas qui était le patron, au cas où le Finlandais ne l'aurait pas compris. On ne se souviendra que de la manière dont Hamilton a tenté de remporter cette course pour son sixième titre, de la façon dont il a su cajoler ses pneus pour les emmener au bout de l'histoire. Car le Britannique, six fois champion, est aussi devenu ce galant de la gomme, brillantissime dans leur gestion. Comme à Mexico, il a rejoué le tango du Pirelli, les respectant durant trente tours. Bottas l'a croqué, pas Verstappen. Et c'est du haut de la seconde place, noyé de champagne par le vainqueur qu'il peut désormais savourer son titre.

les dix derniers vainqueurs

2019 Hamilton (GBR)
2018 Hamilton (GBR)
2017 Hamilton (GBR)
2016 N. Rosberg (ALL)
2015 Hamilton (GBR)
2014 Hamilton (GBR)
2013 Vettel (ALL)
2012 Vettel (ALL)
2011 Vettel (ALL)
2010 Vettel (ALL)

tout près de Schumi

7 titres
Michael Schumacher (ALL)
1994, 1995, 2000 à 2004

6 titres
Lewis Hamilton (GBR)
2008, 2014, 2015, 2017 à 2019

5 titres
Juan Manuel Fangio (ARG)
1951, 1954 à 1957

4 titres
Alain Prost
1985, 1986, 1989, 1993
Sebastian Vettel (ALL)
2010 à 2013

3 titres
Jack Brabham (AUS)
1959, 1960, 1966
Jackie Stewart (GBR)
1969, 1971, 1973
Niki Lauda (AUT)
1975, 1977, 1984
Nelson Piquet (BRE)
1981, 1983, 1987
Ayrton Senna (BRE)
1988, 1990, 1991

Un esthète de la gestion des pneus

Cette année, il n'y aura rien à lui reprocher. Les erreurs ont été faites par les autres. Bottas qui s'explosa au Mexique, la semaine précédente, en qualifications ; Vettel, parti en tête à queue, à Bahreïn, en cherchant à le dépasser ; Verstappen qui retrouva ses errements d'enfant en Belgique et ne termina pas le premier tour ; ou même Leclerc, nouveau héros de l'année harponnant Verstappen à Suzuka.

Hamilton n'est plus ce suffisant de 2014. Rosberg avait tenté de briser cette hégémonie naissante et avait été sévèrement remis à sa place. Le Britannique ne toléra pas la révolte et mit fin à une amitié de quinze ans, écrasant la saison suivante de sa superbe. Il avait la meilleure voiture, le meilleur moteur et personne ne l'inquiéterait. À l'époque, tout était facile.

Cette année, Bottas a tenté, lui aussi, de ne plus subir et a connu le même sort que le fils de Keke, même s'il s'est rebellé avec brio. Hamilton, sixième du nom, est très différent des précédents Lewis car s'il a gagné, c'est grâce à lui et à cette panoplie de talents qu'il s'est forgée. L'an prochain, avec cet appétit, il pourra briser la Sainte-Trinité du dimanche. Il peut s'approcher du Père, rejoindre Schumacher, voire le dépasser. Lors de la présentation des nouvelles règles pour 2021, censées bouleverser la hiérarchie, il a prévenu : *« J'adore les nouveaux challenges. »*

« Je me souviens de l'époque où je me levais pour regarder les GP à la télé. Maintenant, je suis la personne dans la télévision et je fais partie des plus grands comme Michael *(Schumacher)*. C'est irréel. J'ai toujours pensé que m'approcher de lui était si loin… Aujourd'hui encore, c'est à la fois proche mais si éloigné. Avant de penser au septième, je veux apprécier le sixième. »

LEWIS HAMILTON

Le jour de gloire de Mladenovic

Portée par une passion jamais démentie pour l'équipe de France, Kristina Mladenovic a remporté ses trois matches et offert aux Bleues leur troisième Fed Cup. La dernière avant le changement de format.

L'ÉQUIPE DU 11 NOVEMBRE 2019

QUENTIN MOYNET

Personne n'a autant pleuré qu'elle, sauf peut-être Ashleigh Barty, la numéro un mondiale, terrassée par le chagrin, inconsolable jusque dans les coursives du stade, dont elle fut la première à s'échapper pour se réfugier dans le vestiaire silencieux des finalistes. Intouchable face à Caroline Garcia le premier jour (6-0, 6-0), l'Australienne devait être la grande dame du week-end, elle ne fut que le second rôle d'une pièce qui consacra Kristina Mladenovic.

Après le double victorieux, les yeux de la Française de 26 ans brillaient de larmes et de fierté. Elle en rêvait depuis si longtemps, de ce titre et, elle ne s'en cache pas, de la lumière qui l'accompagne. « Kiki » était devant sa télé quand Mauresmo, Pierce et les autres furent sacrées en 2003. Seize ans plus tard, c'est elle qui a porté la France vers sa troisième étoile.

« Elle a marché sur l'eau tout le week-end, résume son capitaine, Julien Benneteau. *Elle a ça en elle. »* L'ivresse des grandes scènes – 14 000 spectateurs dans la Perth Arena – et des grands matches – la meilleure joueuse du monde devant son public et un double décisif en finale – mais aussi ce profond sentiment d'appartenance à la sélection. Elle le porte en elle depuis toujours. Ses parents sportifs le lui avaient transmis, elle l'a développé dès son premier rendez-vous avec le maillot bleu, à douze ans.

Sa passion excessive a parfois provoqué des conflits ou des incompréhensions, comme en 2014 avec sa capitaine Amélie Mauresmo, dont le choix de titulariser Virginie Razzano en simple contre la Suisse était très mal passé ; les deux années suivantes avec Alizé Cornet, qui s'était fait porter pâle lors de deux rencontres consécutives ; et, bien sûr, avec Caroline Garcia, qui avait privilégié sa carrière individuelle en 2017 et 2018. Parce qu'elle donne beaucoup à l'équipe de France, Mladenovic n'accepte pas que les autres n'en fassent pas autant, quitte à sortir les griffes. *« Je respecte ce maillot »*, répétait-elle.

L'histoire lui donne raison : elle était là, en 2017 contre l'Espagne, pour maintenir les Bleues dans le Groupe mondial. Elle était encore là, en 2018 contre la Belgique, pour remporter ses deux simples et le double avec Amandine Hesse et s'offrir une demi-finale malgré un groupe réduit à trois joueuses en raison des absences de Garcia et Cornet (suspendue). *« Je n'oublie pas*, souffle-t-elle. *J'ai laissé autant de courbatures et de sueur lors des campagnes précédentes pour maintenir haut, fièrement, les couleurs de la France. Je suis tellement soulagée, tellement fière de ça. Je me suis toujours investie et c'est la plus grande récompense. »*

> **"Kristina a été la patronne. Elle nous a fait rêver"**
>
> ALIZÉ CORNET

C'est pour ça qu'elle a fondu en larmes dans les bras de Benneteau après sa victoire « escudienne » contre Barty, renversée après qu'elle eut mené 6-2, 4-3, balle de break. Pour ça qu'elle s'est effondrée sur le dos à la fin du double quand une dernière volée de Samantha Stosur s'échappa du court, offrant le titre à la France. *« Elle a fait du Kristina : elle a été la patronne sur le terrain et a joué son meilleur tennis*, admire Cornet. *Enchaîner un simple si intense et un double avec tant d'enjeu, c'est une grande performance. Elle nous a fait rêver. »*

Déjà épatante la veille pour balayer la 51ᵉ mondiale Ajla Tomljanovic (6-1, 6-1), Mladenovic a disputé lun des meilleurs matches de sa carrière face à Barty, pourtant forte de son titre au Masters de Shenzhen une semaine plus tôt et de quatorze succès de rang en Fed Cup. *« J'arrive toujours à couper des grosses têtes*, sourit-elle. *C'est en moi, c'est ma personnalité, ma passion pour le tennis et pour la bagarre. »*

« La manière dont elle joue et son sens du jeu lui permettent de trouver des solutions face à n'importe qui, ajoute Benneteau. *Elle a prouvé qu'elle était une très, très grande championne. »* Qui n'a pourtant passé que deux semaines dans le top 10 depuis le début de sa carrière.

« Cette saison, il me manque juste de gros résultats en Grand Chelem, estime-t-elle. *Je travaille là-dessus. Chaque année il y a de grands coups à faire, je sais que j'en suis capable. Je sais que ce n'est que le début. »*

Kristina Mladenovic, Caroline Garcia, Alizé Cornet, Pauline Parmentier, Fiona Ferro et Julien Benneteau.

Les cinq matches des Bleues

Mladenovic b. Tomljanovic, 6-1, 6-1
Barty b. **Garcia** 6-0, 6-0
Mladenovic b. Barty, 2-6, 6-4, 7-6 (1)
Tomljanovic b. **Parmentier**, 6-4, 7-5
Garcia-Mladenovic b. Barty-Stosur, 6-4, 6-3

les dix derniers vainqueurs

2019	France
2018	Rép. Tchèque
2017	États-Unis
2016	Rép. Tchèque
2015	Rép. Tchèque
2014	Rép. Tchèque
2013	Italie
2012	Rép. Tchèque
2011	Rép. Tchèque
2010	Italie

8 OCTOBRE

JUDO **GRAND SLAM DE BRASILIA.** Dans la capitale brésilienne, il aura suffi de vingt secondes à Teddy Riner, en finale face à David Moura, un adversaire qu'il connaît bien, pour confirmer, grâce à un o-soto-gari, qu'il était bel et bien de retour au premier plan à neuf mois des Jeux Olympiques de Tokyo. Et toujours quasi-invincible.

13 OCTOBRE

TENNIS **TOURNOI DE LINZ.** Tout va très vite pour Cori Gauff. À quinze ans et sept mois, l'Américaine a remporté le premier tournoi de sa carrière en battant, en finale, la Lettonne Jelena Ostapenko (6-3, 1-6, 6-2), lauréate de Roland-Garros 2017. 685e mondiale en janvier, elle occupait au milieu de l'automne, la 68e place.

4 OCTOBRE

BASKET **EUROLIGUE.** Tonye Jekiri, au dunk, et l'Asvel ont fait fort lors du retour en Euroligue de l'équipe villeurbannaise, dix ans après sa dernière apparition. À l'Astroballe, le club de Tony Parker a démarré en trombe avec une large victoire face à l'Olympiakos (82-63), suivie d'une autre, une semaine après, contre le Panathinaïkos (79-78).

11 OCTOBRE

SURF **CIRCUIT MONDIAL – PRO FRANCE.** Après treize ans d'échec dans l'épreuve, le Français Jérémy Florès, trente-et-un ans, s'est enfin imposé à Hossegor (Landes). Après ce succès, convoité depuis son arrivée sur le circuit pro, il pointait au neuvième rang mondial. « C'est l'épreuve où j'ai toujours rêvé de bien faire », a-t-il confié.

12 OCTOBRE

CYCLISME **TOUR DE LOMBARDIE.** Le Néerlandais Bauke Mollema, trente-deux ans et habitué aux seconds rôles, a démarré à dix-huit kilomètres de l'arrivée, dans la montée du Civiglio, et a vite creusé l'écart avec ses adversaires. Il s'est offert un final somptueux en solitaire à Côme, avec 16 secondes d'avance sur Alejandro Valverde.

14 OCTOBRE

FOOTBALL **EURO 2020.** À égalité en tête de leur groupe, Français et Turcs se séparent sur un nul (1-1, but de Giroud) au stade de France. Dans un contexte tendu sur le front diplomatique, le match s'est déroulé sans incident majeur, malgré une célébration "militaire" controversée de la part des joueurs turcs après leur égalisation.

Éternel premier dans les cœurs

Bien qu'il n'ait jamais porté le maillot jaune, Raymond Poulidor jouissait d'une popularité phénoménale. Et depuis la fin de sa carrière, en 1977, le célèbre coureur faisait inlassablement revivre leur jeunesse à ses admirateurs. Il est décédé à 83 ans.

L'ÉQUIPE DU 14 NOVEMBRE 2019

JEAN-LUC GATELLIER

« Viens quand tu veux, nous avait-il proposé en mai 2018. *Je suis debout dès 5 heures, les paysans se lèvent tôt* (il était fils de fermier). » Autre rituel, chaque matin à 7 heures, il partait chercher *L'Équipe* chez le libraire de Saint-Léonard-de-Noblat (Haute-Vienne), sur son VTT baptisé Raymond-Poulidor. Le portail était ouvert sur un magnifique cèdre planté en même temps que la construction de sa maison, en 1962, l'année de sa première participation au Tour de France. Dans le séjour, aucune photo de sa très longue carrière qui s'étirait sur dix-huit saisons. Seulement des portraits de ses petits-fils, David et Mathieu (les fils de Corinne et Adri Van der Poel), regards espiègles, main posée sur une joue. De rares coupes visibles, notamment le trophée du Super Prestige Pernod (le classement mondial, par points, d'aujourd'hui) récompensant le meilleur coureur de la saison 1964. Dans le sous-sol, des cartons entiers de médailles (*« Je dois en avoir pour 200 kg »*).

L'interview – plutôt une conversation – avait duré presque toute la matinée. À la sortie du collège voisin, les jeunes observaient avec curiosité l'octogénaire, dans son jardin, échangeant entre eux à voix basse, comme si leurs parents les avaient prévenus qu'une personne importante habitait à cet endroit. Il leur adressait un petit geste de la main, leur souriait, et nous glissa : *« J'adorais l'école. Après le certificat d'études, je voulais y rester, mais ce n'était pas possible, mes parents ne pouvaient pas payer. J'en ai pleuré. »*

Sa voiture était sortie du garage, prête à l'emploi car, à vrai dire, Raymond Poulidor passait peu de temps chez lui. Sa vie, c'était la route, et sa préférée celle du Tour de France. Avant le départ d'une étape, à La Baule, en 2018, deux policiers

Raymond Poulidor peu avant le Tour de France 1968 (à gauche) et, attablé, lors de l'édition 2015, au départ de Tarbes, toujours disponible pour son public et la presse. En polo jaune.

en tenue s'étaient assis spontanément à ses côtés. On ne pouvait s'empêcher de le taquiner : *« Raymond, vous avez un souci ? »* En écho, il racontait cette anecdote : *« Un jour, au Tour méditerranéen, pour faire une blague, les gendarmes m'ont menotté. Une dame a agité son parapluie en criant :* "Libérez Raymond Poulidor !" »

> **"Je ne l'ai pas fait exprès, mais je suis presque heureux de ne pas avoir gagné le Tour, sinon aujourd'hui, je serais oublié."**
> RAYMOND POULIDOR

Des histoires, « Poupou » pouvait en remplir une musette sans fond. Il était intarissable, porté par une mémoire sans limites, dans le village du Tour, où le patriarche de la Grande Boucle était assis derrière une pile de photos... Puis, il montait à bord d'une voiture de la banque LCL, jaune naturellement, dans la colonne de la caravane publicitaire. *« J'aime traverser nos villages, m'y arrêter, faire des rencontres inattendues... Un jour, j'ai fait la connaissance du fils de Louis de Funès, qui était radiologue. Il m'a dit :* "Mon père avait votre photo sur son bureau." *Tu ne peux pas imaginer ma surprise et ma joie, car j'adorais cet acteur. »* Comme la voiture, son polo était jaune lui aussi : ce clin d'œil l'amusait beaucoup et lui permettait d'assurer le service après-vente de sa « poupoularité ». Un jour, « l'éternel second » nous fit même cette surprenante confidence : *« Je ne l'ai pas fait exprès, mais je suis presque heureux de ne pas avoir gagné le Tour, sinon aujourd'hui, je serais oublié. »*

Tomber dans l'oubli était une obsession chez Poulidor. *« J'ai peur qu'on ne me reconnaisse plus. Le jour où j'arrête de bouger, de rencontrer les gens, c'est ma mort »*, nous avait-il soufflé. Viscéralement attaché à la notoriété, il ne pouvait se passer de *« cette popularité qui dépasse l'entendement ». « Je ne comprends pas toujours. En me voyant, les gens pleurent et me font pleurer »*, dit-il. Il avait les relations publiques (comme ses initiales, R. P.) dans les gènes. On ne l'a jamais entendu dire du mal d'autrui, jamais vu de mauvaise humeur, sauf *« quand le gars vient vous faire signer sur un papier qu'il a ramassé par terre ou sur un paquet de cigarettes. Je n'ai jamais fumé. Juste une cigarette, à 8 ans, que les Américains m'ont donnée en passant par la Creuse »*. Il rapportait que *« ça lui faisait mal d'entendre les personnes de* (sa) *génération dire qu'ils se désintéressaient du Tour parce que c'était mieux avant »*. Il leur rétorquait : *« Vous vieillissez mal. »* Lui rajeunissait quand revenait le joli mois de juillet. Cet été fut celui de son cinquante-septième et dernier Tour de France : quatorze comme coureur, quarante-trois comme suiveur. *« Le Tour de trop »*, s'inquiétaient ses proches car il l'avait terminé très diminué par un œdème pulmonaire.

Cinq cent cinquante livres vendus et signés en une journée

Depuis qu'il avait rejoint la caravane, il n'avait manqué qu'une seule édition, celle de 1987. *« Un responsable d'une station de radio m'avait engagé. À l'approche du Tour, pas de nouvelles, alors je suis monté à Paris pour en savoir plus. On m'a dit :* "Désolé Monsieur Poulidor, votre contact est parti avec la caisse." *C'était un truand, un Limousin, en plus ! Il avait embarqué le bud-*

Coincé entre deux monstres sacrés

Si Raymond Poulidor n'a jamais remporté le Tour de France au cours de sa riche et longue carrière (189 succès), il le doit, en partie, aux règnes successifs de Jacques Anquetil et du Belge Eddy Merckx qui l'ont privé aux deux extrémités de sa vie de coureur, d'un triomphe qui lui était destiné sur les routes de juillet. Mais pas seulement.

1957 1re victoire de Jacques Anquetil sur le Tour de France.

1959 Fin de carrière de l'Italien Fausto Coppi, vainqueur de deux Tours.

1960 Première année professionnelle de Raymond Poulidor.

1961 Victoire de Poulidor sur Milan-San Remo, son premier et dernier monument. + champion de France sur route.

1962 3e du Tour de France pour sa première participation (vainqueur de la 19e étape).

1963

1964 Vainqueur du Tour d'Espagne. 2e du Tour de France (vainqueur de la 15e étape).

1965 2e du Tour de France (vainqueur de deux éta[pes] dont celle du mont Ve[ntoux]

Raymond **Poulidor**

Jacques **Anquetil**

1961 : Remporte son 2e TDF.

1962 : Remporte son 3e TDF.

1963 : Remporte son 4e TDF.

1964 : Remporte son 5e et dernier TDF.

1965 : F. Gimondi remporte l[e]

« Poupou », en 1965, l'emporte au mont Ventoux devant l'Espagnol Julio Jimenez (à gauche), meilleur grimpeur de cette édition.

EN BREF

Né le 15 avril 1936 à Masbaraud-Mérignat (Creuse), décédé le 13 novembre 2019, à 83 ans. Coureur pro de 1960 à 1977 chez Mercier. **189 victoires.**

■ **De 1962 à 1976 :** Huit fois sur le podium du Tour de France. Trois fois 2e (1964, 1965, 1974).

get, dont ma part. Je suis resté chez moi, j'étais malheureux, ça a été mes pires vacances. »

En réalité, Raymond Poulidor parcourait plusieurs fois par an le tour de la France, au volant de sa Mercedes (fidèle à la marque allemande, il avait conduit un modèle précédent sur 748 000 kilomètres !). Il se déplaçait très fréquemment pour assurer la promotion de ses livres chez son éditeur Louis de Mareuil, dont le fleuron, « *Poulidor par Raymond Poulidor* », son autobiographie écrite avec la complicité de son ami, le radioreporter Jean-Paul Brouchon (décédé en 2011), s'est écoulé à plus de 60 000 exemplaires.

Les librairies, souvent celles des supermarchés, étaient des étapes régulières. Et là où les vieilles gloires (acteurs, chanteurs ou anciens sportifs) passaient en coup de vent, Poulidor adorait l'exercice au contact du public et signait à tour de bras durant plusieurs heures. « *Mon record, c'est au centre commercial de Vélizy : 550 exemplaires vendus dans une journée. Je n'en pouvais plus d'écrire tellement j'avais mal à la main, surtout que mes dédicaces sont assez longues et personnalisées.* » Quelle patience ! « *Non, c'est la passion*, corrigeait-il. *La passion d'échanger, surtout quand je vois le bonheur que ça apporte aux gens de discuter avec moi...* » Ils le considéraient avec affection, lui parlaient du mari ou de l'épouse disparu, de la naissance du petit dernier, comme s'il était un membre de la famille...

Poulidor a sans doute serré plus de mains qu'un candidat à la présidence de la République en campagne, sans compter qu'il recevait un courrier de ministre à Saint-Léonard-de-Noblat. « *Oui, chaque semaine. De l'étranger aussi, d'Allemagne surtout sans que je sache pourquoi. Surtout le jour de mon anniversaire* (le 15 avril) *et de la saint Raymond* (le 7 janvier), précisait-il. *Un jour, j'ouvre cette lettre* : "Ma grand-mère est décédée. Dans son testament, elle voulait que son cercueil soit tapissé de photos de Poulidor." *Là, ça te remue. Généralement, on m'envoie des photos qu'on me demande de retourner avec une dédicace, souvent la photo du puy de Dôme avec Jacques* (il disait Jacques, plus rarement Jacques Anquetil). » Et d'insister : « *Si on ne m'écrivait plus ou si le téléphone ne sonnait plus – je ne suis pas sur liste rouge –, je serais malheureux.* » Il précisait, à l'attention de ses supporters : « *M'écrire à Raymond Poulidor, Saint-Léonard-de-Noblat, 87400, ça arrivera. Et ne pas oublier de joindre une enveloppe timbrée pour la réponse.* »

Généralement, il s'amusait de sa réputation d'avare. S'adressant à Clément Pernot, le président du Conseil départemental du Jura, qui l'invitait dans ses montagnes : « *Ça dépendra du prix de l'essence...* » Ou encore à cette femme lui reprochant gentiment le refus d'un autographe lors d'un critérium en Bretagne dans les années 1960. « *Vous aviez un crayon au moins ? Car beaucoup venaient me voir sans crayon. Vous savez, moi, je n'avais pas de crayon, de peur de l'user.* »

Il maniait volontiers l'ironie : « *On dit que les Creusois* (son origine) *et les Auvergnats sont radins, mais ils sont différents. Lorsqu'ils deviennent chauves, le Creusois achète un chapeau et l'Auvergnat vend son peigne.* » Il redevenait sérieux. « *On dit de moi* : "Ah ! Il est près de ses sous." *Mais qu'est-ce que ça veut dire être près de ses sous ?*, disait-il alors en haussant un peu le ton. *Tu sais, un gars qui n'a jamais eu un centime dans sa poche jusqu'à vingt ans...* » Il jurait que les railleries ne lui faisaient pas de la peine. « *Oh non ! Au contraire, j'entretiens la légende.* »

L'avarice et la malchance... Dans une bande dessinée, publiée en 2018 et intitulée simplement Raymond (Mareuil Éditions), récit de son enfance et de sa jeunesse, une scène le touchait particulièrement : « *Mon père me tient dans ses bras. J'ai cinq ans, je suis tombé d'un cerisier, mes parents pensent que je vais mourir, ils ont même fait venir le prêtre pour me bénir. Je demande du pain grillé avec du beurre et du sucre et, miracle, je vais mieux. Alors, quand j'entends :* "Raymond Poulidor le malchanceux", *ça me fait sourire...* »

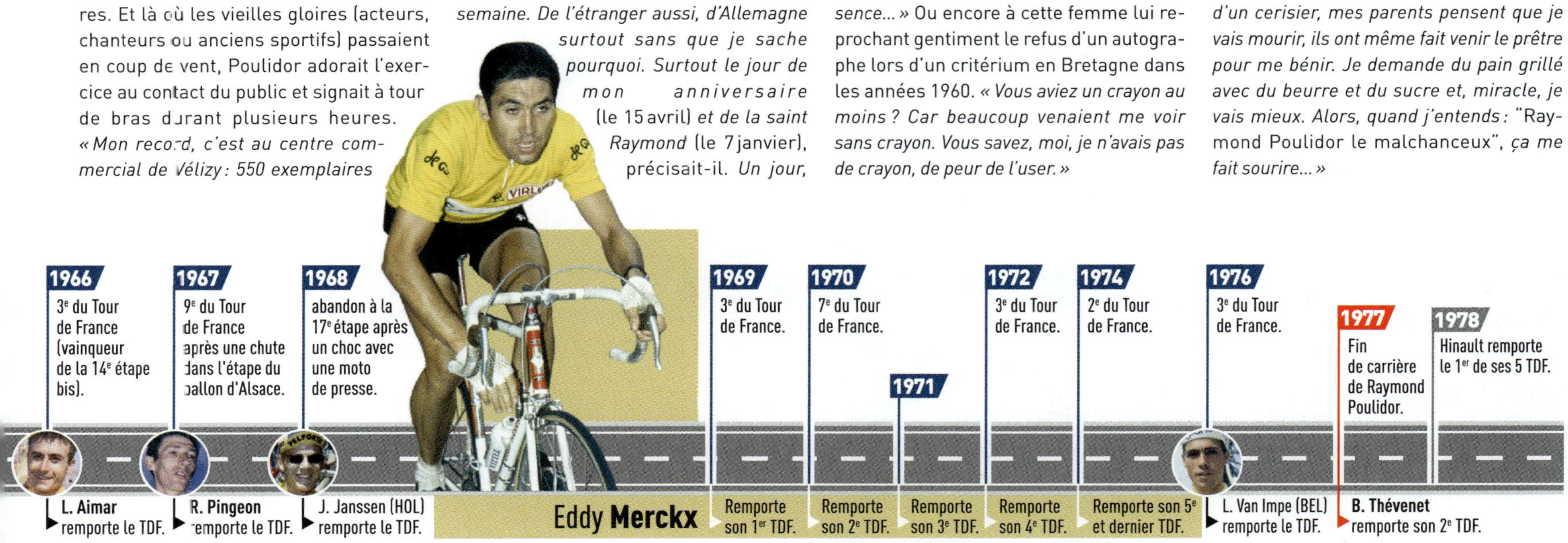

Niki L'audacieux

Le triple champion du monde (1975, 1977 et 1984) est mort à 70 ans. Terriblement brûlé dans un accident en 1976, l'Autrichien, pilote, commandant de bord et dirigeant d'écurie, était une légende de la F1.

L'ÉQUIPE DU 22 MAI 2019
STÉPHANE BARBÉ

Le pilote autrichien avait subi une transplation pulmonaire, le 2 août 2018, après une grippe qui s'était envenimée en mauvaise pneumonie et, depuis, il demeurait fragile. Mais Niki Lauda était déjà revenu du feu de l'enfer. Seuls des pilotes qui en ont supporté les morsures peuvent comprendre ce qu'il a vécu dans le brasier de sa Ferrari 312 T2 au Nürburgring, le 1er août 1976. Les autres ne peuvent que supposer. Le nettoyage à vif de ses poumons brûlés, la cagoule à enfiler par-dessus les chairs que la peau ne protège plus, pour son retour à Monza, le 12 septembre. Quarante jours après. Cela dépassait tellement l'humain que Lauda affronta plus d'incrédulité ou d'hostilité que d'admiration. « *Ma réapparition a été mal accueillie par certains*, racontait-il. *Revenir aussi vite dérangeait. Ils auraient préféré m'imaginer dans l'obscurité d'une chambre, loin du monde.* »

Cet accident aura marqué sa vie mais il a fallu plus que ça pour figurer dans le top 10 des meilleurs pilotes de l'histoire. Trois titres mondiaux, vingt-cinq victoires, cinquante-quatre podiums en 171 Grands Prix. La précision du pilotage, la science de la mise au point et l'art de la course. Lauda a tout retourné à son avantage. En course, en affaires, dans la vie ou face à la mort. Jusque dans ses dernières fonctions de direction chez Mercedes F 1, depuis 2012. Le Nürburgring l'a laissé sans visage, même ses paupières ont brûlé,

Niki Lauda, alors chez Ferrari, vient de remporter le Grand Prix de Monaco en 1975, année du premier de ses trois titres de champion du monde. Il s'agit alors seulement de la troisième victoire de sa carrière.

mais il rejeta toute chirurgie esthétique : « *Je préfère ne rien changer. Il serait insensé de faire des complexes car il vous manque un bout d'oreille. Si quelqu'un n'aime pas ta tête, c'est simple : tu ne le connais plus !* » Grande gueule, il faisait parfois « du Lauda ». Champion avant et après son accident (1975 et 1977). Champion encore pour son retour, en 1984, après deux ans de retraite (1980 et 81) pour lancer sa première compagnie aérienne, Lauda Air.

Comme pilote, il n'est tombé que sur un os : Alain Prost, son équipier chez McLaren, battu d'un demi-point en 1984 mais titré en 1985. L'Autrichien évoqua ainsi son cadet de six ans : « *Alain est charmant, généreux, mais il est bien trop rapide, la vache !* » Puis confia, en 1991 : « *La première année, j'ai compris qu'il m'exploserait en qualifications. Alors, je me suis concentré sur la préparation de la course. Ç'a marché. Mais en 1985, rien à faire, il était devenu trop fort en course aussi.* »

Retour à Lauda Air puis FlyNiki, l'aviation, autre passion. « *Ici le commandant Niki Lauda ? Bienvenue à bord de ce Boeing 767.* » Le signal « *attachez vos ceintures* » s'éteignait et c'était le défilé vers le cockpit pour un autographe. Puis, nouveau drame, le 26 mai 1991 : le Boeing 767 « Mozart » de la Lauda Air entre Hongkong et Vienne, se désintégra quinze minutes après avoir redécollé de Bangkok. 223 victimes. « *Je n'oublierai jamais les images du site du crash d'un avion de ma compagnie. Le jour le plus horrible de ma vie* », assurait Lauda.

L'adieu au « Mongol »

Michel Crauste, légendaire capitaine des Bleus, troisième-ligne solaire et rugueux, s'est éteint à quatre-vingt-quatre ans.

L'ÉQUIPE DU 3 MAI 2019
FRANCIS DELTÉRAL

Pour ceux qui furent ses proches, comme notre confrère de *L'Équipe* Denis Lalanne, Michel Crauste était « *dur, mais charitable ; impitoyable, mais sensible ; jamais battu, mais beau perdant. Il était droit, explosait de santé et de bonne humeur, et exposait toujours à terrain découvert sa moustache et ses opinions.* » Le Racingman n'avait peur de rien, ce qui lui valut d'être vite appelé « Attila » puis « Le Mongol ». Capé pour la première fois contre la Roumanie (39-0) en 1957, il signa un bail avec les Bleus jusqu'en 1966. Capitaine 22 fois en 62 sélections, il garda longtemps le record avant d'être battu par Benoît Dauga (63). Au Racing, avec François Moncla, il formait un sacré duo, créant la « mutuelle de protection » : si l'un recevait, l'autre rendait. « *Ne jamais frapper le premier*, disait-il, *mais toujours rendre à l'envoyeur sans tarder !* » Crauste n'était pas un tendre. Il se rendit même célèbre pour ses « cravates », geste déjà interdit mais qui ne coûtait alors qu'une pénalité. Heureusement, personne ne fut sérieusement touché et, de toute façon, tous lui pardonnaient. Finaliste malheureux avec le Racing contre Lourdes en 1957 (16-13), champion de France en 1959 contre Mont-de-Marsan (8-3), il rejoignit ensuite les Lourdais : il fut couronné en 1960 contre Béziers (14-11) et en 1968 contre Toulon (9-9). Avec les

Michel Crauste, face à l'Irlande (11-6) à Colombes, en 1966, l'année de son dernier Tournoi.

Bleus, il marqua trois essais à l'Angleterre en 1962 (13-0) et les mena à la victoire en Afrique du Sud en 1964 (6-8). Le rugby eut finalement raison de Crauste, à trente-huit ans. Touché aux vertèbres lors d'un simple match folklo, il s'en sortit sans graves séquelles et ne reviendra au rugby qu'au début des années 1990, monta au front pour défendre Jean Fabre. Mais, écœuré par les coups tordus envers son ami, il repartit donner un coup de main à son club de Lourdes.

La classe à l'italienne

Felice Gimondi était un des plus grands champions transalpins. Vainqueur du Tour de France 1965 dès sa première participation, esthète, il souffrit comme personne du règne d'Eddy Merckx.

L'ÉQUIPE DU 17 AOÛT 2019

JEAN-LUC GATELLIER

Sa santé s'était fragilisée ces dernières années, cependant c'est de mort brutale que Felice Gimondi nous a quittés à soixante-seize ans, victime d'une crise cardiaque alors qu'il se baignait à Giardini Naxos, près de Taormine, en Sicile. Sa disparition est survenue moins de trois semaines après l'arrivée du Tour de France, qu'il remporta en 1965, et pendant le Tour de l'Avenir, qu'il avait enlevé un an auparavant. Son nom avait ressurgi lorsque Egan Bernal réalisa cette performance, lui, à deux ans d'intervalle (l'Italien est le seul à l'avoir réalisé à la suite). Il racontait que pour le courir, il avait dû obtenir l'accord de ses parents. Pas de chance pour le grand favori, Raymond Poulidor, qui pensait son heure de gloire arrivée en l'absence de Jacques Anquetil. Mais il était tombé sur ce jeune Bergamasque excellent en montagne, efficace contre la montre, en un mot taillé pour les grands Tours, et dont l'intelligence lui offrit l'habit d'un grand tacticien, et d'un esthète façonné pour le vélo.

Cette entrée tonitruante dans la carrière, l'Italien la confirma et la renforça par des succès au Tour d'Italie en 1967 puis 1969 et, entre les deux, en 1968 à la Vuelta. Parallèlement, il brillait dans les classiques réalisant un doublé retentissant à Paris-Roubaix et Paris-Bruxelles à quelques jours d'intervalle. Mais que pouvait-il espérer face au génie qui s'annonçait ? En écrasant le Tour de France 1969, lui aussi à sa première participation, Eddy Merckx envoya un message définitif de supériorité et de domination. Il y a deux manières de comprendre la situation : il était, selon les uns, le challenger privilégié de Merckx ou celui qui souffrit le plus de l'hégémonie du Belge. Mais si sa victoire dans le Tour de France resta la seule, la valeur du Giro, pour un Italien, n'avait pas à rougir face au Tour. Il en compte trois à son palmarès, le troisième en 1976, à trente-quatre ans. Le Championnat du monde lui revint en 1973, à Barcelone, comme un remboursement des désillusions subies face à Merckx et il accomplit aussi le rêve de tout coureur transalpin, séduire Milan-San Remo (1974). Mais là encore c'était quantité négligeable au milieu du règne de qui vous savez (septuple vainqueur). Enfin, le Tour de Lombardie (1966 et 1973) ne pouvait pas non plus échapper à cet escaladeur naturel.

Gimondi paré du maillot jaune lors du Tour 1965. Il l'avait revêtu dès la 3e étape après une échappée victorieuse et ne le céda que deux jours avant de le reprendre jusqu'à Paris.

« Aujourd'hui, je travaille pour Bianchi, j'ai ma compagnie d'assurances, une famille que j'aime mais je ne suis plus aussi authentique qu'avant », concédait-il dans L'Équipe, il y a vingt ans, en observant sa jeunesse disparue. *« Le vrai Gimondi était celui que j'étais quand j'étais champion : un peu égoïste, un peu agressif, qui voulait toujours gagner, pas toujours ce personnage généreux dont on parlait. Maintenant, avec mes responsabilités, je suis dans un compromis, je me corrige constamment. »*

Aveu sincère d'un homme franc, qui reconnaissait le double jeu, car l'image que nous avons du Gimondi quinquagénaire, puis sexagénaire, est celle d'un homme délicieux, ambassadeur estimé de la Bianchi, qui promenait une classe sans pareille, une allure de prélat imposant le respect. Lorsqu'il revenait, à la demande des journalistes, sur son brillant parcours, Gimondi convoquait souvent l'image de Merckx dans la conversation. *« Mais pourquoi était-il toujours là ? »* Mais, ces fois-là, il en riait.

Nécrologie

NOVEMBRE 2018

HENRI DOMEC (France, rugby)
Troisième-ligne de Lourdes, aux côtés de Jean Prat et Jean Barthe, il avait remporté cinq des huit titres de son club (1953, 1956, 1957, 1958 et 1960) et totalisait vingt sélections. Il est décédé à 86 ans.

Bernard Gauthier (France, cyclisme)
En jaune pendant sept jours lors du Tour 1950, on l'avait surnommé « Monsieur Bordeaux-Paris » après sa quatrième victoire dans cette classique en 1957. Décédé à 94 ans, il avait joué un grand rôle dans les trois Tours de France remportés par Louison Bobet (1953 à 1955).

DÉCEMBRE 2018

Barend Britz (Afrique du Sud, rugby)
Ancien deuxième-ligne de l'USAP, le Sud-Africain a succombé, après une violente agression devant le bar qu'il tenait à Perpignan, à 63 ans. Il était arrivé à Perpignan pour une saison en 1984, avant de revenir en 1990 et gagner le Challenge Yves-du-Manoir en 1994.

Nicolas Chauvin (France, rugby)
Jeune Espoir du Stade Français, le troisième-ligne parisien est décédé à seulement 19 ans après une fracture cervicale ayant entraîné un arrêt cardiaque.

Noah Klieger (Israël, L'Équipe)
À 92 ans, il était le plus ancien correspondant de *L'Équipe*, basé à Tel Aviv et grand spécialiste du basket, mais pas seulement. Rescapé d'Auschwitz, il avait aussi consacré une grande partie de sa vie à être un passeur de mémoire, comme conférencier à travers le monde notamment.

JANVIER

Bernard Tchoullouyan (France, judo)
Champion du monde en 1981 (en – 86 kg) et médaillé olympique (en – 78 kg à Moscou en 1980), le judoka est mort à 65 ans. Il était devenu, après sa carrière, un entraîneur important, notamment celui de Lucie Décosse.

FÉVRIER

Gordon Banks (Angleterre, football)
Gardien des champions du monde anglais en 1966, Gordon Banks est décédé d'un cancer à 81 ans. Il fut l'auteur d'un des arrêts les plus célèbres de l'histoire du football, sur une tête de Pelé lors de la Coupe du monde 1970, qu'il dégagea au-dessus de la tranversale alors qu'il plongeait à ras de terre.

Jacques Ferran (France, L'Équipe)
Né en 1920, d'abord professeur de lettres avant d'entrer à *L'Équipe* dès 1948, Jacques Ferran eut, pendant sa longue carrière, une influence qui dépassa le simple cadre de ses fonctions de reporter, de rédacteur en chef de notre journal et de responsable de France Football. Il fut en effet un de ceux qui contribuèrent à la naissance de la Coupe d'Europe des clubs champions, ancêtre de la Ligue des champions, et du Ballon d'Or, en compagnie de Jacques de Ryswick, sur une idée de Gabriel Hanot.

Michel Bernard (France, athlétisme)
Spécialiste de fond et de demi-fond, le Nordiste s'est éteint à 87 ans. Multiple champion de France sur 1 500 m, 5 000 m et 10 000 m, il avait entretenu une intense rivalité sportive avec le grand coureur français de l'époque, Michel Jazy.

MARS

Kelly Catlin (États-Unis, cyclisme)
L'Américaine Kelly Catlin, vice-championne olympique (2016) et triple cham-

L'ailier des Springboks, lors de son avant-dernière sélection, face à l'Irlande à Dublin en 2000.

Williams, le quatrième

Seul métis parmi les champions du monde en 1995, il est le quatrième Springbok à mourir prématurément.

L'ÉQUIPE DU 7 SEPTEMBRE 2019

ALEX BARDOT

Chester Williams est mort et, tristement, ce n'est pas le drame de la disparition d'un homme de quarante-neuf ans qui occupe les esprits. Son décès, d'une crise cardiaque, ravive les images de Joost Van der Westhuizen, parti à quarante-cinq ans de la maladie de Charcot ; de Ruben Kruger, emporté par une tumeur au cerveau à trente-neuf ; et de James Small, mort d'une crise cardiaque en juillet dernier à cinquante. Il avaient en commun d'avoir été champions du monde en 1995.

Pourquoi ces crises cardiaques et ces maladies rares, dont l'une oblige aussi Andre Venter (66 sélections de 1996 à 2001) à vivre en fauteuil ? Ces questions vont encore hanter le rugby et l'Afrique du Sud. Malgré des soupçons, rien n'est encore venu établir de lien entre des produits dopants et ces maladies. En 1995, seul métis chez les Springboks, il fut le symbole d'un pays sortant de l'apartheid. Adoubé par Mandela. *« Il m'a dit que j'étais un héros pour les communautés noires, que je représentais beaucoup pour l'unité du pays »*, avait-il dit. Il s'était illustré par un quadruplé dès son entrée, en quarts face aux Samoa, puis vint le titre (15-12 contre les Blacks de Lomu). Ensuite, l'ailier, malgré sa vitesse et son sens de l'essai, ne s'imposa jamais totalement, n'obtenant que onze sélections de plus. Carrière terminée, il entraîna en Roumanie puis l'université du Cap.

Poing final

Star des années 1970, acteur de deux combats mythiques face à Carlos Monzon, Jean-Claude Bouttier est mort à l'âge de 74 ans.

L'ÉQUIPE DU 4 AOÛT 2019

JEAN-DENIS COQUARD

Jean-Claude Bouttier, en décembre 1970.

Une voix s'est éteinte. Passionnée, dont le vibrato remontait aux tripes. Jean-Claude Bouttier s'est éteint, à soixante-quatorze ans, des suites d'une longue maladie comme on dit. Pour les plus jeunes, il était ce commentateur qui a bercé, avec Charles Biétry, les soirées de boxe sur Canal + durant plus de vingt-cinq ans. Il fut surtout un des sportifs français les plus marquants du début de la décennie 1970. Car avant la voix, il y eut les poings, que cet apprenti boucher mayennais apprit à manier sur le ring en montant à Paris. Pro en 1965, il écuma les salles, petites et grandes, jusqu'au Palais des sports conquis en vedette, à son trente-septième combat.

Dans une catégorie des moyens encombrée, il se hisse, en 1971, au sommet du continent et conserve son titre en renversant un combat désespéré contre l'Anglais Sterling. Champion des champions de *L'Équipe* cette année-là, sa popularité est énorme. La boxe, alors, attire le Tout-Paris et Bouttier remplit même Roland-Garros. Sa deuxième apparition Porte d'Auteuil, est mythique. En 1973, Bouttier y affronte Carlos Monzon, terreur des moyens, un Championnat du monde que Delon financera. *« Il était notre idole à nous Français, il était beau, une bête de la nature »*, témoignera l'acteur. Un an plus tôt, l'Argentin a défait Bouttier à Colombes d'un coup de pouce dans l'œil gauche. Abandon. Le 29 septembre 1973 pourtant, le Français trimballe le tenant, lui *« rentre dans la gueule dès le début »* et mène en fin du 12e round. Mais le challenger, touché au foie, tombe au 13e round. Puis deux fois de plus. Monzon gagne encore, aux points. *« Il a été plus fort, c'est tout,* jugeait Bouttier. *Te faire battre deux fois, c'est que l'autre est meilleur ou que t'es toujours aussi con. »* Quinze mois plus tard, il raccroche (64 victoires, 43 avant la limite, 7 défaites, 1 nul). Puis tâte de l'organisation de combats, tourne chez Lelouch, crée sa marque de vêtements, mais c'est en contrebas, smoking de rigueur, qu'il prolonge son histoire avec la boxe, au micro de Canal +. Jusqu'à ce qu'on le lui coupe en 2011 et que la maladie teste son jab et sa résistance.

pionne du monde de poursuite par équipes (2016, 2017, 2018) s'est suicidée à 23 ans.

Raoul Barrière (France, rugby)
Entraîneur du « grand Béziers » de 1968 à 1978 et six fois victorieux du Bouclier de Brennus, Barrière est décédé à l'âge de 91 ans. Entraîneur novateur, il avait aussi joué au plus haut niveau dans les rangs biterrois et connu une une sélection en 1960.

René Fontès (France, rugby)
Ancien dirigeant de Michelin, il avait été appelé à la tête de l'ASM Clermont-Auvergne en 2004 avec pour objectif de ramener le Bouclier. Ce fut chose faite en 2010. René Fontès est décédé à l'âge de 77 ans.

Jacques Dessemme (France, basket)
International (76 sélections), triple médaillé aux Euros 1949, 1951 et 1953, l'ancien basketteur surnommé « le Petit Diable » est décédé à l'âge de 93 ans.

Pierre Lacroix (France, rugby)
Capitaine du quinze de France et du SU Agen trois fois champion de France, le demi de mêlée s'est éteint à l'âge de 84 ans. Il avait débuté en 1958 contre l'Australie (18-0), puis avait été associé à Pierre Albaladejo, avec qui il forma la charnière des Bleus entre 1960 et 1963.

AVRIL

Patrick Sercu (Belgique, cyclisme)
Celui qu'on appelait le « Merckx de la piste » est décédé à 74 ans. Champion olympique du kilomètre en 1964 à Tokyo, il domina les épreuves de Six-Jours, en remportant 88 de 1965 à 1983. Mais il gagna aussi dix-neuf étapes sur les grands Tours (13 sur le Giro, 6 sur le Tour de France) et porta le maillot jaune durant onze minutes et vingt-quatre secondes..., à l'opposé de son grand ami Merckx.

John Havlicek (États-Unis, basket)
Une seule action ne résume pas une carrière aussi riche mais son interception à la fin de la demi-finale de NBA 1965 entre ses Boston Celtics et les Philadelphia Sixers l'a fait entrer dans la légende. Mais John Havlicek, décédé à l'âge de 79 ans, a aussi empilé huit titres NBA entre 1963 et 1976, et demeure le meilleur scoreur de la franchise (26 395 points).

Daniel Horlaville (France, football)
Seul joueur amateur de l'après-guerre à avoir été sélectionné ches les Bleus, le milieu offensif normand est mort à 73 ans. Il s'était révélé à l'US Quevilly (1962-1971), avant de disputer une saison au PSG. Il était le père du footballeur pro Christophe Horlaville.

MAI

Henri Fourès (France, rugby)
Deuxième ligne (4 sélections), il fit partie du premier quinze de France vainqueur à Twickenham en 1951. Disparu à 93 ans, il était un monument du Stade Toulousain dont il fut joueur, dirigeant et président.

JUIN

José Antonio Reyes (Espagne, football)

L'ex-milieu offensif d'Arsenal, membre de l'équipe des Invincibles de 2004, est mort dans un accident de la route à 35 ans. Formé au Séville FC, l'Espagnol avait aussi évolué au Real Madrid (2006-2007) et à l'Atlético jusqu'en 2012. Il a remporté cinq Ligues Europa, un record.

Michel Sitjar (France, rugby)
Triple champion de France avec le SU Agen, le troisième-ligne qui avait porté treize fois le maillot bleu, vainqueur du Tournoi 1967, est mort à 77 ans.

La tragédie Sala

L'attaquant argentin du FC Nantes a péri en mer dans l'accident de l'avion qui le transportait à Cardiff, où il venait de signer.

JEAN-CHRISTOPHE BASSIGNAC

Tout, dans la mort de l'Argentin Emiliano Sala, aura contribué à faire de sa disparition accidentelle à 28 ans, cette cruelle tragédie qui a traversé l'année 2019 comme un long feuilleton macabre : les circonstances de sa mort dans un accident d'avion à une vingtaine de kilomètres au nord de l'île anglo-normande de Guernesey, le 21 janvier, les jours de recherche angoissants après l'annonce du crash jusqu'à la localisation de l'épave le 7 février, l'enquête autour du monomoteur le « Piper Malibu », du pilote et de l'affréteur. Le timing, aussi, de ce voyage, qui suivait, durant le mercato d'hiver, la signature par le joueur d'un transfert à Cardiff City (alors en D1 anglaise). Puis les procédures et recours en tous genres, également, puisque, le contrat ayant été paraphé, il fut assez rapidement question d'argent.

Mais il y a aussi l'immense chagrin des supporters nantais, de ses coéquipiers, de son entraîneur d'alors à Nantes, Vahid Halilhodzic, de Progreso, la ville argentine berceau de sa famille, dont le stade a été rebaptisé à son nom début novembre 2019.

Cela faisait trois ans et demi que l'Argentin évoluait à Nantes, après qu'il eut arpenté – acheté, prêté, transféré – le Championnat de France pendant neuf années. Bordeaux (centre de formation, pendant deux ans, puis l'équipe première), Orléans (National), Niort (L2), Caen (L1), puis enfin Nantes où il se stabilisa, donc. La saison 2018-2019 avait démarré très fort : mi-novembre, après la 13e journée de L1, il est meilleur buteur à égalité avec Mbappé (11 buts). Il en compte douze au soir de son dernier match, le 14 janvier face à Rennes (0-1) et en totalisera éternellement 48 en L1 (42 avec Nantes depuis 2015).

Après l'accident du 21 janvier, les hommages se multiplieront, notamment le 30 janvier à La Beaujoire lors du match Nantes - Saint-Étienne. Le club de Loire-Atlantique décidera même de retirer à jamais, initiative rare, le numéro 9 que portait l'Argentin.

Emiliano Sala, lors de son premier match sous le maillot du FC Nantes, en 2015.

Nykaenen, aux Jeux de Calgary, en 1988, à l'apogée de sa domination sur le saut à ski.

Nykaenen a retrouvé le ciel

Le légendaire et fanstasque sauteur finlandais est mort brusquement à cinquante-cinq ans.

L'ÉQUIPE DU 5 FÉVRIER 2019

JEAN-PIERRE BIDET

Sur une vidéo, quatre jours avant son décès, Matti Nykaenen a l'air heureux. Flanqué d'un guitariste, cheveux peroxydés, il chante devant un parterre alcoolisé. Rock métallique. Et puis, on a retrouvé le plus grand sauteur de l'histoire, mort brutalement à 55 ans. L'enfant de Jyväskylä, qui se disait *« mieux en l'air, car c'est le seul endroit où j'ai maîtrisé ma vie »*, pouvait-il échapper à ce destin ? Le petit Matti, catalogué asocial, a commencé à voler à huit ans. Forcé de quitter l'école pour indiscipline, il intègre une classe d'inadaptés, mais se balancer du haut d'un tremplin le sauvera. Champion du monde juniors en 1981, il remporte son premier titre mondial seniors en 1983 à Holmenkollen. Suivent neuf hivers en apesanteur où il empile les victoires. Avec, chef-d'œuvre unique, les trois titres olympiques à Calgary (1988). Mais Nykaenen change après l'atterrissage, noie son mal-être dans l'alcool, vole dans les magasins, agresse. Et finit, en 1991, par raccrocher, poussé dehors par les adeptes du style en V. Terrien, il nourrit les faits divers. Cinq mariages, cinq divorces, trois enfants délaissés, des cures, de la prison : vingt-six mois en 2004 pour avoir poignardé son épouse, seize en 2009 pour agression, encore sur sa femme. Une existence malmenée, aussi, par un entourage malveillant qui tenta même d'orchestrer un hypothétique retour sur les tremplins. Mais Nykaenen, atteint aussi d'un diabète aigu, n'est jamais revenu. Ou plutôt si, une fois, en 2008, aux Mondiaux des maîtres, où il remporta le titre chez les 40-44 ans. Pour le plaisir de voler.

Gabriel Grunewald (États-Unis, athlétisme)
Dix ans après qu'on lui a diagnostiqué un cancer des glandes salivaires, la demi-fondeuse américaine est décédée à 32 ans. Elle dut interrompre sa carrière en 2009 mais avait remporté le titre national en 2014 sur 3 000 m. Son combat contre la maladie avait ému le monde du running.

JUILLET

Pernell Whitaker (États-Unis, boxe)
Champion du monde dans quatre catégories (légers, super-légers, welters et super-welters), le boxeur américain est mort à 55 ans, renversé par une voiture en Virginie.

Peter McNamara (Australie, tennis)

Ancien numéro 7 mondial et excellent joueur de double, l'Australien est mort à 64 ans, d'un cancer de la prostate. Associé à Paul McNamee, il avait remporté trois tournois du Grand Chelem (Wimbledon 1980 et 1982, Open d'Australie 1979).

Jean-Luc Thérier (France, automobile)
Pilier de l'équipe Alpine dans les années soixante-dix, alors que le championnat du monde des pilotes n'existait pas encore, Jean-Luc Thérier, qui s'est éteint à 73 ans, s'imposa, en 1973, au rallye du Portugal, en Grèce et en Italie.

AOÛT

Bjorg Lambrecht (Belgique, cyclisme)
Grand espoir du cyclisme belge, Bjorg Lambrecht a trouvé la mort à 22 ans après un choc contre un ponceau de béton sur les routes du Tour de Pologne.

Bernard Monnereau (France, aviron)
Premier Français champion du monde, en deux de couple avec René Duhamel en 1962, Bernard Monnereau est mort à 83 ans. Le duo avait aussi participé aux JO de Rome en 1960 (4e) et de Tokyo en 1964 (6e).

Anthoine Hubert (France, automobile)
Ce jeune espoir du sport auto français est mort, à 22 ans, après que sa Formule 2 a été violemment percutée à Spa-Francorchamps (Belgique). Charles Leclerc, un de ses meilleurs amis, lui a dédié sa première victoire en F1, le lendemain de l'accident.

SEPTEMBRE

Halvard Hanevold (Norvège, biathlon)
Figure du biathlon norvégien, l'ancien triple champion olympique (1998, 2002 et 2010) est décédé à 49 ans.

Blanca Fernandez Ochoa (Espagne, ski)
La skieuse espagnole, 56 ans, médaillée de bronze aux Jeux d'Albertville en 1992, a été retrouvée morte dans une région montagneuse près de Madrid après y être partie en randonnée.

OCTOBRE

Eugène Saccomano (France, radio)
Grande voix de la radio, d'abord sur Europe 1 puis sur RTL, Eugène Saccomano est décédé à 83 ans. Outre son style et ses exclamations inimitables au commentaire, il avait créé, avec *Le match du lundi*,

en 2001 sur Europe 1, un nouveau style d'émissions de sport. Mais le journaliste était aussi auteur. Son roman *Bandits à Marseille*, avait inspiré le film *Borsalino*, réalisé en 1970 par Jacques Deray.

Andres Gimeno (Espagne, tennis)
Vainqueur de Roland-Garros en 1972 (en finale face au Français Patrick Proisy) et finaliste de l'Open d'Australie en 1969, l'Espagnol est mort à 82 ans. Il demeure toujours le plus vieux vainqueur Porte d'Auteuil (34 ans).

Jordao (Portugal, football)
Auteur d'un mémorable doublé contre la France en demi-finale de l'Euro 1984, l'attaquant portugais, passé par le Sporting et le Benfica, est décédé à 67 ans.

L'ANNÉE DES UNES DE *L'ÉQUIPE*

Après 2018, année du bleu grâce à l'équipe de France de football couronnée en Russie, 2019 aura été l'année du jaune. Pour le centenaire de la fameuse tunique de leader du Tour de France, les fans de la Grande Boucle auront vécu, au cœur de l'été, au rythme du coup de pédale de Julian Alaphilippe, quatorze jours en jaune, avant le sacre final du Colombien Bernal. Ce fut aussi l'année du rose. Comme la chevelure de Megan Rapinoe, vainqueur, avec les États-Unis, de la Coupe du monde féminine organisée en France.

Du 12 novembre au 11 décembre 2018

Du 12 décembre 2018 au 16 janvier 2019

Du 17 janvier au 21 février 2019

Du 22 février au 29 mars 2019

Du 30 mars au 5 mai 2019

Du 6 mai au 10 juin 2019

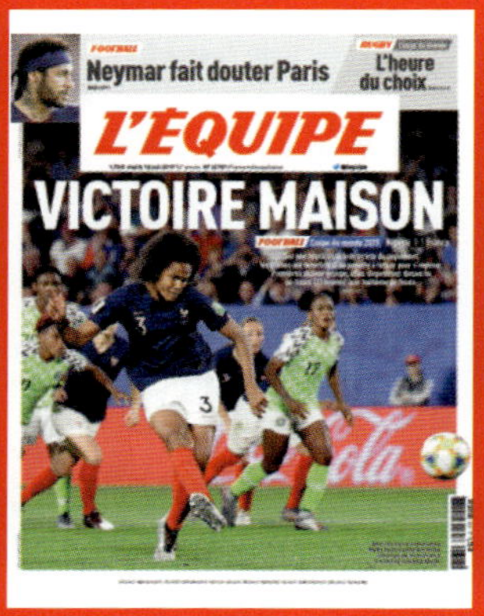

Du 11 juin au 16 juillet 2019

Du 17 juillet au 21 août 2019

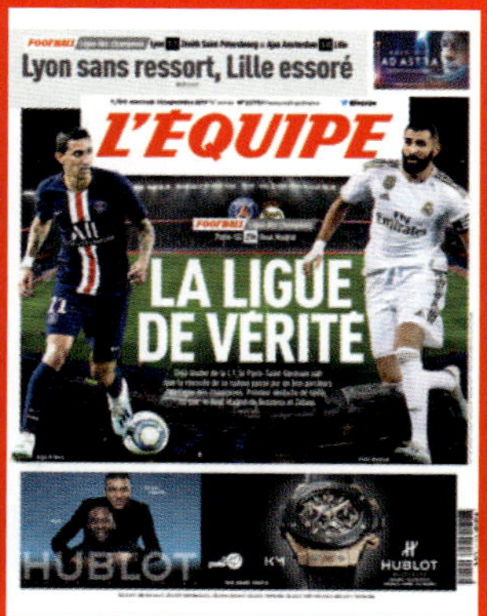

Du 22 août au 26 septembre 2019

Du 27 septembre au 1er novembre 2019

Du 2 au 11 novembre 2019

L'Équipe, 40-42, quai du Point du Jour, 92100 Boulogne-Billancourt.
Président : Aurore Amaury.
Directeur général, Directeur de la publication : Jean-Louis Pelé.
Directeur de la rédaction : Jérôme Cazadieu.

LE LIVRE DE L'ANNÉE 2019, UN AN DE REPORTAGES DES JOURNALISTES DE L'ÉQUIPE

Les impératifs de fabrication nous ont amenés à clore la prise en compte des événements au 10 novembre 2019. Les événements survenus depuis seront traités dans notre édition 2020.

Un ouvrage réalisé par Jean-Christophe Bassignac, sous la direction de Laurence Gauthier.
Direction artistique : Renaud Didierjean, Bertrand Lacanal.
Maquette : Benoît Juge, Thomas Bastin, Angelo Peritore, Karim Mezoudji, Stéphanie Blandin, Jean-Marc Guyot.
Infographie : Arnaud Varatges, Philippe Escoffier, Jean-Noël Mélinon.
Détourage et traitement photos : Vincent Dursen, Cécile Lechevallier, Kamel Benbahi, Denis Farges, Renaud Meillier.
Iconographie : Dorothée Lefebvre, Sonia Renaud.

Crédits photographiques

L'ÉQUIPE

Sébastien Boué, Franck Faugère, Pierre Lahalle, Nicolas Luttiau, Stéphane Mantey, Richard Martin, Frédéric Mons, Alain Mounic, Bernard Papon, Jérôme Prévost, Alexis Réau, Franck Seguin. Et aussi : Laurent Argueyrolles, Étienne Garnier, Bernard Le Bars, Alex Martin, Vincent Michel, Frédéric Porcu.

Presse Sports

p.8 (rugby) Tommy Dickson - p.35 Dan Sheridan/INPHO
p.9 - p.80 Pascal Huit
p.18 (haut) Alexis Boichard - p.30 (haut) Laurent Salino - p.122, p.126 James Startt - 4e de couverture (Laffont) Laurent Salino/ZOOM
p.25 Erich Spiess - p.164 (tennis) Reinhard Eisenbauer- 4e de couverture (Kipchoge) Steve O'Sullivan/Focus/EXPA
p.27 (milieu g.) Joe Camporeale - p.48-49 - p.90 (haut gauche) Peter Casey - p. 101 (haut) Kelvin Kuo, (bas) Kyle Terada - p.133 (athlétisme) Kirby Lee, (Copa America) Thiago Calil/AGIF, (S. Kendricks) Kirby Lee - p.142 & 4e de couv. (Andreescu) Robert Deutsch - 4e de couv. (Pagenaud) Brian Spurlock/USA TODAY
p.45 (bas) Maurice van Steen/VI IMAGES
p.51 Denis Boulanger
p.52 Kenjiro Matsuo/AFLO
p.56 (bas g.) & p.74 Yuzuru Sunada
p.58-59 Tomasz Jastrzebowski/FOTO OLIMPIK
Couverture (Hamilton) & p.61 Moy - p.138 & p.168 (bas) Batchelor - p.139 (haut) Bearne, Photo4/XPB
p.74-75 (gauche et haut d.) Pier Maulini - p.137 (football) Lisa Guglielmi/LPS-
p.146 (MotoGP) Davide Gennari/IPP
p.81 (haut) Simon Stacpoole, (bas) Maurice van Steen - p.96 Simon Stacpoole/OFFSIDE
p.97 Maurice Van Steen - 4e de couverture (Henry) Gerrit Van Keulen/ANP SPORT
p.130 Wang Teng/Photoshot/PICTURE ALLIANCE
p.136 (VTT) Fabien BOUKLA/ACTIV IMAGES
p.143 Rob Prange - 4e de couverture (Nadal) Oscar J. Barroso/AFP7
p.145 (haut) David/CORDON, Luis Angel Gomez/PHOTOGOMEZ
p.154 Lukasz Swiderek/PSP
p.169 (haut) KAINULAINEN/LEHTIKUVA
4e de couverture (Salah) Alain Grosclaude
4e de couverture (Ferrand-Prevot) Alex Broadway/SWPIX.

AFP

Couverture (Djokovic) Julian Finney/Getty Images & (Springboks) Odd Andersen - p.8 (masters) Glyn Kirk - p.26 Vladimir Pesnya - p.27 (haut g.) Geoffroy Van Der Hasselt - p.29 (haut) Sean M. Haffey/Getty Images - p.37 Dean Mouhtaropoulos/Getty Images, Pascal Guyot - p.56 (haut g.) Ronny Hartmann - p.60 Kevin C. Cox/Getty Images - 4e de couverture (Ruiz) Al Bello/Getty Images - p.81 Chris Graythen/Getty Images - p.104 (haut et bas droite) Juan Gasparini - p.106 (bas gauche) Lukasz Swiderek/PSP - p.132 Martin Ouellet-Diotte - p.150 Alex Halada, Soeren Stache/dpa Picture-Alliance, Kamil Krzaczynski - p.164 (judo) EVARISTO SA - 4e de couverture (James-Ciprès) Kirill Kudryavtsev.

Icon Sport

p.10 (boxe) Lionel Hahn/Pa Images - p.11 (foot) Actionplus - p. 31 (haut) Bildbyran - p.38 (bas) Scoop Dyga - p.59 (bas) Schreyer - p.70 (haut) Johnny Fidelin - p.73 (bas) Eddy Lemaistre - p.90-91 Sputnik - p.100 PA Images.

Max PPP

p.8 (F1) Srdjan Suki - p.11 (ski cross) Pierre Teyssot - p.29 (bas) George Frey - p.36 Thomas Brégardis - p.38 (moto) Johan Ben Azzouz - p.46 (détouré g.) Thomas Brégardis - p.107 (bas droite) John G. Mabangl

A.S.O.

p.12-13 @World/C. Lopez - p.133 (voile) Jean-Marie Liot.

AP-SIPA

p.38-39 David J. Phillip- p.48-49 Luca Bruno- p.71 (bas) Isa Harsin.

Panoramic

p.48-49 Foto S - p.133 (A. Rabiot) Zuma.

DPPI

p.80 (bas d.) Francois Flamand - p .165 (cyclisme) Luca Bettini- p.168 (haut) Antonin Vincent - 4e de couverture (Marquez) Gigi Soldano.

Autres

p.13 (S. Loeb) Flavien Duhamel /RED BULL.
p.38 (breakdance) KMSP/FFD/CNOSF.
p.48-49 Ahmed Jaballah/REUTERS.
p.53 DanielCork/Proamfighttalk.blogspot.com.
p.56 (escrime) Augusto Bizzi.
p.78 Clive Brunskill/GETTY IMAGES, p.164-165 (surf) Laurent Masurel/WSL via Getty Images.
p.91 (haut droite) Jean-Pierre Durand.
p.106 (bas droite) Alexis Courcoux/FFV.
p.107 (bas gauche) Daniel Blin/FFAviron.
p.119 Augusto Bizzi/FFE.
p.137 Philippe Millereau - p.146-147 (canoë) Manu Blondeau/KMSP.
p.146 (pentathlon) Nuno Goncalves/FFPentathlon.
p.147 (lutte) Tony Rotundo/WrestlersAreWarriors.com, (voile) Robert Hajduk/ShutterSail.com.
4e de couverture (Mahrez) Islam Safwat/Nur Photo - (Lefort) Bizzi Team/FFEscrime.

Achevé d'imprimer par Pollina en novembre 2019 - 91487

ISBN13 version Presstalis : 978-2-36347-080-5
Dépôt légal décembre 2019
ISBN13 diffusion Interforum : 978-2-263-16271-8

Certifié PEFC
Ce produit est issu de forêts gérées durablement et de sources contrôlées.
PEFC 10-31-2065
pefc-france.org